نگاهی به شخصیت،
نظریات و سیاست های

سردار محمد داؤد

داکتر عاصم اکرم

انتشارات میزان

ISBN: 0-9710781-0-6

فهرست مطالب

سوانح مختصر مؤلف

داکتر عاصم اکرم، ولد مرحوم داکتر محمد اکرم، در هفتم میزان سال ۱۳۴۴ هجری شمسی در شهر کابل تولد یافته است. مؤلف تحصیلات ابتدائی و عالی خویش را در شهر پاریس انجام داده، دیپلوم داکتری را از پوهانتون سوربان در رشته تاریخ در سال ۱۹۹۶ میلادی اخذ کرده است. در جریان جهاد به سمت های مختلف، بشمول نمایندهٔ جبههٔ ملی نجات افغانستان در پاریس، مشاور در دفتر روابط خارجی ریأست حکومت مؤقت مقیم پیشاور، مسئول رابطه با نمایندگان مطبوعات خارجی در ریأست حکومت عبوری بعد از فتح کابل، و بلآخره بحیث سکرتر اول سیاسی سفارت افغانستان در پاریس، ایفای وظیفه نموده است تا اینکه، در ماه می ۱۹۹۳ میلادی، برسم اعتراض با روند امور کشور، و به خصوص با بردارکشی ها یکه بین تنظیم های جهادی رخ داده بود، استعفای خود را تقدیم نمود. متعاقباً به رشتهٔ تحصیل خود رجعت نموده در صدد پیشبرد تتبع و تحقیقات بیشتر در ساحهٔ تاریخ معاصر کشور گردید. اکنون داکتر عاصم اکرم با خانم و فرزندان خود در امریکا مقیم میباشد.

از مؤلف تا کنون دو اثر دیگر نشر شده است:

۱) تاریخ جنگ افغانستان (Histoire de la guerre d'Afghanistan)، ۱۹۹۶ میلادی، ٦٣٢صفحه، بزبان فرانسوی، باضمایم، شرح تواریخ مهم توام با نقشه ها؛ شرکت نشراتی Balland، پاریس.

۲) Ocre fatale، حکایت افسانوی به ارتباط دورۀ جهاد، فبروری ۲۰۰۱ میلادی، بزبان فرانسوی، شرکت نشراتی Balland، پاریس.

پیشگفتار

چرا کتابی در مورد سرادر دأود خان؟ هنگامیکه تحقیقات و تتبع خویش را جهت تحریر کتابی در مورد دورۀ جهاد مردم دلیر افغانستان مقابل تجاوز اتحاد شوروی پیش میبردم، و در حالیکه میخواستم در مورد سردار محمد داؤد معلومات بیشتر حاصل نمایم، متوجه شدم کدام کتابی که به طور اجمالی از وی و سیاست هایش یاد کرده باشد وجود ندارد. البته در اکثر کتب که در مورد دورۀ معاصر تاریخ افغانستان طبع شده است از يك سطر الی يك فصل به شخص وی تعلق یافته است اما نه از آن بیشتر. علاوتاً، بدون اینکه در حصۀ نوشته ها و تحلیل های دانشمندان و منورین که در این مورد به رشته تحریر پرداخته اند به خود حق قضاوت بدهم، متوجه شدم که آنها اکثراً در مورد سردار داؤد نظریات قطعی ابراز کرده اند: کسی او را قهرمان، کسی او را کمونیست، کسی او را ملیگراه، کسی او را ملحد و کسی او را دیندار خوانده است... البته سردار

محمد داؤد خان شخصی بود که کسی را بی تفاوت نمی گذاشت. همین تضاد در نظریات که در مورد شخصیت، سیاست و یا بهتر گفته شود سیاست هایش وجود دارد، علاوه بر نقشیکه در تعیین سرنوشت سیاسی معاصر کشور ما افغانستان خوا مخواه بازی کرده است، کنجکاوی من را بیشتر تحریك کرده و مرا تشویق نمود تا در مورد معلومات بیشتر دریابم. بعد از تحقیقات چند و با استفاده از معلومات و نظریات که یك تعداد محترمان فاضل با اظهار حوصله و مهربانی زیاد به این بنده اعطأ کرده اند، سعی نموده ام تا بدون احساسات و با حفظ بیطرفیکه یك مطالعه علمی ایجاب میکند آنچه را حاصل کرده ام به خوانندگان گرامی طی این نوشته نا مکمل و دارای نواقص زیاد تقدیم نمایم. (و هو العالم...)

داکتر عاصم اکرم

اول جوزا ۱۳۸۰ هجری شمس

(مطابق به ۲۱ می ۲۰۰۱ میلادی)

شهر الکساندریه، ایالت ورجینیا، ایالات متحدهٔ امریکا

اهدأ

این کتاب را به پدر مرحومم داکتر محمد اکرم که عمر خود را درعشق وطن و خدمت صادقانه به آن سپری نموده در برج فبروری سال ۱۹۹۹ میلادی در عالم هجرت در شهر پاریس چشم از جهان پوشید اهدأ مینمایم.

اظهار امتنان

از دانشمندان و بزرگواران که با مهربانی زیاد از فضیلت، تجارب، چشم دید ها و نظریات خویش این بنده را مستفید ساخته در پیشبرد تحقیقات و تتبع ام یاری کرده اند از صمیم قلب سپاسگذارم. در این شك نیست که بدون آن تحریر این کتاب خیلی دشوار و غالباً نا ممکن میبود.

از خانمم مریم، پسرانم ظهیرالدین ابقی و تیمور، اعضای فامیلم و بالخاصه از مادرم، که در زمینه نوشتن این اثر مرا تشویق کرده اند قلباً متشکرم.

مقدمه

در این شکی نیست که سردار محمد داؤد از زمان اولین مأموریتش در حدود هفتاد سال قبل از امروز تا شهادتش در سال ۱۹۷۸ میلادی تأثیر عمیقی را در تعیین سرنوشت سیاسی کشور افغانستان گذاشته است که آن تا امروز محسوس است.

از زمان اولین وظایف رسمی اش، سردار محمد داؤد در اجرای مسئولیت خود جدیت خاصی را نشان میداد. او از ابتدأ نسبت به شمولیت اش در مأموریت های مختلف، عملاً با مردم و تا حدی با واقعات مملکت روبرو شده، عقب ماندگی فوق العاده کشور خود را با تأثر ملاحظه کرده بود و در دلش آرزو های ترقی و استحکام ملی نمو کرده بود. به همان شکلیکه امان الله خان حتی قبل از اینکه به سلطنت برسد به موضوعات سیاسی علاقه خاص نشان میداد و به حاکمیت ملی و ترقی کشور ارزش خاص قائل بود، سردار داؤد،

جوانیکه در خورد سالی در شهر پاریس شامل لیسه بوده آبادی و پیشرفت اقتصادی اروپأ را مشاهده کرده بود، در صحنه سیاسی ملی با اشتیاق زیاد شامل گردید تا حدیکه وقتی از آن بالقانون مرحوم شد بالقوة برگشت!

داؤد خان در طول دورۀ طویل که در صحنه سیاسی کشور به شکل فعال یا غیر فعال حاضر بود، که جمعاً از ۱۳۱۱ الی ثور ۱۳۵۷ هجری شمسی چهل و شش سال را در بر می گیرد، سیاست های را روی کار آورده بود که به هر شکلیکه عاقبت آنها را قضاوت کنیم، نتیجۀ جرأت سیاسی و ابتکار وی بود: از آن جمله طرح پلان های پنج ساله و بعد در دورۀ جمهوریت پلان های هفت ساله، استفاده وسیع از امداد های خارجی برای انکشاف کشور، رفع حجاب و توجه در قسمت طبقه نسوان، سهم فعال در حرکت کشور های غیر منسلك، داغ ساختن قضیۀ پشتونستان، نزدیکی با اتحاد شوروی، اعلان جمهوریت، پرورش و موقع دادن به یك تعداد از نمایندگان طبقه جوان "ترقی طلب"، که بعضی از آنها تا آخرین لحظه در پهلویش ایستاده بودند و خود را با او فدا کردند و یك تعداد دگیر که متأسفانه نسبت به گراهش شان به افکار و مقاصد خارجی – کمونیستی و روسی –، و در حالیکه از سردار داؤد خان با عنوان "رهبر" یاد میکردند، بلآخره او را با اکثر اعضای فامیلش، به شمول خانم و فرزندانش، به شکل ناجوانمردانه شهید ساختند.

البته وقتیکه داؤد خان طی کودتای ۲۶ سرطان ۱۳۵۲ به قدرت برگشت، در جمله کسانیکه این عمل را به شکل برق آسا انجام دادند یك تعداد افسران که تاپه چپی را خورده بودند هم شامل بودند. بناً تعدادی مردم، چه در

داخل و چه در خارج کشور، به این قضاوت رسیده بودند که این کودتا توسط کمونیست ها به نفع اتحاد شوروی صورت گرفته بود. از آن جمله حضرت صبغت الله مجددی که در دورهٔ صدارت داؤد خان یك دوره بندیگری را گذشتانده بود و چون در آن موقع بمنظور اشتراك در جلسه ای در لیبیا مسافرت کرده بود، هجرت را بر بازگشت ترجیح داد تا باری دیگری با عین سرنوشت مواجه نشود. درخارج از کشور، در یك تعداد پایتخت های غربی عین مفکوره پیدا شده بود: در سال ۱۹۸۵ میلادی روزی با یك تن مشاور وزارت دفاع فرانسه صحبت می کردم. او به این ارتباط خاطر نشان شد که بعد از کودتای سرطان، مسئولین وزارت مذکور دوسیهٔ افغانستان را در جمع دوسیه عمومی مربوط به اقمار اتحاد شوروی گذشتانده بودند. البته با فاصله که تاریخ اجازه میدهد، و طوریکه مطالعه دوره های حکومت داری سردار داؤد خان در این نوشته آنرا واضح خواهد ساخت، با تشخیص جوانب مثبت و منفی آن، انصافاً و منطقاً کسی آن مرد را متهم به کمونیست بودن کرده نمی تواند. آیا شامل بودن در حکومت افرادیکه بعداً رخ خود را واضح کردند ولی در آن زمان صرف چپگراه گفته میشدند، در حالیکه آنها خود شان خود را "مترقی" اعلام میکردند، کافی بود تا حکومت جمهوری داؤد خان مهر کمونیستی بخورد و از اقمار اتحاد شوروی محسوب شود؟ به طور مقایسوی، فرض مثال، آیا وقتیکه حزب سوسیالیست فرانسه انتخابات ریأست جمهوری سال ۱۹۸۱ را برد و در کابینه جدید چهار تن وزرای کمونیست را شامل کرد، آن کشور دفعتاً کمونیست شد و از اقمار اتحاد شوروی حساب شد؟ و اگر مثال مشابه تر از نگاه زمان و فرهنگ بجویم، آیا وقتیکه جمال عبدالناصر از کمك های اتحاد شوروی به منظور پیشبرد مقاصد سوق الجیشی خویش استفاده کرد و حزب کمونیست

مصری را برای مدتی پرورش کرد(قبل از اینکه آنرا سرنگون کند!)، مصر کشور کمونیست و جزو سلطهٔ ماسکو محسوب شد؟

اما وقتیکه کمونیست های افغان در برج ثور ۱۳۵۷ قدرت را بدست گرفتند، کشور را به اتحاد شوروی تسلیم کردند و ملت را زیر رنج و ستم قلبه کردند، آنگاه دیده شد که حکومت کمونیستی یعنی چه و قمر اتحاد شوروی یعنی چه! جمال عبدالناصر در مصر، دولت شاهی افغانستان در دورهٔ قانون اساسی مشروطه، بعد ها آیت الله خمینی در ایران، همه مانند سردار داؤد به کمونیست ها منحیث یك قوه سیاسی منسجم و "مترقی" موقع ابراز موجودیت دادند تا بلآخره متوجه شدند که اگر سر این مار آستین را نبرند عاقبت خود شان خراب خواهد شد! ناصر و خمینی کمونیست ها را سرکوب کردند، حکومت شاهی افغانستان آن حزب را ممنوع کرد[۱] و اما داؤد خان به تدریج عمل کرد و، طوریکه اکثر مردم و مبصرین سیاسی متفقاً ابراز نظر میکنند، دیر عمل کرد...

در حقیقت به قدرت رسیدن سردار داؤد اگر از یك نگاه انقلابی بود، به این معنی که نظام مملکت از شاهی به جمهوری مبدل شد، اما برای جامعهٔ افغانستان به طور عموم، بدون اینکه فکر کنیم آن جامعه به جامعهٔ شهر نشین کابل منحصر باشد، این واقعه حامل کدام تغییر عجیب و غریب و چشمگیر نبود. قدرت از دست یك پسر عم به دست پسر عم دیگر انتقال یافته بود. سرشته ها برای انکشاف سریع تر کشور صرف ادامه با تشدید و توسعه همان سلسله پلان

---

۱ البته با وجود آن کمونیست ها به فعالیت های حزبی خود در خفا ادامه دادند.

های پنج ساله بودکه خود سردار داؤد خان در زمان صدارت خود بنیاد گذاری کرده بود و در جریان دورهٔ مشروطه ادامه یافته بود. از نگاه طرز قدرت داری نظام جدید با نظام قبل از ۲۶ سرطان نمایانگر مقاطعه کلی نبود، بر عکس نظامیکه بعد از " انقلاب ۷ ثور" حاکم شد. فردای ۲۶ سرطان ۱۳۵۲ امنیت کشور برهم نخورده بود و موقف کشور نسبت به یك تعداد موضوعات عمده بین المللی اساساً تغییر نکرده بود، ولو که در طرز معامله با بعضی از آنها تغییرات رخ داده بود، مثل موضوع پشتونستان. از نگاه داخلی، درست است که یك تعداد از مأمورین بلند رتبه و اراکین دولت سابق شاید با اطلاع داؤد خان یا بدون اطلاع وی صدمه دیدند (رجوع شود به شهادت صدراعظم سابق مرحوم محمد هاشم میوندوال)، متباقی مردم به کار و وظایف خویش کما فی‌السابق ادامه دادند.

در ساحه سیاست خارجی، به همان جدیت و قاطعیت که داؤد خان در دورهٔ صدارت خود روابط افغانستان را با پاکستان به خاطر قضیهٔ پشتونستان و با ایران به خاطر تقسیم آب های هلمند وخیم کرده بود، تا حدیکه با کشور اولی احتمال مقابلهٔ محاربوی بعید نبود، و روابط خود را با اتحاد جماهیر سوسیالیستی شوروی صمیمی ساخته بود، به همان جدیت و قاطعیت در مرحله دوم ریأست جمهوری خود سیاست خارجی مملکت را در مسیر مخالف آن سوق داد، که این حرکت منتج به آشتی با پاکستان، عادی و حتی گرم ساختن روابط با شاهٔ ایران و بر عکس سرد ساختن مناسبات با اتحاد شوروی شد. به طور جالب این تحول یا، بهتر گفته شود، این چرخ در روند سیاست خارجی کشور به شکل موازی صورت گرفت: در حالیکه تا آن زمان روابط خراب افغانستان با پاکستان

يك ركن اساسی سياست خارجی كابل را مجسم ميكرد، كه آن از دلايل عمده ايجاد نزديكی كشور ما با اتحاد شوروی شده بود، وقتيكه آن رابطه رو به بهبود شد، مناسبات با ماسكو آهسته آهسته سردتر شد تا اينكه زمامداران كاخ كرملين در جستجوی از بين بردن سردار داؤد شدند.

فصل اول

شخصیت

جوان پر تمنا و جدیت

سردار محمد داؤد، پسر سردار محمد عزیز، در سال ۱۲۸۷ هجری شمسی (مطابق به ۱۹۰۹ میلادی) در شهر کابل تولد یافت. در سنه ۱۳۰۰ هجری (۱۹۲۱م) با اولین گروه محصلین افغان که به خارج فرستاده شدند، به شمول دو پسر عمش محمد طاهر و محمد ظاهر، جهت تحصیل عازم پاریس گردید. وقتیکه نادر خان، بعد از یك مدت اقامت در اروپأ بخاطر اختلافیکه با امان الله خان پیدا شده بود همچنانکه بمنظور معالجهٔ خود، به افغانستان برگشت تا با یاری بردارن خود مقابل امیر حبیب الله کلکانی جنگ نماید، سردار محمد داؤد و سردار محمد ظاهر هر دو در پاریس باقی مانده به تحصیلات خویش ادامه

دادند.

هنگامیکه از پاریس برگشت، قبل از اینکه شامل لیسه عسکری شود تا یك دورهٔ نسبتاً کوتاه تعلیمات نظامی را اتخاذ نماید، محمد داؤد نخست شامل مأموریتی در وزارت خارجه شد. در سال ۱۳۱۰ تحصیلات خویش را چه در ساحه ملکی و چه در رشتهٔ حربی تمام کرد. در برج عقرب سال بعد، یعنی در سال ۱۳۱۱، برتبه فرقه مشری ترفیع یافت و به قوماندانی عسکری حوزه مشرقی مقرر شد و پس از یك سال، مسئولیت حکومت اعلای مشرقی را نیز به دوش گرفت. در سال ۱۳۱۴ هجری شمسی، برتبه اول فرقه مشری ترفیع یافت و به اساس فرمان شاهی بحیث نائب الحکومه و قوماندان عسکری حوزه قندهار و فراه مقرر شد. در سال ۱۳۱۷ دو باره وارد مشرقی گردید اما این بار بحیث رئیس تنظیمیه و قوماندان عمومی قوای مشرقی. در ماه اسد ۱۳۱۸، سردار داؤد عهده دار قوماندانی قوای مرکز و مکتب حربی گردید و در سال ۱۳۲۵، در حالیکه ۳۸ سال عمر داشت، به اشغال چوکی وزیر دفاع از طرف عمش صدراعظم شاه محمود خان دعوت شد. یك سال از وظیفه جدیدش نگذشته بود که در ماه ثور سال ۱۳۲٦(۱۹٤۸ میلادی) بحیث سفیر افغانستان مقیم پاریس مقرر شد و عازم فرانسه گردید. اما در آنجا دیر اقامت نکرد: سردار داؤد در برج عقرب سال ۱۳۲۸ (۱۹۵۰ میلادی) به کابل برگشت و دوباره چوکی وزارت دفاع را اشغال نمود.

در سال ۱۳۱۲ هجری شمسی، یعنی تقریباً یك سال بعد از جلوس محمد ظاهر شاه، سردار محمد داؤد با زینب، خواهر پادشاه، و در ضمن دختر

سردار محمد داؤد

جوانی سردار محمد داؤد: غالباً در زمان که شامل لیسه عسکری بود.(کولکسیون شخصی خانم درخانی نور).

عمش، ازدواج کرد. سردار محمد داؤد جمعاً هفت فرزند داشت: عمر، تورپیکی، شینکی، درخانی، خالد، ویس و زرلشت.

از نگاۀ صحی، سردار محمد داؤد خان جسماً آدم دارای قد متوسط و جسامت قوی بود، اما با تکلیف پشت دردی که در اثر افتادن پیدا شده بود و روماتیسم مواجه بود. در سال ۱۹۵۹ میلادی در سویس، سال بعد در اتریش در شهر وینا و در فبروری ۱۹۶۱ در هنگام اقامتش در شهر روم به خاطر یك فقره پشت که بی جای شده بود تداوی و عمل جراحی شد. در پهلوی این تکلیف، معتاد سگرت بود تا اینکه مشوره داکتران خود را قبول کرده آنرا ترك گفت.

در قسمت سرگرمی های دأود خان، خارج از کار، به گفته میرمن درخانی دخترش، نه به خوراك کدام شوق خاص داشت، نه مشروب میخورد و نه به شکار علاقه داشت: « یگانه شوق پدرم افغانستان بود ».[۲] جراید و مجلات را میخواند تا از واقعات روز و زمان واقف شود و متباقی وقت خود را صرف موضوعات سیاسی و اداری میکرد. یگانه تفریحش بودن با فامیلش و قدم زدن در کوچه ها و بازار های کابل بود. همینکه منزل را برای هواخوری ترك میگفت، خوش داشت تا به پروژه ها و ساختمان هایکه زیر تعمیر بودند نظری بیاندازد و پیشرفت آنانرا به چشم خود ملاحظه نماید.

---

۲ مصاحبه تلفونی با خانم درخانی نور، دختر مرحوم سردار داؤد خان، مورخ ٢٤ اکتوبر ۲۰۰۰ میلادی. میرمن درخانی قبل از کودتائی ۲۶ سرطان ۱۳۵۲در سویس برای پیشبرد تحصیلات خویش مقیم شده بود و از آن زمان به این سو در آن کشور اقامت دارد.

در مواقع خصوصی، با اولاد و نواسه های خود آدم خوش رفتار و نسبتاً خوش خلق بود. به اتکای شهادت چند تن اشخاصیکه با سردار داؤد خان نزدیکی داشتند، به شمول دخترش میرمن درخانی و آقای عبدالله ملکیار، او آدمی بود که در داخل چوکات فامیلی، با وجود ترس که ایجاد میکرد، رفتار نسبتاً ملایم و محبتانه داشت و وقتاً فوقتاً از مزاق هم دریغ نمی کرد. اولادش او را "بابه" میگفتند و نواسه هایش "بابه داؤد" او را مخاطب مینمودند.

این خاصیت شخصیت سردار داؤد خان را آقای عزیز نعیم هم تأیید کرده اشاره مینماید که عمش سردار داؤد نسبت به پدرش (سردار نعیم) به آنها از یك نگاه نزدیك تر و "رفیق تر" بود.[۳]

شخصیت

در مورد شخصیت سردارمحمد داؤد نظریات مختلف و متضاد وجود دارد. او فردی بود راست کار، با عزم و اراده اما خودسر، تشنهٔ قدرت اما دارای مفکوره برای آینده و ترقی کشور، مخالف مداخلهٔ روحانیون در امور سیاسی و اداری اما متدین و پرهیزکار، ظاهراً نزدیك با روس ها و عناصر چپگراه اما وطندوست و ملی خواه... "سردار" ـ طوریکه دوست هایش یا افراد که به او خود را نزدیك احساس می نمایند از او یاد میکنند ـ بدون شك دارای شخصیت متنوع و با جذبه بود.

۳ مصاحبه تلفونی با آقای عزیز نعیم، مورخ ۲۵ اکتوبر ۲۰۰۰ میلادی.

اجرای وظایف مختلف از چند نگاه برای وی مفید واقع شده بود چون به همان وسیله با مردم و مناطق مختلف کشور خود شناسائی حاصل کرد و بالمقابل یك تعداد زیاد مردم، مأمورین و عساکر با او آشنا شدند. با جدیت که در اجرای وظایف خود نشان می داد، احترام یك عدۀ زیاد از همکاران خود را حاصل کرده بود و حتی با اظهارخصلت پر قاطعیت و عصبانی خود در بین اکثر مردم یك نوع ترس ایجاد کرده بود.

در صفحه ای از کتاب خود،[۴] جنرال محمد نذیر کبیر سراج در مورد شخصیت داؤد خان چنین می نویسد: « با همه دیکتاتور منشی که داؤد خان داشت، اعتراف باید کرد که او انسان وطن پرست بود که می خواست در زمان حیات خویش افغانستان را از حالت قرون وسطائی اش در زمرۀ ممالك مترقی قرن بیست داخل سازد، او انسانی بود که بغییر از کار به هیچ چیز دیگری فکر نمیکرد، به سگرت معتاد بود، اما در اواخر به توصیۀ داکتران آنرا هم ترك گفت، استراحت را هم نمی شناخت، روزانه تا شانزده ساعت کار می کرد، تفریحات و تعیش نداشت، زندگی شخصی اش بسیار ساده و بی پیرایه بود.»

اهمیت دسپلین و نظم

در ذهن سردار داؤد موضوع نظم و دسپلین یك موضوع خیلی مهم بود.

---

۴ جنرال محمد نذیر کبیر سراج، رویداد های نیمۀ اخیر سدۀ بیست در افغانستان، جلد اول، چاپ آلمان، سال ۱۳۷۶ هجری شمسی، بزبان دری؛ صفحه ۴۷.

او به این عقیده بود که بدون این دو اساس کاری شده نمی تواند. و ناگفته نماند بر علاوه اینکه تربیه اش در رشته نظامی آن خاصیت ها را پرورش و تحریك کرده بود، این دو اصل - نظم و دسپلین - در خود طبیعت و نهادش وجود داشت. در بیانیه ای که درسال ۱۳۵۵ ایراد می نماید، سردار محمد داؤد در این مورد نظر و عقیده خود را چنین تشریح میدهد: «... *توجهٔ مسئولین امور اداری و امنی را برعایت اصولی جلب میکنم که آن اصول ضمن تأمین دسپلین و نظم عمومی از احکام و دستور های خشك و خشن دور باشد. زیرا تنها صفت رهبری عاقل در تمام سطوح و درجات یك نظام اداری اینست که اول باید دسپلین سالم و صحیح باشد و دوم باید تطبیق کنندگانش خود نمونه اعلای صداقت و وفاداری به نظم و آسایش عمومی باشند. چه در غیر این صورت حکومت وسیلهٔ نمایش قدرتمندانی خواهد شد، که خود از درد مردم و احتیاج عمومی خبری ندارند.* »[5]

حکایت که جنرال فیض فضلی از دوره که سردار داؤد مسؤلیت حربی پوهانتون را داشت موضوع فوق را تأیید مینماید. جنرال فیض فضلی، که خودش شامل حربی پوهنتون در سال ۱۳۲۳ هجری شمسی شده بود و در مورد علاقهٔ آن شخص به انضباط خاطرهٔ خویش را چنان شرح مینماید: « باری تطبیقات در قرغه داشتیم. داؤد خان بحیث قوماندان حربی پوهانتون جهت مشاهده حال آن تطبیقات آمده بود. یك تن کارگر مریض که در بند قرغه کار می کرد و در

---

5 بیانیهٔ شاغلی محمد داؤد رئیس دولت و صدراعظم بمناسبت سومین جشن جمهوریت، د افغانستان کالنی ۱۳۵۵، وزارت اطلاعات و کلتور، مطبعهٔ دولتی، کابل، افغانستان.

سردار محمد داؤد

سردار محمد داؤد احتمالاً در زمان که قوماندان قوای مرکز بود. (کولکسیون شخصی خانم هما داؤد).

حال بسیار فجیع قرار داشت توسط یك دگروال ترکی که اسمش "نور پامیر" بود بر اسپ سوار شده بود تا به محلی غرض تداوی برده شود. در آن وقت داؤد خان میرسد و همینکه چشمش به آن کارگر می افتد از موتر پایین شده و از اوضاع جویا می گردد. نور پامیر بجواب داؤد خان حقیقت موضوع را شرح می نماید. دأود خان با تعجب و جدیت تمام از وی می پرسد که چرا در حالیکه می فهمد این اسپ ملکیت اردو میباشد و سوار کردن یك نفر ملکی بالا آن نظام قطعه را خراب میکند آن خلاف رفتاری را مرتکب شده است؟ نور پامیر به جواب می گوید که چون آن مسکین در حالت مرگ بود باید با او کمك می شد. اما برای داؤد خان مراعات اصول عسکری از همه موضوعات دیگر بیشتر اهمیت داشت و چون در حالت تطبیقات نظامی بودند باید از هر موقع بیشتر اصول مد نظر گرفه میشد. داؤد خان بجواب اظهار بشردوستانۀ دگروال نور پامیر پاسخ داد: "درست است که این مرد مریض و احتمالاً در حالت مرگ هست لیکن باید هیچ وقت انضباط عسکری را برهم نزنید".»[۶]

داکتر سید مخدوم رهین، که در وزارت اطلاعات و کلتور دورۀ جمهوریت مصروف مأموریتی بود، در مضمونیکه به مناسبت سالگرد ۲۶ سرطان در هفته نامۀ امید انتشار یافته بود، بانی نظام جمهوری را در افغانستان به سوکارنو، جمال عبدالناصر و مارشال تیتو مقایسه نموده مینویسد که آنها بودند رهبران "نیرومند که در عین خودکامگی از محبوبیت عظیم در میان مردم" برخوردار بودند.[۷] در عین زمان داکتر رهین خواص صداقت، پاك دامنی و صفا

---

۶ مصاحبه با جنرال فیض فضلی، پاریس، ۸ مارچ ۱۹۹۶ میلادی.

کاری داؤد خان را ستایش مینماید، مؤلف مقاله می افزاید که "مرحوم داؤد خان در دورهٔ ریأست جمهوری اش به مراتب نسبت به دورهٔ قبل، واقع بین تر شده بود. دیگر به تبعیض عقیده نداشت. پیر مرد بیش از حد توان کار میکرد. همه لذت او، تفریح او، خوشی و شادیی او در کار به مردمش خلاصه شده بود. (...) وقتیکه مجلس وزرأ تصویب کرد که در دفاتر دولتی فقط هفتهٔ سه روز گوشت پخته شود، مرحوم داؤد خان خود را مثل همه مأمورین دولت حساب میکرد و پس از آن تصویب در قصر ریأست جمهوری فقط هفتهٔ سه روز گوشت پخته میشد." در اینجاه باید افزود که عین روش در خانهٔ شخصی اش هم تعقیب میشد.

در ورقی از کتاب *خاطرات سیاسی*، مرحوم سید قاسم رشتیا، در حالیکه از نوعیت روابط خود با "سرداران" یاد می کند، می نویسد باری تحفه ای را از جاپان آورده بود که "با لطف زیاد (داؤد خان) پذیرفتند، در حالیکه عادتاً تحفه و هدیه را از کسی قبول نمی کردند..."[۸] در اینجا مرحوم رشتیا می نویسد چون او با ولیعهد جاپان عازم کابل شده بود، از موقع استفاده کرد تا جهت دیدن داؤد خان به منزلش برود. رشتیا در چندین قسمت کتاب خود به موضوع خفه بودن "سرداران" به نسبتش متذکر میشود. او حدس میزد "سرداران" معتقد بودند که رشتیا با حمایه از ماده ۲۴ قانون اساسی خود به خود در جبههٔ مخالفین خود را قرار داده است. مرحوم رشتیا در کتاب خود اصرار مینماید که در این مورد

---

۷ هفته نامهٔ امید، شمارهٔ ۳۲۶، مورخ ۲۰ جولائی ۱۹۹۸ میلادی، منتشرهٔ ایالت ورجینیا، ایالات متحدهٔ امریکا.

۸ *خاطرات سیاسی سید قاسم رشتیا، از ۱۳۱۱ تا ۱۳۷۱*، نشر از طرف خود نویسنده، ایالات متحدهٔ امریکا، ۱۹۹۷ میلادی (۱۳۷۶)؛ رجوع شود به صفحهٔ ۳۱٤ .

جانبگیری اش شخصی نه بلکه مطلقاً مفکوروی بود و او سعی میورزید تا، با نشان دادن حسن نیت و احترام، چنین یك سؤ تفاهم را از ذهن داؤد خان و نعیم خان بکشد. این مرتبه، از جاپان به گفته خودش یك تحفه کوچك با " ارزش مالی نا چیز" آورده بود تا به سردار داؤد در حین ملاقت آنرا تقدیم نماید و بدین ترتیب اظهارات خیرخواهانهٔ خود را به ایشان محسوس بسازد.

آنچه نتیجه گرفته میشود از چنان یك حکایت اینست که غالباً این موضوع آنقدر استشنائی در نظرش خورده بود که مرحوم رشتیا قبولی تحفه اش را توسط داؤد خان علامهٔ رفع تیرگی روابط اش را با "سرداران" تلقی نموده بود! داؤد خان اصلاً به قبول کردن تحفه ای مخالفت و حساسیت به این خاطر نشان می داد که نمی خواست مبادا قبول کردن هدیه ای او را مدیون شخصی بسازد و آن شخص در مقابل انتظار چیزی را از وی داشته باشد.

روابط با پادشاه

البته در واقعات که در کشور در جریان دو دهه که از ابتدأ الایام صدارت داؤد خان الی زمانیکه توسط کودتای ۲٦ سرطان ۱۳۵۲ او دوباره قدرت رامیگیرد احتوا مینماید رخ داد روابط شخصی دو پسر عم – محمد ظاهر شاه و سردار محمد داؤد – نقش مرکزی را ایفأ کرد..

در مورد چگونگی روابط داؤد خان و ظاهر شاه چه گفته می توانیم؟

هم پسر عم بودند و هم تفاوت سن شان کم بود. قبل از اینکه سردار داؤد به صدارت تعیین شود، طوریکه یك تن شاهد صحنه چشم دیدهٔ خود را حکایت میکند، روابط بین دو جانب بکلی عادی بود: « *در آن وقت داؤد خان وزیر دفاع یا رئیس ارکان حرب بود. در منزل مرحوم شاه محمود خان تینس بازی می کردیم و پادشاه هم تینس بازی می کرد. داؤد خان از سفری از ولایات بر گشته بود و وقتیکه به نزد پادشاه رسید دستش را بوسید. از این معلوم می شود که در آن زمان روابط شان نورمال بود و داؤد خان احترام لازم را به پادشاه نشان می داد.* »

چون در قسمت داؤد خان بعضی ها تبصره کرده اند که او ذاتاً یك حس قدرت طلبی داشت، مسلماً سئوالی را مطرح کرده میتوانیم که آیا نزد سردار داؤد خان چنان یك مفکوره که باید خودش روزی پادشاه شود از زمان جوانی و یا طفولیتش در دلش شگفته بود یا خیر؟ در این مورد یك تن از مأمورین بلند رتبه سابق افغانستان اظهارنظر کرده می گوید شاید یك حس قدرت طلبی در او وجود داشته باشد، اما بیشتر شرایطیکه سبب شد داؤد خان حکومت را ترك نماید او را احتمالاً به فکر قدرت گرفتن انداخته باشد. عین منبع از زاویهٔ دید داؤد خان تحلیل کرده ابراز می نماید که اوشاید با خود گفته باشد "در حالیکه ده سال صدارت را مؤفقانه گذشتانده ام و مفکوره قانون اساسی جدید را در حقیقت خودم به پادشاه پیشنهاد کرده ام حالا تصمیم گرفته اند تا مرا از قدرت دور نمایند و در انزوا قرار بدهند!؟ ".[۹]

---

۹ مصاحبه مؤرخ ٦ می ۱۹۹۸ میلادی، سکندریه، ویرجینیا، ایالات متحدهٔ امریکا.

« شاید، همین منبع ادامه میدهد، علاوه بر تشویق بعضی از دوست هایش همین حالت خود به خود او را به نتیجه آن رسانیده باشد که حرکتی را انجام بدهد...چرا واقعیت این است که اگر دیموکراسی بود باید برای همه دیموکراسی می بود وباید داؤد خان حق این را می داشت که روزی خود را کاندید کرده از راهٔ دیموکراتیك انتخاب شود. کاری که طرح کنندگان قانون اساسی کرده بودند این بود که یك آدم با سابقهٔ کار مؤفق که هنوز هم قوت و آرزوی کار را داشت خواستند او را کاملاً از صحنه بکشند: چنین یك عمل معقول نبود و خود به خود این امر قهر و عقده را ایجاد کردنی بود...».

در آن زمان یگانه پست انتخابی که در آن خود را کاندید کرده می توانست شهروالی کابل بود. چند وقت آوازه افتاد که "داؤد خان می خواهد بچوکی شهروال کابل کاندید شود" چون دیگر چوکی و مقامی برایش قائل نبودند. آوازهٔ مذکور از این نگاه جالب است که نشان میدهد مردم بطور عموم انتظار داشت تا داؤد خان بعد از خروجش از صدارت هنوز هم نقشی را در صحنه سیاسی کشور بازی کند و تصور نمی کرد او کاملاً از موضوعات سیاسی عمده دور بماند.

دقیق معلوم نیست در گنجانیدن ماده ٢٤ در طرح قانون اساسی جدید نقش خود پادشاه چه بود، اما گفته میشود در برابر داؤد خان نزد او هم از یك طرف یك نوع خوف و از طرف دیگر هم یك نوع لحاظ وجود داشت. از یك سو با هم بسیار نزدیك بودند، چون گذشته از اینکه پسران عم بودند مدت

درازی را در پاریس یکجا مصروف تحصیل بودند و علاوتاً داؤد خان با خواهر ظاهر شاه ازدواج کرده بود. از نگاهٔ مفکوروی هر دو ایشان خواهان انکشاف کشور فقیر خویش بودند، لیکن شرایط سبب شد تا از هم دور شوند. و طبعاً در آن چنان شرایط وقتیکه یك درز پیدا می شود، آنهایکه به دلایل مختلف از اتفاق موجوده بین پسران عم ناراضی بودند، موقع را مغتنم شمرده سعی ورزیدند تا درز را وسیع تر بسازند.

اساساً یك اختلاف ذاتی در کرکتر های محمد ظاهر شاه و سردار داؤد وجود داشت و آن البته سبب ایجاد اختلافات در بین ایشان میشد: پادشاه بر عکس داؤد خان بسیار قاطع و با تصمیم نبوده حتی الامکان موضوعات را به تعویق میانداخت و یك نوع نرمش در معاملات خود نشان میداد. در جریان دورهٔ خانه نشینی داؤد خان، به استثنای بعضی مواقع که داؤد خان و ظاهر شاه در یك مجلس خاص با هم روبرو می شدند (مانند فاتحه، عروسی و غیره...)، دیگر ارتباط بین آنها وجود نداشت. داؤد خان بدیدن پادشاه نمی رفت. حتی گفته میشود هر چند محمد ظاهر شاه کوشش می کرد روابط شان صورت عادی را دو باره بگیرد، سردار داؤد عکس العملی سردی در برابر وی نشان می داد[۱۰].

داؤد خان و نعیم خان

وقتیکه از داؤد خان یاد میشود، نام سردار محمد نعیم خان آناً به فکر

---

۱۰ مثلاً در سال ۱۹۶۸ میلادی کوشش شده بود تا بین پسران عم آشتی بیافتد اما بدون نتیجه.

میرسد چون از زمان دورهٔ صدارت الی دورهٔ جمهوریت او و با "آغه لاله"[11] خود صادقانه بازو داد الی الوقت که جان خود را زیر ضربه گلوله های کمونیست ها از دست داد. سردار نعیم خان همچو سایهٔ برادر خود در هر موقع با او حاضر بود و همکاری میکرد. البته در دورهٔ جمهوریت سردار نعیم خان غالباً از مسیر موضوعات نسبتاً نا راضی بود و کرسی رسمیی را در حکومت جمهوریت قبول نکرده بود اما با صداقت و خودگذری بحیث نمایندهٔ شخصی رئیس جمهور به چهار گوشه دنیا مسافرت کرد تا نظام جدید افغانستان را به جهانیان معرفی نماید و بعد تا یك سلسله کمك ها را برای تمویل پلان هفت ساله جلب نماید. به نظر این بنده، مورخین که در بارهٔ تاریخ معاصر افغانستان نوشته اند نقش سردارنعیم خان را در ساختار سیاست های داؤد خان به حد کافی در نظر نگرفته آنرا به طوریکه لازم است مورد مطالعه قرار نداده اند. من به این عقیده هستم که باید یك مطالعه در مورد این شخصیت سیاسی کشور به طور خاص ترتیب و نشر شود تا علاقمندان تاریخ و سیاست معلومات بیشتر در مورد نقش سردار محمد نعیم در پهلوی برادرش داؤد خان حاصل کرده بتوانند.

سردار محمد نعیم در سال ۱۹۱۱ میلادی تولد شده درس های خود را در مکاتب حبیبیه و استقلال تکمیل نموده به سن خیلی جوان به وظایف رسمی پرداخت. در سال ۱۹۳۰ در حالیکه او صرف دارای نزده سال عمر بود، بحیث مدیر روابط سیاسی وزارت خارجه افغانستان مقرر شد! بعد از یك دوره کوتاه مأموریت به سفارت روم (۱۹۳۲ الی ۱۹۳٤) دوباره به کابل برگرشت و به

---

۱۱ نعیم خان برادر بزرگ خود داؤد خان را در مواقع غیر رسمی "آغه لاله" خطاب میکرد.

سمت معین اول وزارت خارجه ایفای وظیفه نمود. در سال ۱۹۳۷، به عمر ۲۶ سالگی، سردار نعیم خان وزارت معارف را بدوش گرفت و در سال ۱۹۳۹ معاونیت صدارت اعظمی را نیز به مسئولیت های خود افزود. در سال ۱۹٤٦ به سفارت لندن و در سال ۱۹٤۸ به سفارت افغانستان در واشنگتن مقرر شد. بالآخره در دورهٔ ده سال صدارت سردار داؤد خان به معاونیت دوم صدارت و بحیث وزیر امور خارجه اجرای وظیفه نمود.

ناگفته نماند سردار نعیم خان هم با یك تن از خواهر های محمد ظاهر شاه – زهره – ازدواج کرده بود به شکلیکه هر دو برادر محمد داؤد و محمد نعیم در عین زمان با هم باجه بودند.

البته بعضی اوقات یك تعداد مردم تا به اهداف خویش برسند از روابط خاص این دو برادر استفاده سوء می کردند . مثلاً گفته میشود در زمانیکه نعیم خان وزیر معارف بود در حالیکه تجربه و سابقه بیشتر در این ساحه داشت، یك تعداد مسئولین آن وزارت برای هدایت گرفتن مستقیماً نزد داؤد خان می رفتند زیرا فکر می کردند او زودتر تصمیم گرفته میتواند و قاطع تر می باشد.

اگر سابقه مسلکی هر دو برادر را در نظر بگیریم، بطور جالب متوجه میشویم یکی در رشته نظامی تحصیل و بیشتر ایفای وظیفه نموده است – که عبارت از داؤد خان باشد – و دیگری اضافه تر در رشته دیپلوماتیك تجربه حاصل کرده است – که طبعاً آن نعیم خان باشد. این درست معلوم نیست که آیا رشتهٔ های مذکور بالای کرکتر هایشان تأثیر کرده بود یا اینکه بر عکس

طبعیت و خصلت شان آنها را به سوی رشته های مذکور کشانیده بود؟ داؤد خان آدمی بود راست گو. حرف خود را بدون پروا میزد. آنچه خوشش می آمد و یا بدش می آمد آنرا می گفت. یك آدم قاطع بود. اگر با کسی بد می شد غالباً تا آخر با او بد می ماند و بدی اش را فراموش نمی کرد. در مورد نعیم خان، گفته می توانیم که آدمی بود دارای سابقه و تربیهٔ "دیپلوماتیك". بعضی ها حتی کلیمه "زرنگ" را جهت تعریف شخصیت وی استعمال مینمایند و اضافه مینمایند که خیلی مشکل بود تا اصل شخصیت وی را انسان شناخته بتواند. شخص خیلی فهمیده بود و وزرأ در همان زمان می گفتند "از پیش سردار نعیم خان به آسانی گپی خطأ نمی خورد"، به این معنی که هر موضوع را به دقت می دید و ارزیابی می نمود، در حالیکه داؤد خان انسان خون گرم بود: اگر موضوعی مورد علاقه اش میبود، او یك بار احساساتی میشد. نعیم خان بر عکس آدم بسیار خون سرد بوده به ندرت بر سر احساسات می آمد.

روابط دو برادر به مرور زمان تغییر کرده بود. دورهٔ صدارت بسیار به شکل عادی و بدون مشکل گذشت. لیکن در وقت ریأست جمهوری، حتی بعضی ها می گویند نعیم خان از وقوع کودتا بی خبر بود و صرف یك شب قبل از آن در جریان گذاشته شد. سئوال در بین یك تعداد مردم پیدا شده بود که چرا نعیم خان هیچ وظیفهٔ رسمی را درحکومت قبول نکرد. غالباً علت آن عدم توافق با روند سیاسی حکومت جمهوری بود. به هر دلیل که بود، با وجود هرگونه انتقاد که داشت، سردار نعیم خان بحیث نمایندهٔ رئیس جمهور مسافرت های متعدد را انجام داد و نقش مهمی را در تعیین سیاست خارجی آن دوره بازی کرد.

در زمان جمهوریت یك تعداد اجساد در محل قلعۀ زمان خان در کابل پیدا شد که احتمالاً حکومت در قتل آن افراد مسئولیت داشت.[۱۲] هنگامیکه سردار محمد نعیم از این موضوع با خبر شد تأثر عمیق خود را چنین ابراز نمود: « من از این حکومت نفرت می برم! دیگر به من بحیث نمایندۀ این حکومت مراجعه نکنید! ». از جانب دیگر احتمال دارد دلسردی نعیم خان نتیجه کشف و شناخت یك تعداد حقایق بوده باشد؛ آن نوع حقایقیکه مردم به رئیس جمهور از روی ترس نمی گفت. حتی زمانی در کابل آوازۀ افتاده بود که سردار محمد نعیم از رفتار حکومت آنقدر نا راضی بود که میخواست افغانستان را ترك گفته به استرلیا مهاجر شود. آقای عزیز نعیم احتمال مذکور را صرف نتیجۀ افواههات بیهوده خوانده، آنرا کاملاً بی اساس شمرده تأکید می ورزد پدر مرحومش قطعاً در نظر نداشت کشورش را ترك بگوید و طوریکه واقعات ناگوار هفت ثور آن را تثبیت کرد تا آخرین لحظۀ حیات خود در پهلوی برادرش ایستاد.[۱۳]

در قسمت علاقه سردار محمد داؤد به کتاب، علم و ادبیات، نظر عمومی چنین است که موصوف به علم بحیث یك وسیله در راۀ ترقی کشور علاقه زیاد داشت اما علاقه خاص به شعر و ادب به شکلیکه زیاد وقت خود را وقف آن نماید نداشت، یا دقیق تر بگوئیم وقت آنرا نداشت. در رابطه اظهارات

---

۱۲ "حکومت" بمعنی دستگاه، بدون اینکه تشخیص شود کی در داخل آن مسئولیت این عمل را داشت.

۱۳ مصاحبه تلفونی با آقای عزیز نعیم، مورخ چهار شنبه ۲۵ اکتوبر سال ۲۰۰۰ میلادی. آقای عزیز نعیم در شهر لندن اقامت دارد.

آتی آقای محمد اسماعیل عثمان [۱۴] مؤید این موضوع میباشد: « در جریان مدت طولانی که من به دفتر ملل متحد در سویس مشغول وظیفه بودم، چند مرتبه اتفاق افتاده بود که راپور های در مورد پروژه های انکشافی ملل متحد در افغانستان یا نتیجه مطالعات آن مؤسسه را در رابطه به کدام موضوع مورد علاقهٔ سردار محمد داؤد برایشان بفرستم. در دورهٔ جمهوریت نیز، غالباً پیش از اینکه قانون اساسی جدید طرح شود، یك نسخهٔ قانون اساسی کشور سویس را نسبت به تقاضایشان برایشان فرستادم.» [۱۵] داؤد خان آدم سیاسی بود و به موضوعات روز به ارتباط سیاست کشور، منطقه و جهان علاقه فراوان داشت. او، علاوه بر برنامه های رادیو کابل، پروگرام های رادیو های بین المللی که در منطقه پخش میشد استماع می نمود. جنرال نذیر کبیر سراج در کتاب خود می نویسد که داؤد خان در بین نشریات خارجی صرف به نشریات فرانسوی علاقه داشت. آقای توریالی اعتمادی [۱۶] حکایت میکند اندکی بعد از وفات جنرال دوگول از پاریس به کابل برگشته بود و زیاد نشرات با خود برده بود. روزی مرحومه شینکی دختر سردار داؤد خان به منزلش آمد و وقتیکه مجلات مذکور به نظرش خورد، از آقای

---

۱۴ آقای محمد اسماعیل عثمان بعد از ختم تحصیالت در فاکولته حقوق کابل، در شعبهٔ ملل متحد وزارت خارجه شامل کار شد و بعد مدتی را بحیث آتشه در نمایندگی دایمی افغانستان در مقر ملل متحد در نیو یارك گذشتاند قبل از اینکه از طرف دارالنشأ آن مؤسسه استخدام گردد. در این چوکات از سال ۱۹۵٤ الی ۱۹۸۲ میلادی ایفای وظیفه نمود. آقای عثمان پسر غلام فاروق خان عثمان و خواهر زادهٔ سردار محمد داؤد میباشد.

۱۵ مصاحبه با آقای محمد اسماعیل عثمان، مورخ اول نوامبر سال ۲۰۰۰ میلادی، آرلینگتن، ورجینیا، ایالات متحدهٔ امریکا.

۱۶ آقای توریالی اعتمادی رئیس پوهانتون کابل و نمایندهٔ افغانستان در شورای اجرایهٔ سازمان یونسکو بود.

اعتمادی خواهش کرد تا اگر بتواند آنها را به پدرخود ببرد چون موصوف به دوگول زیاد علاقه داشت: یقیناً علاقهٔ داؤد خان به جنرال دوگول نتیجهٔ تأثیر فرهنگ فرانسوی و اقامت چند ساله اش در پاریس بود.

با تمرکز و توجه که به امور مربوط به وطن می پرداخت، سردار محمد داؤد تقریباً به هیچ نوع سرگرمی و یا علاقه دیگر فرصت نداشت. اگر احیاناً به شاعری علاقه میگرفت – طوریکه به اقبال لاهوری علاقه فراوان داشت – زاویهٔ دیدش سیاسی و سبب تحریك علاقه اش همچنان سیاسی میبود. آقای ضیأ قاریزاده حکایت مینماید، در حالیکه اشعار انتقادی اش وقتاً فوقتاً در نشریات "انیس"، "اصلاح"، "آریانا" ... نشر میشد، سردار داؤد خان، که در آن زمان غالباً قوماندان قوای مرکز یا وزیر دفاع بود، به آن اشعار و شیوهٔ دلسوزانه، ترقی خواه و اصلاح طلب وی علاقه فراوان گرفته بود و دنبالش یك تن از همکاران خود را فرستاده بود تا یك بار نزدش برود و با او شناخت حاصل نماید.[۱۷] عین منبع اضافه مینماید از آن روز ببعد با سردار داؤد روابط صمیمانه برقرار کرده بود بشکلیکه حتی بعضی اوقات سردار داؤد او را در مهمانخانه جلال آباد خود دعوت میکرد. آقای قاریزاده حدس می زند دلیل دیگریکه سردار داؤد اینقدر در قسمت وی توجه نشان میداد این بوده باشد که او نمی خواست قاریزتده با داکتر محمودی، میر غلام محمد غبار و حلقهٔ اشخاص متمایل به افکار چپی زیاد نزدیك شود و آنها از استعدادش استفاده سؤ نمیاند. با نمایش عین مراعات، وقتی آقای قاریزاده مریض شد و به تداوی در خارج ضرورت داشت، سردار داؤد خان

---

۱۷ صحبت تلفونی با آقای ضیا قاریزاده، مورخ ۴ دسامبر ۲۰۰۰ میلادی. آقای قاریزاده فعلاً در کانادا اقامت دارد.

او را به پاریس فرستاد و در آن شهر به سفارت افغانستان امر کرد تا ماهانه چهار صد دالر جهت تکافو مصارفش بپرداخته شود.

سردار محمد نعیم، به مقایسهٔ برادر خود، به "قلم و کتاب" زیادتر دلچسپی داشت. به دنیا به طور عموم علاقه نشان می داد. البته تأثیر کلتور فرانسوی هم زیاد در او محسوس بود اما آهسته آهسته به زبان انگلیسی و فرهنگ مربوط آن علاقه بیشتر پیدا کرده بود. آقای عزیز نعیم میگوید پدرش به مرور زمان یك کولکسیون معتبر نسخ خطی را جمع آوری نموده بود و در نظر داشت تا آن را به آرشیف ملی افغانستان هدیه نماید، اما متأسفانه موقع به آن نرسید... با اتکا به عین منبع، سردار نعیم خان همچنان یك کولکسیون کتب ارزشمند که در قرن نزدهم میلادی توسط انگلیسها در رابطه با افغانستان تحریر و طبع شده بود را دارا بود. ضمناً سردار نعیم خان به حضرت بیدل، حافظ و سایر شعرای معروف ادبیات فارسی علاقه فراوان داشت و بمطالعه آنها میپرداخت.

سردار نعیم خان به شکار، شترنج، بریدج و تینس علاقه داشت. به درهٔ چناری، قلعهٔ حشمت خان، درهٔ اشرف خان و جاهای مناسب دیگر برای شکار میرفت، بشمول وقتیکه بعضی اوقات کدام حکومت خارجی بدین منظور دعوتی از او بعمل می آورد و یا اینکه بصورت شخصی مسافرت میکرد، مثلیکه باری عازم نیپال برای شکار پلنگ شده بود. سردار نعیم خان هم به هوا خوری و قدم زدن علاقه داشت. بعضی اوقات هر دو برادر یکجا با یك دیگر جهت قدم زدن در کوچه ها و خیابان های کابل میرفتند.

سردار نعیم خان به حرفه های نجاری و میخانیکی هم علاقه داشت و به این جهت در احاطه منزلش کارخانهٔ کوچکی را ترتیب داده بود.[18] به هرجائیکه میبود، چهار طرف خود را به بسیار دقت نگاه میکرد و کوشش مینمود تا حدس بزند آن عمارت و یا آن میز... به چه شکل ساخته شده است. آدم خیلی کنجکاو بود. اما آنچه سردار نعیم خان را تکلیف میداد، و بعضی اوقات سبب اعصاب خرابی وی میشد، تکلیف کم شنیدنش بود. این تکلیف را از خیلی جوانی داشت و احتمال زیاد دارد این مشکل در دوره که وزیر معارف در کابینه سردار محمد هاشم خان بود برایش پیدا شده باشد.

در قسمت رفتار و معامله با مردم، چندین نفریکه با آنها در این مورد صحبت کرده ام متفقاً انتقاد گرفته میگویند نقص کلان نعیم خان و حتی تا حدی از داؤد خان همین بود که "با مردم – یعنی مردم عام – ارتباط نداشتند و نمی فهمیدند چطور با آنها رفتارکنند، چه قسم پیشانی خود را بگیرند، به چه قسم گپ بزنند". با مردم عادی تماس کم داشتند و مردم که به دیدن ایشان می رفت دایم کوشش میکرد خود را به طوری جلوه بدهد که آنها را خوش بسازد، بدون اینکه راز دل خود را بگوید و یا اصل نظر خود را ابراز نماید؛ یك منبع به ارتباط این موضوع چنین اظهار می نماید: « نه ایشان دل خود را به مردم باز می کردند

---

۱۸ آقای عزیز نعیم حکایت می کند پدراش به این موضوعات علاقه گرفته بود و بحیث یك تفریح در آن خود را مشغول میکرد. حتی باری یك دوربین فلزی (از نوعیکه به میل تفنگ شکاری بسته میشود ساخته بود وشیشه های آنرا نیز خودش تراشیده بود. (مصاحبه تلفونی با آقای عزیز نعیم، چهار شنبه ۲۵ اکتوبر سال ۲۰۰۰ میلادی).

و نه مردم به ایشان ». اما باز هم داؤد خان که یك آدم احساساتی بود نسبت به نعیم خان در تماس خود گرمتر بود. نعیم خان در داخل منزل و در بیرون از آن، در بین چهار دیواری فامیلی و در جمیعت بیگانگان تقریباً عین رویه را داشته برابر با خصلت خود بود. داؤد خان بر عکس در داخل خانه یا با دوست های نزدیك آدم خوش طبع و خلیقتر بود اما در خارج از آن با دیگر مردم عموماً با پیشانی گرفته، جدی و با حفظ فاصله معامله میکرد.

داؤد خان با دیدن نمایندگان و مشران اقوام که با آنها در مواقع مختلف (عید، جشن ملی ...) روبرو می شد چهره های آشنا را بجا کرده می توانست، بخصوص آنهایکه از حوزه جنوب غرب و منطقه مشرقی بودند، چون در ولایات آن ساحه کار کرده بود. در مقابل، محمد نعیم خان در موضوعات داخلی صاحب آن درجهٔ شناخت که برادرش بود به نظر نمی خورد اما در موضوعات بین المللی خیلی علاقه داشت و هم وارد بود. نعیم خان به طور عموم خود را دور میگرفت و چندان مظهر احساسات خود نمی شد: بعضاً تبصره میکنند او "محجوب" بود. به همین دلیل، افرادیکه او را به مقصد رسمی و یا شخصی ملاقات مینمودند، خود را چندان راحت احساس نمی کردند و بر عکس خود را زیر یك نوع فشار روحی احساس می کردند. چون خصلتش بود سردار محمد نعیم خان ولو که با یك چهره آشنا روبرو میشد، به آسانی از یك نوع گرفتگی خود نمی برآمد.

يك مسلمان عابد اما مخالف نقش سياسی روحانيون در جامعه

در حاليكه بعضی از مخالفين سردار داؤد خان او را "كمونيست" و مخالف دين و مذهب می خوانند، اما در مورد چگونگی روابط و معامله داؤد خان با دين اسلام و مسلمانان و علمأ گفته می توانيم او درحقيقت مردی صاحب عقيده بود. در دينداری خود شخص افراطی نبود اما يك مسلمان عادی و پابند به دين مبين اسلام بود. به مشروب، قمار و يا عياشی قطعاً علاقه نداشت و نماز خوان بود. با اين همه دينداری در مورد علمای دينی به طور عموم نظر خوب نداشت. او به اين عقيده بود كه اگر به آنها زياد موقع داده شود، آنچه در عهد امانيه رخ داده بود احتمالاً بالای خودش اتفاق افتد. به همين سبب در دورۀ صدارت خود حضرت صبغت الله مجددی را كه مقابل ايجاد نزديكی حكومت افغانستان با اتحاد شوروی ابراز نگرانی ميكرد به دليل رسمييكه او ميخواست به مهمان های دولت (خروچف و هيئت معيتی اش) صدمه برساند به حبس انداخت، چه بنظر داؤد خان نبايد روحانيون به امور سياسی دولت دخالت نمايند.

نزديكی مفكروی با امان الله خان

شاهدخت هنديه، دختر شاه امان الله، حكايت می كند با سردار محمد داؤد خان – به گفتۀ خودش "تا جاييكه حافظۀ اش ياری ميكند" – صرف دو

مرتبه مقابل شده بود. مرتبهٔ اول در ابتدای دههٔ ۱۹٦۰ میلادی بود وقتیکه سردار داؤد در جریان مسافرتش به ایتالیا، با خانم خود به عیادت ملکه ثریا در روم رفته بود و باری دیگر زمانی بود که مادرش ملکه ثریا – خانم شاه امان الله و دختر محمود بیگ طرزی – وفات کرد و جنازه اش را به کابل برای تدفین انتقال دادند. در آن موقع سردار داؤد از امیر امان الله خان خیلی تعریف و توصیف کرده بود[۱۹] و به شاهدخت هندیه گفته بود زمان برای امان الله خان مساعد نبود تا ابتکاراتش به مؤفقیت برسد اما کار روائی هایش منبع الهام به او بوده و می باشد.[۲۰]

انتخاب همکاران

در این شك نیست که سردار داؤد خان در قسمت انتخاب همکارن خود مورد خیلی انتقادات قرار گرفته است. البته هر صدراعضم یا رئیس دولت مورد همچنان انتقادات قرار میگیرد و یك تعداد مردم به دلایل مختلف از انتخاب این یا آن نفر برای اجرای وظایف عمده حکومتی نا راضایتی نشان میدهند. اما تصامیم سردار داؤد در مورد تعییناتش نسبت به دوره های قبلی و بعدی رویهم رفته و بصورت نسبی بیشتر مورد انتقاد مردم و مسئولین دولتی قرار گرفته است و تا امروز در بارهٔ آن بحث میشود.

---

۱۹ مصاحبهٔ تلفونی با شاهدخت هندیه، مؤرخ ۱۱ دسامبر ۱۹۹۹ میلادی.

۲۰ مصاحبه تلفونی با شاهدخت هندیه. یك شنبه ۲۲ اکتوبر سال ۲۰۰۰ میلادی. شاهدخت هندیه در شهر روم، ایتالیا، زندگی می نماید.

در حقیقت آنچه انتقادات یك تعداد مردم را تحریك کرده بود این است که داؤد خان در کابینهٔ خود چه در دوران صدارت خود و چه در زمان جمهوریت به یك تعداد افراد موقع داد که قبل از آن تصور نمی شد به آسانی آن نوع اشخاص به سمت های بلند وزیر و سفیر مقرر شده بتوانند. آنهایکه زیادتر توجه را به این ارتباط جلب کرده بودند افرادی بودند مثل عبدالملك خان عبدالرحیمزی که در دورهٔ صدارت داؤد خان بحیث وزیر مالیه ایفای وظیفه کرد قبل ازاینکه برطرف و بندی شود. در دورهٔ جمهوریت، چون به استثنای چند تن سابقه داران تقریباً کلیه اعضای کابینه در احراز آن نوع سمت های بلند تازه بودند، اکثر مقرری های جدید مورد انتقاد قرار گرفت. اگر بعضی از همکاران به اصطلاح "تازه دم" سردار داؤد خان با حق و یا نا حق، به دلایل مختلف، انتقادات را به خود جلب نمودند، در مقابل کسانی هم بودند که با استفاده از عین موقع و به اساس حسن نیت داؤد خان وظایف خویش را به صداقت و بدون جلب هیچگونه توجه ایفا کردند و بعضاً هم از همان زمان ببعد در صحنهٔ سیاسی کشور به شکل دوامدار و که رویهم رفته از طرف مردم مثبت تلقی و ارزیابی شده است شامل شدند: بدین جهت داکتر یوسف خان، داکتر علی احمد خان پوپل، محمد هاشم میوندوال، و امثالهم... را مثال داده میتوانیم.

در دورهٔ صدارت خود داؤد خان با در نظر داشت زمان و شرایط یك نوع تحول جدی را آورده بود چون در جملهٔ وزرأ صرف چند تن از اعضای کابینه جدید عضؤ کابینه و یا کابینه های گذشته بودند: داکتر عبدالمجید خان، جنرال عارف خان، عبدالحکیم خان شاه عالمی، داکتر غلام فاروق خان و علی

محمد خان.[21] متباقی اعضای کابینه، به شمول عبدالملك خان عبدالرحیمزی، داکتر یوسف خان، عبدالله خان ملکیار، داکتر علی احمد خان پوپل، داکتر عبدالرؤوف حیدر همه را در جمله اشخاص "تازه دم" می توان محسوب کرد؛ و این هم اگر تنها وزرأ را مثال بدهیم بدون اینکه ریأست ها و مدیریت ها را مد نظر بگیریم... این تغییر در طرز تشکیل کابینه و امور اداری خود به خود یك نو آوری جرأتمندانه از جانب داؤد خان بود. تا جاییکه توازن قوت ها ایجاد میکرد، او حلقه ای را که عادتاً دوایر قدرت را انحصار کرده بود – و بالمقابل که دولت شاهی افغانستان عادتاً بر اعضای آن برای پیشرد امور اداری خود متکی بود – قسماً شکستاند. نا گفته نماند این رفتار جدیدیکه از طرف داؤد خان انتخاب شده بود در دورۀ مشروطه هم ادامه یافت. آنهایکه در مورد انتخاب همکاران سردار داؤد در دورۀ جمهوریت به عین شکل انتقاد می گیرند اکثراً به آن عده افراد اشاره مینمایند که در دورۀ خانه نشینی اش توسط اشخاص مانند داکتر حسن شرق مستقیماً یا غیر مستقیماً با او شناخت حاصل کرده بودند و در زمان جمهوریت صاحب مقام و صلاحیت شدند و اما بعضی از آنها بلآخره کمونیستهای دو آتشه برآمدند و قدرت را به طوریکه میدانیم غصب نمودند.

در قسمت اینکه چرا سردار داؤد خان به مردم های به اصطلاح "تازه دم" بیشتر موقع میداد، یك تن از جنرال های سابقه دار افغانستان موضوع را چنان تحلیل مینماید: « من فکر می کنم یك امر طبیعیست چرا هر کسیکه در

---

۲۱ نا گفته نماند که علی محمد خان چوکی های مهم را از زمان امان الله خان به بعد اشغال کرده بود.

اینچنین موقف قرار داشته باشد خوش می داشته باشد مردمی را روی کار بیآورد که به شخصش وفادار باشد و بدین ترتیب برای خود یك " آنتوراژ" [22] ایجاد نماید(...). تربیه کردن و ایجاد حلقه مذکور هم خوبی داشت و هم نقص... به این معنی که در آن حلقه مردم خوب و خراب عیناً جمع شده بودند، به طوریکه بلآخره یك تعداد آنها سبب سرنگونی داؤد خان شدند.» [23]

بعضاً به این نظر اند که داؤد خان اصلاً خوش نداشت به مردم های با تجربه و کار فهم سر و کار داشته باشد و ترجیح می داد با مردم جوان و بی تجربه کار کند. وقتیکه کابینه جمهوری خود را تشکیل داد همکاران دورهٔ صدارت خود را "رفقای ضعیف النفس" خوانده تقریباً به هیچ یکی از آنها، به استثنای داکتر عبدالمجید خان، موقع نداد. چند تن ایشان را سفیر تعیین کرد و بس. تاحدی علت فاصله گرفتن داؤد خان از همکاران سابقش را در برداشت که او از تصویب قانون اساسی دورهٔ مشروطه داشت می توان سراغ کرد. پشتیبانی از قانون اساسی جدید از طرف یك تعداد مردمیکه با او کار کرده بودند و او برایشان موقع و مقام داده بود بالای داؤد خان تأثیر خیلی منفی کرده بود. او چنان احساس می کرد که از طرف آن عده دوستان و همکاران بی وفائی رخ داده است و به همین سبب آنها را "رفقای ضعیف النفس" نامیده بود. مرحوم سید قاسم رشتیا چند مرتبه در کتاب *خاطرات سیاسی* خود به این موضوع اشاره

---

۲۲ کلمه فرانسوی Entourage : در اینجا به معنی حلقه، اطرافیان و افراد نزدیك به شخصی استعمال شده است.

۲۳ مصاحبه با جنرال یحیی نوروز، مورخ ۷ می ۱۹۹۸ میلادی، شهر سکندریه، ایالت ورجینیا، ایالات متحدهٔ امریکا.

کرده از خفگی که از طرف سردار داؤد به این ارتباط روبرو شده بود با تأثر یاد کرده است.

نزد سردار داؤد خان وفا داری یك ارزش اخلاقی معتبر بود. او به این موضوع اهمیت فراوان قائل بود و کسانیکه چه به صداقت کامل چه ریاکارانه خود را در لباس آن صفت می پوشاندند توجه و حمایهٔ داؤد خون را به خود جلب مینمودند.

در بین وزرای نسبتاً جوان و"تازه دم" که تمایل چپی نداشتند و انتخاب شان در مقام های بلند از طرف داؤد خان مورد انتقاد یك تعداد مردم قرار گرفته بود، وحید عبدالله معین وزارت خارجه و سید عبدالاالله معاون صدر اعظم و وزیر مالیه بودند. آن عده مردمیکه انتقاد می گیرند تاکید میورزند هیچ یك از دو شخص مذکور اهلیت و کفایت وظایف خود را نداشتند و داؤد خان صرف به پاس پدر هایشان آنها را مقرر کرده بود.

پدر سیدعبدالاالله، سید عبدالله خان، پسر سید فاروق خان بود که مدتی بحیث مدیر مکتب حبیبیه و بعداً معین وزارت معارف ایفای وظیفه نموده بود. بعد از چند دوره وظیفه داری بحیث والی در گوشه های مختلف مملکت، بشمول ولایت فراه، در دورهٔ صدارت سردار محمد داؤد خان وزیر داخله شد. شخص خیلی هوشیار و جدی بود. وقتی کابینهٔ عبوری داکتر یوسف خان تشکیل شد، اولین شخصیکه کابینه را ترك گفت سید عبدالله خان بود. از اشخاص خیلی نزدیك به داؤد خان بود. پسرش سید عبدالاالله در دورهٔ خانه

نشینی داؤد خان رفت و آمد به منزل او داشت. بعد از وفات سید عبدالله خان، داؤد خان سید عبدالالله را زیر حمایهٔ خود قرار داده به وی تقریباً مقام پسر خوانده را اعطأ کرده بود. سیدعبدالالله در سال ۱۹٤٥ میلادی تولد شده، وقتیکه به وزرات مالیه مقرر شد صرف ۲۸ سال از عمرش گذشته بود.

وحید عبدالله، متولد سال ۱۹۲۹ میلادی در شهر کابل، از سادات لغمان بود. بعد از سپری یك دوره تحصیل در لیسهٔ استقلال در چوکات وزارت خارجه بحیث سرکاتب استخدام شد و بعد ها چندین دوره مأموریت را بخارج گذشتاند. وحید عبدالله در سفارت افغانستان در لندن بحیث مستشار ایفای وظیفه می نمود وقتیکه کودتای سرطان صورت گرفت. بر علاوهٔ زبان فرانسوی، او با زبان های انگلیسی و عربی نیز بلدیت داشت. پدر وحیدعبدالله، سید عبدالله خان، در زمان صدارت سردار محمد هاشم مدیر عمومی سیاسی وزارت خارجهٔ افغانستان بود و در حالیکه از سفری از اتحاد شوروی بر می گشت بصورت مشکوك وفات کرد.

وحید عبدالله نزد سردار داؤد و بخصوص نزد برداش سردار نعیم خان مقام معزز داشت. در ایام خانه نشینی آنها، وحید عبدالله احتمالاً در هفته ای چند مرتبه به دیدن هر دو برادر می رفت و آنها نیز بالمقابل خبرگیر او بودند. پیش همه روابط نزدیك وحیدعبدالله با پسران سردار محمد عزیز خان معلوم بود تا حدیکه آن سبب نارضایتی بعضی همکارانش در وزارت خارجه شده بود چه آنها چنان استنباط می نمودند که وحید عبدالله از همه موضوعات داخلی وزارت سردار داؤد را مطلع میساخت، در حالیکه راز امور وزرات از چهار چوکات و

یا احاطه آن نباید می برآمد.

بدون تردید وحید عبدالله آدم وطندوست و مخالف کمونیست ها بود. با پیروی از عقاید ترقی طلب سردار داؤد، سید وحیدعبدالله نیز علاقهٔ عجیب و غریب به خاك و وطن خود داشت. دختر مرحومی، خانم مریم سلطان، به این ارتباط خاطرنشان میشود پدرش در دروهٔ معاونیت وزارت خارجهٔ خود هرگاه از مسافرتی از خارج برمی گشت، هنگامیکه طیاره بزمین می نشست، نفس راحتی را می کشید و شکرگذار می شد به خاك خود برگشته است.[۲۴]

اما داکتر حسن شرق شخصی بودکه بدون شك خود را به مرور زمان با سردار داؤد خان نزدیك کرده رفته بود، و تقریباً تا آخر عمر سیاسی و جهانی وی برخوردار اعتماد کلی اش بود. داکتر حسن شرق در انار دره ولایت فراه تولد یافته، در کابل شامل مکتب طبی شده بود. به اتکا یك منبع، حسن شرق حمایهٔ سید عبدالله خان، که یك دوره والی فراه بود، جلب مینماید و از آن طریق به سردار داؤد خان معرفی میشود. اما حسن شرق در کتاب خود مینویسد که او در حالیکه برای بار دوم یا سوم به خاطر فعالیت هایش بحیث عضؤ اتحادیهٔ محصلین حبس شده بود، یکی از دوست های اتحادیه مذکور – عبدالواحد پسر عبدالغنی خان – خاطر نشان شده بود که بدون واسطه در بالا جای، ولو که مسئولیتش تثبیت نشده باشد، او با عین سرنوشت دایماً مواجه خواهد شد. دوست مذکور به حسن شرق پیشنهاد کرد که اگر خواسته باشد می تواند

---

۲۴ مصاحبهٔ تلفونی با خانم مریم سلطان، دختر مرحوم وحید عبدالله، مورخ ۱۱ مارچ ۲۰۰۱ میلادی. خانم مریم سلطان فعلاً در ایالت کلیفورنیا، ایالات متحدهٔ امریکا، اقامت دارد.

بلواسطه غلام حیدر عدالت، که در آن وقت بحیث معاون ریأست نقلیات ایفای وظیفه میکرد، به وزیر دفاع سردار محمد داؤد خان معرفی شود و بدین وسیله از یك نوع حمایه برخوردار شود.[۲۵]

شرق در کتاب خاطرات خود می نویسد زیر تأثیر شخصیت و دید سیاسی داؤد خان بزودی رفته بود. وی علاوه مینماید وقتیکه داؤد خان برایش پیشنهاد کرد تا در راۀ خدمت به مردم افغانستان اشتراك مساعی نمایند، حسن شرق با کمال خوشی قبول کرده به وی اطمینان داد که هر نوع رازش کاملاً محرم خواهد ماند. به اتکای نوشتۀ شرق، داؤد خان از معامله وی آنقدر راضی میشود که او را "در بغل خود میگرید".[۲۶] لهذا، زمانیکه سردار داؤد خان به صدارت مؤظف میشود، حسن شرق، که در آن وقت در خوست در قشله ای بحیث داکتر کمکی مؤظف شده بود، بحیث مدیر قلم مخصوص صدراعظم تقرر می یابد و بزودی بکابل بر می گردد. در جریان دورۀ تقریباً ده سال صدارت سردار داؤد خان، حسن شرق هم صاحب قدرت میشود و هم خود را به او نزدیك میسازد.

آنچه استنباط می توان کرد از شکلیکه شرق موضوع شناختش را با سردار داؤدخان تعریف مینماید اینست که از ابتدأ تا آخر شرق از موقف و مقام سردار داؤد برای رسیدن به مقاصد خود استفاده کرده است. داؤد خان برای

---

۲۵ حسن شرق، کرباس پوش های برهنه پا، ص ۵۰.

۲۶ حسن شرق، کرباس پوش های برهنه پا، ص ۵۱. ناگفته نماند کلمات شرق مبالغه آمیز بنظر میخورد چه داؤد خان در زمان که مطرح است به اظهار این نوع احساسات چندان عادت نداشت.

شرق حیثیت یك چتری و یا یك سپر را داشت تا بدون مخاطره به فعالیت های خود پرداخته بتواند در حلیکه در ظاهر هواخواه و همکار صادق وی خود را اعلام میکرد! اما در اوآخر دورهٔ حمهوریت سردار داؤد در مورد صداقت و مقاصد اصلی حسن شرق شك پیدا کرد و بلآخره تصمیم گرفت او را از کابل دور بسازد و بناً او را به جاپان بحیث سفیر مقرر نمود. شرق تقریباً دو هفته بعد از کودتای کمونیستی هفت ثور به کابل برگشت. سال ها بعد، هنگامیکه عسکر روس ترتیب کشیدن قسمت بزرگ قوت های متجاوز خود را می گرفت، به امید اغفال جهانیان، که گویا در کابل یك حکومت برهبری شخصیکه مستقیماً عضویت حزب کمونیست را ندارد حاکم میباشد، کاخ کرملین بتاریخ ۲۶ می ۱۹۸٦ میلادی حسن شرق را بحیث صدراعظم حکومت دست نشاندهٔ خود در پایتخت افغانستان تعیین نمود تا سیاست "مصالحه ملی" را به مؤفقیت برساند.

قدرت: هدف یا وسیله؟

با در نظرداشت سرنوشت سردار داؤد خان، سئوال پیدا میشود که رابطه اش با قدرت چه بود؟ آیا تمایل به قدرت از طفولیت در نهادش وجود داشت یا اینکه تدریجاً به آن علاقه پیدا کرده بود؟ این هم ممکن است که از روی تحلیل وبررسی اوضاع و امور کشور به این عقیده رسیده باشد که بمنظور ایجاد تحولات قطعی در امور و سبك حکومتداری کشور لازم است تا خود را شخصاً ذی دخل نماید و در صف اول قرار بگیرد؟

گفته میتوانیم غالباً به هر سه دلیل که فوقاً ذکر شده است سردار داؤد خان به قدرت و زعامت علاقه گرفته باشد. تقریباً هر کس روزی شوق اینرا می داشته باشد صاحب قدرت شود. کی نمی خواهد روزی صدراعظم، یا رئیس جمهور و یا پادشاه شود؟ علاوتاً، سردار داؤد خان، بحیث یك شخص، متوجه شده بود دارای بعضی صفات بود که یك تعداد از افراد را که در دور و پیش خود به طور روزمره میدید بنظرش از آن فاقد بودند، فلهذا این امر خود به خود در ذهن جوانیکه مقام های بلند را احراز کرده بود و در آن نوع موقف اجتماعی قرار داشت، یك احساس"قدرت طلبانه" را به مرور زمان تحریك میکرد. داؤد خان وقتیکه به همان سن جوانی، در حالیکه مدتی را در اروپا برای تحصیل گذشتانده بود، به مناطق جنوب غرب و جنوب شرق مأمور میشود و غربت و عقب ماندگی اهالی آن مناطق را مشاهده مینماید، خیلی متأثر میشود و همان است که مفکوره ترقی طلبی در ذهن و دلش عمیقاً جای میآبد و تا زمان آخرین نفسش آنرا ترك نمی کند. آقای عزیز نعیم حکایت مینماید در مراودات مکاتباتی که با برادر خود داشت، داؤد خان دایم از آن حالت عقب ماندگی که با آن اطراف کشور سردچار بود با احساست و تأثر زیاد یاد می کرد.[۲۷]

در این قسمت نوشتهٔ ما هنوز خیلی وقت است تا در مورد آنچه سردار محمد داؤد در طول زندگانی سیاسی خود انجامیده است قضاوت نمائیم اما هویداست که چه در مؤفقیت هایش و چه در نا کامی هایش، شخصیتش، خواص و خصلتش، همه نقش عمده ای بازی کرده اند و از همین لحاظ سعی نمودیم

۲۷ مصاحبه تلفونی با آقای عزیز نعیم، مورخ ۲۵ اکتوبر ۲۰۰۰ میلادی.

مختصراً در مورد آن روشنی بیاندازیم. قوتیکه کرکترش بود سردار محمد داؤد آنرا بخدمت هدف عالی ترقی کشور عزیزش انداخته بود. اگر بگوئیم او "مجذوب" افغانستان بود از واقعیت دور نمی باشد. هوش و گوشش همه به سوی کشورش بود و رسانیدن آن به مرحلهٔ رشدیکه عصر و زمان ایجاب میکرد آرزوی تمام زندگی اش بود. این آرزو آنقدر قوی بود که در بعضی اوقات همه موضوعات را مد نظر نمی گرفت و با منطق و تعقل نه بلکه با احساسات خود قضاوت می کرد، بشکلیکه آن سبب ایجاد مشکلات، مأیوسیت و بعضی اوقات ناکامی ها برایش میشد. او شخصی بود که به تجمل و مادیات قطعاً علاقه نداشت. زندگی خیلی ساده داشت. سردار محمد داؤد تمام قوت کار، تمام امکانات دماغی و تمام قوهٔ جسمانی خود را به منظور پیشبرد اهدافش صرف میکرد. هرگاه تصمیمی را گرفته بود، از هیچ نوع کوشش دریغ نمی کرد تا به هدف خود برسد.

به خاطر آنچه بود و به آنچه عقیده داشت و بلآخره به خاطر آنچه برای آیندهٔ کشور آرزو داشت، یك تعداد افراد با سوابق مختلف و دارای نیت های مختلف به دور سردار داؤد خان جمع شده بودند و که بعضاً ممد مؤفقیت هایش و برخی سبب سقوط و شهادتش شدند!...

فصل دوم

ظهور سیاسی

۱۳۱۱ الی ۱۳۳۲

روی کار آمدن خانوادهٔ مصاحبان زمینهٔ ظهور سیاسی سردار داؤد را مساعدتر میسازد

وقتیکه محمد نادرشاه[۲۸] به تاریخ ۸ نوامبر ۱۹۳۳ میلادی توسط جوانی بنام عبدالخالق در کابل کشته شد، پسرش محمد ظاهر هنوز خیلی جوان بود. چون در این مورد مقررات خاصی قبلاً تعیین نشده بود او مطمئن نبود که آیا جانشین پدرشهید خود شده میتواند یا خیر؟ چنانچه اگر در طول تاریخ بعضی اوقات اتفاق افتاده باشد که پسر کلان جانشین پدر متوفای خود شود، اکثر اوقات اعضای خانوادهٔ سلطنتی به مشورهٔ همدیگر یك تن از اعضای فامیل را که

---

۲۸ محمد نادر شاه از سال ۱۹۳۰ الی ۱۹۳۳ میلادی سلطنت نمود.

به نظرشان لایق تر آن مقام میبود تعیین میکردند.

شخص منتخب می توانست یکی از پسران، برادران و یا عم های شاه درگذشته باشد. وفات شاه و خلائی که در رأس قدرت متعاقباً ایجاد میشد اکثراً سبب تشدید رقابت های ذات البینی اعضای خانوادۀ سلطنتی میگردید. این اوضاع اکثر اوقات منجر به جنگ های خانمان سوز با عاقبت تلخ برای کشور میشد و حتی یکی از دلایل تقسیم و تفکیك سرزمین افغانستان بشمار میرود. اگر تاریخ معاصر افغانستان را مورد بررسی قرار بدهیم، به استثنای دو مرتبه، که یك بار بین امیر عبدالرحمان خان وپسرش امیر شهید حبیب الله خان وباری دیگر بین رهبران جهادی حضرت صبغت الله مجددی و جانشینش برهان الدین ربانی، که با مراعات از توافقات پیشاورصورت گرفت، دیگر انتقال قدرت هیچگاه بدون جنگ و جدال در بیشتر از یك قرن تاریخ کشورصورت نگرفته است.

امان الله خان، به احتمال غالب، در قتل پدر خود در کله گوش لغمان دست داشت، ولی جهت پوشاندن عمل خود امر دستگیری عم خود سردار نصرالله خان را، که در جلال آباد اعلان جلوس کرده بود، صادر کرد. شاه امان الله به نوبۀ خود نتواست سلسلۀ سلطنتی میراثیی را بر قرار نماید. وی با پیاده کردن اصلاحات سریع و "غرب مشرب" به زودی با قیام سقوی مواجه شده، وطن را ترك گفته به کشور ایتالیا پناه برد. حبیب الله کلکانی مشهور به "بچۀ سقأ" با یاری یك عده روحانیون معروف کشور قدرت را برای مدت کوتاه (جمعاً نه ماه) کسب نمود.

اما امیر حبیب الله کلکانی هنوز با شرینی های تخت شاهی درست مشرف نشده بود که همان روحانیون که ممد مؤفقیتش شده بودند این بار سبب بربادی و سقوط وی شدند. آنها حمایهٔ خویش را از امیر حبیب الله کلکانی برداشته به پشتیبانی سردار محمد نادر پرداختند.

لیکن نادر شاه در دوران خود از این نگاه خوشبخت تر نبود چون به تاریخ ۸ نومبر ۱۹۳۳ میلادی بدست عبدالخالق در کابل در حالیکه به شاگردان مکاتب جائزه میداد شهید شد. آن عمل انتقام جویانه در نتیجه دشمنی های که بین خانواده های "چرخی" و "مصاحبان" ایجاد شده بود صورت گرفت. غلام صدیق، غلام نبی و غلام جیلانی چرخی هر سه برادر از جمله همکاران نزدیك شاه امان الله محسوب می شدند و هر یکی از ایشان به مقام سفارت و یا وزارت ایفای وظیفه مینمودند. وقتیکه قیام سقوی آغاز یافت غلام نبی خان چرخی در ماسکو سفیر بود. غلام نبی چرخی متکی به حمایهٔ نظامی روسهای بولشیویك سرحد شمالی کشور را عبور نموده مصمم بود تا به کابل برود و بعد از شکست سقویان قدرت را دوباره به امان الله خان تقدیم نماید. لیکن چون امیر امان الله خان اعلان کرده بود از کسب مجدد قدرت شاهی صرف نظر میکند، برادران چرخی ناگذیر آشتی را با امیر جدید نسبت به در دادن جنگ جدیدی ترجیح دادند. نادر شاه تا آنها را از کشور دور داشته باشد، هر یکی از آنها را به سفارت به خارج فرستاد. بعد از بیعت به شاه جدید الجلوس، غلام نبی خان به انقره و غلام صدیق خان چرخی به برلین مقرر شدند. لیکن این حالت دیر دوام نکرد. در سال ۱۹۳۲ میلادی غلام نبی خان چرخی به افغانستان عودت نمود و اتفاقاً (یا بصورت غیر اتفاقی؟) در آن زمان یك سلسله اغتشاشات در جنوب

کشور ایجاد شد. حکومت این واقعات را به باز گشت غلام نبیی خان نسبت داده نامبرده را متهم به ایجاد آن نابسامانی ها کرد. در حضور دربار نادر شاه به غلام نبی خان به لحن بسیار زشت خطاب نموده او را ملامت به خیانت به منافع علیای مملکت نمود. لیکن غلام نبی خان آن اتهامات توهین آمیز را نپذیرفت و با تمام جرأت اظهار نمود نادر شاه خودش در حق شاه امان الله خیانت کرده است. علاوتاً نادر شاه را بازیچهٔ انگلیس ها خواند! عکس العمل نادرشاه خیلی شدید بوده، او حکم اعدام بلا فاصلهٔ غلام نبی خان را داد و همان لحظه بدون محاکمه و بدون چون و چرا او را در مقابل درباریان بتاریخ ۸ نومبر ۱۹۳۲ بقتل رسانید. این عمل عجولانه نادر شاه اساس دشمنی شدیدی را بین خانواده های مصاحبان و چرخی ایجاد نمود. چنانچه کمی بعد در شهر برلین یك تن محصل افغان به مقصد انتقام جوئی سردار محمد عزیز، پدر داؤد خان، را بکشت. در عنعنات افغانستان هست که قتل فردی انتقام را ایجاب مینماید و آن رواج به نام بدل یاد میشود. چون انتقام هم به نوبهٔ خود انتقامی دیگری را ایجاب مینماید، سلسلهٔ خون ریزی ها بعضی اوقات از نسل به نسل دیگری انتقال و به اشکال مختلف ادامه می یابد تا اینکه مصالحه ای صورت بگیرد و یا اینکه یك طرف کاملاً مغلوب شود. با مراعات این عنعنه، مورخ ۸ نومبر سال ۱۹۳۳ میلادی، یك تن جوان به نام عبدالخالق، در موقع محفلیکه برای تقدیر از شاگردان ممتاز لیسه های کابل ترتیب شده بود، با ضربهٔ مرمی تفنگچه نادر شاه را بکشت. عساکر حاضر در صحنه هیجانی شده همه شاگردان را در یك گوشه جمع کرده آمادهٔ اعدام بلا فاصلهٔ آنها شده بودند وقتیکه در آخرین لحظه یك تن مأمور هوشیار وزارت معارف رسید و مانع عمل عجولانه عساکر که از روی احساسات محض صورت میگرفت شد.[۲۹]

شهادت غیر مترقبهٔ نادر شاه موضوع انتقال تاج سلطنتی را دوباره با شدت مطرح کرد. نادر شاه صرف یك پسر نزده ساله داشت [30] که آن محمد ظاهر نام داشت و جوان خیلی بی تجربه در امور کشور داری حدس زده میشد. زیرا در این شرایط احتمال زیاد میرفت برادران شاه متوفی با یك دیگر در اشغال کاخ سلطنتی بالحرب مقابله نمایند و کشور یك بار دیگر وارد مرحلهٔ بحرانی شود. چون سردار محمد عزیز خان و نادرشاه کشته شده بودند و ظاهر شاه نا توان و خالی از هر نوع آمادگی برای گرفتن میراث پدری بود، سردار محمد هاشم خان بحیث کلان خانواده و صدر اعظم بر حال، نامزد واضح برای احراز قدرت شاهی به نظر میخورد. از سوی دیگری، شاه ولی خان، که در زمان جنگ مقابل امیر حبیب الله کلکانی با برادرخود نادر شاه همدست و هم رزم بود و میتوان گفت از هر نگاه به شاهٔ فقید نسبت به سایر برادران نزدیکتر بود، نیز خود را وارث مستحق قیادت سلطنتی میتوانست بداند. سردار شاه محمود خان که مسئولیت ادارهٔ قوای نظامی کشور را داشت نیز میتوانست با استفاده از موقف حساس سپه سالاری اش به اشغال قدرت بپردازد. نا گفته نماند یك تعداد کلان های حاضر در آن موقع خواستند به او بیعت کنند، اما شاه محمود خان قبول نکرد و دست برادرزادهٔ خود را بوسیده گفت: «تا حال او پسرم و مادونم بود، اما حالا او پدر و پادشاه من است». بلا فاصله، حضرت صاحب شور بازار فضل عمر مجددی، که در سقوط شاه امان الله و لهذا در پیروزی حبیب الله

---

۲۹ پدر مؤلف این سطور مرحوم داکتر محمد اکرم از جملهٔ همین گروه شاگردان بوده صحنه قتل نادر شاه را به چشم خود مشاهده کرده بود.

۳۰ محمد طاهر پسر بزرگ محمد نادر شاه قبلاً در پاریس در اثر مریضی فوت کرده بود.

کلکانی و بلآخره در جلوس نادر شاه سهم سرنوشت ساز داشت، باری دیگر داخل صحنه گردیده مراسم تاج پوشی فرزند جوان نادر شاه را با پشتیبانی عدهٔ از علمای معروف کابل برگذار نمود و بدین ترتیب سایر برادران شاه فقید را در مقابل یك عمل انجام شده قرار داد. اما چون شاه جدید جوان بی تجربه بود، کاکا هایش مسئولیت های دولتی را بین خود تقسیم نمودند. بر اساس این تفاهم شفاهی اعضای خانوادهٔ سلطنتی و بعد با اصدار فرمان شاهی، محمد هاشم خان در کرسی صدارت اعظمی به وظیفهٔ خویش ادامه داد و امور کشور را برای مدت تقریباً سیزده سال دیگر (از ۱۹۳۳ الی ۱۹٤٦) با دست محکم و سنگین پیش برد.

در زمان عهده داری هاشم خان موقع به ابراز آزادی های سیاسی و یا مطبوعاتی به مشکلات مشاهده میشد. مخالفین نظام حاکم بین سکوت، حبس و یا فرار اختیار داشتند. تندی هاشم خان را اگر از یك نگاه نتیجهٔ خواص ذاتی طبیعت وی می توان شمرد، از نگاهٔ دیگر آن را نتیجهٔ ترس تکرار تجارب دوره های حبیب الله خان و امان الله خان را میتوان محسوب کرد. هدف هاشم خان از همه بیشتر استحکام قدرت مرکزی، حفظ استقلال و بیطرفی کشور در شرایط خطیر جنگ دوم جهانی و در ضمن تقویت موقف فامیل مصاحبان بحیث مالك تخت شاهی بود. وقتیکه صحت محمد هاشم خان رو بخرابی رفت، بنا به مشوره های داخلی خانوادهٔ سلطنتی تصمیم گرفته شد شاه محمود خان جانشین برادر کلان خود در صدارت عظمی گردد.

شاه محمود خان خصلتاً با هاشم خان تفاوت داشت: او مرد حلیم تر و

خوش خلقتر بود. شاه محمود خان دقیقاً درك کرده بود که دیگر مردم طاقت تند رفتاری هاشم خان را نداشته به ستوه رسیده است و توقع یك تحول در طرز رفتار حکومت را دارا میباشد. صدراعظم جدید بعضی آزادی های نسبی را به مردم قائل شد و بر اساس آن یك تعداد نشریات غیر دولتی انتشار یافت همچنانکه چند حلقهٔ سیاسی به شکل انجمن های مستقل ابراز موجودیت نمودند. لیکن به زودی شاه محمود خان از حرکت خود پشیمانی نشان داد. او فکر کرد گروه های مختلف از حد لازم بیشتر از آزادی های سیاسی استفاده نموده حیات حکومتش را در خطر میاندازند. بعضی گروه ها و حلقه های اصلاح طلب حکومت را متهم به بی کفایتی نموده آنرا عامل عقب ماندگی کشور میخواندند. تغییر سیاست شاه محمود خان به تفکیك آزادی ها منتج شد. مخالفین آهسته آهسته اجباراً خاموشی را اختیار نمودند در غیر آن به حبس انداخته میشدند.

شاه محمود خان خواست برادرزادهٔ خود شاه جوان را با امور و طرز ادارهٔ کشور آشنا بسازد تا روزی قادر به رهبری مستقلانه و مختارانه مملکت خود شود. در مقابل، تربیهٔ پسران سردار عزیز خان را محمد هاشم خان بدوش گرفته بود. نا گفته نماند که سردار محمد هاشم خان و سردار محمد عزیز خان از یك مادر بودند، مستوره خانم، زوجهٔ دوم سردار محمد یوسف خان، در حالیکه نادر شاه و شاه محمود خان (همچنانکه مارشال شاه ولی خان) از خانم شرف سلطانه، زوجهٔ اول سردار محمد یوسف خان بودند.

چنان معلوم میشود که سردار محمد هاشم خان در نظر داشت تا

بردارزاده هایش جامعه افغان و طرز حکومتداری را از نزدیك و حتی الامکان به شکل عمیق بشناسند. در حالیکه توجهٔ اش زیادتر در قسمت داؤد خان به این بود که او با داخل کشور و سبك حکومتداری آموخته شود، در قسمت سردار نعیم بیشتر مرام از آموختن امور خارجه و دیپلوماتیك بود. به همین اساس، سردار داؤد خان را به وظایف مختلف در ولایات کشور میفرستاد تا از واقعات مملکت واقف گردد. حدس زده می شود هاشم خان معتقد بدین بود که محمد داؤد نسبت به پسر عم خود محمد ظاهر شاه در علم سیاست دارای استعداد بیشتر بوده و از آن لحاظ او میتوانست یك سیاستمدار لایق تر و یك "دولت مرد" مؤفق تر شود.

در این شکی نیست که نوع طبعیت سردار محمد هاشم خان بالای سردار محمد داؤد و از سردار شاه محمود خان بالای محمد ظاهر شاه بی تأثیر نبود: در حالیکه هاشم خان متعصب، جدی، حتی به نوعی ظالم و مستبد طبیعت به نظر میخورد، برعکس شاه محمود خان مرد نسبتاً حلیم و آزاد طبعیت بود و جای سئوال نیست که تا حدی خصلت و خواص داؤد خان به سوی سردار محمد هاشم خان و ازظاهرشاه به طرف سپه سالار شاه محمود خان رفته است.

آقای محمد اسماعیل عثمان، پسر غلام فاروق خان عثمان، از طفلی تا سن هجده، یعنی در طول مدتی‌که پدرش در ولایات به مأموریت دولت مؤظف بود، نزد عم مادرش سردار محمد هاشم خان زندگی کرده بود. موصوف به یاد دارد که سردار محمد هاشم خان به فامیل ارزش فراوان قائل بود و به این عقیده بود که فامیل به رهبری ضرورت دارد و در قسمت تربیه و تعلیم اعضای آن باید

توجه شود. سردار محمد هاشم خان شخصی بود که در جریان زندگی خود به مأموریت های مختلف کار کرده بود و از آن لحاظ با مردم در چهار گوشه کشور بلدیت زیاد حاصل کرده بود. این تجربه و شناختش از مردم و مملکت در اجراآتش بحیث صداراعظم سهولت بار آورده بود.[31] سردار محمد هاشم خان آدم متقی و بفرایض اسلامی پابند بود. به مشروب قطعاً دست نمی زد و مقابل آنهایکه مشروب مینوشیدند خیلی عصبانی میشد: « نزد سردار محمد هاشم خان سویهٔ اخلاق شخصی خیلی مهم بود! ».[32] آقای محمد اسماعیل عثمان علاوه مینمایند او آدم خیلی پر کار بود که حتی در وقت فراغت خود به اجرای وظایف رسمی میپرداخت. به ندرت به مهمانی ها و محافل خصوصی میرفت. اگر به منزل کسی برای دیدن میرفت، عموماً پیش از وقت نماز شام واپس رخصت میشد. بطور جالب میتوان عده ای از این خصال را در نزد سردار محمد داؤد سراغ کرد.

---

۳۱ سردار محمد هاشم خان، متولده سال ۱۲٦۵هجری شمسی، پسر سردار محمد یوسف خان بود. در دورهٔ حبیبیه نخست بحیث سر اوس و بعد در سال ۱۹۱٦ میلادی بحیث نایب سالار هرات مقرر شد. در دوره امانیه، بحیث نایب الحکومه مشرقی و جلال آباد، کفیل وزارت حرب و سفیر افغانستان در ماسکو ایفای وظیفه نمود. در عهد نادریه، برادرش محمد نادر شاه بعد از اعلان سلطنت او را به صدارت اعظمی مؤظف کرد. سردار محمد هاشم خان تا ۱۹٤٦ میلادی بحیث صدراعظم باقی ماند و بتاریخ ۲٦ اکتوبر سال ۱۹۵۳ میلادی فوت کرد.

۳۲ مصاحبه با آقای محمد اسماعیل عثمان، مورخ اول نوامبر سال ۲۰۰۰ میلادی، آرلینگتن، ورجینیا، ایالات متحدهٔ امریکا.

تأثیر تهداب نظامی در ساختار شخصیت سردار محمد داؤد

طوریکه در مورد مختصراً اشاره کردیم، به غیر از یك مدت خیلی کوتاه در چوکات وزارت خارجه دفعتاً بعد از ختم تحصیلاتش و یك دوره در سفارت پاریس در سال ۱۳۲۶، متباقی همه مأموریت های سردار محمد داؤد الی اشغال کرسی صدارت اعظمی در ساحه عسکری بود.

تأکید بر این می کنیم که سردار داؤدخان به سن خیلی جوانی به وظایف بلند و پر مسئولیت در رشتهٔ عسکری توظیف شد: در برج عقرب سال ۱۳۱۱، او برتبه فرقه مشری ترفیع یافته به قوماندانی عسکری حوزهٔ مشرقی مقرر شد و پس از یك سال، مسئولیت حکومت اعلای مشرقی را نیز به دوش گرفت؛ در سال ۱۳۱۳، برتبهٔ فرقه مشری اول ترفیع یافته نائب الحکومه و قوماندان عسکری حوزه قندهار و فراه مقرر شد؛ در سال ۱۳۱۷، رئیس تنظیمیه و قوماندان عمومی قوای مشرقی، در ماه اسد ۱۳۱۸، عهده دار قوماندانی قوای مرکز و مکتب حربی گردید و در سال ۱۳۲۵، بحیث وزیر دفاع در کابینهٔ شاه محمود خان مقرر شد. بعد از مدتی نسبت به مخالفت که با عم خود داشت کابینه را ترك کرده به پاریس بحیث سفیر رفت قبل از اینکه در برج عقرب ۱۳۲۸ به کابل برگردد و چوکی وزارت دفاع را مجدداً اشغال نماید.

طوریکه قبلاً حکایتی را در مورد یك تن مریض که نباید بالای اسپ عسکری انتقال داده میشد مثال دادیم، داؤد خان در هر موقع طرفدار انضباط عسکری محکمی بود. اگر چه در آن موقع خاص رفتار داؤد خان بسیار

سردار محمد داؤد

تصویر سردار محمد داؤد بشکل که در جریده اصلاح مورخ ۱۰ اکتوبر ۱۹۵۰ بمناسبت مقرریش به سمت وزیر دفاع در کابینه صدراعظم شاه محمود خان نشر شده بود.

سخت معلوم شد، چون یك انسان در حالت قریب الموت بود، اما عکس العملش از وابستگی خاص داؤد خان به یك خط مشی معیین که به اساس آن در هر موقع و در هر حالت می خواست نظام عسکری تطبیق شود نمایندگی می کرد. داؤد خان، تا زمانیکه قوماندان قوای مرکز بود هیچ وقت لباس عسکری خود را از تن نمی کشید. به دلیل همین قاطعیت و جدیت که نشانهٔ اش شده بود یك نوع ترس را ایجاد کرده بود. یك تن از همکاران آن دورهٔ دأود خان به فضای مذکور اشاره نموده می گوید: « البته در حربی پوهنتون تا آخرین درجه ترس از شخص داؤد خان وجود داشت! ».

یك تن از جنرال های سابق افغانستان، که در زمانیکه داؤد خان قوماندانی قوای مرکز و مکتب حربیه را در عین زمان بدوش داشت، شامل شده بود، حکایت میکند سردار داؤد در حالیکه در آن زمان هنوز خیلی جوان بود خواسته بود تا عدهٔ ای از جوانان تحصیل یافتهٔ به اصطلاح "کابلی" را در رشته عسکری جذب نماید. بدین منظور در سال ۱۳۲۳، یك گروه پانزده نفری فارغ التحصیلان، از جمله هشت تن شاگرد از مکتب حبیبیه، دو تن از مکتب استقلال، چهار تن از مکتب غازی و یك تن محصل از مکتب نجات را انتخاب کرده شامل حربی پوهنځی نمود. یك تعداد افراد شامل این گروه یا مربوط به خانوادهٔ سلطنتی بودند و یا اینکه اولاد بعضی از وزرأ یا صاحب مقام های دولت بودند. متباقی گروه نسبت به لیاقت و در عین زمان مربوط بودن به قوم پشتون انتخاب شده بودند. سیاست حکومت در آن زمان به شکل بود که شاگردان لایق سایر اقوام افغانستان عموماً به

رشته های دیگر مثل طب سوق داده میشدند و رشتۀ عسکری را، حد اقل تا جاییکه مقام های بلند مطرح بود، تقریباً به قوم پشتون اختصاص داده شده بود.

دورۀ تحصیل در حربی پوهانځی سه سال بود و محصلین در ختم آن دوره بحیث بریدمن درجه سوم فارغ میشدند. سال اول درس های عمومی میبود و دو سال دیگر را درس های مسلکی تشکیل میداد. با در نظرداشت اوضاع اقتصادی کشور، شاگردان برای تمرینات خویش به غیر از سلاح کهنه و فرسوده انگلیسی دیگر سلاح عصری بدسترس نداشتند. به اساس توافقات و نزدیکی که در زمان شاه امان الله ایجاد شده بود، درس های مسلکی زیادتر توسط استادان ترکی تدریس میشد و چون اکثر اوقات ایشان با زبان های دری یا پشتو بلدیت نداشتند، دروس شان توسط نظامیان افغان که یك دورۀ تحصیل را در ترکیه گذشتانده بودند ترجمه میشد. شاگردان پوهنځی حربی به طور عموم برای یك دورۀ تحصیل نظامی به ترکیه یا هندوستان نیز فرستاده میشدند.

زمانی را که سردار داؤد خان در چوکات عسکری گذشتانده بود علاوه بر اینکه بالای طرز رفتار و طبیعتش تأثیر کرده بود، نفوذاش را در لابلای این مؤسسه اساسی برای تحکیم هر نوع قدرت در افغانستان به منتها رسانیده بود. نا گفته نماند داؤد خان در طول عمر خود از این قدرت بمنظور پیشبرد اهداف سیاسی خویش دایم اشتفاده کرده است.

بی ثباتی سال های اخیر صدارت شاه محمود خان

وخامت روابط داؤد خان با شاه محمود خان در موضوع قضیهٔ پشتونستان

به مرور زمان روابط شاه محمود خان و داؤد خان در موضوع قضیهٔ پشتونستان تیره شده رفت. داؤد خان اصرار داشت باید افغانستان در این قضیه موقفی جدی تری را اتخاذ کند در حالیکه به نظرش صدر اعظم سپه سالار شاه محمود خان اهمیت کافی به این مسئله قائل نبود. برداشت عمومی چنان است که چون انتقادات داؤد خان تشدید یافت و او وزیر دفاع بود و در ضمن در رأس قوای مرکز قرار داشت زیاد احتمال اقدام مسلحانه ای از طرف وی میرفت، از آن لحاظ اعضای خانوادهٔ سلطنتی به این مصلحت رسیدند که یك دورهٔ صدارت را به سردار داؤد، مرد نسبتاً جوان خون گرم و پر از احساسات وطندوستانه بسپارند. اما طوریکه در صفحات این کتاب در مورد توضیح داده ایم اصلاً سردار داؤد به وظیفهٔ صدارت اعظمی از طرف شخص پادشاه با رضایت و خوشبینی تعیین شد چه در آن ایام سپه سالار شاه محمود خان با مشکلات سیاسی روز افزون مواجه بود و از طرف راست و چپ زیر انتقاد قرار داشت. سردار محمد داؤد چهل و چهار سال عمر داشت وقتیکه به تاریخ ٦ سپتامبر ۱۹۵۳ میلادی کرسی صدارت اعظمی افغانستان را اشغال کرد و در آن مقام برای مدت تقریباً ده سال باقی ماند.

در یك راپور محرمانه مورخ ۲۷ جون ۱۹۵۱میلادی سفارت امریکا مقیم کابل به مرکز (یعنی واشنگتن)، نویسندهٔ مضمون به "رقابت اساسی با داؤد" که از طرف شاه محمود خان وجود داشت اشاره می نماید. و آن تن مأمور سفارت امریکا این موضوع را در وقت یاد می نماید که شاه محمود خان در جریان سفرهایش به امریکا (جهت تداوی) و اروپا در نظر داشت به ایتالیا هم برود. دیپلومات مذکور حدس میزند شاید مرام شاه محمود خان در این سفر دیدن با پادشاه سابق امان الله خان باشد تا تأیید وی را در قسمت سیاست خود جلب نموده به آن ترتیب خوشبینی و همکاری هواخواهان او را بمقابل داؤد خان حاصل کرده بتواند.[۳۳] اگرچه جریانات بطوری انکشاف یافت که سفر مذکور به ایتالیا بشکلیکه پیشگوئی شده بود صورت نگرفت شاه محمود خان و امان الله خان در سویس با هم دیدند و، به قول یك منبع، ملاقات بین دو جانب چندان صمیمی نبود.

کلوپ ملی، وسیله ارزشمند مشق سیاسی برای داؤد خان

مدت زیاد از صدارت شاه محمود خان نگذشته بود که سردار محمد داؤد، که بسمت وزیر دفاع در کابینه عضویت داشت، بنا بر عدم موافقت با طرز و روش حکومتداری عمش، وطن را ترك گفته به سفارت پاریس مقرر گردید. ولی بعد از یك دورهٔ مأموریت به خارج دوباره به وطن عودت نمود و با

---

۳۳ مراجعه شود به اسناد وزارت خارجه امریکا، سند شماره 789.11/6-2751، آرشیف ملی امریکا، واشنگتن، ایالات متحدهٔ امریکا.

سردار محمد داؤد

LIFE

INTERNATIONAL EDITION

Vol. 5, No. 9

RUSSIA'S ANDREI VISHINSKY (CENTER) AND HIS SUPPORTERS IN U.N. SIT IN GRIM SILENCE AS DELEGATES FRIENDLY TO THE WEST APPLAU

U.N. GETS CASE OF THE WEST vs. RU

The old theory that the U.N. must not be called upon to settle fundamental disputes between the

nized Hell, Britain's Ernest Bevin, France's Robert Schuman and Belgium's Paul-Henri Spaak rose

unprecedented action. The gov ain, France and the U.S. joined

در این تصویر(بطرف بالا و چپ) نمایندگان افغانستان درحین اشتراک در جلسهٔ مؤسسه ملل متحد در ژنیوا دیده میشوند. از طرف چپ به راست: سردار داؤد، سفیر افغانستان مقیم پاریس؛ عبدالحسین عزیز، نماینده افغانستان در ملل متحد(نیو یارک)؛ اسلام بیگ خان خدایار، مستشار سفارت افغانستان در پاریس.(مجله لایف بین المللی، شمارهٔ ۲۵ اکتوبر ۱۹۴۸ میلادی، بزبان انگلیسی).

عبدالمجید خان زابلی همفکر شده یك رشته فعالیت های سیاسی را مشترکاً علیه وی براه انداختند.

آنها به طوری می اندیشیدند که نوع حکومت و نرمشیکه شاه محمود خان در پیش گرفته است نظم و امنیت مملکت را به خطر می اندازد. لذا باید قبل از آن چاره جویی شود و طریقی را به کار برد که شیرازهٔ حکومت از هم نپاشد و نظم برهم نخورد. بنا برآن باید بالای شاه محمود خان از طرق مختلف فشار آورد تا مجبور به استعفا گردد.

در مرحلهٔ اول، عبد المجید زابلی که شخص مجرب و کار آزموده ای بود، نقشه ای طرح نمود که در هیئت وزرأ و صلاحیت های آن تغییرات به وجود آید. به موجب این طرح گروپ بندی در هیئت وزرأ پیشنهاد گردید و وزارت ها به چهار گروپ تقسیم گردید به شکلیکه هر گروپ توسط یك سر گروپ اداره میگردید. سر گروپ ها عبارت بودند از علی محمد خان، محمد داؤد خان، عبد المجید خان زابلی و فیض محمد خان زکریا که هر کدام از سه الی چهار وزارت سرپرستی میکردند تا از این طریق حتی الامکان صدراعظم را بی اختیار بسازند. نوع دوم فشار بالای شاه محمود خان از راهٔ تأسیس کلوپ ملی آورده شد چه عبدالمجید خان زابلی و محمد داؤد خان با تأسیس آن و با جلب و جذب یك تعداد روشنفکران و تعلیم یافتگان و با ترتیب فعالیت های دسته جمعی شان سهم بارزی داشتند. ضمناً کلوپ ملی هنگام تأسیسش با حمایهٔ شخص صدر اعظم مرام داشت تعدادی از جوانان که در اتحادیهٔ محصلین شامل بودند جذب نماید و آنها را از تأثیر افکار چپی نجات بدهد ولی بمرور زمان

کلوپ ملی به آله و وسیله ای بدست سردار داؤد و هواخواهانش مبدل شد و بیشتر برای تنقید از سیاست های شاه محمود خان استفاده میشد.

اتحادیهٔ محصلین در سال ۱۳۲۹ هجری شمسی در اثر فعالیت های یك تعداد محصلین فاکولته های پوهنتون کابل به میان آمد، و اجازهٔ تدویر جلسات از شاه محمود خان صدراعظم حاصل و اساسنامهٔ آن تدوین گردید. کلوپ ملی سعی زیاد به خرج داد تا از بین اعضای اتحادیهٔ محصلین تعدادی را به عضویت در آن کلوپ جذب نماید ولی اعضای اتحادیهٔ مذکور چندان رغبتی به عضویت در کلوپ ملی نشان ندادند که یکی از علل مهم از هم پاشیدن آن گردید. کلوپ ملی در کار جلب دیگر روشنفکران، بخصوص اعضای ترقی طلب و عناصر که خواهان تفویض آزادی های بیشتر برای جامعهٔ کشور در داخل شورا بودند، همچنان نسبتاً ناکام ماند. در حین زمان یك عده از مأمورین دولت، از جمله عبدالحی عزیز، نقشهٔ تشکیل گروپ ها را در کابینه منافی قانون شمرده از وظایف شان استعفا دادند و دعوت شرکت در کلوپ ملی را نیز رد نمودند. از طرف دیگر صدراعظم که درك کرده بود کلوپ ملی با ظاهر دوستانه در حقیقت پایه های حکومتش را تخریب می نماید با شیوهٔ مقاومت منفی در برابر کار کلوپ مشکلات ایجاد میکرد. تا اینکه در نتیجهٔ برخوردی با صدراعظم شاه محمود خان در مورد کدام موضوع جزوی عبدالمجید زابلی مجبور به استعفأ گردید. گفته میشود عبدالمجید خان زابلی توقع داشت رفقای کلوپ (بالخاصه داؤد خان و نعیم خان) در این پیش آمد از او حمایت نموده از وظایف خود بطور همآهنگ استعفأ بدهند. اما آنها چنین نکردند.

با خارج شدن زابلی، کلوپ ملی که بیشتر با سرمایهٔ او میچرخید، به فقر مالی گرفتار آمده به تدریج از بین رفت. اما سردارمحمد داؤد و همراهان او که بعضاً مقام های بلند - بشمول وزارت ها - را به عهده داشتند، بر نفوذ شان افزوده، بلآخره صدراعظم شاه محمود خان را وادار به برگشت به حکومت سختگیرتر نمودند تا اینکه به اثر همین فشار ها و مصلحت مقام سلطنت مجبور به استعفاً گردید.

داکتر نصری حقشناس در کتاب خود [۳۴] می نویسد که چون داؤد خان " طبیعتاً با هر نوع آزادی فکر و عمل در افغانستان مخالف بود و هرگز نمی خواست هستهٔ آزادی و "دیموکراسی" در کشور جوانه زند"، او هر نوع کوشش کرد تا زمینهٔ سرنگونی شاه محمود خان را مساعد بسازد. و بهمین ارتباط، ایجاد کلوپ ملی را، که در تأسیس آن در منزل غلام فاروق خان عثمان شخص صدراعظم اشتراك داشت، در حقیقت یك دسیسهٔ داؤد خان می خواند.

حزب دیموکرات ملی (کلوپ ملی) در سال۱۹۵۰ میلادی توسط یك تعداد اراکین دولت به ابتکار نظام حاکم تأسیس گردید عمدتاً با مرام اینکه با احزاب و حلقه های سیاسی جدیدیکه اظهار موجودیت کرده بودند رقابت کرده بتواند و یك تعداد جوانان و روشن فکران را جذب نماید. اشخاص ذیل را بحیث مؤسسین این حزب معرفی کرده می توانیم:

- عبدالمجید خان زابلی، وزیر اقتصاد

---

۳۴ ش . ن . حقشناس، دسایس و جنایات روس در افغانستان از امیر دوست محمد تا ببرك ، چاپ دوم، ثور ۱۳٦۸ ، پاکستان؛ صفحات ۱۷۳ و ۱۷٤ .

- سردار محمد داؤد، وزیر حرب
- سردار فیض محمد خان زکریا، وزیر معارف
- علی محمد خان "بدخشی"، معاون صدراعظم
- غلام فاروق خان عثمان

مرکز تجمع و فعالیت حزب دیموکرات ملی ساختمانی[۳۵] بود در کابل که بعداً بنام «کلوپ ملی» مشهور گردید. مصارف فعالیت های این حزب که بنام کلوپ ملی نسبت به نام اصلی خود شهرت بیشتر یافته بود اکثراً از طرف عبدالمجید خان زابلی پرداخته میشد. منشی کلوپ ملی داکتر عبدالقیوم خان تعیین شده بود. کلوپ ملی با روی کار آمدن داؤد خان در صدارت از بین رفت ولی نه بدون اینکه به مرام خود رسیده باشد: حصول استعفای شاه محمود خان و تقرر سردار داؤد خان بعوض وی.

افشای کودتای اول حمل ۱۳۲۹

سپه سالار شاه محمود خان، در دوران صدارت خود آزادی های نسبی را به مردم قائل شد و راه و روش دیموکرات مآبانه را در پیش گرفت: از جمله انتخابات آزاد وکلای شورای ملی، آزادی جراید، نشرات و مطبوعات، تأسیس و گردهمائی های آزادانه، طرح اتحادیهٔ محصلین، کلوپ ملی و غیره میباشد.

---

۳۵ این اعمارت ملکیت سردار غلام فاروق خان عثمان بود. رجوع شود به غبار، افغانستان در مسیر تاریخ، جلد دوم صفحهٔ ۲۴۳.

اما بعداً در نتیجه فعالیت های اتحادیهٔ محصلین و کلوپ ملی، کشمکش هایکه در شورا بین وکلای اصلاح طلب و محافظه کار واقع شد، اوضاع رو به تشنج نهاده، حوادث یکی بدنبال دیگری رخ داد: مثلاً در سال ۱۹۵۰ میلادی توطئه کودتای روز نوروز.

نا گفته نماند که صدراعظم شاه محمود خان میخواست کشور را به سوی آزادی های گفتار، قلم و جراید و دیموکراسی، به صورت تدریجی و قدم به قدم رهبری کند. چنین یك فضائی برای روشنفکران، نویسندگان، و متفکران شرایط را مساعد میساخت که لا اقل در برآوردن آرزو های دیرین خویش، که دستیابی به دیموکراسی، آزادی های فکری و قلمی، انتخابات آزاد و غیره باشد، قدم های مفید و مثبت بردارند و نگذارند دست های مغرضین در آن داخل گردیده و شرایط مساعد موجوده را برهم بزنند. متأسفانه طوریکه مشاهده شد بزودی این فضأ و آزادی های محصول نسبت به دستبازی ها از بین رفت.

به روز نو روز سال ۱۳۲۹ شمسی در میلهٔ سخی، که هر سال در همین روز تجلیل میگردید و مردم کابل و نواحی آن برای گذراندن روز اول سال جدید شمسی در آنجا جمع شده میله بزرگی تشکیل میدادند و روزی سال نو را به نام "روز نهال شانی" جشن میگرفتند. و طبق معمول رئیس حکومت و اعضأی آن در میله شرکت کرده صدرعظم آنرا با بیانیهٔ خود افتتاح میکرد. در همان روز خوشی، یك عده اشخاص غالباً به سرکردگی سید اسماعیل بلخی و خواجه نعیم قوماندان امنیهٔ کابل در صدد اقدام به کودتا شده بودند. قرار بود در همین روز

حینیکه صدرعظم بیانیهٔ خود را ایراد می کند حرکت براه انداخته شود، شاه محمود خان و اعضای کابینه بقتل رسانیده شوند و متعاقباً پروگرام به طور مطروحه پیش برده شود.

میر غلام محمد غبار در جلد دوم *افغانستان در مسیر تاریخ* در مورد این حادثه نوشته می گوید این گروه سیاسی موجودیت سری داشت و به «حزب اتحاد» مسما بود. خواجه نعیم "کابلی" در دورهٔ شاه محمود خان بحیث قوماندان امنیهٔ ولایت بلخ ایفای وظیفه می نمود و در آنجا با سید اسماعیل خان بلخی آشنائی حاصل کرده بود. غبار می نویسد از مقاصد حزب اتحاد از بین بردن نظام شاهی بود.[۳۶] مبتکرین این حرکت به این عقیده بودند که بدون از بین بردن نظام موجودهٔ کشور تحولی در راهٔ ترقی و عدالت بیشتر ممکن نمی باشد.[۳۷]

شرکت کنندگان در این کودتاً بطور ذیل بودند:

سید اسماعیل بلخی؛ قوماندان خواجه نعیم؛ گلجان وردك؛ محمد ابراهیم شهرستانی، معروف به "گاو سوار"؛ سید علی گوهر غوربندی (وکیل)؛

---

۳۶ میر غلام محمد غبار، *افغانستان در مسیر تاریخ*، جلد دوم، ایالات متحدهٔ امریکا، ۱۹۹۹ میلادی،(صفحات ۲۵۸ الی ۲۶۰).

۳۷ یك منبع معتبر به این بنده در مورد بعضی افواهات که از دست داشتن سردار داؤد خان در این دسیسه منعکس شده بود اشاره کرده است. او به تاکید نظریهٔ خود خاطر نشان می شود که خواجه نعیم در وقت قوماندانی امنیهٔ کابل خود با سردار داؤد خان نزدیك بود و احتمالاً او وسیلهٔ دستوری پیشبرد این پلان شده باشد.

قربان نظر خان ترکمن، کندك مشر؛ محمد اسماعیل وکیل سرخ و پارسا؛ عبدالغیاث خان کوهستانی، مدیر لوازم مکتب حربیهٔ کابل؛ غلام حیدر بیات، کندك مشر؛ محمد حسن خان بیات، تولی مشر ماشین خانهٔ کابل؛ محمد صفر خان بیات؛ میرزا عبداللطیف خان کابلی؛ میرزا محمد اسلم خان، مدیر فواید عامه؛ و چند نفر دیگریکه تعداد و اسمهایشان دقیق معلوم نیست.[۳۸]

اشخاص فوق الذکر متهم از طرف دولت به همدستی و سازش با خارج جهت سقوط دادن حکومت افغانستان دستگیر شده به محبس انداخته شدند. گفته میشود اطلاع به راه انداختن کودتا به صدراعظم توسط یك تن از کودتاچیان – گل جان وردك – داده شده بود که در اثر آن شاه محمود خان همان روز در میله اشتراك نکرد و فردای آن همه کودتاچیان دستگیر شدند و بعضی شان الی چهارده سال در حبس باقی ماندند ولی هیچ کدام از آنها به اعدام محکوم نگردید. گلجان وردك به ضمانت میرزا محمد اسلم خان، مدیر فواید عامه، داخل حلقهٔ حزب اتحاد شده بود. غبار در کتاب خود مینویسد میرزا اسلم خان از این نگاه خیلی رنج میبرد که چرا او به این شکل فریب خورده بود و یك تن مخبر را نا آگاهانه در حلقه داخل کرده بود.

---

۳۸ میر غلام محمد غبار، جلد دوم افغانستان در مسیر تاریخ، ص ۲۴۹.
یك منبع دیگر لستی متفاوتی را در این ارتباط به نویسندهٔ این سطور داده است: سید اسماعیل بلخی؛ خواجه نعیم خان؛ قربان نظر اندخویی، صاحب منصب؛ میر علی گوهر غوربندی؛ لطیف سرباز از چند اول کابل؛ محمد اسلم خان، قزلباش جغتوئی از غزنی؛ محمد ابراهیم " گاو سوار" از هزاره جات.

بر اساس یك روایت دیگر – که توسط ع. و. ص. به نگارنده حکایت گردیده است –، سید اسماعیل خان بلخی دفعتاً دستگیر نشد چون دولت مقابل او سندی دیگر بغییر از راپوریکه گل جان وردك داده بود نداشت. لیکن وقتیکه نوبة وی رسید، بعضی خیر خواهان اطلاع پلان توقیفش را به گوشش رسانیدند تا هر چه زودتر کابل را ترك کند. لیکن او به این اعتنا نکرده بر سر جنازۀ یك تن از آشنایان حاضر شده سخنرانیی آتشین را بر ضد دولت ایراد نمود؛ زیرا او می دانست که به هر صورت دستگیر شدنی است. چون اسماعیل بلخی شخص با نفوذ در بین جامعۀ تشیع افغانستان بود، وقتیکه اعلان توقیف وی به سمع مردم رسید، یك تعداد هواخواهانش از جادۀ میوند و از چنداول به سوی ولایت کابل راهی شدند تا رهائی بلخی را بخواهند. اعتراض کنندگان در مقابل ولایت کابل تجمع کردند. پولیس امنیت اعمارت را گرفته خود را در حالت آماده باش قرار داد. والی کابل در آن ایام عبد الحکیم خان شاه عالمی بود. اوبه نمایندگان اعتراض کنندگان پیام حکومت را رسانیده به ایشان اطمینان داد که سید اسماعیل خان بلخی بعد از یك تحقیقات عادی رها خواهد شد...

اسماعیل خان بلخی یکی از رهبران اهل تشیع در شهر مزار شریف بود. او تحصیلات خود را در عراق و بعد در مشهد انجام داده، وقتیکه به افغانستان برگشت در مزار شریف سازمانی تأسیس نمود و از منورین و علمای وزین زمان خود شمرده میشد.

در اثر تظاهرات محصلین، کودتا ناکام نوروز ۱۳۲۹، و یك تعداد نابسامانی هایکه رخ داده بود، طوریکه به آن قبلاً اشاره کردیم، حکومت شاه

محمود خان بلآخره یك سلسله آزادی ها – از آن جمله آزادی مطبوعات[۳۹] – را دوباره قید نمود و در وقت انتخابات شورا یك تعداد شخصیت های به اصطلاح "اصلاح طلب" را توقیف نمود، از آن جمله میر غلام محمد غبار، میر محمد صدیق فرهنگ، برات علی تاج، عبد الحی عزیز، داکتر ابو بکر، فتح محمد، داکتر محمودی، داکتر غلام فاروق اعتمادی، داکتر عبدالقیوم رسول و یك تعداد شخصیت های دیگر بودند.

تشدید مخالفت با صدراعظم شاه محمود خان و سعود نفوذ سردار داؤد خان

وقتیکه در اواخر ماه جولائی ۱۹۵۰ میلادی فیض محمد خان از مقام وزارت معارف استعفا کرد آوازه های مختلف شنیده می شد. یکی از آن آوازه ها این بود که فیض محمد خان به اتحادیه محصلین اجازه داده بود تا پارچه ای تمثیلی را ترتیب بدهد که در آن محصلین اعضای حکومت را تمسخر نموده متهم به ترتیب دسیسه ای ساختنه بودند. حدس زده می شد که این جرأت محصلین به طبع دولتمردان زمان نبوده بعد از توقیف بعضی از شاگردان، فشار بالای فیض محمد خان آورده شد تا استعفای خود را تقدیم نماید. اما آوازه ای دیگر هم موجود بود که گویا در مجلسیکه فیض محمد خان با نمایندگان

۳۹ صدر اعظم شاه محمود خان قانون مطبوعات را لغو نکرد بلکه با استفاده از مواد آن یك تعداد نشریات را منع کرد.

ONLY ENCLOSURE TO DESPATCH 131 AMEMBASSY, KABUL, 10/17/50

ISLAH Oct 17, 1950

DECLASSIFIED

Sardar Mohammad Daud Khan, the Minister of War, who will be Acting Minister of Interior until the new Minister of Interior returns to Kabul.

وزرای محترمیکه جدیدا داخل کابینهٔ والاحضرت سپه سالار غازی گردیده وبامورهای جدیدی راحایز شده‌اند

The new Ministers who have been appointed to HRH the Prime Minister's Cabinet and have assumed their new duties.

H.E. Dr. Abdul Majid Khan, Minister of Education

H.E. Mohd Naoroz Khan, Minister of Finance

H.E. Abdul Ahad Khan, Minister of Interior

H.E. Mohd Hayder Khan Hossaini, Minister of National Economy

H.E. Mohd Akram Khan Prunta,

H.E. Dr. Gholam Farouk Khan, Acting Minister of Health

H.E. Mir Said Qasem Khan, Acting Minister of Justice

تغییرات و مقرری های جدید در کابینه سپه سالار شاه محمود خان - اکتوبر ۱۹۵۰ میلادی. (جریدهٔ اصلاح مورخ ۱۷ اکتوبر ۱۹۵۰ م - آرشیف وزرات خارجه امریکا).

سردار محمد داؤد : وزیر دفاع؛ داکتر عبدالمجید خان : وزیر معارف؛ محمد نوروز خان : وزیر مالیه؛ عبدالاحد خان : وزیر امور داخله؛ محمد حیدر خان حسینی : وزیر اقتصاد ملی؛ محمد اکرم خان پرونتا : وزیر فواید عامه؛ داکتر غلام فاروق خان : سرپرست وزارت صحیه؛ میر سید قاسم خان : کفیل وزارت عدلیه؛ نعیم خان ضیائی : وزیر معادن.

اتحادیه محصلین دایر کرده بود، بعضی از محصلین نصیحت های او را گوش نکرده حتی جسماً او را تهدید نموده بودند و ازاینرو فیض محمد خان خیلی متأثر شده بود و دیگر نمی خواست بحیث وزیر معارف ایفای وظیفه نماید.

در راپوریکه لیویس دریفوس [۴۰] سفیر امریکا در کابل تحریر کرده است، او هم در مورد تأثر فیض محمد خان اشاره می نماید و مینویسد در موقع ملاقاتی با سفیر امریکا فیض محمد خان گفته بود از موجودیت یك اتحادیه محصلین و اینکه به آن اجازهٔ قانونی داده شده است خوش است، اما از اینکه یك عده محصلین آن انجمن را از حد زیاد سیاسی ساخته اند خیلی متأسف خود را نشان داد. به اساس همین راپور، فیض محمد خان در این مورد به سفیر امریکا چنین گفته بود: « باید حد خود را بفهمند! ».[۴۱]

علامهٔ ازدیاد روز افزون قدرت سردار محمد داؤد خان را در یك راپور دیگر سفارت امریکا در کابل که در مورد تعیین شدن میوندوال به ریأست مطبوعات بتاریخ ۳ مارچ ۱۹۵۱ میلادی تهیه شده بود ملاحظه کرده می توانیم. راپور مذکور اشاره می نماید که تبصره ها در کابل در این مورد چنان وانمود می نماید که قدیر خان تره کی به علت اینکه به شخص شاه محمود خان خیلی نزدیك بود و در جراید دولتی "انیس" و "اصلاح" تعریف های زیاد صدر اعظم را

---

۴۰ Louis Dreyfus

۴۱ مراجعه شود به اسناد وزارت خارجه امریکا، سند شماره 789.13/7-2750، آرشیف ملی امریکا، واشنگتن، ایالات متحدهٔ امریکا.

می کرد (و ضمناً راپور اضافه می نماید که او تعریف خود و اعضای فامیل خود را نیز از حد زیاد مینمود!...) سبك دوش شد.[۴۲] راپور سفارت می نگارد فردای بعد از اعلان استعفای تره کی، مدیر اخبار "اصلاح" آقای فیروز و مدیر جریدهٔ "انیس"، آقای حیران، هر دو وظیفه های خود را بدون اطلاع قبلی به رسم اعتراض ترك نمودند. مؤلف راپور می نویسد تقرر هاشم میوندوال توسط پادشاه نتیجهٔ رقابت های داخلی خانوادهٔ شاهی می باشد و چنان معلوم می شود که انتخاب میوندوال به اساس پیشنهاد داؤد خان شده بود. راپور مذکور هم یاد آور میشود که میوندوال تا این مقرری بحیث مشاور مطبوعاتی پادشاه ایفای وظیفه می نمود و برخوردار نیکبینی مقام سلطنتی بود.[۴۳]

سوء قصد مقابل ظاهر شاه

صرف تقریباً دو سال بعد از اینکه توطئهٔ کودتای نوروز در نطفه خنثی گردید، نظام کشور بازهم تهدید شد. اینبار شخص پادشاه هدف عاملین سؤ قصد قرار گرفته بود: در راپوری محفوظ سفارت امریکا در کابل مورخ ۲۰ نوامبر ۱۹۵۲، یك تن مأمور آن سفارت می نویسد که به استنادگذارش شفائی یك تن از اعضای خانوادهٔ شاهی، درجریان شکاریکه به خاطر آن پادشاه خارج

---

۴۲ بنقل قول یك منبع سردار محمد داؤد قدیر تره کی را بنظرخوب نمی دید و حتی باری تهدید کرده بود که یا تره کی در کابینه به وظیفهٔ خود ادامه میدهد یا او.

۴۳ مراجعه شود به اسناد وزارت خارجه امریکا، سند شماره 789.13/3-1051، آرشیف ملی امریکا، واشنگتن، ایالات متحدهٔ امریکا.

از پایتخت رفته بود، پنج تن اشخاص نا معلوم دامی را ترتیب داده پادشاه را هدف مرمی های خود قرار دادند، اما سؤقصد ناکام شد و در نتیجه سه تن از مجرمین قتل شدند در حالکیه دو تن دیگر توانستند نجات یابند. نویسندۀ راپور میافزاید این موضوع کاملاً محرم بوده و به آگاهی مردم قطعاً افشأ نشده است. او حتی چنان حدس می زند که به دلایل نا معلوم مسئولین واقعی این دسیسه هیچگاه شناخته نخواهند شد.[۴۴]

سئوالی در اینجا مطرح می شود که چرا محرر راپور چنان یك حدس را می زند که هیچ وقت این موضوع افشأ نخواهد شود؟ آیا دلیلش این خواهد بود که در مورد افراد عامل این سؤ قصد معلومات کافی بدسترس نبود و از آنرو موضوع نا حل باقی خواهد ماند یا دلیل دیگر این بوده که افراد شامل دراین قضیه از طرف حکومت قابل افشأ کردن نبودند؟...

تأثیر قضیۀ پشتونستان بر روابط خارجی افغانستان

در راپور محرمیکه برای رئیس جمهور امریکا، هاری ترومن،[۴۵] جهت آمادگی وی قبل از ملاقاتش با شاه محمود خان تهیه شده بود به چندین موضوع مهم اشاره شده بود.[۴۶] رسماً راپور از طرف وزیر خارجه دین اچیسن[۴۷] برای

---

۴۴ مراجعه شود به اسناد وزارت خارجۀ امریکا، سند شماره 789.11/11-2052، آرشیف ملی امریکا، واشنگتن، ایالات متحدۀ امریکا.

۴۵ هار ترومن (Harry Truman)، رئیس جمهور امریکا از سال ۱۹٤٥ الی ۱۹٥۳ بود.

استفادۀ رئیس جمهور تحریر شده بود. باید گفت که شاه محمود خان اصلاً برای تداوی عازم امریکا شده بود و اکثر وقت خود را در شهر بالتیمور میگذشتاند. شاه محمود خان، طوریکه معمول است، خواست از موقع اقامتش ولو خصوصی استفاده نماید تا با مسئولین امریکائی ملاقات و تبادله نظر نماید. چنانچه وزارت خارجۀ امریکا با در نظرداشت مشوره های شعبۀ آسیای جنوبی اش، بتاریخ ۲٤ اپریل ۱۹۵۱ ملاقاتی را با رئیس جمهور ترومن و وزیر خارجه دین اچیسن ترتیب داد.

در راپور مذکور، که مورخ ۲۳ اپریل ۱۹۵۱ برای استفادۀ رئیس جمهور ترومن، مؤلف و یا مؤلفین یاد آور شده بودندکه تقریباً چهار سال قابل، بتاریخ ۸ اگست ۱۹٤۷، در عین شرایط شاه محمود خان با رئیس جمهور امریکا ملاقات نموده بود و به تعقیب آن افغانستان سعی کرده بود تا کمك امریکا را در راۀ رشد اقتصادی و اجتماعی خود جلب نماید. در نتیجۀ ملاقات اولی، در سال ۱۹٤۸ نمایندگی سیاسی امریکا در کابل به مقام سفارت ارتقی یافت؛ تعداد محصلین افغان که عازم امریکا برای تعلیم شدند زیاد شده رفت؛ موازی با این همه، جهت همکاری با حکومت افغانستان و سهم گرفتن در پروژه های انکشافی آن، تعداد روز افزون بیشتر پرسنل فنی و تعلیمی امریکائی وارد افغانستان شدند. در قسمت همکاری های اقتصادی و تخنیکی، شرکت موریسن

---

۴۶ مراجعه شود به اسناد وزارت خارجه امریکا، سند شماره 789.13/4-2351، آرشیف ملی امریکا، واشنگتن، ایالات متحدۀ امریکا.

۴۷ دین اچیسن (Dean Acheson) وزیر خارجه در حکومت هاری ترومن بود. اچیسن متولد سال ۱۸۹۳ میلادی بوده در سال ۱۹۷۱ وفات کرد.

کنودسن [۴۸] برای پیشبرد پروژۀ وادی هلمند استخدام شد و یك اعتبار بیست و یك ملیون دالری از طرف بانك صادرات ـ واردات امریکائی (اکسپورت ـ ایمپورت بانك) [۴۹] جهت خریداری مواد لازمه برای اعمار سرك ها و تقویت پروژه های آبیاری به حکومت افغانستان مهیا شد.

از نگاۀ سیاست داخلی، راپور مذکور موقف و سیاست شاه محمود خان را ستایش نموده می گوید که با وجود موقف حساس کشورش از نگاۀ سوق الجیشی، حکومت شاه محمود خان مؤفق شده است تا یك نوع استقرار را حفظ نماید و جلو کمونیزم را بگیرد.

تا جاییکه سیاست های منطقوی و خارجی افغانستان مطرح است، وزیر خارجۀ امریکا ابراز رضایت نموده می نویسد افغانستان در قضیه تقسیم آب هلمند، که در حدود هفتاد و پنج سال بین دو کشور لاینحل مانده بود، پیشنهادات و مشوره های امریکا را پذیرفته حاضر شده است با ایرانی ها دور میز برای مذاکره بنشینند. اما اچیسن در قسمت قضیۀ پشتونستان و حالت بن بست آن تأثر نشان داده امید وار میشود که " افراد میانه رو" – و شاه محمود خان را در آن جمله شامل می نماید – برای آن قضیۀ جنجالی یك راۀ حل یافته بتوانند.

در آخر راپورخود به ترومن، اچیسن به او هوشدار میدهد که امکان دارد

---

۴۸ Morrison-Knudsen

۴۹ Import-Export Bank

صدر اعظم افغانستان از امریکا همکاری و امداد های اقتصادی، تخنیکی و نظامی مطالبه نماید. در آن صورت باید به او جواب داده شودکه در قسمت نظامی امریکا به سیستم دفاع دسته جمعی مطابق به منشور ملل متحد عقیده دارد و در ساحه اقتصادی حکومت امریکا اندکی منتظر خواهد شد تا نتیجهٔ همکاری های فعلی را مشاهده و بررسی نماید قبل از اینکه تصمیم دیگری ـ که غالباً مثبت خواهد بود ـ در مورد بگیرد.

در اوآخر ماهٔ اپریل ۱۹۵۱، درحالیکه شاه محمود خان هنوز هم در امریکا بود، یك دورهٔ مذاکرات مقدماتی بین نمایندگان پاکستانی و جانب افغانی در مورد قضیهٔ پشتونستان در کابل آغاز یافت. این مذاکرات شکل ابتدائی را داشته، اساساً به مقصد بررسی پلانیکه امریکائی ها و انگلیس ها طرح نموده بودند دایر شده بود. راپور های که از کابل به واشنگتن میرسید، حد اقل در این مرحله، جانب پاکستانی را به مشکل پسندی و خواستار وارد تغییرات زیاد در پلان ها متهم میکرد. به این ارتباط، یك تن مستشار سفارت انگلستان در واشنگتن از آقای ماتیوز،[۵۰] مدیر بخش آسیای جنوبی وزارت خارجهٔ امریکا، خواهش نمود تا شاه محمود خان را تشویق نماید هر چه زودتر به کابل برگردد تا در حصول یك فیصلهٔ نهای مؤثر واقع شود. ماتیوز به آن تن دیپلومات انگلیس پاسخ داد که اولاً نزاکتاً خیلی مشکل میباشد به شاه محمود خان گفته شود امریکا را بقصد وطنش زودتر ترك کند و ثانیاً در این مرحله در حالیکه پاکستان

---

۵۰ فریمن ماتیوز (۱۸۹۹ - ۱۹۸۶) (Freeman Matthews) در موقع که در اینجا ذکر شده است بحیث رئیس بخش آسیای جنوبی وزارت حارجهٔ امریکا ایفای وظیفه مینمود اما بعد به صفت های معین، کفیل وزارت خارجه و سفیر هم کار کرده است.

به تمامیت، محتوی و ذهنیت پیشنهاد امریکائی ارزش قائل نمی باشد، چرا عجله نشان داده شود؟ ماتیوز در آخر راپور خود اضافه می نماید دیپلومات انگلیس مذکور با وجود اینکه از جوابش راضی نبود، با آن موقفش را دقیقاً درك کرد.[۵۱]

بتاریخ ۱۵ جون ۱۹۵۱، شاه محمود خان امریکا را ترك گفت و به طرف انگلستان حرکت نمود. در اوآخر ماه جون سال مذکور حکومت پاکستان به شاه محمود خان پیشنهادکرد، چون در نظر دارد توسط کشتی از اروپاً به طرف افغانستان عودت نماید، به عوض اینکه از طریق بندر بمبئی و هندوستان بر گردد، بهتر خواهد بود با استفاده از دعوت رسمی پاکستان از طریق کراچی وارد خاك افغانستان شود. این دعوت رسمی مقامات پاکستانی از طرف امریکائی ها و انگلیس ها یك گام مهم و مثبت در راۂ بهبود روابط دو کشور و دریافت راۂ حل برای قضیۂ پشتونستان تلقی می شد. اما دعوت مذکور با جواب رد از طرف شاه محمود خان مواجه شد. شاه محمود خان پذیرفتن چنان دعوت را، در یك وقتیکه مذاکرات نسبت به رویۂ لجوجانه پاکستان در بن بست مانده بود و در حالیکه در داخل افغانستان طرفداران پشتونستان آزاد – به شمول سردار داؤد خان – روز بروز احساسات خویش را بطور شدیدتر ابراز مینمودند، نا معقول دانست.

جواب شاه محمود خان آنقدر امریکائی ها را متأثر ساخت که در حالیکه در موقع شروع مسافرت صدراعظم افغانستان یك فروند طیارۂ خود را به

---

۵۱ مراجعه شود به اسناد وزارت خارجه امریکا، سند شماره 789.13/5-251، آرشیف ملی امریکا، واشنگتن، ایالات متحدۂ امریکا.

خدمتش گذاشته بودند تا بتواند از کابل به دهلی بدون اشکال پرواز نماید، و در حالیکه تا چند روز قبل از جواب رد شاه محمود خان آماده بودند عین پیش آمد را با وی در موقع بازگشتش نمایند، بعد از انکشاف مشرح سفیر امریکا در کابل، جورج میریل،[۵۲] به وزیر خارجهٔ خود در واشنگتن می نویسد که چون صدر اعظم افغانستان دعوت پاکستان را به این شکل رد کرده است، دیگر نا مناسب می باشد سفارتش طیارهٔ خود را به خدمت او بگذارد. نویسندهٔ راپور علاوه می نماید اگر چنان درخواست از طرف جانب افغانی اظهار شود، جواب داده شود طیاره زیر ترمیم میباشد و بدین ترتیب معذرت خواسته شود![۵۳]

اما با وجود نظر منفی آن تن مأمور، از طرف مرکز – یعنی واشنگتن – به سفارت های مربوطه در منطقه هدایت داده شد که اگر صدر اعظم افغانستان خواهان استفادهٔ طیارهٔ امریکائی بین دهلی و کابل شد، باید برایش جواب مثبت داده شود.[۵۴] ولی شاه محمود خان، که البته از این مراودات مابین امریکائی ها خبری نداشت، بالآخره از راهٔ زمین به افغانستان برگشت بدون اینکه مذکراتی را با پاکستانی ها انجام بدهد...

---

۵۲ جورج میریل (George Robert Merrell) سفیر امریکا در افغانستان در سال ۱۹۵۱ میلادی بود.

۵۳ مراجعه شود به اسناد وزارت خارجه امریکا، سند شماره 789.13/7-2451، آرشیف ملی امریکا، واشنگتن، ایالات متحدهٔ امریکا.

۵۴ مراجعه شود به اسناد وزارت خارجه امریکا، سند شماره 789.13/7-2451، آرشیف ملی امریکا، واشنگتن، ایالات متحدهٔ امریکا.

عجیب این است در حالیکه وزارت خارجهٔ امریکا پاکستان را متهم به ناکامی مذاکرات کابل می دانست، توقع اش از جانب افغانی این بود که از موقف خود بگذرد و بدون در نظرداشت سیاست های داخلی و خارجی خویش آمادهٔ مفاهمه با نمایندگان کراچی شود!

استعفای شاه محمود خان از صدارت اعظمی

در شروع سال ۱۹۵۳ میلادی، اکثر اعضای خانوادهٔ شاهی به کابل جمع شده بودند. بعضی ها از سفر ها و دیگرانی از سفارت های خویش عودت نموده بودند. مارشال شاه ولی خان از لندن و نعیم خان از واشنگتن بکابل باز گشته بودند و سردار داؤد نیز از سفریکه به لندن جهت اشتراك در مراسم تاج پوشی ملکه جدید انگلستان الیزابط دوم انجام داده بود به پایتخت کشور دوباره عزیمت کرده بود. یك راپور سفارت امریکا در رابطه تبصره میکند چون واضحاً حکومت شاه محمود خان با یك تعداد مشکلات مواجه و زیر فشار مخالفین خود قرار دارد، این حالت باعث تحریك "خواسته های قدرت طلبانه" اعضای خاموادهٔ سلطنتی شده است.[55] راپور ادامه میدهد که حتی در بعضی حلقه های دیپلوماتیك کابل، بعلت اینکه با سابقه و محبوبیت که در میان قبایل سمت جنوبی داشت، و از این لحاظ او یگانه شخصیتی بود که میتوانست قضیهٔ پشتونستان را به طور آبرومندانه حل نماید، مقرری مارشال شاه ولی خان را به

---

۵۵ مراجعه شود به اسناد وزارت خارجه امریکا، سند شماره 789.11/3-553، آرشیف ملی امریکا، واشنگتن، ایالات متحدهٔ امریکا.

صدارت پیشگوئی می نمودند. ناگفته نماند عین حلقه های سیاسی خارجی در کابل به تأسی از افواهات شنیده شدهٔ "سر چوك"، تعیین شدن داؤد خان را بحیث صدر اعظم کشور از طرف پادشاه هم بعید نمی دیدند...

در حالیکه در مصاحبه ای منتشره در یکی از جراید کابل به تاریخ ۲۱ اگست ۱۹۵۳ میلادی،[۵۶] شاه محمود خان ظاهراً با اطمینان به خبرنگار پاسخ می دهد که به هیچ صورت در نظر ندارد استعفای خود را به پادشاه تقدیم نماید و حتی تأکید میورزد این موضوع اصلاً مطرح نیست، اما باز هم از لابلای جواب هایش و از فضای که در آن زمان خلق شده بود چنان استنباط میشد که ختم وظیفه اش دور نبود.

درحقیقت اگر جریانات چند سال قبل از این انکشافات در نظر گرفته شود، علایم دیگری نمایانگر تعضیف تدریجی شاه محمود خان هم دیده میشد:

– تغییرات وارده در کابینهٔ شاه محمود خان در جریان تقریباً دو الی سه سال قبل از استعفایش قدرت روز افزون مخالفین وی را نشان می داد؛

– مداخلهٔ بتدریج بیشتر شخص پادشاه در امور حکومت؛

– پادشاه، بعد از بازگشت صدر اعظم شاه محمود خان ازخارج، غالباً بخاطر اوضاع نا مساعد ناشی از وخامت روابط داخلی اعضای خانواده سلطنتی، سفرش را به حج بتعویق انداخت.

---

۵۶ مراجعه شود به اسناد وزارت خارجه امریکا، سند شماره 789.13/8-1553 و ضمیمهٔ آن، آرشیف ملی امریکا، واشنگتن، ایالات متحدهٔ امریکا.

طوریکه یك تن دیپلومات سفارت امریکا به آن اشاره می نماید، بار اول است که یك صدراعظم افغانستان مجبور می شود در مطبوعات کشور ـ که تحت ادارۀ دولت بود ـ از موقف خود و از چوکی خود دفاع نماید. راپور می نگارد که آوازه های استعفای وی آنقدر زیاد شده بود که بلآخره شاه محمود خان مجبور شد آن مصاحبه را ترتیب بدهد. آن مأمور سفارت امریکا می نویسد به گمان اغلب برای بار دیگر در موقع جلسات خاندان سلطنتی در ارگ شاه محمود خان زیر حمله و انتقادات داؤد خان، نعیم خان و احتمالاً شاه ولی خان قرار گرفته باشد، اما صدراعظم توانسته باشد از موقف خود دفاع نماید و در نتیجه به اتفاق آرأ و البته با توافق پادشاه این مصاحبه را ترتیب داده تا آوازه ها و تبلیغات سوء را خاموش نماید.[۵۷] اما برای خاموش کردن آتش نا وقت بود و اندکی بعد استعفای شاه محمود خان توسط رادیو کابل به تاریخ ٦ سپتمبر ۱۹۵۳ اعلان شد.

در یك راپور سری، سفیر امریکا مقیم کابل، آنگوس وارد،[۵۸] می نویسد استعفای شاه محمود خان و مؤظف شدن داؤد خان برای تعین کابینه جدید نتیجۀ مؤفقیت گروه مرکب از هاشم خان، داؤد خان و شاه ولی خان می باشد. آنگوس وارد ادامه میدهد چون در اختلافیکه پیدا شده بود شاه محمود خان در اقلیت مانده بود او مجبور شد یا تصمیم فامیل را قبول نماید یا موضوع

---

۵۷ مراجعه شود به اسناد وزارت خارجه امریکا، سند شماره 789.13/8-1553 و ضمیمۀ آن، آرشیف ملی امریکا، واشنگتن، ایالات متحدۀ امریکا.

۵۸ آنگوس وارد (Angus Ward) سفیر امریکا مقیم کابل از سال ۱۹۵۲ الی ۱۹۵٦ میلادی بود.

را بیرون از فامیل بکشد و در صدد جلب پشتیبانی مردم دیگر شود. لیکن آنگوس وارد می افزاید شاه محمود خان حاضر نبود تا به خاطر منافع شخصی خود موقف یحیی خیل را ضعیف نماید و خطر این را که خانواده اش در نتیجهٔ این کشمکش ها قدرت را از دست بدهد قبول نماید.[۵۹]

سفیر امریکا مقیم کابل در تبصره های خود می نویسد اگر صدراعظم جدید سردار محمد داؤد در ساحه اقتصادی از همکاری عبدالمجید خان زابلی استفاده بتواند، زیرا امکان زیاد دارد نسبت به شاه محمود خان مؤفق تر شود. اما در ساحات اجتماعی و سیاسی دیپلومات مذکور حدس می زند که او پیرو خط مشی تند محمد هاشم خان خواهد بود و آن نرمش و اعتدال که چند وقت شاه محمود خان بوجود آورده بود از بین خواهد رفت. از نگاۀ سیاست بین المللی، موصوف بقدرت رسیدن داؤد خان را یك مانع بزرگ در راۀ حل قضیهٔ پشتونستان خوانده حتی پیشگوئی می نماید که اگر موقف های گذشته سردار داؤد در این مورد مد نظر گرفته شود، احتمال تخریب بیشتر روابط بین دو کشور ذی دخل – یعنی افغانستان و پاکشتان – وجود دارد.

در راپور محرمانه مورخ ١٤ سپتامبر ١٩٥٣ سفارت امریکا در کابل به طور مختصر لیکن واضح اشکال مهم را که حکومت داؤد خان به خود میتوانست بگیرد از نظر میگذراند. چنانچه در قسمت سیاست خارجی کابینه جدید، در نقطه شماره چهار آن راپور بطور خیلی جالب پیشگوئی شده است که

---

۵۹ مراجعه شود به اسناد وزارت خارجه امریکا، سند شماره 789.13/9-853، آرشیف ملی امریکا، واشنگتن، ایالات متحدهٔ امریکا.

داؤد خان....

- " آلمان ها را ستایش می کند" و بناً با آنها روابط نزدیك داشته و تجارت را تشویق خواهد کرد؛

- انگلستان را دوست ندارد؛

- با امریکائی ها سرد می باشد لیکن تغییری در نوع روابط بین دو کشور پیش بینی نمیشود؛

- روابط با فرانسه به عین شکل باقی میماند؛

- کدام تمایل به سوی اتحاد شوروی دیده نمی شود اما سیاستش در این قسمت تابع شرایط خواهد بود (!).[۶۰]

در همین راپور محرم، بصورت خیلی دلچسپ تحلیل شده است که پادشاه شخصاً زمینهٔ روی کار آمدن داؤد خان و حلقه اش را به این دلیل مساعد ساخت که آن تحول مطابق به "پلان دیرینه اش برای بدست آوردن قدرت واقعی" میباشد.[۶۱] اگر به راپور و تحلیل سفیر امریکا مقیم کابل اعتبار قائل شوم، بر عکس آنچه معمولاً خوانده و شنیده میشود، مؤظف شدن سردار داؤد خان به کرسی صدارت اعظمی در سال ۱۹۵۳ میلادی مخالف ارادهٔ پادشاه نه بلکه مطابق به پلان هایش بود!

---

۶۰ مراجعه شود به اسناد وزارت خارجهٔ امریکا، سند شماره 789.13/9-1453، آرشیف ملی امریکا، واشنگتن، ایالات متحدهٔ امریکا.

۶۱ مراجعه شود به اسناد وزارت خارجه امریکا، سند شماره 789.13/9-1453، آرشیف ملی امریکا، واشنگتن، ایالات متحدهٔ امریکا.

جلسه وزرأ در عمارت گلخانۀ صدارت. به طرف دست چپ سردار داؤد: علی محمد خان؛ عبدالله ملکیار؛ داکتر علی احمد پوپل؛ سید شمس الدین مجروح؛ غلام محمد شیرزاد؛ عبدالحی عزیز. به طرف راست داؤد خان: سردار محمد نعیم؛ داکتر محمد یوسف؛ سید عبدالله خان؛ کبیر خان؛ داکتر سهیل؛ محمد مرید خان.

سردار محمد داؤد صدراعظم از کتابخانه فاکولته سیانس کابل دیدن می نماید (سال ۱۹۶۱ یا ۱۹۶۲ م؟). از طرف راست به چپ: رئیس فاکولته سیانس غفار خان کاکر، استاد فاکولته سیانس شکور خان ولی، سردار داؤد و عثمان خان انوری رئیس پوهنتون کابل.(کولکسیون شخصی عبدالله خان ملکیار).

فصل سوم

صدارت اعظمی

۱۳۴۲ - ۱۳۳۲

(۱۹۶۳-۱۹۵۳ میلادی)

آغاز صدارت اعظمی داؤد خان

داؤد خان به تاریخ ٦ سپتمبر ۱۹۵۳ میلادی به صدارت تعیین گردید و دو هفته بعد به تاریخ ۲۰ سپتامبر ۱۹۵۳ کابیهٔ خود را اعلان کرد. در آن حکومت برای برادر خود نعیم خان وزارت خارجه و به خود وزارت داخله را تخصیص داد و به کرسی وزارت مالیه، عبدالملك خان عبدالرحیمزی را مقررنمود. عبدالملك عبدالرحیمزی در اصل یك صاحب منصب عسکری بود که در ترکیه در رشتهٔ محاسبه و حمل و نقل تخصص گرفته بود. داؤد خان او را از دورهٔ وزارت دفاع خود می شناخت و مورد اعتماد خود قرار داده بود. صدر

اعظم جدید میخواست به وسیلهٔ موصوف سیاست اقتصادی جدید را متکی بر پلان گذاری پیاده کند. در قدم اول هدف از انکشاف بخشیدن چوکات های اقتصادی وسیع، تجهیزات صنعتی و وسایط حمل و نقل کشور بود.

به منظور تقویت قوای مسلح افغانستان داؤد خان در سال ۱۹۵۳ میلادی از امریکا درخواست همکاری نظامی را نمود. وی می خواست اردوی کشور آماده باشد تا در صورتیکه اغتشاش مسلح یا جنگی با پاکستان بالای قضیهٔ پشتونستان در گیرد با اوضاع مؤفقانه مقابله کرده بتواند. اما در برابر بی اعتنائی مقامات امریکائی، داؤد خان به سوی اتحاد شوروی نگاه کرد. در حقیقت روس ها از وخیم شدن روابط افغانستان با واشنگتن خوش بودند و اشتباهٔ دیپلوماسی امریکا را به نفع خود استعمال نمودند. در نتیجه، به منظور تجهیز سریع اردوی افغانستان، حکومت سردار داؤد در ماهٔ اگست ۱۹۵۶ میلادی موافقتنامه ای را با عده ای از کشوران عضؤ پیمان وارسا جهت خریداری اسلحه به بهای ۲۵ میلیون دالر امریکائی امضأ نمود.

صدراعظم جدید احساس میکرد تا به اهداف که به خود و مملکت خود گذاشته است رسیده بتواند به کمك های مالی و تکنولوژیکی کشور های پیشرفته ضرورت دارد، به عین شکلیکه برای مؤفق شدن در قضیه پشتونستان به حصول اسلحه عصری و پشتیبانی دیپلوماتیك احساس نیازمندی میکرد. اگر از نگاهٔ اقتصادی با جذب کردن کمك های شوروی و ادامهٔ همکاری امریکا سیاست صدراعظم جدید نسبتاً کامیاب بود، بر عکس در جلب همکاری نظامی زمام داران واشنگتن ناکام ماند. طوریکه به آن در صفحه دیگری این کتاب

اشاره کرده ایم، قبل از سردار محمد داؤد عمش شاه محمود خان هم در این تلاش خود از امریکا دست خالی برگشته بود، در حالیکه امریکا در سال ۱۹۵۳ به مستفید ساختن پاکستان از کمك های نظامی خود شروع کرده بود. در ختم سال سال ۱۹۵۳، ریچارد نیکسن، معاون رئیس جمهور امریکا به کابل مسافرتی انجام داد و مکرراً از مقامات افغانی خواست تا در قضیهٔ پشتونستان تغییر موقف نمایند و بار دیگر درخواست افغانها را مبنی بر حصول کمك های نظامی رد نمود. نیکسن به استدلال زمام داران افغانی اعتناء نکرده آنها را اجباراً به طرف اتحاد شوروی کشانید. سیاست خارجی امریکا در آن زمان بنام سیاست "کانتینمنت"[۶۲] یاد میشد و توسط جون فاستر دالس – و قبل از او توسط دین اچیسن – وزیر خارجهٔ آن کشور رهبری میشد. سیاست مذکور در نظر داشت اتحاد شوروی و متحدین آن را، که در پیمان وارسا هم عهد شده بودند، توسط یك کمربند وسیع امنیتی متشکل از پیمان های نظامی "کشور های آزاد" محاصره نماید. مشهور ترین این پیمان هاپیمان "ناتو"[۶۳] است که امریکا و کشور های اروپای غربی را احتوا می کرد. پیمانیکه کشور های مناطق شرقی واقع در آسیا را دربر میگیرد زیر مخفف "سانتو" شناخته شده است. در پیمان اخیرالذکر، در حالیکه افغانستان هم مرز شوروی بود، به شکلیکه اگر آن قدرت تصمیم حرکت بجانب جنوب را می گرفت در خط اول هر نوع خطر افغانستان قرار میگرفت، امریکا ترجیح داد تا پاکستان را شامل آن احتلاف(سانتو) بسازد و افغانستان را در انزوا قرار بدهد.

---

۶۲ کانتینمانت : Containment

۶۳ Northern Atlantic Treaty Organization (NATO)

امروز همه ناظرین و متخصصین موضوعات سوق الجیشی اتفاق نظر در این مورد دارند که اگر امریکائی ها این سهو را نمی کردند – یعنی اجتناب از مهیا ساختن کمک های نظامی و یا حد اقل فروختن اسلحه به شرایط مناسب و با درنظر داشت امکانات اقتصادی افغانستان و احترام به نیازمندی امنیتی حکومت آن – داؤد خان با حفظ روابط همجواری حسنه هیچگاه نزدیکی را که مبالغه آمیز تلقی شده است با اتحاد شوروی اختیار نمی کرد. در رابطه اینجا ذکر دوباره کلمات آن تن دیپلومات امریکائی مقیم کابل که با کمال واقعت بینی و هوشیاری پیشگوئی کرده بود که در نظریات صدر اعظم جدید سردار محمد داؤد "کدام تمایل به سوی اتحاد شوروی دیده نمی شود اما سیاستش در این قسمت تابع شرایط خواهد بود"[۶۴] لازم میبینیم و افسوس میخوریم چرا واشنگتن این هوشدار را مد نظر نگرفت...

اعلان کابینهٔ

بتاریخ ۲۰ سپتامبر ۱۹۵۳ میلادی کابینه صدر اعظم جدید سردار محمد داؤد با تشکیل ذیل توسط رسانه های خبری اعلان شد:

- سردار محمد داؤد، صدرعظم و وزیر داخله
- علی محمد خان، معاون اول صدارت

---

۶۴ مراجعه شود به اسناد وزارت خارجهٔ امریکا، سند شماره 789.13/9-1453، آرشیف ملی امریکا، واشنگتن، ایالات متحدهٔ امریکا.

- سردار محمد نعیم، معاون دوم صدارت و وزیر خارجه
- جنرال محمد عارف خان، وزیر دفاع ملی
- داکتر عبدالمجید خان، وزیر معارف
- عبدالملك عبدالرحیمزائی، کفیل وزرات مالیه
- عبدالحکیم خان شاه عالمی، وزیر فواید عامه
- داکتر غلام فاروق خان، وزیر صحیه
- داکتر محمد یوسف، کفیل وزارت معادن
- محمد مرید خان، سرپرست وزرات مخابرات
- صلاح الدین سلجوقی، رئیس ریأست مستقل مطبوعات
- میر محمد یوسف خان، رئیس ریأست مستقل زراعت
- سید شمس الدین مجروح، رئیس ریأست مستقل قبایل.

قابل تذکر است که چند تن از اعضای کابینه جدید عضوء کابینه و یا کابینه های گذشته هم بودند: داکتر عبدالمجید خان، جنرال عارف خان، عبدالحکیم خان شاه عالمی، داکتر غلام فاروق خان، علی محمد خان، سردار محمد نعیم و طبعاً خود سردار محمد داؤد که در دورهٔ صدارت سپه سالار شاه محمود خان بحیث وزیر دفاع ایفای وظیفه کرده بود.

سیاست خارجی

مسئلهٔ پشتونستان

در اوآخر قرن نزدهم میلادی فشار روز افزون امپراطوری های بریتانوی و روسی سبب شد تا افغانستان برای حفظ جان و استقلال خود قبول کند تا بعضی گوشه های خاك خود را از دست بدهد. چون شهزاده ها اکثراً مشغول جنگ با همدیگر بودند و متوجه منافع ملی نه بلکه متوجه اهداف قدرت طلبانهٔ خود سرگرم بودند، انگلیس ها از ضعف دولت مرکزی افغانستان بهره برداری اعظمی مینمودند. در سال ۱۸۷۷ میلادی، نائب السلطنه بریتانوی در هندوستان به اطلاع امیر شیر علی خان رساند که سرزمین های دیر، سوات، باجوور و چترال دیگر از مربوطات افغانستان نه بلکه از مربوطات امپراطوری بریتانوی بشمار میرود، بدون آنکه امیر شیر علی خان بتواند عکس العمل جدیی نشان بدهد و با بی حیائی انگلیس ها مقابله صحیح و مناسب نماید. در سال ۱۸۹۷ میلادی با امضای توافقنامهٔ مشهور گندمك، امیر یعقوب خان ـ پسر شیر علی خان ـ، چون میزان قوت ها به فایده اش نبود و او بیشتر در صدد استحکام قدرت خود بود، چه در بقای آن و خود اعتماد نداشت، چند قسمت دیگر خاك افغانستان را به انگلیس ها ناچار تسلیم کرد. در این توافقنامه که در تاریخ کشور یك لکه ننگین گذاشته است سرزمین های که اکثراً امروز مربوط به بلوچستان پاکستانی میباشد از خاك افغانستان جدا شد. از سوی دیگر انگلیس ها در آن زمان سرحدات شمال شرقی سلطهٔ خود را تا حدود خیبر پیش آوردند.

عبدالرحمان خان، که در سال ۱۸۸۰ میلادی بعد از جنگ های پی در پی با رقبای خود جلو قدرت را محکم بدست گرفت، بیشتر از همه پریشان تهدیدات امپراطوری های روس و انگلیس بود و در هراس این بود که ممکن یکی ازاین سلطه های توسعه طلب به سوی افغانستان حرکت کند و استقلال کشورش را غصب نماید. اگرچه ترس و احتیاط وی متوجه هر دو همسایهٔ خطرناك و حریس "زمین خور" بود، اما عبدالرحمان خان بیشتر نگران سرحدات شمالی کشور بود. او فکر میکرد تا جلو توسعه طلبی آنی روسیه تزاری را گرفته بتواند باید به برقراری روابط صمیمانه تر با انگلیس بکوشد. چنانچه به این عقیده بود اگر این سیاست را مؤفقانه پیاده کرده بتواند موضوع سرحدات بین دو کشور به خوبی حل خواهد شد. انگلیس دایماً از فعالیت های اغتشاش آمیز قبایل سرحدات پشتون نشین شکایت داشت و به بهانهٔ استقرار امنیت و خاتمه بخشیدن به این تهاجم های سریع و غیر مترقبه اقدام به لشکر کشی ها و حمله برخاك افغانستان میکرد. زیرا چون حکومت افغانستان در موقف ضعیف قرار داشت احتمال اشغال دو طرفه کشور توسط قشون های تزاری و بریتانوی بعید نبود. اما چون امیر عبدالرحمن خان بهیچ صورت نمیخواست مملکتش به این سرنوشت نا مقصود برسد، او خواست افغانستان موقف یك کشور بیطرف را اتخاذ نماید و منحیث یك دیوار بین هر دو سلطه رقیب قرار گیرد.

به این مقصد، مورتیمر دیوراند،[۶۵] وزیر امور خارجه حکومت بریتانوی

---

۶۵ هانری مورتیمر دیوراند(Henry Mortimer Durand)، ۱۸۵۰ - ۱۹۲٤ میلادی، وزیر امور خارجهٔ حکومت هندوستان تحط سلطهٔ بریتانوی بود.

هندوستان، در رأس هیئتی در ماهٔ نومبر ۱۸۹۳ میلادی جهت تعیین سرحدات افغانستان و هندوستان بریتانوی وارد کابل شد. در موافقه ایکه بتاریخ ۱۲ نوامبر ۱۸۹۳ بین جانبین صورت گرفت، امیرعبدالرحمن خان در حقیقت از ادعای تسلط افغانستان بالای یك تعداد مناطق پشتون نشین و بلوچ نشین صرف نظر کرد. البته در زمان های امیر شیر علی خان یا امیر یعقوب خان انگلیس مناطق زیاد را اشغال کرده عملاً از ادارهٔ کابل آنرا قبلاً کشیده بود. اما در آن زمان اکثراً پادشاه های افغانستان به این عقیده بودند که چنان باخت ها مؤقتی میباشد و بمجردیکه شرایط مناسب تر می شود دو باره تعرض میکنند و مناطق اشغال شده را از زیر یوغ انگلیس کشیده میتوانند. بنظر بعضی موریخین، عبدالرحمن خان هم بهمین نظر بود وموافقهٔ را که امضأ کرده بود زیاده تر نتیجه یك حالت دفاعی بود و او در فکر خود از آن سرزمین های ماور الخط دیورند به هیچ وجه صرف نظر نکرده بود. به هرشکلیکه تعبیر امیر بوده باشد، تعیین آن مرز و درج آن بروی کاغذی سندی بود بدست انگلیس و متأسفانه آن سند تا امروز با وجود مخالفت رسمی افغانستان دارای یك نوع اعتبار میباشد. وارثین سلطنت افغانستان، چون شرایط – یعنی میزان قوت ها – به نفع ایشان نبود، تا زمان استقلال هندوستان موضوع را چندان بالا نکردند. علاوتاً جنگ های اول و دوم جهانی افغانستان را دو باره زیر فشار آورده بودند به شکلیکه حکومت افغانستان از موجودیت آن سرحد تا حدی خوش بود چه از نگاهٔ بین المللی آن مرزی واضح بود که باید انگلیس برآن تجاوز نمیکرد. در عین حال سرحدات شمالی کشور تا حدی در آخر قرن نزدهم با حکومت تزاری و تا حدی با حکومت شوروی بعد از شکست مجاهدین بخارا توسط توافقنامه های تعیین گردیده بود. نسبت به خطریکه از جنوب و شمال متوجه اش بود، افغانستان همین رفترا را،

یعنی اجتناب از مطرح کردن هر نوع ادعا به ارتباط موضوعات مرزی، تا زمان استقلال هندوستان و بعداً تجزیۀ آن بین پاکستان و هندوستان ادامه داد.

در سال ۱۹٤٤ میلادی همینکه معلوم شد لندن مصمم هست هندوستان آن نگین گرانبهای تاج امپراطوری بریتانوی را رها کند، حکومت افغانستان به نائب السلطنه لویس مونتباتن یاد آور گردید دولتش می خواهد خاك های را که انگلیس ها در جریان قرن نزده و ابتدای قرن بیست غصب کرده بودند دوباره بدست بیآورد. انگلیس به درخواست افغانستان جواب منفی داد. اما وقتیکه موضوع تجزیه قارۀ هند بین مسلمانها و هندو ها در سال ۱۹٤۷مطرح شد، حکومت دهلی از موقف حکومت افغانستان، چون به نقص پاکستان تمام میشد، دفاع کرد. وقتیکه در اجلاس جامعه ملل متحد اخذ عضویت توسط پاکستان به رایگیری گذاشته شد، افغانستان وهندوستان یگانه کشور های بودند که رای مخالف دادند. با وجود آن، کابل وکراچی سر از سال ۱۹٤۸ میلادی روابط دیپلوماتیك را به سویه سفارت ها برقرار نمودند. لیکن گشایش سفارتخانه ها به معنی بهبود روابط دو کشور منتج نگردید. بر عکس روابط دو کشور همسایه بشکل روان بود که احتمال مقابله نظامی بعید نبود. حکومت های هر دو کشور سعی می ورزیدند تا پشتیبانی و همکاری خان و خوانین مناطق سرحدی را حاصل نمایند. در سال ۱۹٤۹ میلادی، جهت پخش تبلیغات، پاکستان یك دستگاه رادیو را بنام "رادیو افغانستان آزاد" فعال ساخت. حکومت افغانستان هم در کوشش های خود برای تضعیف حکومت همسایه و بخصوص برای ایجاد اوضاع شورشی در ولایت شمال غرب، و در مرکز آن پیشاور، سیاست های مشابه را براه انداخته بود. چهرۀ سرشناس استقلال طلبان پشتون پاکستان خان

عبدالغفار خان بود که از طرف کابل برخوردار کمك های نقدی و تسلیحاتی قابل ملاحظه بود.

بتاریخ ۲٦ جولائی ۱۹٤۹ میلادی، در لویه جرگه ایکه در کابل بمقصد جلب حمایهٔ نمایندگان کشور از سیاست حکومت در قبال قضیهٔ پشتونستان دایر شد، اعلان شد که کلیهٔ معاهدات و توافقات گذشته و حاضر که به منافع پشتون ها ضرر میرساند ملغی است. به این اساس موافقه خط دیورند (۱۸۹۳) و توافقات ۱۹۰۵، ۱۹۱۹ (راولپندی) و ۱۹۲۱ که آنرا تأییدمیکرد همه اهمیت و اعتبار خود را از دست داد. دراتخاذ این تصمیم، استدلال کابل این بود که اولاً توافقات مذکور را حکومات گذشتهٔ افغانستان زیر فشار امضأ کرده بود و ثانیاً آنرا با دولت استعماری بریتانوی عقد کرده بود و طبعاً نه با پاکستان که هنوز وجود نداشت! زیرا چون انگلیس دیگر بحیث طرف در منطقه وجود ندارد معاهدات مذکور خود بخود فسخ شده محسوب میشود.

در سال ۱۹۵۰ میلادی پادشاهٔ افغانستان محمد ظاهر شاه یك سلسله سفرها را به کشور های فرانسه، مصر، عربستان سعودی، عراق و بالآخره ایران انجام داد. در بغداد از ۲۱ الی ۲۵ مارچ اقامت کرد. در موقع یکی از ضیافت های رسمی که به افتخارش از طرف حکومت عراق ترتیب یافته بود، ظاهر شاه به ارتباط موضوع قضیهٔ پشتونستان هم چند کلمه را در بیانیهٔ خود تخصیص داد. سفیر امریکا مقیم بغداد، کروکر، موقف شخص پادشاهٔ افغانستان را در این مورد "معتدل و معقول" یافت ولی در عین زمان اظهار تأسف به این کرد که پادشاه به غیر از صبر و حوصله دیگر راهی برای حل موضوع پیشنهاد نمی کند. کروکر

می افزاید وقیکه با علی محمد خان، وزیر خارجه افغانستان، صحبت کرد، چنان برایش وانمود شد که نظریات او نسبت به نظریات شخص پادشاه در مورد قضیهٔ پشتونستان قاطع تر میباشد. چند سطر بعد در عین راپور خود سفیر امریکا می نویسد "امکان دارد مشاورین پادشاه ملی پرست تر باشند" و، جهت اصرار بر این موضوع، زیر این کلمات خط کشیده شده است.[۶۶]

جالب و قابل تذکر است که در جریان این سفر های خود پادشاه به عربستان سعودی هم توقف کردنی بود و به مناسبت اقامت مهمان با قدر خود، مقامات آن کشور قصر جدیدی را با مصرف چشمگیر آباد نموده بودند. اکثر مواد آن از هندوستان و انگلستان توسط طیاره وارد شده بود و مسئول ساختمانی و مهندسی آن یك تن سرمایه دار به نام بن لادن تعین شده بود! همان بن لادن که پسرش با گروهی از هواخواهان عرب نا مطلوب خود در افغانستان بعد از سقوط حکومت کمونیستی، در شرایط که در اینجا لازم نیست در مورد آن تشریح داده شود، پناه یافت.

البته افغانستان در قسمت تثبیت حق خود در قضیهٔ پشتونستان از هر نوع سند استفاده تبلیغاتی اعظمی مینمود: دراسناد وزارت خارجه امریکا در مورد مکتوبیکه از طرف رئیس جمهور اندونیزیا سوکارنو به مولوی غیرت گل عضؤ ملی جرگهٔ پشتونستان فرستاده شده بود راپوری تحریر شده است. در آن مکتوب که در حقیقت از طرف منشی عمومی وزارت خارجه اندونیزیا به نمایندگی از

---

۶۶ مراجعه شود به اسناد وزارت خارجهٔ امریکا، سند شماره 789.11/3-2350 ، آرشیف ملی امریکا، واشنگتن، ایالات متحدهٔ مریکا.

سوکارنو تحریر شده است، مؤلف صرف در یك چند سطر معمولی، مطابق به آداب دیپلوماسی، از اینکه به مناسبت روز ملی کشورش مولوی غیرت گل تبریکیه ای فرستاده بود اظهار ممنونیت میکند. اما چنان معلوم می شود این خط را مسئولین افغان به شکلی معرفی نموده بودند که گویا علامهٔ به رسمیت شناختن پشتونستان توسط کشور اندونیزیا میباشد. و از این لحاظ متن آن پیام در جریدهٔ اصلاح مورخ ۱۱ فبروری ۱۹۵۰ میلادی بنشر رسیده بود.[۶۷] همینکه مأمور سفارت امریکا از یك تن دیپلومات اندونیزیائی مقیم کابل پرسید که آیا این تعبیر جراید افغانی صحیح است یا خیر، آن شخص (به نام صابر) جواب داد که نه خیر! متن آن مکتوب معنی تعبیر شده را قطعاً افاده نمیکند و افزود کشورش نمی خواهد در این مورد طرف واقع شود. دیپلومات اندونیزیائی موصوف به جانب مقابل امریکائی خود تشریح داد که با در نظر داشت حساسیت موضوع و به دلیل اینکه سؤتفاهمی رخ ندهد جوابیه از طرف شخص سوکارنو عنوان شخص مولوی غیرت گل تهیه نشده بود.

بعد از قتل صدراعظم پاکستان لیاقت علی خان در ماهٔ اکتوبر ۱۹۵۱ میلادی روابط دو کشور وخیم تر گردید زیرا قاتل او پشتون بود. لیکن به علت اینکه حکومت افغانستان هر نوع مسئولیت را در این واقعه رد کرد و در عین حال مقامات پاکستانی خواهان تشدد اختلافات که توان منجر شدن به مقابلهٔ نظامی را دارا بود نبودند و از آن لحاظ حرف حکومت افغانستان را بدون چون و چرا قبول کردند.

---

۶۷ مراجعه شود به اسناد وزارت خارجهٔ امریکا، سند شماره 789.02/3-150 آرشیف ملی امریکا، واشنگتن، ایالات متحدهٔ امریکا.

در مجادله اش با کابل در موضوع این قضیه، پاکستان خواست با ایجاد مشکلات در ساحهٔ واردات و صادرات افغانستان، آنرا زیر فشار اقتصادی و فلهذا زیر فشار سیاسی قرار بدهد. چنانچه در سال ۱۹٤۹ میلادی، افغانستان عملاً با یك محاصره (راه بند) اقتصادی از طرف پاکستان مواجه شد. اگرچه رسماً مقامات پاکستانی موضوع را رد میکردند لیکن در ساحهٔ عمل به پولیس گمرك بندر کراچی امر داده شد تا به بهانه های مختلف کار تجار افغانی را به تأخیر اندازد. در آن زمان اکثر مال التجاره افغانستان از طریق بندر کراچی وارد و صادر میشد، منجمله میوه جات تازه که تحمل انتظار زیاد را زیر آفتاب سوزان گدام های در هوای آزاد نداشت. در حالیکه افغانستان با مشکلات جدی مواجه شده بود، اتحاد شوروی پیشنهاد کرد تا اموال تجارتی افغانی را از طریق خاك خود بدون محصول عبور کند. حکومت افغانستان این پیشنهاد را بخوشی پذیرفت و معاهده ای بین هر دو کشور در سال ۱۹۵۰ میلادی در این جهت امضأ گردید که متعاقباً در سال ۱۹۵۵ در موقع سفر نیکولای بولگانین و نیکیتا خروچف بکابل تمدید شد.

چون اوضاع به شکل روز افزون بحرانی تر میگردید، دولت افغانستان خواست طی لویه جرگه ای حمایهٔ نمایندگان اقشار مختلف ملت را در پیشبرد سیاست خود کسب نماید. حکومت از نمایندگان که از تاریخ ۲۰ الی ۲۵ نوامبر ۱۹۵۵ در کابل گردآمده بودند اجازهٔ ادامهٔ سیاست جاری خود را در

صدر اعظم محمد داؤد خان با خان عبدالغفار خان، چهره سرشناس استقلال طلبان پشتون پاکستان (کابل).

قبال قضیهٔ پشتونستان همچنانکه اجازهٔ خریداری اسلحه از خارج را خواست و گرفت. در آن زمان موقف کابل از تقاضای استقلال مطلق یا الحاق آن سرزمین به افغانستان مبدل به تقاضای حق تعیین سرنوشت برای پشتون ها و بلوچ های آنسوی خط دیوراند شده بود. این موقف را در سال ۱۹۵٤ میلادی سردار نعیم خان طی سفریکه به کراچی منحیث وزیر خارجه انجام داده بود به حکومت پاکستان ابلاغ کرد.

از ۱۵ الی ۱۸ دسمبر ۱۹۵۵ میلادی، نیکولای بولگانین و نیکیتا خروتچف، رهبران جدید اتحاد شوروی بعد از مرگ یوسف ستالین، عازم کابل گردیده بنیاد روابط نزدیك با حکومت افغانستان را بگذاشتند. در جریان این سفرمسئولین روسی حمایهٔ خود را از موقف افغانستان در قضیهٔ پشتونستان همچنانکه فراهم ساختن یك اعتبار صد ملیون دالری را اعلان کردند. مورخ ۱٦ دسامبر ۱۹۵۵ میلادی، در یکی از بیانیات خود در کابل، بولگانین، صدراعظم شوروی، در این مورد موقف کشورش را چنین توضیح کرد: « ما موقف افغانستان را در قضیهٔ پشتونستان درك میکنیم. اتحاد شوروی طرفدار یك راهٔ حل معتدل برای آن قضیه میباشد؛ که آن بدون در نظرداشت منافع حیاتی مردم آن سرزمین عادلانه حل شده نمی تواند.»[۶۸]

رسیدن خروتچف به قدرت بعد از مرگ ستالین مرحلهٔ جدیدی را در

۶۸ مآخذ: سفر های دوستانه به کشور های هندوستان، برما و افغانستان، بیانیه های نیکولای بولگانین و نیکیتا خروتچوف، شرکت نشرات به زبان های خارجی، ماسکو، ۱۹٥٦ میلادی؛ بزبان فرانسوی.

شکل روابط شوروی با کشور های دیگر افتتاح کرد. هدف از این سیاست جدید جلوگیری از پیشرفت پلان محاصره سوق الجیشی، که طی آن امریکا و متحدین آن میخواستند مانع توسعه نفوذ اتحاد شوروی و سرایت کمونیسم شوند، بود.[۶۹] بدین منظور ماسکو توجهٔ خود را طرف کشور های که عضؤ هیچ یك از پیمان ها نبودند پرداخت. با فراهم ساختن کمك های اقتصادی، مهیا نمودن قرضه های مناسب و یا با فروش اسلحه که سایر کشور ها برایشان حاضر به فروختن نبود (مثل افغانستان و یا مصر) ماسکو تلاش داشت تا کشور های بیطرف را جلب نماید.

حرکت ممالك غیر منسلك از طرف ماسکو مثبت تلقی گردید. وقتیکه در ماه اپریل ۱۹۵۵ یك تعداد کشور ها در هندونیزیا در شهر باندونگ جلسه نموده خواستند با ایجاد این حرکت دنیا را از سیستم دو قطبی نجات بدهند، رهبران جدید کرملین احساس کردند اهداف ضد استعماری این حرکت با مرام سیاست نوین شان اساساً مغایرت ندارد و بر عکس می تواند در مسابقه بین المللی بر ضد امریکا کمك مؤثر واقع شود. افغانستان و صدر اعظمش سردار محمد داؤد در مورد ایجاد جنبش کشور های غیر منسلك نظر خیلی مثبت داشت چه معتقد بود این حرکت مفید بوده به سیاست حفظ بیطرفی افغانستان که در دوران جنگ های اول و دوم جهانی به سطح بین المللی ثبات و شهرت یافته بود نقیض نمی باشد. به این اساس او برادر خود نعیم خان را به باندونگ فرستاد و بدین ترتیب افغانستان از مؤسسین حرکت کشور های غیر منسلك

---

۶۹ سیاستیکه به نام کانتینمانت (Containment) مشهور شده است.

شمرده میشود.

باید گفت داؤد خان آنقدر به این موضوع علاقه داشت که وقتی دو باره بحیث رئیس جمهور به قدرت آمد، یکی از دلایلیکه خشم روس ها را تحریك کرد، و بناً یکی از علل از بین بردن او گردید، موضوع تصمیم موصوف مبنی بر کشیدن کیوبا از حرکت ممالك غیر وابسته بود. به نظر داؤد خان کیوبا کمونیستی به شکل بسیار آشکار پیرو خط مسکو بود و از آن لحاظ جای آن در چنان یك حرکت نبود. علاوتاً سردار محمد داؤد نمی خواست رومانیا عضویت آن حرکت را حاصل نماید. باید متذکر شد که با وجود روابط مشکل اتحاد شوروی و رومانیا، موقفگیری داؤد خان در ذهن روسها تأثیر منفی گذاشت.

نظریات سردار محمد داؤد در مورد قضیهٔ پشتونستان اندکی بعد از تعیین شدنش به صدارت اعظمی

بتاریخ ۲٤ اکتوبر ۱۹٥٤ میلادی، یك تن محقق امریکائی که قبلاً در شعبهٔ کلتوری سفارت امریکا در کراچی کار می کرد، بعد از اقامت چند ماهه در پیشاور جهت مطالعه موضوعات قبیلوی، وارد افغانستان شده و بر اساس سفارش داکتر نجیب الله توروایانا، سفیر افغانستان در لندن، توانسته بود با صدر اعظم جدید مملکت مصاحبه ای انجام بدهد.[۷۰] آقای جمس سپین[۷۱] بعداً

۷۰ مراجعه شود به اسناد وزارت خارجهٔ امریکا، سند شماره 789.13/10-2754، آرشیف ملی امریکا، واشنگتن، ایالات متحدهٔ امریکا.

راپوری مفصلی را ترتیب داده به سفارت خود تقدیم نموده بود. باید گفت محمد هاشم میوندوال، که در آن هنگام ریأست مطبوعات را به دوش داشت، منحیث ترجمان هم حاضر بود.

در راپورش جمس سپین با تعجب اشاره می نماید که داؤد خان، خلاف توقع اش، در مورد پشتونستان بشکل احساساتی صحبت نمی کند. او مینویسد داؤد خان فرضیهٔ "رفراندوم"[۷۲] و یا رایگیری مردم پشتونستان را رد نکرده می گوید به دست آوردن راهٔ حل ممکن هست لیکن شرط اول این میباشدکه پاکستانی ها انصاف و راستی از خود نشان بدهند. نویسندهٔ راپور زیادتر در مورد نگرانی داؤد خان نسبت به اوضاع سوق الجیشی و دفاعی افغانستان تأکید نموده می نویسد که صدر اعظم افغانستان کمك های نظامی و مالی امریکا را به کشور های همجوار پاکستان و ایران مورد سئوال قرارمیدهد. سردار محمد داؤد به ارتباط موضوعات امنیتی به جمس سپین اعلام میکند کشورش خطر را از هر طرف احساس می نماید، و بخصوص از طرف اتحاد شوروی(!). داؤد خان از اینکه امریکا خواهان اعطای کمك به افغانستان نمی باشد خود را خیلی متأسف نشان میدهد و در جریان این مصاحبه از سپین مکرراً سئوال می نماید: «چرا (امریکا) ما را در نظر نمی گیرد؟». طرف امریکائی، که معلوم می شود محقق

---

۷۱ جمس سپین (James Spain) بعد ها بحیث سفیر امریکا به کشور های تانزانیا، ترکیه و سریلانکه ایفای وظیفه مینماید. وی در سال ۱۹۷۲ میلادی کتابی با عنوان (The Way of the Pathans) تحریر نمود که توسط انتشارات پوهانتون اکسفورد طبع شده است. جمس سپین متولد سال ۱۹۲۶ میلادی می باشد.

۷۲ کلیمه رفراندوم (Referendum) در اصل لاتین است. این کلیمه به معنی طریقه خواستن نظر مردم توسط رای گیری در مورد موضوعی عمده و سرنوشتساز استعمال میشود.

محمد ظاهر شاه پادشاه افغانستان حین ملاقات با نیکولای بولگانین (راست) و نیکیتا خروچف (چپ). کابل، دسامبر ۱۹۵۵ میلادی. (مآخذ از "سفر دوستانه بولگانین و خروچف به هندوستان، برما و افغانستان"، انتشارات بزبان خارجی، ماسکو، ۱۹۵۶ میلادی، بزبان فرانسوی).

پادشاه افغانستان محمد ظاهر شاه و هیئت شوروی که برهبری نیکیتا خروچف در ابتدای ماه مارج ۱۹۶۰ میلادی عازم کابل شده بود.

عادی نبود، به داؤد خان جواب می دهد احتمالاً علتیکه امریکا از انعقاد هر نوع توافقنامه نظامی با افغانستان ابا می ورزد این خواهد بود که واشنگتن نمی خواهد اتحاد شوروی را نا راحت بسازد. محقق امریکائی در ضمن پیشنهاد می نماید بهتر این خواهد بود تا به تعقیب از مثال موافقتنامۀ سعد آباد، کشور های منطقه به شمول پاکستان توافقنامه ای را امضأ نموده، امنیت یك دیگر را به این ترتیب تضمین نمایند.[۷۳] لیکن داؤد خان، با وجود اینکه مفکورۀ مشرح را نه رد و نه در مورد آن تبصره می کند، باری دیگر اصرار می ورزد که باید امریکا موقف خود را نسبت به امنیت کشورش روشن نماید قبل از اینکه افغانستان تصمیمی در این مورد یا در مورد یگری اتخاذ نماید...[۷۴]

روابط با ایالات متحدۀ امریکا

در اوآخر سال ۱۹۵۱میلادی، حکومت افغانستان، چه توسط وزیر دفاع خود، داؤد خان، چه توسط صدراعظم خود، شاه محمود خان، چه توسط سفیر خود در امریکا، نعیم خان، و یا چه توسط نمایندۀ خود در ملل متحد، عبدالحسین خان عزیز، مکرراً از امریکا خواستار خریداری یك تعداد تجهیزات نظامی شده بود. با در نظر داشت اوضاع عمومی در آن زمان و بخصوص

---

۷۳ موافقتنامه سعدآباد در سال ۱۹۳۷ میلادی بین کشور های افغانستان، ایران، ترکیه و عراق امضأ گردید. طی آن کشور های مذکور موافقه کرده بودند تا از تعرض به یکدیگر خود داری نمایند.

۷۴ مراجعه شود به اسناد وزارت خارجه امریکا، سند شماره 789.13/10-2754، آرشیف ملی امریکا، واشنگتن، ایالات متحدۀ امریکا.

وخامت مناسبات آن با کشور جدید التأسیس پاکستان افغانستان خود را در موقف حساس احساس کرده، خواهان تحکیم اردوی خود بود و بدین منظور نخست به امریکا مراجعه نمود: حکومت افغانستان لیست اسلحه و سایر تجهیزات نظامی مورد ضرورت خود را به مقامات آن کشور جهت خریداری تقدیم نمود. در حالیکه کابل منتظر جواب مثبت بود، امریکائی ها آرزو های افغان ها را متأثر ساخته جوابی را که آنها انتظار داشتند ندادند و به عوض آن شرایط ضیق آتی را برای انعقاد معامله ای گذاشتند:

۱- حکومت افغانستان باید مال را با پرداخت پول نقد خریداری نماید. علاوتاً، باید پول قبل از حصول مال تحویل گردد.

۲- در صورتیکه معامله صورت بگیرد، حکومت امریکا مال را در یك بندر امریکائی به جانب افغانی تحویل نموده در حمل و نقل آن به هیچ صورت کمك نخواهد کرد.

۳- باید افغانستان طی اعلامیه ای رسمی تعهد نماید که اسلحه خریداری شده صرف بمنظور دفاع از خود و تأمین امنیت داخلی کشورش استفاده می شود و نه بمنظور تعرض. اعلامیه مذکور باید تحت نظارت ملل متحد و با مراعات از مقررات آن سازمان تهیه گردد.

وقتیکه سفیر امریکا مقیم کابل، جورج میریل، موقف حکومت خود را به شاه محمود خان ارائه نمود، صدراعظم افغانستان با خنده به او پاسخ داد

درجریان سفرش به ایالات متحدهٔ امریکا (۱۹۵۸) مقامات آن کشور از صدراعظم افغانستان محمد داؤد دعوت نمودند تا در تالار کانگرس به نمایندگان منتخب کشورشان بیانیه ای خطاب نماید. (کولکسون شخصی عبدالله خان ملکیار).

سردار محمد داؤد و نیکولای بولگانین حین امضای معاهده دوستی، کابل، ۱۹۵۵ میلادی. در عقب داؤد خان علی محمد خان و سردار نعیم خان دیده میشوند. بطرف چپ بوگانین خروچف نشسته است در حالیکه در عقبش آندرئی گرومیکو شناخته میشود.

صدراعظم محمد داؤد با دوایت آیزن هاور رئیس جمهور امریکا (جون ۱۹۵۸)

شرایطیکه واشنگتن گذاشته است در واقع "جواب رد سیاسی" به در خواست افغانستان است.[۷۵] از جملهٔ شرایط که امریکا گذاشته بود، حد اقل دو شرط اول معامله را نا ممکن می ساخت. اول اینکه درحالیکه افغانستان برای تأمین دفاع خود اشد ضرورت به اسلحه داشت، قدرت پرداختن مبلغ گزاف ۲۵ الی ۳۰ ملیون دالر را نقداً غرض خریداری اسلحه به هیچ وجه نداشت. و هرگاه نماینده های حکومت افغانستان در مواقع مختلف موضوع قرضه و یا قسط را یاد میکردند با جواب منفی امریکائی ها مواجه میشدند.[۷۶] در قسمت انتقال مال نظامی خریده شده، امریکا به منظور اینکه پاکستان را آزرده نسازد نمی خواست هیچ نوع همکاری با افغانستان نماید و صرف به مقامات افغانی پیشنهاد می نمود تا اجازه پاکستان را حاصل کرده مال را ازطریق خاك آن کشور وارد کند. امریکائی ها به صورت غیر واقع بینانه فکر میکردند اگرافغانستان مجبور شود با پاکستان در مورد عبور اسلحه از طریق خاك آن صحبت نماید، زیرا شاید دو طرف موقع را مغتنم شمرده در مورد قضیهٔ پشتونستان هم مذاکره نمایند و موضوع را بخوبی حل و فصل نمایند. ولی افغانستان خوب می دانست که حکومت پاکستان به هیچ صورت حاضر نخواهد شد اجازه عبور تجهیزات نظامیی را که ممد تقویهٔ حریف اش می توان شد بدهد...

---

۷۵ مراجعه شود به اسناد وزارت خارجه امریکا، سند شماره 789.5/12-851، آرشیف ملی امریکا، واشنگتن، ایالات متحدهٔ امریکا.

۷۶ مراجعه شود به اسناد وزارت خارجه امریکا، سند شماره 789.5/12-1351، آرشیف ملی امریکا، واشنگتن، ایالات متحدهٔ امریکا.

در ماهٔ جون سال ۱۹۵٤، نظریات آنگوس وارد[۷۷] دیپلومات امریکائی مقیم کابل، در یك نوشتهٔ محرمانه وزارت خارجهٔ امریکا در مورد اینکه آیا همکاری نظامی با افغانستان شود یا خیر انعکاس یافته است. تحلیل آنگوس وارد دو جنبه مهم را احتوا می نماید: الف) اهمیت سوق الجیشی افغانستان بحیث یك کشور همجوار اتحاد شوروی؛ ب) چه باید شود تا روابط افغانستان و پاکستان صورت عادی را به خود بگیرد. در قسمت اول آنگوس وارد به این عقیده میباشدکه باید کشورش، امریکا، یك نوع کمك نظامی را به افغانستان میسر نماید در غیر آن احتمال دارد افغانستان یا نزدیکی با اتحاد شوروی بجوید و یا اینکه شوروی با استفاده از ضعف افغانستان آنرا اشغال نماید و به زودی به سرحدات پاکستان برسد. آنگوس وارد می افزاید باید امریکا به صورت دقیق فایدهٔ خود را در این قضیه بررسی نماید. او به این عقیده است که موجودیت یك افغانستان مستقل دارای اردوی منظم تر و مجهزتر سر انجام به فایدهٔ امریکا و متحدین پاکستانی و ایرانیش در منطقه تمام می شود. دیپلومات امریکائی به طور جالب پیش بین می شود در صورتیکه اتحاد شوروی افغانستان را اشغال کند، مقاومت افغان ها با استفاده از تاکتیك های گیریلائی و جنگ های چریکی روس ها را برای چند مدت متوقف ساخته میتواند و از آن فرصت امریکائی ها و پاکستانی ها جهت مقابله با خطریکه از شمال ظهور نموده باشد استفادهٔ اعظمی و حیاتی کرده می توانند.

آنگوس وارد، که از تعداد محدود مأمورین وزارت خارجهٔ امریکا که

---

۷۷ آنگوس وارد (Angus Ivan Ward) در سال ۱۸۹۳ تولد و در ۱۹٦۹ فوت کرده است. وارد در سال ۱۹۵۲ سفیر امریکا مقیم افغانستان بود.

معتقد بودند کشور شان باید با افغانستان همکاری نظامی نماید بشمار میرود، علاوه میکند که برای بهبود روابط بین افغانستان و پاکستان، باید امریکا به ترتیبی آن دو کشور را مجبور بسازد تا با همدیگر همکاری نمایند. و بدین منظور چرا امریکا کمکهای خویش را، چه اقتصادی باشد و چه نظامی، از طریق پاکستان به افغانستان ندهد؟ زیرا بدین ترتیب هر دو کشور با درنظر داشت منافع خود مجبور می شوند تا قضیهٔ پشتونستان را بنحو از انحأ حل نمایند و با همدیگر همکاری را شروع نمایند...(!)[۷۸]

روابط افغانستان و ایالات متحدهٔ امریکا با وجود نزدیکی بیشتر که از روی شرایط خود به خود با اتحاد شوروی ایجاد شده بود رویهم رفته گرم بود و سردار محمد داؤد بحیث صدر اعظم افغانستان به ادامه کمکهای اقتصادی و تخنیکی امریکا علاقه نشان داده سعی ورزید تا یك نوع موازنه را که اساس سیاست بی‌طرفی کشور خود اعلام داشت حفظ نماید. در صفحات ۱۷۰ و ۱۷۱ کتابیکه جهت معرفی افغانستان و سیاست آن به جهانیان از طرف وزارت پلان در ابتدای دهه شصت میلادی تهیه وبقطع بسیار زیبا در امریکا توسط رئیس شعبهٔ پلانگذاری وزارت پلان، آقای عبدالستار شالیزی، به سفارش خاص سردار داؤد خان، طبع شده بود، به شکل خیلی جالب در دو صفحه مقابل و بصورت موازی، عکس های سفرهای رئیس جمهور امریکا دوایت ایزنهاور و رهبر اتحاد شوروی نیکیتا خروچف را به کابل نشان میدهد. با عین ترتیب، در زیر تصاویر فوق، در دو قطعه عکس دیگر صدراعظم افغانستان، سردار محمد داؤد خان، در

---

۷۸ مراجعه شود به اسناد وزارت خارجهٔ امریکا، سند شماره 789.5/6-2354 آرشیف ملی امریکا، واشنگتن، ایالات متحدهٔ امریکا.

حین صحبت با رهبران پیمان های مخالف دیده میشود.[۷۹]

بتاریخ ۲۴ جون ۱۹۵۸ سردار داؤد سفری رسمی را به واشنگتن انجام داد. صدراعظم افغانستان توسط مقامات امریکائی با استقبال گرم روبرو شد. در جریان این سفر، امریکا به ادامهٔ سیاست های امدادی اقتصادی خویش به سردار داؤد اطمینان داد و حتی دو کشور یك موافقتنامه همکاری فرهنگی را به امضأ رساندند. علامه روشن دیگر نمایانگر علاقهٔ امریکا به سیاست بی طرفی افغانستان که برهبری صدراعظم آن تعقیب میشد، با وجود تشویش های که در مورد قضیهٔ پشتونستان و نزدیکی با اتحاد شوروی داشت، سفر رئیس جمهور امریکه دوایت ایزنهآور به کابل در ماه دسامبر سال ۱۹۵۹ میباشد.

مسافرت های زعمای شوروی و امریکائی به کابل مؤفقیت سیاست خارجی سردار داؤد را نشان میدهد چه توانسته بود همکاری دو ابرقدرت با هم رقیب و دشمن را، بدون اینکه کاملاً زیر تأثیر و یا حمایهٔ یکی از آنها برود، جلب نماید وبدین ترتیب بی طرفی خود و مملکت خود را حفظ نماید.

---

۷۹ متأسفانه کتابیکه زیر عنوان Afghanistan, Ancient Land Modern Ways نشر شده است هیچ نوع معلومات در مورد سال طبع و محل طبع آن با خود ندارد. همین قدر معلوم است کتاب احتمالاً در ابتدائی دههٔ ۱۹۶۰ میلادی در امریکا توسط آقای عبدلستار شالیزی که در آن زمان رئیس شعبهٔ پلان وزارت پلان بود بنشر رسیده بود. این جلد کتاب مصور دارای تبصره ها به زبان های انگلیسی و پشتو میباشد.

سفر به چین : ملاقات با چو هن لای - اکتوبر ۱۹۵۷.

صدر اعظم افغانستان سردار محمد داؤد با صدر اعظم ایران جعفر شریف امامی. در عقب نور احمد خان اعتمادی هم دیده میشود. تهران ۱۹۶۰.

افغانستان و حرکت کشور های غیر منسلك

وقتیکه جمال عبدالناصر بتاریخ ۲۹ اپریل ۱۹۵۵ میلادی، در حالیکه در آن زمان ادارهٔ قدرت را در مصر تازه کاملاً بدست گرفته بود، بحیث رهبر یك کشور جهان سوم وارد کابل شد، با استقبال گرم مقامات و مردم مقابل شد.[۸۰] ناصر در آن زمان شهرت پیدا کرده بود و آمدنش خود به خود موضوع جالبی در داخل افغانستان همچنانکه در خارج از آن به نظر خورد. بعد از آمدن قائد جوان مصری آهسته آهسته سفر های رهبران یك تعداد کشور های دیگر نیز به کابل شروع شد.

مرحوم سید قاسم رشتیا در کتاب خود[۸۱] در مورد اولین جلسه سران کشور های غیر منسلك که در بلگراد ترتیب یافته بود تشریحات می دهد: سید قاسم رشتیا همراه با عبدالرحمان پژواك، نمایندهٔ دایمی افغانستان در ملل متحد، عبدالغفور روان فرهادی، آنگاه مدیر شعبهٔ ملل متحد در وزارت امور خارجهٔ کابل، سعدالله غوثی، امان الله حسرت، یونس رفیق و یاسین محسنی، مأمورین وزارت خارجه، شامل هیئتی بودندکه با سردار داؤد خان عازم پایتخت

---

۸۰ آقای توریالی اعتمادی از زبان مرحوم نور احمد خان اعتمادی حکایت می نماید که در موقع سفرش به کابل جمال عبدالناصر از سکهٔ طلأ که امیر امان الله خان در حین دیدار از مکتبیکه در آن ناصر شامل بود به وی بخشش داده بود با احساسات گرم یاد کرده بود.

۸۱ خاطرات سیاسی سید قاسم رشتیا ۱۳۱۱ تا ۱۳۷۱ ؛ ایالات متحدهٔ امریکا، بزبان دری، سال ۱۹۹۷ میلادی، ص ۱٤۱ الی ۱٤۳ .

یوگوسلاویا شده بود. به ارتباط این سفر سید قاسم رشتیا حکایت جالبی می نماید که به جنبۀ خشمگین، عصبانی و در عین زمان ملی پرست و قاطع شخصیت داؤد خان روشنی می اندازد. در جریان مجلس مذکور در حالیکه تصمیم گرفته شده بود در فیصله نامه آخری موضوعات خاص کشور ها ذکر نشود، رئیس جمهور هندونیزیا سوکارنو با وجود آن خواست تا به کدام موضوع خاص مربوط به امور کشوراش اشاره شود که در این عمل زیرکانۀ خود با عکس العمل شدید داؤد خان مواجه شد. داؤد خان خواهان ذکر موضوع پشتونستان شده بود و نسبت به فیصله عمومی قناعت کرده بود تا از آن منصرف شود. اما وقتیکه دید سوکارنو با هوشیاری زیاد سران هیئات دول مهم را قانع به نظر خود ساخته بود خیلی عصبانی شده جداً اعتراض نمود و به مجلس "به آواز بلند و لحن پر هیجانی" گفت: «اگر فیصلۀ سابق شکستانده می شود، در آن صورت به مسئله پشتونستان که سرنوشت هشت ملیون انسان به آن بستگی دارد باید بر هر موضوع دیگر حق تقدم داده شود. من به هیچ صورت چنین یك استثنأ را قبول کرده نمی توانم.» عکس العمل جدی داؤد خان سبب شد تا سوکارنو از پیشنهاد خود منصرف شود. سران اکثر هیئات دیگر، چون هر کدام از آنها ملاحظاتی داشتند و می خواستند در فیصله نامه آخری درج شود، با خوشی زیاد این نظر داؤد خان را پذیرفتند. مرحوم رشتیا صحنه ای جالبی را حکایت می کند: «سوکارنو می خواست با سردار داؤد خان به اصطلاح آشتی کند، اما همینکه سوکارنو به او نزدیك شد سردار دفعتاً خود را به یك طرف کشید و به این حرکت من به عوض شان روبروی سوکارنو قرار گرفتم. او با خنده گفت معلوم می شود صدراعظم بالای من بسیار قهر است که حتی از مصافحه هم خود داری می ورزد. برای من مجال جواب باقی نماند زیرا از عقب او حبیب بورقیبه

رئیس جمهور تونس که اولتر از همه از پیشنهاد سوکارنو طرفداری کرده بود به سمتی که سردار دور خورده بود متوجه شد. خواستم تا سردار را پیشبین سازم اما ایشان از او هم رو گردانیده به طرف دیگر حرکت کردند و زیر لب گفتند: "آدم بی شخصیت است. چند روز پیش جمال ناصر را بد می گفت حالا هر لحظه مقابل او دست بسته ایستاده می شود. آرزو ندارم با چنین اشخاص روبرو شوم".»[۸۲]

در سال های صدارت سردار داؤد خان، حکومت علاقه داشت تا به انواع و اشکال مختلف بی طرفی خود را به جهان و منطقه نشان بدهد. منحیث نتیجۀ چنان یك اراده واقعه جالبی صورت گرفت: در سال ۱۹۵۹ میلادی در موقع چهلمین جشن استقلال ملی رسم گذشتی ترتیب یافت که در آن هم عسکر روسی و هم عسکر امریکائی اشتراك کردند. این موضوع جالب در مطبوعات جهانی انعکاس یافته بود چون، در اوج جنگ سرد، عساکر دو کشور ظاهراً دشمن و حریف با هم توافق کافی نشان داده بودند تا در رسم گذشت افغانها در پایتخت شان اشتراك نمایند و در عین زمان این موضوع به جهانیان نشان میداد که افغانستان واقعاً یك کشور بی طرف می باشد و در راۀ انکشاف خود به همکاری هر دو جانب ضرورت میداشته باشد.

---

۸۲ خاطرات سیاسی، ص ۱۴۳.

تأکید بر حاکمیت ملی، مخالفت با استعمار و قضیهٔ اخراج یك تن دیپلومات فرانسوی

در ابتدای سال ۱۹۵۷ میلادی دو تن نمایندگان جبههٔ آزادی بخش الجزائر وارد کابل شدند. منظور وفد مذکور حصول حمایهٔ دولت افغانستان از حکومت آزاد فرهاد عباس بود اما با وجود حسن نیت که در مورد مبارزهٔ مردم الجزائر از طرف مقامات افغانستان ابراز شد، اشخاص موصوف بدون نتیجه نهائی به کشور خود بر گشتند.[۸۳]

در آخر ماهٔ جولائی سال ۱۹۵۹ میلادی هیئت دیگری به کابل مواصلت نمود. رسماً اعضای آن هیئت به نمایندگی از سازمان حلال احمر الجزائر جهت برقراری روابط با جانب مقابل افغانی خود مسافرت انجام میدادند. لیکن سفارت فرانسه در کابل موضوع را به صورت دیگری تعبیر نموده موجودیت هیئت مذکور را در پایتخت افغانستان یك عمل غیر دوستانهٔ مقامات افغانی علیه حکومت فرانسه خواند. شارژدافیر فرانسه مقیم کابل، آقای دیانوس،[۸۴] جهت ابراز نگرانی به اینکه مطبوعات کشور به سفر هیئت الجزائری انعکاس بیش ازحد داده است با رئیس مستقل مطبوعات سید قاسم رشتیا ملاقات نمود. سید قاسم رشتیا بعد از استماع دلایل آقای دیانوس و با درنظر داشت شکل صمیمی روابط

---

۸۳ نمایندگان الجزائری یکی آقای کیوان (Keyvan) و دیگری آقای فرانسیس (Francis) نام داشتند.

۸۴ Jean de Dianoux de la Perrotine

موجوده بین دولت های فرانسه و افغانستان به دیپلومات مذکور گفت: «کاری نخواهد شد که سبب نا رضایتی دوستان فرانسوی ما گردد.»

تقریباً همزمان با سفر هیئت الجزائری مذکور، یا بهتر گفته شود به سلسلهٔ سفر آن، در شروع ماهٔ اگست ۱۹۵۹ حکومت سردار محمد داؤد خان یك فلم مصری را که به ارتباط جنگ آزادیبخش مردم الجزائر پر شده بود به نمایش گذاشت. فلم مذکور تحت عنوان "جمیله الجزائری" اول در سینمای پارك و بعد در سینمای پامیر نشان داده شد. آقای دیانوس بر عکس مقررات و مخالف اخلاق دیپلوماتیك شبی از دیواری چند تخته اعلان حلال احمر الجزائری را کنده در نظر داشت تا عین عمل را در برابر اعلانات فلم "جمیله" مرتکب شود. در اثنای انجام عمل خود بود که چند تن پولیس وظیفه دار دیپلومات موصوف را بالفعل دستگیر نموده به دفتر مدیر سینمای پامیر رهنمائی نمودند تا از عمل خود جواب بدهد. مدیر سینما به آقای دیانوس اجازه داد تا با آقای رشتیا تلفونی به تماس شود. دیپلومات فرانسوی مذکور به عوض اینکه از انجام حرکت نا شایستهٔ خود معذرت بخواهد، باری دیگر اعتراضات خود را به رئیس مطبوعات تکرار نمود. مقامات افغانی رفتار آقای دیانوس را خلاف اصول دیپلوماتیك خوانده، بتاریخ ۶ اگست ۱۹۵۹ آقای غلام محمد سلیمان، معین وزارت خارجه، او را بدفتر خود احضار نموده مکتوبی را به او تقدیم کرد که بر اساس آن موجودیتش دیگر در پایتخت افغانستان مطلوب نبود.[۸۵]

---

۸۵ به اصطلاح دیپلوماتیك *Persona Non Grata* یعنی شخص نا مطلوب.

چون سفیر فرانسه در کابل کرستیان بیل [۸۶] در سفر بود آقای دیانوس به صفت شارژدافیر کفالت می نمود. به اساس راپور محرمانهٔ دیانوس، سید قاسم رشتیا موقف حکومت افغانستان را در مورد قضیهٔ الجزائر چنین تعریف کرده بود که حکومت سردار داؤد خان می خواهد مردم افغانستان مثال مبارزهٔ استقلال طلبانهٔ الجزائری ها را در نظر گرفته در قسمت آزادی پشتونستان از آن تعقیب نماید. لیکن در حینیکه کابل دلچسپی خود را در این مورد ابراز داشت، علاقهٔ خود را به تعمق روابط دوستانهٔ خویش با کشور فرانسه نیز اظهار نمود. در جریان اقامتش در کابل وفد الجزائری توانست با صدراعظم سردار دأود و با وزیر خارجه سردار نعیم ملاقات انجام بدهد.[۸۷]

---

۸۶ Christian Belle

۸۷ در راپور محرمانه که آقای دیانوس عنوانی وزارت خارجه فرانسه تهیه و تحریر نموده بود ، او قضیهٔ اخراج خود را در حقیقت نتیجهٔ دسیسه ای خارج از ارادهٔ افغانها تلقی مینماید. او حکایت می نماید موجودیت یك قاچاق غیر مشروع را که در آن سفیر فرانسه کریستسیان بیل شخصاً شامل بوده کشف کرده بود. آقای دیانوس شکایت مینماید که سفیر بعد از بازگشت از سفرش به کابل هیچ سعی ننمود تا از کارمند سفارت خود دفاع نماید. دیانوس حتی علاوه مینماید که کرستیان بیل از تصمیم مقامات وزارت خارجهٔ افغان مبنی بر اخراج کردنش راضی بود چون موجودیت وی (دیانوس) به قاچاق اسعار که توسط چند تن اعضای سفارت پیش برده میشد مزاحمت ایجاد میکرد...

سیاست اقتصادی داؤد خان

نقش دولت در تهیه ارزاق

بخش رهبری شدۀ سیاست اقتصادی حکومت سردار محمد دأود که در چوکات پلان های اقتصادی انکشافی مشاهده میشد تنها در ایجاد پروژه های انکشافی وسیع نه بلکه در زندگی روزمره مردم هم محسوس بود. اما باید گفت این یك نوآوری نبود چون از زمان های قدیم تر دولت ها خود را در تهیۀ ارزاق مسئول دانسته اند زیرا اگر کمبودی بوجود می آمد و مردم با قحطی و گرسنگی مواجه میشد، نخست دولت را مسئول دانسته به او نا رضایتی خود را به انواع و اشکال مختلف نشان میداد، به شمول بالقیام. چنانچه از همان زمان های قدیم، نه تنها در افغانستان بلکه در کشور های چهار گوشه دنیا، از امپراطوری روم تا مصر فرعون ها، و از فراسنه تا چین، حکام در تکافوی بعضی احتیاجات اساسی مردم خویش از نگاه خوراکه جات، به خصوص در قسمت تکافوی احتیاجات شهر ها، و به درجه اول از پایتخت ها را، و همچنانکه در تهیۀ ارزاق اردو، که بازوی قدرت محسوب میشود، توجه خاص نشان داده اند. گدام های دولتی بر اساس سیاست های خاص جمع آوری مالیات پر میشد تا دولت با روز بد، خشك سالی و یا حالت جنگ مقابله کرده بتواند.

در زمان معاصر، که اینجا مورد علاقۀ ما میباشد، در دورۀ صدارت شاه محمود خان، حکومت به دلایل فوقاً مشرح "مجلس رفاه عامه" را تاسیس نمود

که در آن یك تعداد از وزرأ و متخصصین امور ذیعلاقه عضویت داشتند و هدف مجلس تأمین رسیدن مواد ارتزاقی به حد کافی و به نرخ های مناسب در بازار ها بود. حکومت برای مقابله با کمبود که در سال های بعد از جنگ عمومی دوم ایجاد شده بود، از یك طرف یك صد و پنجا هزار تن گندم را از امریکا وارد کرد، و از سوی دیگر یك گدام بزرگ را تعمیر کرد تا بتواند در تعین نرخ ها مؤثر واقع شود. در همین زمان اولین کوپراتیف (شرکت تعاونی) مأمورین تأسیس شد. البته هدف کوپراتیف تنها کمك با مأمرین نبود بلکه در عین زمان دولت آرامی خود را میخرید. حکومت شاه محمود خان متوجه حالت زراعت کشور بود و میدانست امکانات رشد آن نه تنها برای تکافوی احتیاجات داخلی بلکه برای صادرات وجود داشت، اولین پروژه بزرگ انکشاف زراعتی را روی کار گرفت که طوریکه همه میدانند به نام پروهژۀ هلمند مشهور است و با همکاری تخنیکی امریکا بمیان آمد. در دورۀ صدارت سردار داؤد خان مجلس رفاه عامه از بین رفت و به عوض ریاست تهیۀ ارزاق مسئول وظایف آن شد.

همکاری فنی و اقتصادی امریکا و مشکلات ناشی از آن

وقتیکه سردار محمد داؤد خان کرسی صدارت اعظمی را اشغال نمود، افغانستان قبلاً ازهمکاری امریکا در پروژه های انکشافی اش برخوردار بود. مهمترین نمونۀ این همکاری پروژۀ بزرگ وادی هلمند بودکه در سال ۱۹٤٦ روی کار گرفته شده بود. پروژۀ هلمند با ساختن بند آب انکشاف زراعتی و صنعتی مناطق جنوب غرب افغانستان را به ترتیب ممکن می ساخت که در نتیجه بایست وادی مذکور چون جاده ای سبزی در بین مناطق صحرائی مجسم میشد.

پروژه وادی هلمند از روی پروژهٔ انکشافی که در امریکا برای استفاده از دریای تینیسی در زمان فرانکلین روزولت روی کار گرفته شده بود تقلید گردید.[88] لیکن متأسفانه پروژه که در افغانستان روی دست گرفته شد مطابق به توقع حکومت افغانستان نبود. یکی از دلایل عمدهٔ خراب شدن فضا در دور پروژهٔ هلمند قیمت آن بود. در حالیکه در سروی های ابتدائی که توسط شرکت انجینیری امریکائی موریسون کنودسن[89] انجام داده شده بود، بودجه تخمین شده، که بر اساس آن قرار داد امضأ شده بود، هفتاد ملیون دالر بود اما بلآخره پروژه دو چند گرانتر تمام شد و برای مقابله با مصارف فوق العاده که در پلان ابتدائی شامل نبود، حکومت افغانستان مجبور شد تا از خارج قرضه گرفته پول اضافی را بپردازد، اما نه بدون اینکه به گوش امریکائی ها اعتراضات و انتقادات خویش را رسانده باشد.

امریکائی ها، چه ملکی و چه عسکری، به یك نوع سطح زندگی در کشور خود آموخته بودند و در هر جای، چه در آن زمان و چه امروز، در حفظ یك نوع راحت در زندگی توجه خاص میکنند. حتی عسکر های امریکائی که در اروپأ بعد از جنگ دوم جهانی جابجای شده بودند، تقریباً همه مواد از خوراکه جات گرفته الی البسه و سایر مواد مورد نیاز خود را از کشور خود وارد

---

۸۸ فرانکین روزولت (Franklin Delanoe Roosevelt) از سال ۱۹۳۲ الی ۱۹٤٤ بحیث رئیس جمهور امریکا ایفای وظیفه نمود. پروژه بزرگ انکشافی(Tenessee Valley Authority)، که از مثال آن برای طرحریزی پروژه هلمند استفاده شده بود، در سال ۱۹۳۳ میلادی توسط روزولت تأسیس شد.

۸۹ Morrison-Knudsen

میکردند. امروز به همین شکل شرکت های بزرگ استخراج نفت امریکائی که در کشور های خلیج فارس (مثلاً در عربستان سعودی) فعالیت دارند برای کارگران وطنی خویش احاطه های مخصوص آباد کرده اند که در آن همه چیز به سبك زندگی کشور شان اعیار و مهیا میباشد. زیرا معامله شرکت موریسون کنودسن در افغانستان اگر برای افغانها عجیب بود به خود امریکائی ها قطعاً غیرعادی نبود. شرکت موریسن کنودسن یك قسمت از خوراکه جات و سایر مواد مورد ضرورت خود را از امریکا و یك قسمت آنرا از بیروت (لبنان) توسط طیاره به قندهار وارد میکرد.

وقتیکه پروژه هلمند شروع بکار کرد، کارمندان تخنیکی امریکائی در هوتل قندهار جای بجای شده بودند و بعداً آنها را در منزل باغ جای دادند و در آنجا به مرور زمان برای خود خانه ها آباد کردند. در ابتدأ اکثر کارمندان امریکائی مجرد بودند اما هنگامیکه خانه ها برایشان آباد شد، فامیل های خود را نیز به آنجا خواستند. تا حدود سه صد نفر امریکائی و سه هزار و سه صد افغان در چوکات شرکت موریسن کنودسن در نیمه دهه پنجاهم میلادی معاش میگرفتند.[۹۰] شرکت مذکور یك تعداد کارگران ایتالوی و فلیپینی را هم در پروژهٔ استخدام کرده بود چه آنها به معاش کمتر نسبت به امریکائی ها اکتفا میکردند. مرکز فعالیت های پروژه لشکرگاه، مرکز ولایت هلمند، بود و یك

---

۹۰ مصاحبه تلفونی، مورخ ۲۱ اکتوبر سال ۲۰۰۰ میلادی، با آقای محمد رسول که از سال ۱۹۵۰ الی ۱۹۶۸ میلادی در وظیفه های مختلف، به شمول مسئولیت شعبهٔ معاشات، با شرکت موریسن کنودسن در حوضه جنوب غرب کار کرده است. آقای محمد رسول فعلاً در ایالت تکساس، ایالات متحدهٔ امریکا، زندگی می نماید.

شعبهٔ پروژه در قندهار قرار داشت. آقای محمد رسول، که تقریباً مدت بیست سال برای شرکت موریسن کنودسن در افغانستان کار کرده است، میگوید اهالی منطقه به طور عموم از پروژه هلمند راضی بودند چرا نه تنها به آنها زمینه کار را مساعدتر کرده بود بلکه معاش که این شرکت میداد با معاشات مروج در آن زمان قابل مقایسه نبود. از سوی دیگر منطقه که زیر کار گرفته شده بود از حالت خشك و صحرائی آهسته آهسته به منطقه زراعتی و سرسبز مبدل شده بود. لشکرگاه که یك شهر کوچك قریه نما بود به شهر مبدل شد و اهمیت پیدا کرد.

اما مسئولین افغانی به این عقیده بودند که نحو زندگی و معاشات نا معقول متخصصین و کارگران امریکائی سبب ازدیاد بیش از حد مصارف شده بود. به طور مثال افغانها پرسیدند درحالیکه میوه جات افغانستان به سطح جهانی شهرت دارد، آیا لازم بود حتی آنرا از امریکا توسط طیاره به مصرف حکومت افغانستان وارد نمایند؟ علاوه بر موضوعات مادی رفتار و کردار امریکائی ها که اکثر اوقات نزاکت های محیط را مراعات نمی کردند سبب نا رضایتی مردم وحکومت افغانستان شده بود. به گمان اغلب داؤد خان نتیجه نا مطلوب این تجربه تلخ را استفاده نمود تا سیاست عم خود را مورد انتقاد قرار دهد و اصرار ورزد تا حکومت افغانستان بمنظور انکشاف خود به کشور های که با شرایط خاص افغانستان تطابقت کرده بتواند و به خصوص به اتحاد شوروی همجوار که آمادگی عام و تام خود را برای برقراری این نوع روابط با افغانستان نشان داده بود مراجعه نماید. البته زیربنائی پیشنهاد روسها مقصد نفوذ بیشتر در کشور همسایه بود...

طرح پلان انکشافی پنج ساله

" سگرت های امریکائی ام را با گوگرد روسی روشن می کنم."[91]

به تاریخ اول میزان ۱۳۳۵ هجری شمسی مطابق به ۲۲ سپتامبر ۱۹۵۶ میلادی، اولین پلان انکشافی پنج ساله افتتاح گردید. پلان مذکور را عبدالملك عبدالرحیمزی وزیر مالیه کشور تحت نظارت شخص صدراعظم و البته با همکاری یك عده مأمورین صاحب نظر طرح کرده بود. عبدالملك خان عبدالرحیمزی صاحب منصب عسکری افغانستان بود که داؤد خان او را در وقتیکه وزیر دفاع بود برای تحصیل به ترکیه فرستاده بود. بعضاً به این عقیده هستند که وزیر مالیه عبدالرحیمزی زیر تأثیر پلان های انکشافی دولت ترکیه برهبری مصطفی کمال و سردار داؤد زیر تأثیر کشور های سوسیالیسی رفته بودند در حالیکه واقعیت امر اینست که بعد از جنگ دوم جهانی اکثر ممالك چه غربی و چه کمونیستی برای اعمار مجدد کشور های تخریب شدۀ خویش پلان های طرح نموده بودند که بدون کمك و سرمایه دولتی پیاده کردن و عملی ساختن آنها غیر ممکن میبود. هدف اساسی این پلان ها احیای مجدد و طرحریزی زیربنائی اقتصادی و اجتماعی وسیع کشور، مثل سرك ها، صنایع

---

۹۱ آقای محمد عزیز نعیم به ارتباط این جمله مشهوریکه به سردار داؤد نسبت داده شده است خاطر نشان میسازد که اصلاً این کلماتی است که در سال ۱۹۶۲ یك تن خبرنگار مجله تایم (Time) در مضمونش در مورد افغانستان استعمال کرده بود. عبارت اصلی آن قریباً چنین بود: "... داؤد خان همیشه سگرت امریکائی اش را با گوگرد روسی روشن میکند."

ثقیله، زراعت، مکاتب، شفاخانه ها و غیره... بود. فلهذا اگر بگوئیم داؤد خان با طرح پلان پنج سالهٔ خود نه زیر تأثیر ترکیه و نه زیر تأثیر روسیه کمونیستی رفته بود و در واقع تصمیمش مبنی بر مثال های که چه در شرق و چه در غرب در آن زمان مشاهده میشد بود، دور از حقیقت نمی باشد. علاوه بر آن پلان داؤد خان با سرمایه داری و تجارت شخصی نه مخالفت بنیادی داشت و نه ممانعت پیش کرد. یقیناً آنچه سردار محمد داؤد خان و حکومتش برای انکشاف مملکت طرحریزی نموده بودند با سیستم های دول کمونیستی جداً مغایرت داشت.

پلان اول بیشتر متوجه زراعت و ازدیاد امکانات آبیاری کشور بود. چون به عجله و بدون احصائیهٔ دقیق طرح شده بود، پلان به زودی با مشکلات مواجه شد. اما چون داؤد خان به پیشبرد پلان علاقه خاص داشت و ضمناً چون در صورت ناکامی آن معنی از دست دادن کرسی صدارت را میتوانست بگیرد، از آن لحاظ سردار داؤد همه قوت های جسمی و مالی دولت را بالای پلان پنج ساله تمرکز کرد. با وجود آن نتایج حاصله به سویه آنچه توقوع میرفت نبود. پروژه ها از سبب کمبود سرمایه حکومتی و عدم علاقه گیری سرمایه های شخصی صدمه دید. یگانه سرمایه اضافگی که با پیشبرد پلان میتوانست کمك شود قرضه صد ملیون دالری اتحاد شوروی بود که در موقع سفر خروتچف و بولگانین وعده شده بود، لیکن وعدهٔ روس ها در حقیقت پول نقد نبوده بلکه معامله ای بود که حکومت افغانستان را قادر به خریداری اموال و اجناس و همکاری های تخنیکی روسی به بهای صد ملیون دالر میساخت. روس ها بیشتر این سهولت مالی را برای ساختن سرك ها، میدان های هوائی، کارخانه جات و

استخراج معادن تفویض کرده بودند و نه برای پروژه های زراعتی که اساس پلان پنج ساله اول را ترتیب میداد.

در ناکامی نسبی پلان پنجساله اول حکومت سردار داؤد عبدالملك خان عبدالرحیمزی را ملامت دانسته در ماه جولائی ۱۹۵۷ میلادی او را برطرف نموده محبوس کرد. تا کنون به شکل دقیق علت این تجدید نظر داؤد خان در مورد شخصیکه تا آن زمان برخوردار حمایهٔ خاصش بود روشن نیست. برای تکافو کسر بودجه داؤد خان برادر خود نعیم خان را به امریکا فرستاد لیکن حکومت امریکا در عین زمان که به نمایندهٔ افغانی اطمینان داد مصمم است پروژهٔ وادی هلمند را ادامه بدهد و حتی بعضی پروژه ها تعلیمی را امداد نماید اما حاضر نمی باشد تا به پلان پنج ساله کمکی قابل ملاحظه بکند.

در اوائل سال ۱۹۶۲ پلان پنج ساله دوم آغاز یافت. هدف اساسی آن ایجاد و تقویت صنایع بود. حکومت مصمم بود ۳۳ ٪ بودجه عمومی دولت را برای پیشبرد این پلان تخصیص بدهد. لیکن با وجود اینکه، بعد از برطرفی عبدالملك عبدالرحیمزی، داؤد خان شخصاً امور وزارت پلان را بدوش گرفته و توانسته بود از احصایه های دقیق تر برای تهیه پلان دوم و تخمین بودجهٔ آن استفاده نماید، اما باز هم وزارت مذکور، ولو با همکاری مستقیم صدارت اعظمی، قادر به ایجاد تعادلی بین عواید ومصارف نشد. نا گفته نماند وقتی در سال ۱۹۶۳ داؤد خان از صدارت اعظمی استعفا داد، جانشین وی داکتر محمد یوسف خان با تغییرات اندك پلان موجوده را ادامه داده تکمیل نمود و در سال ۱۹۶۷ پلان جدید که عبارت از پلان سوم باشد روی دست گرفته است.

هنگامیکه داؤد خان قدرت را در سال ۱۹۷۳ گرفت، اندکی بعد پلان اول هفت ساله را افتتاح کرد که برای تمویل آن از طرف حکومت های مختلف بشمول حکومات عربستان سعودی و ایران، وعده کمك های قابل ملاحظه را گرفته بود.[۹۲]

عبدالملك خان عبدالرحیمزی در رأس سیاست انکشافی داؤد خان

تقررعبدالملك خان عبدالرحیمزی به کرسی وزارت مالیه همچو طوفانی صحنۀ سیاسی افغانستان را تکان داد. او به آواز بلند اعلان کرد می خواهد در وزارت مذکور به طور خاص و در امور مالی مملکت به طور عموم تعدیلات وارد کند. عبدالملك خان، در مسلك عسکر و محاسبیکه یك دورۀ تربیوی را در ترکیه گذشتانده بود، مصمم بود تا جلو رشوۀ خوری و بی بند و باری را گرفته تغییرات لازمه را در امور مالی مملکت وارد نماید تا نظام مالی کشور شکل عصری تر را به خود بگیرد. یك راپور سری شارژدافیر سفارت امریکا در کابل، چارلس لیتل،[۹۳] مورخ ۳ نوامبر ۱۹۵۳، در حینیکه شخصیت از خودگذر، قاطع، با انرژی، بی پروا در مقابل پول و مخالف با خویش خوری عبدالملك خان عبدالرحیمزی را ستایش مینماید، و می افزاید که افغانستان به این نوع اشخاص ضرورت مبرم دارد، او خاطر نشان می سازد " اگر انرژی و مقاصد

---

۹۲ نگاه شود به فصل پنجم این کتاب.

۹۳ Charles Little

مثبت خویش را با هوشیاری، واقع بینی و گذشت از آیدیال های خود در صورت لزوم تعدیل ننماید ضرر آن بیشتر از فواید اش خواهد بود. "[۹۴]

وزیرمالیه عبدالملك عبدالرحیمزای بعضی تندروی های را انجام داده بود که سبب تعجب و نا رضایتی مردم شده بود. گفته میشود ملك خان، علاوه بر اینکه بدون محکمه و سند یك تعداد مأمورین پایین رتبه را به اتهام خویشخوری و یا رشوة خوری منفك کرده بود، بعضی مقررات جدید را وضع کرده بود که اگر واقعیت نمی داشت می توانست شکل فکاهی رابخود بگیرد: مثلاً مأمورینکه در کانتین وزارت مالیه غذا می خوردند مجبور بودند تا بااستفاده از کارد و پنجه صرف طعام کنند. تفتیش ها تعیین شده بودند تا در بین میز ها قدم زده مراقبت نمایند که آیا همه مطابق به احکام "وزیر صاحب" رفتار می نمایند یا خیر! مثال دیگر اینکه عبدالملك خان استفاده اصطلاح "انشأالله" را در جریان صحبت به مأمورین وزارت مالیه منع نموده بود. این اصطلاح، که به منظور اطاعت به ارادۀ خداوندی در بین مسلمان ها معمول میباشد، به نظر عبدالملك خان که آدم بی حوصله و طالب نتایج سریع بود علامۀ یك نوع تنبلی و تعویق اندازی در اجرای وظایف بوده و از این لحاظ استعمال آنرا خواسته بود منع نماید!

با اتکأ به پشتیبانی صد فی صد سردار داؤد خان و با اغراق در نوع استفاده از قدرتیکه داشت، وزیر عبدالرحیمزی افراطروی های دیگری را هم مرتکب شده از لت و کوب بعضی افراد هم دریغ نمی کرد. حکایت می شود

---

۹۴ مراجعه شود به اسناد وزارت خارجۀ امریکا، سند شماره 789.13/11-353، آرشیف ملی امریکا، واشنگتن، ایالات متحدۀ امریکا.

روزی، غالباً به دلیل اینکه کدام تن مأمور در مورد اوضاع شعبهٔ خود جواب قانع کننده نداده بود، آمر وی را (سرپرست مدیریت انحصارات دولتی) در دفتر خود احضار نموده مشت و لگد باران کرده بود!

مخالفت عبدالملك عبدالرحیمزی با بانك ملی

در اواخر سال ۱۹۵۳ میلادی، وزارت مالیه بانك ملی و مسئولین آنرا به اتهام پنهان کردن سرمایه های که به دولت مالیات خود را تحویل نکرده است و به کشیدن اسعار از مملکت زیر تفتیش قرار داد. مأمورین وزارت مالیه با همکاری مأمورین پولیس یك تعداد اسناد و اوراق بانك را ضبط نموده خواستار مطالعه و تفتیش اسناد باقیمانده، بخصوص صورت حساب های بانکی مشتری های بانك را شدند. حکومت، یعنی وزیر مالیه عبدالملك خان غالباً با حمایهٔ داؤد خان و نعیم خان بانك ملی را تهدید نمود که اگر نمی خواهد به خواسته اش اطاعت نماید، حکومت مجبور خواهد شد تا بانك ملی را زیر ادارهٔ خود بگیرد و آنرا ملکیت دولت اعلام نماید. مسئولین بانك به هر طرفیکه شکایت کردند نتیجه ای حاصل نکردند. وقتیکه خواستند با صدراعظم ببینند با جواب منفی روبرو شدند. در ملاقاتی با نعیم خان، یك تن نمایندهٔ بانك به او خاطر نشان شد وقتیکه حکومت چنین با این بانك رویه می کند، رفتار مذکور در حقیقت به اعتبار اقتصادی و مالی کشور در صحنه بین المللی صدمه می رساند. یك راپور سفارت امریکا در کابل در این مورد میرساند که نعیم خان نیز چندان پیشآمد خوب با آن تن نمایندهٔ بانك که برای ملاقاتش رفته بود نکرد. نعیم خان اصرار ورزیده بود که بغیر از اطاعت به حکم دولت دیگر راه وجود ندارد و، قبل

از اینکه آن نماینده را از دفتر خود اخراج نماید، علاوه کرده بود که کابینه جدید "حکومتی را در داخل حکومت قبول کرده نمی تواند" ![۹۵]

مسئولین بانک ملی تضاد نسبتاً واضح حکومت را در برابر خود مشاهده کرده، بلآخره به این نتیجه رسیدند که با نعیم خان موضوع را بوضاحت مطرح نمایند که اگر حکومت مصمم است بانک را از بین ببرد باید بدین منظور خواستار صدور فرمان شاهی شود... همان نوع فرمان که چند سال قبل به بانک ملی اجازهٔ ابراز موجودیت را داده بود. لیکن به اساس راپور سفارت امریکا در کابل، آنچه بلآخره حکومت داؤد خان را مجبور ساخت تا بانک را از بین نبرد تهدید امپورت - اکسپورت بانک امریکائی بود. بانک امریکائی مذکور مسئولین افغانی را خاطرنشان ساخت که اگر شرایط بانک داری در کشور شان به این شکل می باشد، آن مؤسسه دیگر حاضر نمی باشد اعتبار بیشتر از بیست میلیون دالری را که قبلاً وعده کرده بود بدسترس افغانستان بگذارد...

در کتاب "خاطرات سیاسی"، سید قاسم رشتیا به اختلافی بین عبدالرؤوف حیدر و عبدالملک خان عبدالرحیمزی اشاره کرده صحنه ای را که وی شاهد آن بود حکایت می کند:[۹۶] مجلسی در بانک ملی ترتیب داده شده بود تا در مورد تجارت قره قل تصمیمی گرفته شود. در حالیکه عبدالملک خان وزیر پر اقتدار مالیه بر این نظر بود که تجارت قره قل انحصار دولتی باشد،

---

۹۵ مراجعه شود به اسناد وزارت خارجه امریکا، سند شماره 789.13/12-2953، آرشیف ملی امریکا، واشنگتن، ایالات متحدهٔ امریکا.

۹۶ سید قاسم رشتیا، *خاطرات سیاسی*، صفحات ۱۰۷ و ۱۰۸.

عبدالروؤف حیدر نظر مخالف را ابراز کرده تأکید میورزید این کار نباید به دولت سپرده شود بلکه مربوط به تجارت و سرمایهٔ شخصی گذاشته شود. عبدالرؤوف خان حیدر که خودش در رشتهٔ تجارت دارای تجربه مسلکی کافی بود و در حکومت کرسی وزیر اقتصاد را به عهده داشت، نظر خود را بیشتر توضیح کرده گفت دولت نمی تواند با شرایط بازار خود را عیار کند و تجربه نشان داده است که هر چه بدست حکومت باشد قیمت آن بالا می رود. با شنیدن سخنان عبدالرؤوف حیدر، عبدالملك خان عکس العمل خیلی شدید نشان داده به او چنین خطاب کرد: « خودت برای من معلوم هستی ... خودت را خوب می شناسم ... حتی میگویم که مرشدت هم خائن است .»[۹۷]

شاهدخت هندیه، زوجهٔ مرحوم عبدالرؤوف حیدر، در مورد اینکه چه سبب اختلاف شوهر مرحوم اش با عبدالملك خان عبدالرحیمزی شده بود می گوید داکتر عبدالرؤوف حیدر میخواست در طرز کارش ابتکاراتی وارد کند که البته آن سبب نارضایتی و حتی حسادت بعضی ها شده بود؛ از جمله برای بار اول در افغانستان یك وزیر مصاحبه ای مطبوعاتی را ترتیب داده بود که سبب حیرت همه شده بود.[۹۸] اما در این که چه سبب شروع همکاری داکتر عبدالرؤوف حیدر با حکومت سردار داؤد خان شده بود، هندیه خانم، در حالیکه اظهار می نماید معلومات مؤثق در مورد ندارد، با وجود آن به دوستی

---

۹۷ رشتیا، خاطرات سیاسی، ص ۱۰۸. رشتیا تصور میکند که در اشاره به "مرشدت" منظور عبدالملك خان از عبدالمجید خان زابلی بوده باشد.

۹۸ مصاحبهٔ تلفونی مورخ ۱۱ دسمبر ۱۹۹۹ میلادی . شاهدخت هندیه در شهر روم ایتالیا اقامت دارد.

عبدالرؤوف حیدر با داکتر محمد یوسف، که او نیز تحصیل یافته آلمان بود، و عبدالمجید خان زابلی اشاره می نماید. داکتر رؤوف حیدر از عبدالمجید خان زابلی دایم به نیکی یاد کرده به خانم خود میگفت: « از زابلی خیلی یاد گرفته ام!». [99] مرحوم داکتر حیدر، بعد از استعفایش، در شهر هامبورگ آلمان مستقر شد و آنجا را مرکز فعالیت های تجارتی خود قرار داد.

داکتر عبدالرؤوف حیدر تحصیل یافتهٔ مکتب حبیبیه کابل بوده، تحصیلات عالی خود را با اخذ درجهٔ داکتری در رشتهٔ اقتصاد در جرمنی تکمیل کرده بود. پدر داکتر عبدالرؤوف حیدر، علی حیدر خان، از مردم حوزه پیشاور بوده در زمان امیر عبدالرحمان خان تجارت بین پیشاور و کابل می‌کرد و در اوآخر دورهٔ امیر مذکور در کابل اقامت اختیار نمود. با خوشبینی دولت، غلام حیدر خان، برادر بزرگ عبدالرؤوف حیدر، در ایجاد و رشد تأسیسات صنعتی کشور مثل شرکت پترول، پنبه، و قالین بافی و امثالهم سهم مهم گرفته بود.

به نفل قول از داکتر حبیب حیدر، سردار داؤد خان داکترعبدالرؤوف حیدر را بر اساس مشورهٔ عم خود محمد هاشم خان مقرر کرده بود. چون او با عبدالمجید خان زابلی دوستی داشت، با مشورهٔ او صدراعظم جدید را متقاعد ساخت عبدالرؤوف حیدر را، که نه تنها در امور تجارتی وارد بود بلکه داکتری

---

۹۹ جنرال یحیی نوروز در این مورد فکر میکند که در حقیقت سردارنعیم خان در جریان کدام سفر او را ملاقات نموده بود و، چون افکارش خوشش آمده بود، از آنرو به برادر خود سردار داؤد خان پیشنهاد شامل نمودن وی را در کابینه کرده بود. (مصاحبه با جنرال یحیی نوروز، مورخ ۷ می ۱۹۹۸ میلادی، شهر سکندریه، ایالت ورجینیا، ایالات متحدهٔ امریکا).

خود را در رشته اقتصاد در آلمان گرفته بود، در کابینهٔ خود توظیف نماید.

در قسمت دلیل استعفای داکتر عبدالرؤوف حیدر، داکتر حبیب حیدر که در این مورد با عم خود در حدود اوسط دههٔ نزده صد و هفتاد میلادی صحبت کرده بود، موضوع را چنین حکایت می نماید: « روزی از روز ها در جریان یك نشست مجلس وزرأ، عبدالملك عبدالرحیمزی برخورد " بی ادبانه " می نماید و به قسم توهین آمیز از تجار و سرمایه داران یاد میکند. عبدالرؤوف حیدر چون مشاهده میکند داؤد خان با حفظ سکوت حمایهٔ خود را از وزیر مالیهٔ نشان میدهد، بعد از ختم مجلس وزرأ به بانك ملی میرود و بعد از مشورهٔ با محمد عمر خان استعفای خود را بحضور پادشاه تقدیم میکند.»[۱۰۰]

در حقیقیت، چون در آن زمان مرد پر اقتدار و "زور آور" عبدالملك خان بود، که به هیچ صورت قبول نداشت تا شخص دیگری در امور اقتصادی و مالی با او مقابله نماید، او غالباً به خیلی زودی زمینهٔ اخراج رؤوف خان حیدر را از وزارت اقتصاد فراهم نموده بود.

---

۱۰۰ به استناد معلومات متفرقه در مورد داکتر عبدالرؤوف حیدر که توسط داکتر حیب حیدر طی نامهٔ مؤرخهٔ اول می سال ۲۰۰۰ میلادی به نویسندهٔ این کتاب شرح شده است.

سیاست داخلی

تقویت اردو

مرحوم صباح الدین کشککی در کتاب *دههٔ قانون اساسی* مینویسد داؤد خان زیادتر به ضعف اردوی مملکت در موقع اغتشاشات که در سال های ۱۹۴۵- ۱۹۴۷ میلادی در جنوب کشور رخ داده بود متوجه شده بود. داؤد خان در آن زمان قوماندان قوای مرکز بود. وقتیکه به صدارت رسید او با تأیید لویه جرگه سال ۱۹۵۵ با روسها جهت خریداری سلاح تماس گرفت. البته در این موقع موضوع پشتونستان نسبت به اغتشاش های داخلی اهمیت بیشتر داشت و افغانستان خود را در موقف ضعیف احساس میکرد. در سال های ۱۹۵۷ - ۱۹۵۸ میلادی اولین تجهیزات نظامی از طرف اتحاد شوروی به افغانستان مواصلت کرد. تبصره شده است که در واقع اکثراً اسلحه کهنه و فرسوده که در جنگ دوم جهانی مورد استفادهٔ اردوی سرخ قرار گرفته بود به افغانستان ارسال شد. در سال های ۱۹۵۸ - ۱۹۵۹ داؤد خان کورس های خاص را جهت تربیت و تعلیم تخنیك های عصری جنگی به منظور بهبود سویهٔ صاحب منصبان اردوی کشور با همکاری اتحاد شوروی دائر نمود. در سال ۱۹۵۹ داؤد خان، با وجود نظر مخالف عده ای صاحب منصبان، فیصله نمود که باید اساسات و تشکیلات اردوی کشور تجدید شود و به این منظور تغییرات صورت بگیرد.[۱۰۱] بنا بر آن، هیئتی روسی در سال ۱۹۵۹ برهبری جنرال سکولوفسکی وارد کابل گردید. هیئت مذکور مدت سه سال را در بررسی اوضاع، مطالعه و متعاقباً

---

۱۰۱ صباحالدین کشککی، دههٔ قانون اساسی، ص ۱۵۸.

تطبیق تحولات لازمه جهت عصری ساختن اساست نظامی اردوی افغانستان مشغول شد. در سال ۱۹۶۰ میلادی، اولین گروه نظامیان افغانی جهت تحصیل وارد اتحاد شوروی گردید و در سال ۱۹۶۲ پلان تشکیلات جدید اردوی افغانستان که بر اساس اصول و نظم عسکری شوروی طرح شده بود تصویب گردید.

بعد از ختم دورهٔ صدارت داؤد خان سمت قوماندان کل قوای مرکز را سردار عبدالولی احراز کرد. غالباً با تأیید پادشاه و با همکاری جنرال خان محمد وزیر دفاع،[۱۰۲] وی سعی نمود تا با وارد کردن تغییرات و تبدیلات در رأس اردو و سبك دوش کردن یك تعداد افراد نظامی مانند سید حسن خان و خان محمد خان مرستیال به نفوذ داؤد خان در اردو تقلیل بخشد، اما با آن نفوذ سردار محمد داؤد در داخل اردوی مملکت محسوس بود.

از جملهٔ افراد نظامی که با داؤد خان نزدیکی خاص داشتند بحیث مثال از اسمهای غلام حیدر رسولی، آصف خان "قوماندان"، جنرال عبدالکریم سراج و جنرال محمد اسماعیل خان یاد کرده می توانیم. شخص اخیرالذکر در دورهٔ سلطنت مشروطه بحیث رئیس استخابارات ملکی قرار داشت و بعد از تغییر نظام در سال ۱۹۷۳ به وظیفهٔ خود باقی ماند. در حقیقت، طوریکه شکل و صورت کودتای ۲۶ سرطان موضوع را ثبوت کرد، با وجود اینکه شبکه ارتباطی سردار داؤد خان در بین افسران بلند رتبه وسیع بود اما او چندان به آنها اعتبار نمی کرد

---

۱۰۲ جنرال خان محمد از بدوا تا ختم دروهٔ قانون اساسی دارای مقام وزیر دفاع بود.

و، در موقع موعود، حرکت "انقلابی" خود را با یاری خورد ضابطان انجام داد.

رفع حجاب

اگرچه در مورد رفع حجاب (روی لچی) به گمان اغلب صحبت های صورت میگرفت اما موضوع بعد از تجربه انقلابی اما ناکام امیر امان الله خان خاموش مانده بود. در سال ۱۹۵۹ با تغییر شرایط اجتماع و در نتیجهٔ سیاستهای رشد اقتصادی همنوا با رشد معارف، با توجه قابل ملاحظه به طبقه نسوان، برای بار اول موضوع بصورت دقیق دوباره مطرح شد. حکومت در فکر این افتاد که به عمله زنانه شرکت هواپیمائی ملی آریانا و به خانم های که در یك دستگاه تولید ضروف چینی کار میکردند اجازه رفع حجاب (در واقع ترك چادری) را بدهد. اما نگران از اینکه اگر حرکت از پایین شروع شود ممکن واکنش از جانب بعضی طبقات جامعه ایجاد شود، بعد از مشوره با برادر خود سردار محمد داؤد، سردار محمد نعیم از خانم خود خواهش کرد تا در مراسم تجلیل جشن استقلال حاضر شود درحالیکه چنین رواج وجود نداشت. بمنظور آمادگی ذهنی قوای را که داؤد خان بحیث پیشقدم و ممد ترقی کشور میدانست، موضوع رفع حجاب را نخست توسط بیانیه ای بروز اول جشن استقلال به یك اجتماع صاحب منصبان ارشد اردوی مملکت در چمن حضوری ذکر کرد. در روز دوم جشن سال ۱۹۵۹، خانم زهره نعیم با چادر کوچك بر سرش، عینك های سیاه بر چشمانش و بالاپوش سیاه بر تنش در هنگام رسم گذشت نمایندگان معارف در لوژ رسمی حاضر شد. حضار دیگر بشمول پادشاه و وزرأ از این حرکت کاملاً غیر مترقبه بحیرت رفتند! روزی بعد یك تعداد وزرا و مأمورین عالیرتبه

حکومت با خانم های خویش در چند محفل جشن حاضر شدند و بدین ترتیب در سال ۱۹۵۹ در موقع تجلیل سی امین سالگرد اعادهٔ استقلال مطلق ملی بنیان ترویج رفع حجاب (در حقیقت ترك چادری) گذاشته شد. کابینه هم نقش خود را ایفأ کرد و به موضوع رسمیت بخشید. ببغیر از شخص داؤد خان، داکتر محمد یوسف خان، داکتر علی احمد خان پوپل، از جمله شخصیت های بودند که در داخل کابنیه از این تصمیم زیاد رضایت نشان دادند. یك منبع (ع. و.ص.) متذکر شده است مولوی شاه محمد پنجشیری نیز از جملهٔ روحانیون بود که حمایهٔ خود را از این تصمیم ابراز کرده بودند.

اما تصمیم مذکور بدون مشکلات تطبیق نشد. علمأ بطور عموم مخالف بودند و از بعضی گوشه های کشور و از بعضی قسمت های جامعه اعتراضاتی بسمع حکومت رسید. در اوآخر ماهٔ قوس سال ۱۳۳۸ هجری شمسی، یك تعداد اهالی شهر قندهار برهبری مولوی عبدالصمد آخندزاده برسم اعتراض به تصمیم حکومت سردار محمد داؤد خان مبنی بر مجاز ساختن روی لچی برای طبقهٔ اناث دست به مظاهره زده به خیابان ها روان شدند. اما حکومت مصمم نبود تا در این موضوع حوصله نشان بدهد: جنرال خان محمد خان، قوماندان قول اردوی قندهار مظاهره را با استفاده از تانك ها سرکوب نمود. چند تن مظاهره چیان جان خود را از دست داده یك صد و هفتاد و دو تن دیگر زندانی شدند.[۱۰۳] تعدادی از مظاهره چیان به محکمهٔ عادی و عدهٔ دیگری به محکمه نظامی کشانیده به دوره های مختلف حبس محکوم شدند. بیست و یك تن از

---

۱۰۳ داؤد خان در چنگال ك . ج . ب، ص ۲۰ و ۲۱.

جمله متهمین قابل اعدام شناخته شدند.

واضح است که سردار داؤد خان نمی خواست با آنچه بالای امان الله خان تطبیق شده بود مواجه شود و عزم قاطع داشت تا هر نوع سرکشی را در این موضوع در نطفه خنثی نماید.

حکومت در خوف دسیسه ها

عبدالملك خان عبدالرحیمزی متهم به کودتأ

در این شکی نیست که عبدالملك خان مرد پر کار و پر ابتکار بود. طرفدار دسپلین و انضباط نظامی مثل داؤد خان بود. چندان تحصیل خاص نکرده بود: قبل از آمدن به کابل در لوگر احتمالاً درسی را در مدرسه ای خوانده بود. در کابل اول داخل ادارۀ استخبارات شد اما وقتیکه یك کورس محاسبه دایر شد، او توانست نسبت به تشبث شخصی خود، شامل آن شود. در آن وقت داؤد خان وزیر دفاع بود و عبدالملك خان کدام کاری را انجام داده بود که سبب جلب توجۀ وزیر شده بود بشکلیکه او را بحیث مدیر لوازم مکتب حربیه مقرر کرد. بعد ملك خان با استفاده از یك فرصت مناسب یك دوره تحصیل را در ترکیه هم سپری نمود. در مکتب حربیه وقتیکه معلمی غیر حاضر می بود، عبدالملك خان چون با لسان و طرز تدریس استاد های ترکی بلد بود، به عوض غایب به شاگردان درس میداد. به مرور زمان ملك خان نزد داؤد خان اعتبار زیاد پیدا کرد

و وقتیکه جنگ صافی در گرفت، داؤد خان به او مسئولیت اکمالات را تفویض کرد و کمی بعد از ختم جنگ صافی، چون از خدمات و جدیتش در کار راضی بود، او را به ریأست تفتیش عینات اردو مقررش کرد.

"الف" هارون در کتاب خود می نویسد دولت عبدالملك خان را بعد از مسافرتش به ایالات متحدهٔ امریکا به طرحریزی کودتأ متهم نمود و در نتیجه او را با یك تعداد "همدستهایش" دستگیری نموده کوته قفلی کرد. هارون می افزاید جگرن سید کریم به سردار عبدالولی راپور داده بود که عبدالملك خان عبدالرحیمزئی نیت دارد تا با همکاری جنرال خواجه خلیل قوماندان قوای هشت کودتا انجام بدهد. طرح کودتا به شکلی باید می بود که کودتاچیان از موقع تجمع ادا کنند گان نماز عید اضحی در مسجد بزرگ عیدگاهٔ کابل ـ که در آن جمله پادشاه و مسئولین بلند رتبه حکومتی هم اشتراك میکردند ـ استفاده نموده بر آنها حمله می نمودند و به تعقیب آن حکومت جدید خود را اعلان می کردند. پیروزی کودتا را مهدی ظفر، که در آن وقت هنوز شاگرد صنف یازدهم لیسهٔ حبیبیه بود، بایست از طریق امواج رادیو کابل به اطلاع مردم میرساند.

نویسندهٔ کتاب *داؤد خان در چنگال ك .ج .ب*، مینگارد که مأمورین پولیس به تأسی از راپورهای استخبارات دست به توقیف همدست های ملك خان زدند. در حالیکه شخص عبدالملك خان به منزلش خانه نشین شده بود، دو تن برادرنش، یکی عبدالرحمن رئیس شرکت سپین غر و دیگری عبدالله "ترافیك" قوماندان ځارندوی ولایت فاریاب، از وظایف خویش برطرف شده به حبس انداخته شدند. سه روز قبل از عید اضحی رادیو اعلان نمود که مقامات امنیتی

کشورکودتای عبدالملك خان را با "کمك یك کشور خارجی" افشأ کرده است. همزمان یا متعاقب به آن اعلان، عبدالله خان ملکیار، آنگاه وزیر تجارت، به عوض عبدالملك خان و جنرال عبدالغفار به عوض جنرال خواجه خلیل تعیین شدند.

هارون میافزاید حکومت موضوع کشف آن توطئه را به طوری معرفی نمود که گویا اتحاد شوروی در این قسمت با مقامات امنیتی کشور همکاری نموده است. همچنان او خاطر نشان می شود که از همان وقت ببعد دیگر پادشاه و خانوادۀ سلطنتی از ادای نماز ها در مسجد عیدگاه ابا ورزیده نماز های مهم را در مسجد کوچك ارگ بجا مینمودند.[۱۰۴] به نقل قول از عین منبع، دو هفته بعد از افشای این توطئه، میر عبدالعزیز خان والی کابل شبی دنبال عبدالملك خان به منزلش رفت و به بهانۀ ملاقات با سردار داؤد خان او را از منزلش کشید. در راه به منزل سردار احمد شاه خان وزیر دربار توقف کردند و در آنجا او را در یکی از اطاق ها کوته قفلی نمودند. باید متذکر شد که در اثر کشف این "توطئه" حتی اولاد عبدالملك خان از مکاتب شان اخراج شدند.

عبدالملك عبدالرحیمزی، شکنجه جسمی در موقع تحقیقات ندید. در دورۀ مشروطه تقاضای محاکمه را کرد لیکن نه تنها حکومت بلکه ولسی جرگه نیز به عرضش اعتنأ نورزید. اما سایر متهمین آن "توطئه" بر اساس فرمان شاهی رها شده به کار های مختلف گماشته شدند: مثلاً عبدالرحیم چینزائی،[۱۰۵] که

---

۱۰۴ دأوود خان در چنگال ك. ج. ب. صفحۀ ۲۸.

مدیر قلم مخصوص ملك خان بود، بریأست کارخانجات جنگلك تعیین شد و جنرال خلیل بریأست مرستون مقرر شد. این رفتار حکومت در برابر "متهمین" دیروز در واقع معنی عفو را داشت و خود به خود نشان میداد که اتهام کودتا به گمان اغلب یك دسیسه سیاسی مقابل ملك خان بود – بدون اینکه دقیقاً فهمیده شود از کجا آن دسیسه نشئت کرده بود؟

با وجود محبوس بودنش، عبدالملك خان عبدالرحیمزی قادر به این شده بود بعضی از یاد داشت های خود را بیرون کند تا آن توسط جریدۀ *افغان ملت* قسماً نشر شود. البته وقتیکه داؤد خان دوباره به قدرت رسید بعد از کودتای ۲۶ سرطان باز هم در سرنوشت عبدالملك خان تغییری پدیدا نشد. عبدالرحیمزئی دایم خود را بی گناه اعلام می کرد و هیچگاه اقرارنامه ای را امضأ نکرده بود. بالآخره، در دورۀ پرچمی ها، و با مداخلۀ سازمان عفوء بین المللی، عبدالملك خان آزاد شد و کمی بعد چشم از جهان پوشید.

عبدالملك خان از جملۀ اشخاص بود که به سردار داؤد خود را خیلی نزدیك ساخته بود و مدار اعتبار عام و تام وی شده بود. و حتی گفته می توانیم از جمله اشخاص بود که به اصطلاح از قالب سیستم داؤد خان برآمده بود لیکن در آخر روابطش با داؤد خان خراب شده بود بشکلیکه بلآخره داؤد خان او را

---

۱۰۵ مرحوم عبدالرحیم چینزائی در دورۀ جهاد غالباً به خاطر فعالیت هایش به پشتیبانی بازگشت پادشاۀ سابق افغانستان توسط گروهی نا معلوم اختتاف شده بلآخره به قتل رسانیده شد. افواهات که در شهر پیشاور در آن زمان شنیده میشد حاکی از مسئوولیت احتمالی حزب اسلامی (برهبری گلب الدین) حکمتیار بود.

برطرف کرد و در حقیقت او را از بین برد. به صورت واضح و دقیق علت آن تحول را گفته نمی توانیم اما جنرال یحیی خان نوروز به ارتباط این قضیه چنان حکایت می نماید: « به یادم است که در آن موقع عبدالملك خان به لوگر برای شکار رفته بود و از آنجا داؤد خان او را به کابل خواست و چنانچه شخصیکه در افغانستان تقریباً ادعای هر چیز را داشت، متکی بر حمایهٔ که از جانب داؤد خان برخوردار بود، به همین ترتیب بندی شد. علت واقعی و دلیل اصلی توقیف شدن دفعتاً عبدالملك خان روشن نیست. چون دلیل اصلی معلوم نیست، باید به افواهات مردم گوش بدهیم... تصمیم دستگیری او ناشی از کدام راپور استخبارات بود – و داخل شدن در مغز استخبارات آن زمان کاری سهل نیست!...– افواهات مردم چنین بود که ملك خان مغرور قدرت و صلاحیت که پیدا کرده بود شده بود. وی بلآخره به این فکر رسیده بود که بدون داؤد خان هم میتواند در مملکت نقشی مهمی را بازی بکند: و اگر به داؤد خان به نوعی از انواع ثابت شده باشد که عبدالملك خان می خواهد بدون وی حکومت کند، همین خود به خود برای اتخاذ تصمیمش کافی بود.»[۱۰۶]

قابل تذکر است که اگر روابط عبدالملك خان با سردار داؤد خان خیلی نزدیك و صمیمی بود، در مقابل با سایر اعضای کابینه و حتی با سردار نعیم خان او روابط خراب داشت. دراین رابطه جنرال یحیی نوروز می گوید: « عبدالملك خان به کسی سر تعظیم خم نمی کرد. حتی فکر میکنم که در اوآخر به داؤد خان هم سر را خم نمی کرد که آن شاید بلآخره سبب سقوطش شده

۱۰۶ مصاحبه با جنرال یحیی نوروز، مورخ ۷ می ۱۹۹۸ میلادی، شهر سکندریه، ایالت ورجینیا، ایالات متحدهٔ امریکا .

باشد.»[۱۰۷] اگرچه به نقل قول از یك منبع دیگر سردار محمد داؤد عبدالملك خان را خلاف ارادۀ خود برطرف و محبوس کرده بود. در سال ۱۹۷۲ هنگامیکه موضوع رهای ملك خان از زندان در شورا بحث میشد، منبع مذکور از سردار محمد داؤد در مورد سرنوشت و چگونگی قضیه عبدالملك خان پرسید. سردار داؤد پاسخ داد که به صداقت و لیاقت ملك خان شخصاً شك نداشت و ندارد اما در آن زمان ملك خان خیلی مردم ها بشمول مقام سلطنت را ناراضی ساخته بود. او افزود افواهات در کابل در مورد ترتیبات کودتای از طرف عبدالك عبدالرحیمزی زیاد شنیده میشد و غالباً در تحریك موضوع سردار عبدالولی نقش فعال داشت بدون اینکه علتش دقیق فهمیده شود. اما باید گفت تا آخر هیچگونه ثبوت در مقابل وی یافته نشد.

حبس حضرت صبغت الله مجددی به اتهام سؤقصد مقابل خروچف

حضرت صبغت الله مجددی، "شهزاده جان"، پسر حضرت معصوم مجددی، تحصیلات عالی خویش را در جامع الازهر درمصر انجامیده، در سال ۱۳۳۲ هجری شمسی به میهنش عودت نمود. نا گفته نماند در جریان تحصیلات خویش در آن کشور با یك عدۀ زیاد شیخ ها، روحانیون و متفکرین اسلامی شناخت حاصل نموده بود، و همچنانکه با حلقه های مربوط به حزب

---

۱۰۷ مصاحبه با جنرال یحیی نوروز، مورخ ۷ می ۱۹۹۸ میلادی، شهر سکندریه، ایالت ورجینیا، ایالات متحدۀ امریکا .

اخوان المسلمین. بعد از عودت به کابل، البته نسبت به موقف فامیلی و شخصی حضرت صبغت الله مجددی، سردار محمد داؤد با او ملاقات طولانی نمود که بتعقیب آن جوانیکه تازه تحصیل خود را تمام کرده بود، یك اثر دارای پانزده صفحه را به صدراعظم فرستاد که در آن توجهٔ حکومت را نسبت به خطریکه نزدیکی بیش از حد با اتحاد شوروری و کمونیسم برای افغانستان مجسم مینمود جلب کرد. یك تن از همکاران صدراعظم به حضرت صبغت الله مجددی گفته بود که صدراعظم داؤد خان در فکر شامل کردن او در کابینهٔ خود میباشد و میخواهد وی وزرات عدلیه را، که در آن زمان هنوز محاکم شرعی مربوط به آن میشد، بدوش بگیرد. اما حضرت صبغت الله مجددی این مفکوره را رد نموده علاقه خود را به تعلیم و تدریس ابراز کرد. نسبت به علاقهٔ محصلین به طرز تدریس وی و نسبت به تقاضای مسئولین معارف استاد جوان صبغت الله مجددی بین چندین مکتب و مؤسسات تعلیمی پایتخت وقت خویش را تقسیم نموده درس میداد. اما بیانیات، ابتکارات و شهرت که این جوان یافته بود حکومت را تدریجاً نا راحت ساخته بود و چنان احساس میشد که نه تنها حکومت، بلکه شخص داؤد خان هم چنان رفتار را دیر تحمل نخواهد کرد.

هنگام سفر دوم خروتچف به افغانستان – از ۲ الی ۵ مارچ سال ۱۹۶۰ میلادی،[۱۰۸] راپوری بقلم میر اکبرخیبر به ریأست ضبط احوالات رسیده بود که به قول آن قرار بود حضرت صبغت الله مجددی عملی را بر ضد مهمان روسی دولت انجام بدهد. خیبر، که آنگاه تازه از حبس رها شده بود و در شعبهٔ ضبط

---

۱۰۸ سفر اول خروتچوف، بصفت دبیر کل حزب کمونیست اتحاد شوروی، به همراهی بولگانین صدراعظم اتحاد شوروی از تاریخ ۱۵ الی ۱۸ دسمبر ۱۹۵۵ میلادی صورت گرفت.

احوالات شغل مخبری پیدا کرده بود، در راپور خود ذکر کرده بود که حضرت صبغت الله مجددی می خواهد موتر حامل مهمان های روسی را در موقع عبورش سنگ باران نماید. داؤد خان به راپور مذکور اهمیت قائل شده، امر گرفتاری مجددی را داد. به این ترتیب، بدون محاکمه، آن تن عالم دین جوان و پر آرزو و علاقه به امور سیاسی کشورش، عضؤ یك خانوادهٔ مرشدان طریقت نقشبندیه و در ضمن دارای علایق فامیلی با سردار داؤد خان، به بندی خانهٔ ده مزنگ انداخته شد. جمعاً حضرت صبغت الله مجددی حدود چهار و نیم سال را در محبس گذشتاند.

اگر سراغ علت بدبینی نسبی داؤد خان را در مقابل خانوادهٔ مجددی بگردیم، احتمال دارد که بر علاوه بد بینی که او از روحانیونیکه در امور سیاسی مداخله میکردند داشت، آنرا در راپور هایکه توسط دست های مغرض – مثلاً میر اکبر خیبر و امثالهم – بر سر میز داؤد خان رسانده میشد، همچنانکه در افواهات مختلف که بمنظور تحریك احساسات منفی داؤد خان در رابطه پخش می شد میتوان دید. مقصد آن عده مغرضین ایجاد فاصله میان روحانیون متنفذ و سردار داؤد خان بود و باید اعتراف کرد که تا حدی بمقصد خود رسیده بودند.

کشف اسلحهٔ امریکائی در میدان هوائی قندهار و خوف کودتا

در اواخر سال ۱۹٦۰ میلادی، مأمورین گمرك میدان هوائی قندهار چند صندوق سلاح امریکائی را در جریان کار خود کشف نمودند. صندوق ها توسط

شرکت آریانا از شهر فرانکفورت وارد شده بود اما منبع وارد کننده معلوم نبود. حکومت بلا فاصله و بدون غور چند تن مأمورین آریانا را متهم و آنها را دستگیر نمود. محمد شریف عظیمی، نمایندهٔ شرکت در بیروت به کابل خواسته شده محبوس گردید. کپتان رحیم نوروز و کوپیلوتش با عین سرنوشت دچار شدند. حکومت موضوع را بزرگ قلمداد نمود و بعضی ها خواستند که قضیه را منحیث یك دسیسهٔ امریکائی معرفی نمایند چون شرکت آریانا با سرمایهٔ شرکت هوائی پان امریکن مشترکاً تأسیس شده بود.

آقای عبدالرحیم سدوزائی که مأموریت طویل را در چوکات شرکت آریانا گذشتانده است، و در آن ایام آمر عمومی نمایندگی های آن شرکت در خارج از کشور بود، قضیهٔ این صندوق های اسلحه را نتیجهٔ یك سؤ تفاهم معرفی مینماید.[۱۰۹] شخص موصوف میگوید در حقیقت صندوق های اسلحه مذکور، که در فرانکفورت در طیارهٔ پرواز «۷۰۲» آریانا بار شده بود، مربوط به دولت ایران میشد و بایست به تهران حمل میشد. در جریان پرواز، غافل از این موضوع، پیلوت متوجه شد که موازنهٔ طیاره برهم خورده امکان دارد خطری متوجهٔ شان شود. همینکه در میدان هوائی پراگ توقف کرد، جهت تأمین موازنهٔ طیاره، یك تعداد صندوق ها را، به شمول یك تعداد از صندوق های حامل سلاح به قسمت دیگری ساحهٔ کارگو انتقال داده شد. اما اشتباه در این رخ داد که در راپور مربوطه این تغییر و تبدیل درج نشد.[۱۱۰] از این سبب، قسمت اعظمی این

---

۱۰۹ جواب کتبی آقی عبدلرحیم سدوزائی به سئوال نویسندهٔ این سطور(برج می سال ۲۰۰۰ میلادی). آقای عبدالرحیم سدوزائی فعلاً در شهر پاریس، فرانسه، اقامت دارد.

۱۱۰ راپوریکه در آن این موضوعات درج میشود بنام cargo manifesto یاد میشود.

اسلحه به عوض اینکه به تهران فرود آورده شود به قندهار رسید و سبب تشویش دولت گردید. قبل از اینکه موضوع روشن شود، یك تعداد مأمورین و مسئولین شرکت هوائی ملی زیر تحقیقات جدی پولیس و ریأست ضبط احوالات قرار گرفتند. بلآخره صندوق های سلاح به مالك اصلی شان، که وزارت حرب ایران بود، تسلیم داده شد و آوازهٔ کودتاً خاموش شد.

درست معلوم نیست که آیا پریشانی حکومت نتیجهٔ ترس واقعی از کودتایی و یا نگرانی از عمل تخریب کننده ای دیگری بود و یا اینکه در داخل دوایر دولتی حلقه های بودند که عمداً این موضوعات را، که درحقیقت بنیهٔ اتفاقی داشت، دامن زده سعی می ورزیدند تا روابط حکومت سردار محمد داؤد را با امریکا خراب نمایند و بدین ترتیب سیاست حفظ بی طرفی اش را به نفع اتحاد شوروی برهم بزنند.

قبل از اینکه روابط شان تدریجاً خراب شود ، دو پسر عم در راه ترقی کشور با هم همکاری مثبت و مثمر داشتند.

در این تصویر، از چپ به راست، صدراعظم سردار محمد داؤد، مارشال شاه ولی خان وپادشاه افغانستان محمد ظاهر شاه دیده میشوند. غالباً عکس یا بعد از ادای نماز عید یا در موقع تجلیل جشن استقلال گرفته شده است.

فصل چهارم

خانه نشینی

– مصادف با دورۀ سلطنت مشروطه –

۱۳۵۲ – ۱۳۴۲

استعفای سردار داؤد خان

چون طرزحکومتداری سردار محمد داؤد خان بعضی حلقه ها را، بشمول یك عده اشخاص در داخل خانوادۀ سلطنتی، تدریجاً نا راضی ساخته بود، بلآخره پادشاه به این نظر رسید که بهتر خواهد بود اگر پسر عمش وظیفۀ اش را ترك نماید و بدین منظور آهسته آهسته زمینه را مساعد ساخت. مخالفین صدراعظم که تقریباً مدت یك دهه امور حکومت را به دوش گرفته بود عمدتاً از چهار نگاه او را متهم می دانستند:

– سیاست نا مؤفق در قضیه پشتونستان؛

- نزدیکی مبالغه آمیز و غیر معقول با اتحاد شوروی؛
- رویه بیش از حد تند با حلقه های سیاسی مخالف؛
- پیشبرد سیاست های "خود سرانه" بدون اعتنأ به هیچ نوع مشوره.

چون ظاهر شاه به مرور زمان به قدرت خود اعتماد پیدا کرده بود، غالباً شخصاً مایل به این بود تا پسر کاکای خود را از وظیفه اش سبك دوش بسازد. در حالیکه برداشت عمومی بر این است که در تعیین کردن داکتر یوسف خان بحیث صدراعظم جدید پادشاه خواسته بود اشارهٔ واضحی را به همه برساند که مصمم است سیاست کشور را تغییر بدهد و از آن لحظه ببعد خودش سهم فعال در تعیین آن داشته باشد، قابل تذکر است که سردار داؤد شخصاً داکتر یوسف خان را بحیث جانشین خود به پادشاه پیشنهاد کرده بود.

در قسمتی از کتاب خود[۱۱۱] جنرال نذیرکبیر سراج می نویسد محمد ظاهر شاه، در اثر فشار های اعضای خانوادهٔ اش که از نزدیکی زیاد با اتحاد شوری و اوضاع بحرانییکه به خاطر موضوع پشتونستان ایجاد شده بود به تشویش افتاده بودند، در سال ۱۹۶۲ میلادی تصمیم گرفت پسر عم خود را از وظیفه اش سبك دوش نماید. آنچه جالب در نظر می خورد اینست که داؤد خان خودش در نظر داشت در عین زمان که استعفای خود را به پادشاه تقدیم میکند طرحی را که برای اصلاح قانون اساسی کشور تسوید نموده بود و آرزو داشت پادشاه آنرا تأیید کند ضمیمه استعفانامهٔ خود بسازد. طرح مذکور، به اساس

---

۱۱۱ رویداد های نیمهٔ اخیر سدهٔ بیست در افغانستان، جلد اول ص ٤٨ و ٤٩ .

نوشتهٔ جنرال کبیر سراج، خواهان برقراری نظام شاهی مشروطه بود. مؤلف مذکور اضافه می نماید داؤد خان مصمم بود بعد از استعفایش از طریق انتخابات دوباره کرسی صدارت اعظمی را اشغال نماید. در عین سطور کتاب خود، او نیز این را که داؤد خان شخصاً داکتر یوسف خان را به جانشینی خود به پادشاه معرفی نموده بود تایید میکند لیکن تشریحات بیشتر در مورد نمی دهد.

جنرال یحیی نوروز به طور قطعی فرضیهٔ را که بر اساس آن گفته شده است داؤد خان توسط رادیو از سبك دوشی خود مطلع گردیده بود رد نموده، بر عکس تأیید مینماید که داؤد خان پیش از پیش میفهمید استعفا دادنی است. او می گوید چندین هفته قبل از استعفایش در وزارت دفاع شنیده میشد "داؤد خان میرود". حتی این موضوع از زبان بعضی از مسئولین در دهلیز های وزارت با بسیار خون سردی ذکر میشد، در حالیکه اگر داؤد خان با موقف و قدرت که در آن زمان داشت خودش میل ترك وظیفه صدارت را نمی داشت، دور از تصور نیست که کودتای و یا حرکتی دیگری را براه می انداخت و یا حد اقل به آسانی قدرت را تسلیم نمی کرد... به تایید اینکه سردار محمد داؤد آمادگی رفتن خود را قبلاً گرفته بود، بعضی تصامیم و اجراآتش را جنرال یحیی نوروز مثال میدهد: مثلاً در وزارت دفاع، جهت بوجود آوردن یك تشکیل جدید برای اردو کشور کار زیاد شده بود. مدتی کم قبل از استعفایش، داؤد خان فشار آورد تا هر چه زودتر این کار انجام یابد. در مرحلهٔ آخر پروژه، جنرال خان محمد خان را، که در آن وقت به قندهار مؤظف بود، به کابل احضار کرد و در تکمیل نهائی تشکیل جدید او را سهیم نمود. چنانچه بعد از استعفأی سردار داؤد خان، به خان محمد خان کرسی وزارت دفاع ملی تفویض گردید.[۱۱۲]

در حقیقت تصمیم مرحوم سردار محمد داؤد بر آنچه بی اعتنای پادشاه در برابر پیشنهاداتش بنظرش خوده بود مبنی بود. او کتباً به پادشاه پیشنهاد کرده بود که باید یك سلسله اصلاحات در جامعه "از بالا" تطبیق شود زیرا در غیر آن امکان دارد روزی مردم درکوچه ها و بازار ها جهت تقاضای این اصلاحات برآیند و آنگاه نظم جامعه و کشور برهم خواهد خورد. داؤد خان در مکتوب خود بوضاحت تقاضای تجدید و تعدیل قانون اساسی سال ۱۳۱۰شده بود. محمد ظاهر شاه بعد از مدتی بجواب صدراعظم و پسر عمش پرداخته متذکر شده بود که به نیازمندی این اصلاحات موافق است اما شرایط و زمانه هنوز برای آن مساعد نیست. سردار داؤد خان که در عمق ذهنش معتقد بود این اصلاحات یك امر حتمی میباشد و وقت این فرارسیده است در موردش بصورت جدی غور شود طی نامهٔ دومی دوباره نظریات خود را به پادشاه ارائه کرد اما این بار پادشاه جوابی نداد. صدر اعظم سردار محمد داؤد که از طرف پادشاه در وظیفه اش یك دهه قبل تعیین شده بود خاموشی وی را بمعنای رای عدم اعتماد توجیه داده استفی خود را تقدیم نمود و داکتر یوسف خان را بحیث جانشین خود معرفی کرد.

موضوع دیگری را هم باید در اینجا تذکر داد: ده سال به قدرت ماندن و بخصوص بصفت صدراعظم، که مسئولیت پیشبرد امور روزمره مملکت را بدوش میداشته باشد، خود بخود خسته کن بود. علاوتاً ادامهٔ وظیفه برای یك

---

۱۱۲ مصاحبه با جنرال یحیی نوروز، سپتامبر ۱۹۹۸ میلادی، الکساندریه، ورجینیا، ایالات متحدهٔ امریکا.

دهه به شخصی مانند داؤد خان که در طول آن مدت بیشتر متوجهٔ اهداف خود بود و به سخن و انتقادات مردم چندان اعتنا نمی کرد دشمنی ها را در بین جامعه و حسادت ها در بین خانوادهٔ سلطنتی ایجاد کرده بود. البته زمانه هم ایجاب می کرد تحولی صورت بگیرد و خود سردار داؤد خان هم این موضوع را درك کرده بود اما به شکل دیگری: غالباً او فکر می کرد باید نظام کشور اصلاح شود و تحولی در آن رونما گردد اما در مورد خود این نیازمندی به تحول را تطبیق نمی کرد: خود را حامی و عامل آن تحول می دید[۱۱۳] در حالیکه غالباً تحولی را که پادشاه سنجیده بود باید بدون پسر اعمش عملی می شد. از همین حیث غلط فهمیی ایجاد شد که بلآخره به تیرگی روابط سردار محمد داؤد با پادشاه و منزوی شدن وی از صحنهٔ سیاسی رسمی کشور برای مدت یك دهه تمام شد.

حکومت عبوری داکتر یوسف خان

مرحوم داکتر یوسف خان تحصیل یافته آلمان غربی بود. در رشتهٔ فیزیك داکتری خود راگرفته بود. تقرری چنین یك شخص برای ناظرین خارجی صحنهٔ

---

۱۱۳ آقای محمد عزیز نعیم این تحلیل را رد کرده حکایت مینماید طی صحبتیکه با عمش در پغمان در سال ۱۹۶۳ داشت، سردار محمد داؤد به او متذکر شد تقسیم اوقات را که برای ایجاد قانون اساس جدید در نظر گرفته بود - در صورتیکه آن تطبیق میشد - سه مرحله عمده ذیل را داشت:

۱) تا سال ۱۹٦٤ مسودهٔ قاون اساسی جدید کشور باید تکمیل میشد؛
۲) در سال ۱۹٦٥ لویه جرگه آنرا تصویب میکرد؛
۳) درسال ۱۹٦٦ کابینه سردار داؤد استعفای خود را تقدیم میکرد.

سیاسی افغانستان معنی علاقهٔ حکومت افغانستان به نزدیکی با کشور های غربی توجیه داده شد. از طرف دیگر برای بار اول در تاریخ معاصر افغانستان وظیفهٔ صدراعظمی، یا به عبارت دیگر وزیر اعلی یا نخست وزیر، به یك تن از اعضای خانوادهٔ سلطنتی تفویض نه شده بود. یك عده مبصرین سیاسی و افغانستان شناسان حدس زده اند اتحاد شوروی از این تحول ناراضی بود در حالیکه ثبوتی خاص در این مورد وجود ندارد. در مقابل، کشور پاکستان همسایه بدون شك از وقوع این تحول خیلی مسرور بود چون برای زمام داران مقیم کراچی داؤد خان شخصی بود که روابط دوکشور را تقریباً بسرحد جنگ رسانده بود.

وظیفه اول کابینهٔ مؤقت داکتر یوسف خان گرفتن ترتیبات لازمه برای تغییر نظام حکومتداری کشور بود. تسوید قانون اساسی جدید باید افغانستان را از نظامیکه طی قانون اساسی سال ۱۳۱۰ تعیین شده بود به یك نظام شاهی دارای شورای با صلاحیت عوض میکرد و قرار بود مسودهٔ قانون اساسی جدید طی لویه جرگه ای تصویب شود. از وظایف اساسی و عاجلیکه پادشاه به داکتر یوسف خان سپرده بود به درجهٔ اول تنزیل بخشیدن بر حرارت قضیهٔ پشتونستان بود. جهت مقابله با مسئولیت های جدیدش در رابطه با قانون اسای، داکتر یوسف خان یك هیئت تسوید قانون اساسی که شامل هفت نفر بود، تحت ریأست سید شمس الدین مجروح، سرپرست وزارت عدلیه، تعیین کرد و به ارتباط قضیه پشتونستان، هیئتی را به تهران فرستاد.

هیئات افغانی بریأست سید قاسم رشتیا، که در کابینه مؤقت وزیر اطلاعات و کلتور بود، جهت مذاکرات عازم پایتخت ایران شدند و از جانب

پاکستانی ذوافقار علی بوتو، که در آن فرصت وزیر خارجه کشور خود بود، عین مسئولیت را عهده دار بود. نا گفته نماند در هیئتیکه از کابل به تهران رفت نور احمد اعتمادی بحیث معاون وزارت خارجه و شخصیکه از سوابق قضیه مطلع بود نیز عضؤیت داشت. در این مذاکرات که به کوشش شاهٔ ایران صورت میگرفت، جوانب ذی علاقه به برقراری روابط حسنهٔ همجواری موافقه نموده مصمم شدند تا در قدم اول روابط تجارتی خویش را عادی بسازند، اما در مورد اصل موضوع برسمیت شناختن سرحدات که سبب کل مشکلات بود و روابط دو کشور را به آن حد خراب کرده بود، توافقی صورت نگرفت. مذاکرات تهران بین دو جانب فضای مثبت را ایجاد نمود و در نتیجه این تحول برای مدت تقریباً یك دهه، یعنی از ۱۹٦۳ الی ۱۹۷۳ میلادی، موضوع پشتونستان، با وجود تکان های مؤقتی، نسبتاً خاموش ماند و فقط وقتیکه داؤد خان قدرت را میگیرد این زخم التهاب کرده دو باره اوج میکند.

تأسیس نظام سلطنتی مشروطه

قانون اساسی جدید

قانون اساسی که در سال ۱۹٦٤ میلادی تسوید شد اساساً نمایانگر خواستهٔ پادشاه مبنی بر بخشیدن آزادی های بیشتر در امور سیاسی و مطبوعاتی کشور بود. این خواستهٔ شخص پادشاه در قانون اساسی بشکل مشاهده شد که به اساس آن انجمن ها، احزاب سیاسی و نشریات مستقل قانوناً مجاز خوانده شدند. از سوی دیگر، به نظر بعضی مردم ایجاد قانون اساسی جدید یگانه راه

برای پادشاه بود تا، طی ماده ۲٤ آن، سردار محمد داؤد پسر عم خود را از صحنهٔ سیاسی منزوی بسازد چنانچه بر مبنای آن ماده اعضای خانوادهٔ سللطنتی حق اشغال کرسی های مهم دولتی را نداشتند:

« ماده بیست و چهارم – پسر و دختر و برادر و خواهر پادشاه و ازواج و زوجات و ابنأ و بنات شان و عم و ابنای عم پادشاه خانواده پادشاهی را تشکیل میدهند.

در تشریفات رسمی دولت خانوادهٔ پادشاهی بعد از پادشاه و ملکه اخذ موقع مینماید.

مصارف خانوادهٔ پادشاهی در بودجه مصارف پادشاهی تعیین میشود.

القاب مختص به خانوادهٔ پادشاهی میباشد و مطابق به احکام قانون تعیین میشود.

اعضای خانوادهٔ پادشاهی در احزاب سیاسی شمولیت نمیورزند و وظایف آتی را احراز نمیکنند:

۱ – صدارت اعظمی و وزارت

۲– عضویت شورا

۳ – عضویت ستره محکمه

اعضای خانواده پادشاهی حیثیت خود را بصفت عضو خانواده پادشاهی مادام الحیات حفظ میکنند.»[۱۱۴]

---

۱۱۴ قانون اساسی افغانستان، رسمی جریده، مورخ ۱۱ میزان ۱۳٤۳، وزارت عدلیه، کابل ۱۳٤۳ هجری شمسی.

قانون اساسی سال ۱۳۴۳ به هر شکلیکه بود یك دورهٔ ده ساله زندگی سیاسی پر ماجرا و در عین زمان جالب تاریخ معاصر کشور را آغاز نمود. گروه های چپی که از دیگر گروه های سیاسی منظم تر و آماده تر بودند از آزادی نظام مشروطه نوین کشور استفاده نموده تبلیغات گسترده ای را در میان طبقات مختلف جامعه جهت تقویت احزاب خود و پیشبرد اهداف خویش براه انداختند.

ترکیب لویه جرگه سال ۱۳۴۳

ـ اعضای منتخب	۱۷۶
ـ اعضای شورای ملی (ولسی جرگه)	۱۷۶
ـ اعضائیکه توسط پادشاه معرفی شدند	۳۴
ـ اعضای سنا (مشرانو جرگه)	۱۹
ـ وزیران	۱۴
ـ اعضای ستری محکمه	۵
ـ اعضای هیئت تسوید قانون اساسی	۷
ـ اعضای هیئت مشورتی قانون اساسی	۲۴
جمعاً :	۴۵۵ نفر

قبل از انفاذ قانون اساسی جدید، چون قانون کشور احزاب سیاسی را برسمیت نمی شناخت، افراد یا گروه های تنظیم شده که قادر به ابراز نظر در صحنه سیاسی افغانستان بودند انگشت شمار بودند. نظام حاکم اگر به بعضی نظریات انتقاد آمیز با مراعات موقع میداد، به نظریات یا گروه های که خانوادهٔ

سلطنتی یا نظام شاهی را مورد انتقاد قرار می دادند هیچگاه موقع ابراز نظر نمی داد و علاوه بر آن آنها را عموماً سرکوب میکرد. آزادی بیان از خود حد داشت. مطبوعات آزاد وجود نداشت لهذا امکانات پخش نظریات مختلف هم وجود نداشت. کتاب های که در مطبعهٔ دولتی چاپ میشد بعد از تایید متن آن و حتی‌الزوم بعد از "سانسور" چاپ میشد. عده محدودیکه جرأت و توان آنرا داشتند به ایران، پاکستان و یا هندوستان سفر میکردند و نوشته های به اصطلاح "مجرمانهٔ" خود را طبع نموده به طور قاچاق آنرا داخل کشور میکردند قبل از اینکه بصورت مخفیانه و اکثر اوقات بطور مجانی آنرا به دوست ها و ارادتمندان خویش تکثیر نمایند...

عکس العمل داؤد خان مقابل قانون اساسی جدید

داؤد خان از این تحول – یعنی ایجاد قانون اساسی جدید – راضی نبود و چنان موضوع را تعبیر کرد که این قانون صرف برای کنار گذاشتن وی تهیه شده است و بس. مبصرین سیاسی و مؤرخین اکثراً دلیل کودتای داؤد خان را ناشی از مواد قانون اساسی سال ۱۳۴۳ که داؤد خان و سایر اعضای خانوادهٔ شاهی را از وظایف سیاسی مهم محروم ساخته بود می بینند. اما طوریکه به آن قبلاً اشاره کرده ایم و طوریکه خود سردار داؤد در بیانیهٔ که بمناسبت اولین سالگرد تأسیس نظام جمهوری در افغانستان ایراد کرد متذکر شد، اصلاً خودش همین مفکوره را داشت و آنرا توسط نامه ای که در آن خواستار تحولات عمیق در نظام کشور شده بود به اطلاع محمد ظاهر شاه رسانده بود.

موضوع قانون اساسی جدید و ایجاد یك سلسله تعدیلات در طرز حکومتداری که داؤد خان خواهان آن شده بود یکی از دلایل عمدۀ استعفای وی بشمار میرود. یك منبع در این مورد نظر میدهد چون پادشاه پیشنهاد داؤد خان را نپذیرفت و حتی چنان وانمود کرد که به آن هیچ علاقه ندارد، اگر چه بعداً وقتیکه کمیتۀ تسوید قانون اساسی به فعالیت پرداخت نه تنها که قبل از انفاذ قانون اساسی جدید یك نسخه آنرا جهت نظر خواهی بدست داکتر علی احمد خان پوپل به سردار محمد داؤد خان فرستاد بلکه حدس زده می شود در جریان کار های خود پیشنهادات را که داؤد خان قبلاً تهیه کرده بود مورد بررسی خود قرار داده بود، داؤد خان عکس العمل پادشاه را بحیث سلب اعتماد یا رای عدم اعتماد از جانب او تلقی نموده استعفای خود را تقدیم نمود. بجواب کمیته تسوید قانون اساسی سردار داؤد ملاحظاتی مبنی بر عدم موجودیت رابطه و تعادل بین صلاحیت ها و مسؤلیت های پادشاه وضح کرد. اما به پیشنهاداتش هیچ نوع جواب از طرف آن کمیته داده نشد.

یك مأمور بلند رتبه سابق افغانستان مفکوره و یا نظری را که در اذهان زیاد مردم در آن زمان پیدا شده بود چنان منعکس مینماید:« همین قدر گفته می توانم که همین ماده (٢٤) لزوم نداشت چراکه اگر دیموکراسی واقعی میبود، خوب، باید هر کس حق می داشت که خود را کاندید نماید. زیرا اگر داؤد خان از راۀ دیموکراتیك می آمد (یعنی از راۀ انتخابات) کسی مانع او شده نمی توانست. کسانیکه به داؤد خان نزدیك بودند احساس کردند این موضوع داؤد خان را آزرده ساخته بود، در حالیکه شخص صاحب نفوذ بود و یك دهه صدارت را مؤفقانه گذشتانده بود...».

جالب خواهد بود تا فهمیده شود قوهٔ محرکه عمده ایکه ماده ۲۳ قانون اساسی را بوجود آورد کی یا بهتر بگوئیم کی ها بودند؟ آیا پادشاه به تنهائی خود مبتکر آن بود؟ آیا پادشاه به مشوره بعضی ها، به شمول بعضی اعضای کمیتهٔ تسوید، این موضوع را به آن شکل مطرح کرده بود؟ یا بلآخره اینکه بعضی اعضای کمیتهٔ تسوید در این قسمت زیاد ابتکار نشان داده پادشاه را به نظریات خود همنوا ساخته بودند؟ به اتکا به یك منبع، در آن زمان گفته می شد که شاید میر محمد صدیق فرهنگ به این ارتباط زیادتر پافشاری کرده باشد و، به درجه دوم، مرحوم سید قاسم رشتیا (برادر فرهنگ) و سید شمس الدین مجروح از جمله افرادی بوده باشند که در این رابطه موقف جدی تری اتخاذ کرده باشند.

بعضی ها در موقف گیری اشخاص موصوف دلایل شخصی را هم دیده خاطرنشان میشوند وقتیکه، در ختم دورهٔ صدارتش، سردار داؤد خان به یك تعداد از وزرأ نشان "سردار اعلی" و تقریباً هفتاد جریب زمین را اعطأ کرد به چند تن دیگری صرف نشان "ستور" را داد. آیا این موضوع موجب آزردگی ایشان شده باشد و آنها را در اتخاذ موقف مذکور تحریك کرده باشد؟[115] البته خیلی مشکل است در این مورد انسان قضاوت نماید چون همه این اشخاص به دنیای فانی پیوسته اند اما اگر به کتاب خاطرات سیاسی مرحوم سید قاسم رشتیا مراجعه نمائیم، او مکرراً به موضوع وخامت روابطش با سردار داؤد خان و سردار نعیم خان اشاره کرده می نویسد که با مشکلات زیاد چندین مرتبه

---

۱۱۵ در دوره صدارت سردار داؤد خان سید شمس الدین مجروح رئیس مستقل سرحدات و سید قاسم رشتیا رئیس مستقل مطبوعات بودند. هر دو رئیس مستقل عضؤ مجلس وزرأ بودند.

کوشش نموده بود تا موقف خود را روشن بسازد و به ایشان بفهماند تصمیمش در حمایهٔ قانون اساسی صرف اساس مفکوروی داشت و به هیچ صورت به دلیل کدام مخالفت شخصی با ایشان توجیه شده نمی تواند.

فکر نمی کنم موضوع ایجاد ماده ۲۴ را نتیجهٔ اختلافات یا نا رضایتی شخصی بعضی از همکاران دورهٔ صدارت سردار داؤد خان خوانده بتوانیم. زیرا چنان فهمیده میشود که پادشاه شخصاً در مورد قانون اساسی جدیدیکه باید طرح میشد و چوکات عمومی امور کشور را تعیین میکرد نظریات مشخص داشت. او از چهار گوشه دنیا کتب حقوق و کتب که خاص در مورد قوانین اساسی بود جمع کرده مورد مطالعهٔ خود قرار داده بود و کار های کمیتهٔ تسوید قانون اساسی را با علاقه فراوان تعقیب میکرد. بدون تردید زیاد، با در نظر داشت تخریب تدریجی روابط پسران عم در اوآخر دورهٔ صدارت داؤد خان، حدس زده میتوانیم که خود پادشاه از همه بیشتر علاقمند گرفتن جلو داؤد خان بود. ظاهر شاه اصلاً احساس میکرد "آغه لاله" اش به وی موقع ابراز موجودیت نمی داد و اکنون با تحولات ایجاد شده در چوکات نظام کشور او می تواند از قدرت و صلاحیت های خویش به طور دلخواه تر استفاده کند. طرح کنندگان قانون اساسی جدید کشور نه تنها قوانین اساسی بعضی کشور های را که نظام شان به نوعی از انواع با نظام افغانستان قابل مقایسه بود مورد مطالعه قرار داده بودند، بلکه از نظریات و مشوره های متخصصین خارجی هم مستفید شده بودند؛ از آن جمله یك تن حقوق دان فرانسوی بنام لوی فوجیغ،[۱۱۶] که موصوف تجربهٔ

Louis Fougere ۱۱۶

مشابه را در کشور شاهی و مسلمان مراکش حاصل کرده بود.

نا گفته نماند در اکثر کشور های دارای نظام شاهی، که جامعۀ شان از دیموکراسی برخوردار بود و بحیث مثال برای طرح کننده گان قانون اساسی جدید محسوب میتوان شد، به طور عموم به اعضای خانوادۀ سلطنتی حق اجرای وظایف سیاسی داده نمی شد. منطق چنان یك موقف این میباشد که اعضای خانوادۀ سلطنتی از موضوعات حزب و حزب بازی باید دور باشند و در داخل جامعه سبب همبستگی ومتحد ساختن مردم شان باشند بعوض اینکه با طرف گیری با یك گروه مقابل گروه دیگری سبب نفاق شوند؛ به تائید این سخن کشور های چون انگلستان و سویدن در اروپا و مراکش را بحیث یك کشور اسلامی مثال داده میتوانیم.

نتیجه گیری از ده سال نظام سلطنتی مشروطه

ایجاد صحنه سیاسی پر ماجرا

اگر در جریان دهه قانون اساسی (۱۹۶۳-۱۹۷۳) قدرت آزادی های بیشتر را به مردم بخشیده بود، طوریکه به آن قبلاً اشاره کرده ایم، این دوره از خود نواقص هم داشت، که از آن جمله عدم ثبات و دورۀ کوتاه کابینه های که تشکیل میافت بشمار میرود. به اساس قانون جدید، پادشاه صدراعظم را تعیین می کرد قبل از اینکه او از طرف شورا رای اعتماد را کسب نماید. در این قسمت محمد ظاهر شاه چندان اراده قوی نشان نمی داد چون، به مجردیکه کوچکترین

تظاهرات در کوچه ها و باغ های کابل پیاده میشد و صدراعظم مورد انتقاد اعضای شورا قرار میگرفت – که نسبتاً یك امر طبیعی است –، متعاقباً پادشاه او را به استعفی دعوت میکرد و شخص دیگری را بعوض وی مقرر میکرد. چنانچه در مدت ده سال نظام شاهی مشروطه، هفت کابینه مختلف (بشمول کابینهٔ عبوری) تعیین شد و هیچ یك از آنان بیشتر از دو سال برحال نماند:

- کابینهٔ مؤقت داکتر یوسف خان : ١٤ مارچ ١٩٦٣ الی ٢٥ اکتوبر ١٩٦٥ -
کابینهٔ دوم داکتر یوسف خان : ٢٥ اکتوبر ١٩٦٥ الی ٢ نوامبر ١٩٦٥
- کابینهٔ هاشم میوندوال : ٢ نوامبر ١٩٦٥ الی ١٢ اکتوبر ١٩٦٧
- کابینهٔ اول نور احمد اعتمادی : ١٥ نوامبر ١٩٦٧ الی ٢ دسامبر ١٩٦٩
- کابینهٔ دوم نور احمد خان اعتمادی : ٢ دسامبر ١٩٦٩ الی ١٦ می ١٩٧١
- کابینهٔ داکتر عبدالظاهر : ٢٦جولائی ١٩٧١ الی ٢٥سپتامبر ١٩٧٢
- کابینه محمد موسی شفیق : ٧ دسامبر ١٩٧٢ الی ١٧ جولائی ١٩٧٣

سئوال را که خیلی ها مطرح کرده اند اینست که آیا پادشاه و هیئت تسوید قانون اساسی جدید نخواستند یك طرح بسیار پیش رفته را، با تقلید از جوامع غربی، در حالیکه مردم قطعاً آمادگی آنرا نداشت، در افغانستان روی کار آورند؟ برای یك کشوریکه هیچ تجربه "دیموکراسی" را نداشت، به این معنی که با آزادی های بیان و رای گیری و اشتراك در امور کشور دست یابی نداشت، دورهٔ انتقالی پیش از تطبیق قانون اساسی از حد زیاد کوتاه بود.

موضوع عدم آمادگی جامعه را یك تن مأمور سابقه دار کشور، که در

جریان موضوعات در آن زمان در کابل بود، چنان تحلیل و تمثیل مینماید: « در *یك جامعه که تمام قدرت در وجود یك یا دو شخص متمرکز شده بود پیاده کردن بدون مقدمه دیموکراسی کاری آسانی نیست... این کار وقت را ایجاب میکرد، شوخی نبود... و در این قسمت دایم عین مثال را میدهم: افغانستان شکل یك موتر کهنه و غرازه را داشت که باید اول کوشش می‌کردند نواقصش را ترمیم کنند، اما خواستند دفعتاً در همان وجود ضعیف ماشین طیارهٔ جت را بشانند. این کوتاه سنجشی سبب بربادی افغانستان شد و ماشین جت موتر کهنه را از بین برد! باید دورهٔ انتقالی حد اقل چهار یا پنج سال دوام می کرد تا همه چیز آماده می شد... وقتیکه صدر اعظمی را پیش وکلاً می رفت هر کدام از آنها برای خود و موضوعات شخصی خود صحبت می کردند. به یادم است که آقای شفیق تأسف می کرد مقام صدارت اهمیت خود را از دست داده است. او میگفت هر قدر کوشش می کند تا آنرا دوباره واجد اهمیت بسازد با مشکلات مواجه می شود.*»

تحریك احساسات ضد سلطنتی و نفوذ در حلقه های متنفذ و منور

علاوه بر احزاب و گروه هایکه با استفاده از حقوق جدید که توسط قانون اساسی برایشان داده شده بود ابراز موجودیت کردند، در جریان این دهۀ نظام شاهی مشروطه حلقه های دیگری بود که فعالیت های سیاسی علنی و یا در خفا داشت. از آن جمله تعدادی بود که اعضای آن به اساس دلایل و عقاید سیاسی مختلف مخالفت بنیادی با نظام حاکم داشتند و از زمانیکه احزاب

سیاسی ممنوع بود فعالیت های خویش را آغاز کرده بودند و، در دورهٔ مشروطه، با وجود تغییر قانون، به علت اینکه نظام و خانوادهٔ سلطنتی باید از انتقادات که هویت یا موجودیت آنانرا مورد سئوال قرار میداد یا تهدید میکرد مصئون میبودند، فعالیت های خویش را بصورت مخفیانه ادامه دادند. یکی از این حلقه های را که با نظام سلطنتی مخالفت داشت – و غالباً مستقیماً و یا به شکل غیر مستقیم بالواسطه بعضی از اعضای خود با سردار داؤد خان تماس داشت – اینجا بحیث مثال آورده می توانیم. در آن حلقه اشخاص ذیل عضویت داشتند:

– داکتر حسن شرق، معاون صدراعظم در دورهٔ جمهوریت داؤد خان

– شیر آغای "مهندس"، رئیس فابریکه سمنت جبل السراج در دورهٔ جمهوریت.

– داکتر حسین خان، جراح متقاعد.[۱۱۷]

– جنرال جیلانی خان (؟)

– ضیأ قاری زاده، شاعر و آواز نواز.

– غلام حیدر عدالت، که بعداً وزیر شد،

– داکتر سهیل

– صالح خان حنیفی، معاون شرکت کوکاکولا

– غلام حیدر پنجشیری، رئیس فابریکهٔ قند بغلان

– رحیم زابلی، پسر عبدالمجید خان زابلی و رئیس شرکت کوکاکولا

– سراج الدین خان نظام، تاجر

– ...

---

۱۱۷ اگرچه در ابتدأ داکتر حسین خان در تعدادی از مجالس این حلقه اشتراك میکرد، اما بمرور زمان، با حفظ روابط دوستانه اش با عدهٔ از اعضای آن، از حلقه دوری جست.

مجالس در منزل یکی از اعضای حلقه عموماً ترتیب داده میشد. به مرور زمان بین اعضای حلقه اختلافات نظر پیدا شده بود و دقیق معلوم نیست که چه وقت حلقه از هم پاشید. آقای ضیأ قاریزاده میگوید صالح خان حنیفی و سراج الدین خان نظام چندان در موضوعات سیاسی غرض نداشتند و رابطهٔ شان با این حلقه زیادتر وابسته بر دوستی و رفاقت بود و نه چندان بر اساس همفکری سیاسی. آقای ضیا قاریزاده، که با داؤد خان رابطهٔ حسنه داشت،[۱۱۸] تاکید مینماید هدف حلقه مذکور انتقاد از سلطنت و پشتیبانی از مفکوره جمهوریت و بخصوص از داؤد خان بحیث علم بردار آن مفکوره بود.[۱۱۹]

بی انضباطی در اردو

طی راپور محرمی تهیه کنندهٔ آن می نویسد که اوضاع اردوی کشور خراب و در یك حالت بی انضباطی عمومی ناشی از بی کفایتی و سؤ استفاده بعضی از مسئولین آن میباشد.[۱۲۰] برای تمثیل فرضیهٔ خود، مؤلف راپور مذکور

---

۱۱۸ رجوع شود به فصل اول این کتاب.

۱۱۹ صحبت تلفونی با آقای ضیا قاریزاده، مورخ چهارم دسمبر سال ۲۰۰۰ میلادی. آقای قاریزاده در کاندا فعلاً زندگی مینماید.

۱۲۰ استفاده از راپور محرمیکه که مورخ ۱۳۴۷/۱۱/۱۵ هجری شمسی توسط یك مأمور دولت که هویتش معلوم نیست تهیه شده است. در آن بحیث پیشگفتار خود بر شرح نقاط آتی ◄

خلاف رفتاری های چهار تن جنرال ارشد اردوی مملکت را شرح مینماید. چون نه منبع این راپور محرمانه معلوم است و نه اسم مؤلف آن، در این جاه ترجیح میدهیم تا از ذکر اسمهای جنرال های یاد شده اجتناب نمائیم. راپور جنرال های را که مورد انتقاد قرار میدهد چهره های شناخته شده و دارای مقام های بلند اردوی مملکت در آن ایام میباشند. نویسندهٔ آن راپور اشخاص موصوف را به خویشخوری، دزدی از بیت المال، کارشکنی، فعالیت بر ضد مقام سلطنتی و، علاوه برآن همه، نداشتن سویهٔ علمی کافی برای اجرای مؤفقانه وظایف خویش متهم میداند. به ارتباط موضوع اخیرالذکر مؤلف مثال یك تن جنرال ارشد اردوی کشور را می دهد که او کدام کتابی را که عمدتاً از روی نوت های کورس تکتیکی معلمین ترکی تدوین شده بود دو باره نشر کرده و خود را بحیث "نویسنده و مرتب کننده" آن معرفی کرده بود. ترتیب کننده راپور به رشوه خوری و قاچاق مشروبات ممنوعه هم اشاره نموده رهبریت اردوی کشور را ملامت به ترجیح دادن منافع نفسانی خود بر منافع ملی مینماید.

در قسمتی از راپور بحیث یك نتیجه گیری عمومی و یا اختتامیه، تهیه

◄

پرداخته ده است:

« در چند سال اخیر احساس و یا مشاهدهٔ علل ذیل بی انضباطی(شده است): ۱- تمایل به سؤ استفاده برخی از منسوبین. ۲ - فرار و خود سری ها. ۳- مفقودی سلاح و وسایط. ۴- تمایل به استعفای ضابطان جوان. ۵- عدم حرمت و اعتماد متقابل. ۶ - عدم قناعت و رضایت بعضی از منسوبین در وظایف موجوده. ۷- عدم پابندی و مراعات بقوانین موضوعه.
بمثل این علل دیگر بی انضباطی مشاهده و احساس گردیده که عوامل اصلی آنها برخی از بزرگ رتبه گان بوده که به صورت مثال وضع چهار جنرال را در اوراق منضمه تحلیل خواهند فرمود.»

کننده می نویسد : «انتباۀ عمومی یک قسمت زیاد منسوبین اردو بر این است که اگر حضور وزیر صاحب دفاع ملی و والا حضرت سردار صاحب در اردو تشریف نمی داشتند عوض تطبیق مقررات قوانین رشوت ستائی و به عوض کار بی کاری رویکار میشد.» قابل تذکر است که در اینجا "وزیر صاحب دفاع" خان محمد خان و "والا حضرت سردار صاحب" سردار عبدالولی می باشند.

به هر دلیل و به هر مقصدیکه این راپور تهیه شده است از وضع بی نظمی فوقالعاده و از هم پاشیدن انضباط در داخل اردوی کشور منعکس می شود. بدون تردید در چنان شرایط طرفداران نظام منضبط تر به آسانی تبلیغات خویش را علیه حکومت سیستم مشروطه براه انداخته یک تعداد افسران اردو را بدین ترتیب به خوبی جذب کرده می توانستند.

از خانه نشینی تا کودتأ

در حقیقت گفته میتوانیم دوره خانه نشینی سردار داؤد دارای سه مرحله بود:

– مرحله اول از زمان استعفایش الی طرح قانون اساسی‌جدید میباشد و تقریباً کمی بیشتر از یک سال را احتوا می نماید. این دوره را میشود "مرحلۀ انتظار" مسما کرد.

– مرحله دوم، که طویل ترین دوره میباشد، چون تقریباً هفت سال را در بر میگیرد، آنرا "دورۀ نارضایتی" نامیده میتوانیم.

– مرحله سوم، بلآخره، که تقریباً بیشتر از یک سال قبل از گرفتن قدرت

آغاز میابد و بتاریخ ۲۶ سرطان تمام میشود، آنرا "مرحلهٔ ترتیبات" نامیده میتوانیم.

در مرحله اول، سردار محمد داؤد منتظر طرح قانون اساسی جدید بود تا ببیند آیا نظریات و پیشنهاداتیکه خودش قبل از استعفایش به پادشاه تقدیم نموده بود مد نظر گرفته میشود یا خیر. وقتیکه هیئت تسوید قانون اساسی جدید نسخه ای از آنرا به داؤد خان جهت نظر خواهی فرستاد، نامبرده به جواب طرح جدید پیشنهادت و نظریاتش را پس فرستاد اما کلمه ای در آن مورد پس نشنید.

استاد عزیز نعیم می گوید یکی از مخالفت های عمدهٔ سردار داؤد خان با قانون اساسی جدید – البته بغیر از ماده ٢٤! – چنین بود که بنظرش طرح جدید به پادشاه صلاحیت های زیاد قائل بود بدون اینکه او در مقابل آن واجب هیچ نوع مسئولیتی و یا محاسبه ای باشد. مثلاً پادشاه قدرت تعیین صدر اعظم را داشت بدون اینکه برایش لازم باشد تصمیمش را مبنی بر اوضاع سیاسی و یا اجتماعی کشور و یا توازن بین احزاب سیاسی بگیرد.

آقای عزیز نعیم در مورد نظریات که عمش سردار محمد داؤد در باره تحولات که در طرز و چوکات قانونی حکومت داری کشور باید تطبیق میشد روشنی خاص و خیلی جالبی را انداخته از تبادله که با سردار داؤد خان در این موضوع کمی بعد از استعفای وی داشت چنین حکایت مینماید:[۱۲۱] در سال

۱۲۱ مصاحبه تلفونی با آقای عزیز نعیم، جمعه ۱۰ نوامبر سال ۲۰۰۰ میلادی.

۱۹۶۳ میلادی برای سپری رخصتی های خود از لندن، که در آن شهر مشغول پیشبرد تحصیلات خود بود، به کابل عودت نموده بود؛ به یادش است روزی در پغمان سردار داؤد خان موقفش را در مورد قانون اساسی و نظام کشور تشریح داده متذکر شده بود که او اساساً به این عقیده است که باید به مردم حق تعیین قیادتش از طریق انتخابات داده شود. استاد عیزیز نعیم اضافه میکند که داؤدخان با پادشاه این موضوع را قبل از استعفایش مطرح کرده بود و به وی پیشنهاد کرده بود که "همان امانت (یعنی قدرت) که برایشان داده شده بود دو باره به مردم افغانستان تسلیم شود و از آن مردم پرسیده شود که آیا می خواهد این خانواده (یعنی مصاحبان) هنوز هم در رأس امور قرار بگیرد یا خیر؟" آقای عزیز نعیم می افزاید در حقیقت به همین شکل یك مفکوره نزد سردار محمد هاشم خان و حتی نزد خود محمد نادرشاه هم وجود داشت. اگر این موضوع را به ارتباط نادر شاه و محمد هاشم خان به شکل تعبیر کرده میتوانیم که آنها در نهایت احتمالاً خواهان ترتیب لویه جرگه ای بوده باشند تا قانونیت و حقانیت خانوادهٔ حاکم را تأیید نمایند، ولی در قسمت سردار محمد داؤد خان اصلاً موضوع به معنی تغییر مطلق نظام باید فهمیده شود. زیرا در اصل او خواهان تأسیس نظام جمهوری بود و معتقد بود اگر انتخابات عمومی ترتیب یابد، احتمال قوی وجود دارد مردم برای احراز بلند ترین مقام انتخابی مملکت به یك تن از اعضای خانوادهٔ حاکم رای خواهد داد و غالباً در ذهن داؤد خان آن فرد منتخب خودش خواهد بود.

به تأیید موضوع فوق، داکتر محی الدین شمس، پسر حاجی شمس الدین تاجر معروف کابل، میگوید گاهی، در حالیکه سردار داؤد خان سفیر

افغانستان در پاریس بود، به عمش حاجی امام الدین گفته بود "یگانه نظام که در افغانستان ممکن است نظام جمهوری است."[۱۲۲] چنانچه به اعتبار این حکایت، داؤد خان بیشتر از دو دهه قبل از کودتای سرطان علاقهٔ خود را به نظام جمهوری ابراز کرده بود!

در جریان دورهٔ خانه نشینی، وبخصوص در طول مرحلهٔ دوم و سوم آن بطوریکه از آنها قبلاً ذکر کرده ایم، فعالیت های سری و نیمه سری جاری بود و یك تعداد مردم خواه به پاس وفاداری که به سردار داؤد خان داشتند و یا به علت نارضایتی از امور حکومات و حکومتداری دورهٔ قانون اساسی مشروطه به دیدن داؤد خان به منزلش رفت و آمد داشتند. خارج از دوستان شخصی وی مثل غلام محمد خان شیرزاد،[۱۲۳] عبدالرزاق خان ضیائی، آصف خان "قوماندان"...، از افرادیکه معمولاً حد اقل یك الی دو مرتبه در هفته به دیدن صدراعظم منزوی میرفتند داکتر حسن شرق بود که بعد ها برنامه سیاسی اصلی اش افشأ شد و حتی خود داؤد خان هم در اوآخر در قسمت هویت و مرام اصلی آن شخص مشکوك شده او را از نزد خود دور کرده به توکیو (جاپان) بحیث سفیر فرستاد.

---

۱۲۲ صحبت تلفونی با داکتر محی الدین شمس، بتاریخ ۱۲ دسامبر ۱۹۹۹ میلادی.

۱۲۳ غلام محمد شیرزاد در حکومت سپه سالار شاه محمد خان نخست وزیر معادن و صنایع و بعد وزیر مخابرات بود.

ایام سپری بی آلایش

در طول مدت ده سال خانه نشینی، برنامه روزمرهٔ سردار داؤد خان کم و بیش تقریباً به عین شکل و ترتیب بود. وی شخص سحر خیزی بود. از طرف صبح الی ظهر، مردم را که به دیدنش می رفت میپذیرفت. بعد از صرف طعام چاشت، بطور عموم استراحت می کرد و بعد از آن عموماً با اعضای فامیل در موتر سوار شده الی شام هوا خوری میرفت. در ختم هفته، بخصوص در روز های جمعه، عادتاً سردار داؤد خان با فامیل خود برای صرف طعام چاشت و سپری کردن چند ساعت بعد از ظهر را در منزل برادر خود سردار نعیم خان میرفت.

پروگرام روزمره سردار نعیم خان نسبت به پروگرام "آغه لاله" اش چندان تفاوت نداشت. نعیم خان نیز آدمی بود که وقت از خواب میخاست و عموماً اول یك مرتبه به باغ خانهٔ خود می برآمد تا از گل ها و بته های آن مراقبت نماید. نسبت به یك تکلیف زخم معده که داشت، قبل از وقت چاشت، چای سبز و بیسکوت برایش ترتیب داده میشد و اگر مهمانی هم احیاناً حاضر میبود از همان چای و بیسکوت برایش فراهم میشد. سردار احمد علی خان و محمد یونس خان "نایب الحکومه" (قندهار) دوستانی بودند که بیشتر به دیدن او می رفتند و عموماً بعد از صرف غذای چاشت هر سه ایشان برای قدم زدن از منزل می برآمدند.

آمادگی کودتأ

کودتای داؤد خان به یك دهه سیستم مشروطه ختم بخشید. در مورد اینکه آیا کودتای ۲٦ سرطان ۱۳۵۲ داؤد خان در خفا توسط روس ها رهبری شده بود یا اینکه یك عمل کاملاً افغانی بود، نظریات مختلف وجود دارد. آقای صمد غوث که در آن زمان مدیر سیاسی وزارت خارجه بود در کتاب خود احتمال هر گونه مداخلهٔ خارجی را رد نموده تاکید می ورزد کودتای داؤد خان زادهٔ یك حرکت کاملاً افغانی بود. لیکن بعضی ها میگویند که در روز های قبل از وقوع کودتا تعدادی بیشتر از مشاورین روسی به بهانهٔ تمرینات نظامی وارد کابل شده بودند.[۱۲۴]

به ارتباط پلان های روس ها راجع به افغانستان، میر محمد صدیق فرهنگ در کتاب خود حکایت میکند که در سال ۱۹۷۲ میلادی در حالیکه سفیر افغانستان در پایتخت یوگوسلاویا بود، دسیسه ای را کشف کرده بود که به اساس آن سفیر امریکا در افغانستان، رابرت نیومان، بایست ترور میشد تا نظام کشور برهم بخورد و بخصوص روابط افغانستان و امریکا که رو به بهبود جدی بود خراب شود. او چنان استنباط می کند این پلان طرح شدهٔ ماسکو بود اما برای حفظ آبروی خود در صورتیکه آن افشأ میشد ماسکو انجام پلان مذکور را به یکی از کشور های کمونیستی عضوء پیمان خود سپرده بود. میر محمد صدیق

---

۱۲۴ رجوع شود به میر محمد صدیق فرهنگ، افغانستان در پنج قرن اخیر، جلد دوم؛ سکندریه، ایالات متحده امریکا، ۱۹۹۱ میلادی.

فرهنگ علاوه می کند او علی الفور به موسی شفیق وزیر خارجه و صدر اعظم آن زمان اطلاع داده بود و چناچه جلو آن گرفته شده بود. معلوم نیست که آیا این موضوع با اختطاف و قتل سفیر دیگر امریکا، آدولف دوبس،[۱۲۵] که در دورهٔ کمونیست ها بتاریخ ۱٤ فبروری ۱۹۷۹ میلادی در اثر حملهٔ قوت های پولیس و عسکری حکومت کمونیست کشته شد، ارتباطی داشت یا خیر؟ ظاهراً بغیر از اینکه هدف یك تن سفیر امریکائی بوده باشد دیگر ارتباط وجود ندارد. اختطاف سفیر دوبس نتیجهٔ حملهٔ اعضای گروهٔ ستم ملی بود که رهائی رفقای خود را از در محابس حکومت کمونیستی تقاضا میکردند. زیرا احتمال می رود این حادثه بیشتر نتیجه مخالفت های سیاسی و ایدیولوژیکی بین گروهای چپی بوده باشد، بخصوص که کسی گفته نمی تواند در آن زمان هدف ستمی ها تخریب روابط حکومت کمونستی کابل با واشنگتن بوده باشد چون خود بخود روابط قبلاً خراب شده بود...

آنهایکه ادعا می کنند روسها از کودتای ۲۶ سرطان با خبر بودند و از آن حمایه می کردند غرض ثبوت قول خود اشتراك صاحب منصبان کمونیست (رفیع، اسلم وطنجار، عبدالحمید محتاط، عبدالقادر، گلابزوی و امثالهم...) را مثال میدهند. آنها می گویند امکان ندارد اعضای حزب خلق در چنین یك عمل سرنوشتساز بدون هدایت یا مشورهٔ ماسکو سهم گرفته باشند. اما باید متذکر شد که اگرچه روس ها در لابلای اردوی افغانستان تا حدی نفوذ کرده بودند، از زمان ابراز موجودیت رسمی حزب دموکراتیك خلق افغانستان، در سال ۱۹٦٥

---

۱۲۵ Adolph Dubbs

میلادی، تا ختم دهۀ ۱۹٦۰ تعداد صاحب منصبان که عضؤیت "رسمی" حزب خلق را قبول کرده بودند غالباً از بیست الی سی تن تجاوز نمی کرد و در وقت کودتای ۲٦ سرطان سردار داؤد بیشتر از صد تن نبودند.

اکثرمؤرخین و مبصرین امور سیاسی افغانستان به این عقیده اند که تصمیم کودتا از طرف داؤد خان بعد از خشك سالی و قحطی که در سال های ۱۹۷۲-۱۹۷۱ میلادی در مناطق مرکزی و غربی افغانستان رخ داد اتخاذ گردید. در آن موقع داؤد خان دولت شاهی را متهم به بی‌کفایتی نموده تماس های خود را با مخالفین حکومت برقرار نموده و در فکر تغییر نه تنها حکومت بلکه نظام مملکت بالقوة افتاده باشد. حسن شرق در ایجاد نزدیکی و همکاری بین یك تعداد افراد "ترقی طلب" (در حقیقت چپی ها و کمونیست ها) و حلقه های ملیگراه و هواخواهان شخص داؤد خان نقشی مهم را ایفا کرد.

در ماه های قبل از کودتای سردار داؤد افواهات زیاد در این مورد در شهر کابل شنیده میشد. لیکن البته نسبت به اینکه داؤد خان پسر عم پادشاه بود و هم به علت اینکه در دورۀ ده سال صدارت خود در بین مأمورین و نظامیان خیلی نفوذ کرده بود، آنانیکه از احتمال آن واقعه قبلاً واقف شده بودند یا از ترس، یا از خوشی و یا از بی اعتنائی سکوت اختیار می نمود.

اما از قول یك تن مأمور عالیرتبه که با کودتاچیان ۲۶ سرطان نزدیك بود، مفکورۀ کودتا در بدوالامر بعد از اعلان ختم وظیفۀ صدارت سردار محمد داؤد بمیان آمده بود. بر اساس این روایت، چون داؤد خان در اثر قهر صدارت را

ترك کرده بود، دو روز بعد، در مجلسیکه در منزلش دایر شده بود، عده ای از حاضرین به ضرورت تغییر نظام بوسیلهٔ کودتا اشاره نمودند. در پاسخ اظهارات پر از احساسات دوست هایش، سردار داؤد گفته باشد هنوز زمینه مساعد نیست و باید از صبر و حوصله کار گرفت. فلهذا، به استناد این منبع، سردار داؤد ده سال قبل از گرفتن قدرت به فکر آن افتاده بود لیکن همچو شیری در کمین منتظر موقع مساعد بود...

بر اساس تذکر عین مرجع، که نمی خواهد هویتش افشأ شود، سال ها بعد هنگامیکه تصمیم گرفته شد باید به اقدامات جدی دست زده شود، بمقصد اتخاذ آمادگی، گروه های یازده نفری را تشکیل داده به مسئولین هر کدام از آنها وظایف خاص و متنوع سپرده میشد و نتایج شان را قیاس کرده تصمیم گرفته میشد کدام افراد به اجرای کدام وظایف مؤثرتر واقع خواهند شد. به طور مثال، گروه ها به تعقیب مخفیانه شخصیت های مهم می پرداختند تا در مورد تقسیم اوقات، مسیر بین کار و منزل و سایر عادات شان معلومات کافی حاصل کنند به شکلیکه اگر روزی ضرورت افتد بدون ضیاع وقت آنها را دستگیر کرده بتوانند. حتی کودتاچیان با استفاده از همکاری ضیأ مجید "گارد" مؤفق به بدست آوردن کاپیی از کلید سلاح کوت ارگ شده بوند!

آخر دورهٔ مشروطه و فضای کودتأ و کودتأ بازی

بدون تردید گفته می توانیم کودتای ۲۶ سرطان به هیچ صورت نتیجه دسیسه ای سفارشی روس ها و یا کمونیست های افغانی تلقی شده نمی تواند.

در حقیقت یك توافق نظر بین عناصر چپگراه "ترقی طلب" و ملی گراه ترقی طلب بوجود آمده بود که بر اساس آن همکاری بین دو گروه مذکور جهت کامیابی کودتاً صورت گرفت. اما این هم قابل تذکر است که در آن ایام، افواهات آمادگی دو کودتای دیگر نیز وجود داشت که به اساس آن یکی را سردارعبدالولی و دیگری را پدرش، مارشال شاه ولی خان – با وصف کبر سن – بایست پیاده میکردند.[۱۲۶] یك تن از اعضای خانوادۀ سلطنتی سابق افغانستان که نمی خواهد هویتش افشأ شود به نویسندۀ این کتاب، در جریان صحبتی، بطور خیلی جالب حکایت کرد وقتی اطلاع یافت کودتای در جریان است، نام های سه شخص که احتمالاً به ابتکار یکی از آنها کودتأ براه افتاده باشد آناً در ذهنش ظهور کرد: سردار عبدالوی، پسر عم و داماد پادشاه؛ احمد شاه خان، ولیعهد؛ و بالآخره محمد موسی شفیق، صدراعظم...

جنرال حمیدالله رحیمی حکایتی دیگری را به ارتباط "کودتأ و کودتأ بازی" در دورۀ مشروطه می کند:[۱۲۷] در وقت اغتشاش قومی که بین مردم صبری و کوچی در پکتیا ایجاد شده بود، حکومت یك لوا را تقریباً بسویه فرقه، متشکل از حدود چهار هزار عسکر، تحت قوماندۀ دگروال عبدالعلی خان وردك عازم آن منطقه کرد. لوای مذکور در حدود دو سال تا سنه ۱۳۴۹ در آن مناطق عملیات را پیش برد تا اینکه آرامی برقرار شد. در ابتدأ چون حکومت در خوف

---

۱۲۶ باید یاد آور شد که سردار عبدالولی حیثیت پسر عم و داماد پادشاه را داشت و مارشال شاه ولی خان عم پادشاه بود!

۱۲۷ مصاحبه با جنرال حمید الله رحیمی، مورخ ۲۶ نوامبر ۲۰۰۰ میلادی؛ الکساندریه، ورجینیا، ایالات متحدۀ امریکا.

این بود که در پشت این اغتشاش قومی دست پاکستان باشد، قوای بزرگتر و مجهزتر از حد لزوم فرستاد. حمید الله خان رحیمی در آن وقت بحیث یاور و قوماندان قطعه انضباط دگروال عبدالعلی خان وردك ایفای وظیفه مینمود. او حکایت مینماید شبی در خیمهٔ عبدالعلی خان، در حالیکه دو به دو نشسته بودند، به او بیشنهاد کرد هرگاه قوای این لوا از وظیفه خود در پکتیا خلاص میشود و راهی کابل میگردد، از موقع استفاده کند تا کودتأی را انجام بدهد. عبدالعلی خان، چون فکر میکرد ممکن حمیدالله رحیمی در نتیجهٔ دستور کدام مقامی موضوع را مطرح میکند، نخست تعجب کرد و حتی لحظه ای نا راحت شد. اما وقتیکه اعتماد بر قرار شد به یاور خود نصیحت کرد که این نوع افکار را از ذهن خود دور نماید. اما در برابر اظهار تأثر و اصرار یاورش، عبدالعلی خان وردك به او پاسخ داد که هنوز آمادهٔ اینچنین یك عمل نیست اما همینکه به رتبهٔ جنرالی ارتقا کند - که بایست یك سال بعد صورت می گرفت - آنگاه در مورد آن غور خواهد کرد...

وقتیکه در ختم عملیات قوا به مرکز رجعت کرد، آوازه های کودتا در کابل افتاده بود و در اثر آن قوای مرکز به امر سردار عبدولی در حالت آماده باش قرار گرفت. اگرچه معلوم نشد به کدام اساس حکومت شك پیدا کرده بود، ولی عبدالعلی خان از این حالت نا راحت و متعجب شد. چهار روز بعد از بازگشت و متفرق شدن قوا در قشله ها، بدون اینکه هیچ نوع قدر دانی یا نشانی به خاطر آنچه انجام داد بودند بگیرند، اکثر صاحب منصبان این لوا به چهار طرف کشور تبدیل شدند.[۱۲۸]

این فضای کودتأ و کودتأ بازی خود نمایانگر ضعف قدرت سلطنتی در آن ایام بود و چنان وانمود می شد پادشاه توان اداره و انضباط اعضای خانوادهٔ خود را ندارد چون با کمی مبالغه گفته می توانیم که غالباً تقریباً یك ثلث از آنها در فکر کودتأ بودند... در حقیقت حلیم بودن پادشاه بحیث ضعف و عدم موجودیت علاقهٔ واقعی به امور سیاسی کشور تلقی میشد. در حالیکه بعد از آغاز دورهٔ نظام سلطنتی مشروطه، انتظار عمومی بر این بود که چون او از "مزاحمت" داؤد خان خود را رها کرده است و دارای صلاحیت واقعی بیشتر در تعیین امور سیاسی کشور میباشد او نقش بارزتری را ایفا نماید. اما برداشت عمومی به شکلی بود که پادشاه بیشتر علاقمند کتاب، شکار و گلکاری و تا حدی معماری و مهندسی بود و در مسائل سیاسی کشور آنقدر دقت که لازم بود بخرچ نمی داد. چنانچه در حالیکه به احتمال اغلب از فعالیت های مخفیانه داؤد خان واقف بود، به دلیل که منطقاً درك شده نمی تواند، برای جلوگیری آن هیچ یك تصمیم جدی اتخاذ نکرد... یك مرجع که نمی خواهد نامش افشأ شود به نویسندهٔ این کتاب روزی حکایت کرد که سردار عبدالولی، شخصیت قدرتمند و با صلاحیت عام و تام دولت شاهی در دورهٔ مشروطه، توسط یك تن مخبریکه در جلسات مقدماتی کودتاچیان اشتراك نموده بود، از پلان های داؤد خان آگاهی پیدا کرده بود و بلا فاصله پادشاه را در جریان گذاشته بود. عین مرجع افزود پادشاه به گفته های سردارعبدالولی، ولو متکی به استناد فیتهٔ ثبت شده، اعتنأ نکرده سند مذکور را نتیجهٔ ساخته کاری او بمقصد ضرر رساندن به پسر عم رقیبش – سردار داؤد – خوانده به آتش انداخت...

---

۱۲۸ مصاحبه با جنرال حمیدالله رحیمی، مورخ ۲۶ نوامبر ۲۰۰۰ میلادی، الکساندریه، ورجینیا، ایالات متحدهٔ امریکا.

فصل پنجم

جمهوریت

۱۳۵۲ - ۱۳۵۷

(۱۹۷۳-۱۹۷۸ میلادی)

کودتای ۲۶ سرطان ۱۳۵۲

بعد از ظهر روز ۱٦ جولائی ۱۹۷۳ بمناسبت جشن ملی عراق ضیافتی در سفارتخانهٔ آن کشور ترتیب داده شده بود.[۱۲۹] عصر همان روز جهت معرفی آتاشه نظامی جدید خود، سفیر امریکا مقیم کابل عصریه ای را ترتیب داده، بر علاوهٔ دیپلومات های خارجی از یك تعداد شخصیت های نظامی و ملکی حکومت نیز دعوت بعمل آورده بود. چون پادشاه جهت تداوی به ایتالیا در منطقهٔ شهر ناپولی[۱۳۰] رفته بود و اکثر مسئولین حکومتی مصروف مهمانی های

---

۱۲۹ در واقع جشن جمهوری عراق مصادف با ۱۴ جولائی میباشد. اما چون سفارت فرانسه جشن ملی خود را در عین تاریخ تجلیل میکرد، سفارت عراق دعوت خود را به ۱٦ جولائی به تعویق انداخته بود.

تعارفی بودند، کودتاچیان موقع را غنیمت شمرده به انجام پلان خود پرداختند.

در مرحلهٔ اول پلان هدف خنثی نمودن مرکز مخابرات و بدست آوردن ادارهٔ رادیو کابل بود. در عین زمان بایست شخصیت های که احتمالاً با وقوع این عمل مخالفت نشان دادنی بودند دستگیر میشدند. همان شب دستگاه رادیوی عسکری به منزل داؤد خان آورده شد تا او بتواند اعلان کودتأ را به آوازی خود به قشله های واقع چهار گوشهٔ افغانستان برساند. این که خود شخص سردار داؤد به قوای عسکری کشور احوال حرکتش را مبنی بر بدوش گرفتن امور مملکت می رسانید بی تأثیر و بی سبب نبود چون در نتیجه افسران و قوای مختلف کشور سکوت اختیار نمودند. اکثر شخصیت های که باید دستگیر می شدند و یا تحت نظارت در منازل شان نگاه می شدند چندان مقاومت نشان ندادند.

شخصیت های نظامییکه در این کودتأ توقیف شدند عبارت اند از: جنرال خان محمد خان، وزیر دفاع؛ جنرال گل بهار خان، قوماندان قوای هوائی و قوای دافع هوائی؛ غلام محمد خان، قوماندان گارد شاهی؛ قمرالدین خان ناصری، قوماندان قوای توپچی؛ رحمت الله خان صافی، قوماندان قوای قوماندو؛ عبدالحکیم خان کتوازی، قوماندان فرقهٔ ریشخور؛ نواز خان، قوماندان فرقهٔ هشتم قرغه؛ محمد حسین خان، قوماندان فرقهٔ پانزده زرپیوش پل چرخی؛ همچنانکه قوماندان های قوای هوائی میدان های کابل، بگرام، شیندند، مزار شریف و قندهار.

---

۱۳۰ نام دقیق آن محله (Ischia) است.

اعضای خانوادۀ سلطنتی نخست در منزل قدیر نورستانی انتقال داده شدند قبل از اینکه به صدارت و بلآخره به ارگ منتقل شوند. در بین اعضای خانوادۀ شاهی، صرف سردار عبدالولی با پرتاب چند مرمی جانب کودتاچیان تا اندازه ای مقاومت نشان داد تا اینکه نا چار خود را تسلیم کند. در آن ایام سردار عبدالولی، که به اروپا با پادشاه رفته بود تا ترتیبات سفر وی را بگیرد، بعد از تکمیل معالجۀ چشم او، از لندن بکابل برگشته بود. "هارون" از قول "عین"، منحیث منبع معلوماتی عمدۀ خود، که او هم به نوبة از زبان فیض محمد (کمونیست) وزیر داخله کابینۀ اول جمهوریت موضوع را شنیده بود، مینگارد وقتیکه سردار ولی را کودتاچیان دستگیر نمودند و او را نزد داؤد خان بردند در آن هنگام سردار داؤد با غرور زیاد به پسر عم رقیب خود خطاب کرد: «مغز من پوده است یا از تو؟ ».[۱۳۱] اما به اساس یك منبع ثقه و معتبر صحنه ای را که هارون ذکر کرده است اصلاً صورت نگرفت چه دو پسر عم هنگام وقوع کودتاً قطعاً با هم روبرو نشدند! با آن گفته میتوانیم که اگر صحنه ای مشابه هم بوقوع میپیوست چندان تعجب آور نمی بود چه روابط دو شخص مذکور فوفق العاده وخیم بود و بر مبنای آنچه را بدون تردید یك نوع "دشمنی" نامیده میتوانیم سردار محمد داؤد سردار عبدالولی را تقریباً مدت دو سال در داخل احاطۀ ارگ – کوتی باغچه – حبس نگاه کرد قبل از اینکه از خاك افغانستان به طرف ایتالیا او را اخراج کند.

داؤد خان میدانست که اگر به قوای عسکری متمرکز در اردوگاه های

---

۱۳۱ الف هارون، صفحۀ ۷۳.

ولایات امر مقاومت از کابل نرسد آنان حرکتی را انجام نخواهند داد. به عین شکل او سنجیده بود اگر در پایتخت قوماندانهای قوای اردوی کشور بزودی دتستگیر شوند و موقع اصدار امر مقاومت برایشان داده نشود، سایر جنرال ها و صاحب منصبان آنقدر جرأت مخالفت را با او نخواهند داشت. چنانچه دیده شد که بدست آوردن قدرت تقریباً بدون مقاومت و بدون خونریزی صورت گرفت. اکثر آنهایکه توقیف شده بودند نسبتاً به زودی رها شدند و صرف یك تعداد محدود خانه نشین یا محبوس برای مدت طویل تر باقی ماندند.

عدم موجودیت مقاومت واقعی در مقابل کودتاچیان چند دلیل داشت: اول اینکه برای خیلی ها یك عمل غیر مترقبه بود. اگر چه در حلقه های مختلفیکه با هواخواهان داؤد خان نزدیکی داشتند افواهاتی در این مورد شنیده می شد لیکن کسی پیشبین زمان وقوع آن نشده بود. زیرا اگر حکومت از آن اطلاع صحیح می داشت، جای شك نیست که در غیاب حضور پادشاه در پایتخت کشور تدابیر امنیتی لازمه را اتخاذ میکرد تا جلو هر نوع حرکت را گرفته بتواند. علت دیگری را می توانیم برای مؤفقیت کودتا ذکر نمائیم این است که کودتاچیان به نام سردار داؤد خان عمل میکردند زیرا تعدادی از ترس و برخی از روی احترام مخالفت نشان ندادند، زیرا داؤد خان پسر عم پادشاه بود و مدت ده سال (۱۹۵۳-۱۹۶۳) را در رأس امور کشور بحیث صدر اعظم گذشتانده بود.

در مقابل عمل این انجام یافته، مردم به طور عموم عکس العمل منفی نشان نداده و به این عقیده بود که یك موضوع داخلی خانوادهٔ سلطنتی می باشد

و بس! خصوصاً که تاریخ معاصر کشور بار ها شاهد این نوع تضاد های خانواده های سلطنتی بوده است. به نظر عام در حقیقت این کودتأ صرف صورت یك انتقال قدرت را از دست های یك عضؤ آن به دست عضوی دیگری گرفته بود. همه از علاقهٔ سردار داؤد خان به قدرت و از وخامت روابط پسران عم مطلع بودند. زیرا وقوع کودتا مردم را نسبتاً بی تفاوت واگذاشت و حتی قشر تحصیل یافته و شهرنشین آنرا با خوشی استقبال کرد. طبقهٔ به اصطلاح "روشن فکر" از رهبر نو کشور توقع داشت تا در جامعه تحولات را ایجاد نماید که باعث ترقی و تجدد سریعتر آن شود.

صبح فردای کودتأ، پروگرام های رادیو کابل با ساز عسکری آغاز یافت قبل از اینکه بیانیهٔ داؤد خان پخش شود. طی نطق خود، سردار محمد داؤد دلیل گرفتن قدرت و تغییر نظام را نجات کشور از گمراهی های ده سال نظام مشروطه معرفی نمود. او افزود که خواستار برقراری یك "دیموکراسی واقعی" می باشد که آن برعکس "دیموکاسی قلابی" که ظاهر شاه با توشیح قانون اساسی سال ١٩٦٤ میلادی خواسته بود رایج کند میباشد. پادشاه طبعاً انتظار این واقعه را نداشت. از نواحی شهر ناپولی، ایتالیا، که در آن محل برای تداوی خود اقامت داشت، جهت سراغ معلومات بیشتر و ثقه تر او با شتاب خود را به سفارت افغانستان در روم رسانید. در آن ایام سفیر افغانستان در روم نور احمد خان اعتمادی بود که قبلاً دو دوره صدارت اعظمی را در کابل گذشتانده بود.[١٣٢] در حالیکه نور احمد اعتمادی یك مرتبه در گذشته قادر شده بود بین پسران عم

---

١٣٢ دوره های صدارت نور احمد خان اعتمادی از ١٥ نوامبر ١٩٦٧ الی ٢ دسمبر ١٩٦٩ و از دوم دسمبر ١٩٦٩ الی ١٢ می ١٩٧١ میلادی بود.

آشتی اندازد، این بار وساطتش ناکام ماند و از طرف سردار داؤد خان مؤظف گردید تا به اطلاع محمد ظاهر شاه برساند که اگر از سلطنت صرف نظر می کند و جمهوریت جدید التأسیس را به رسمیت میشناسد، آنگاه به فامیلش اجازۀ سفر خواهد داده شد.[۱۳۳] پادشاه تا نظم کشور برهم نخورد و مبادا خونریزی صورت نگیرد بدون چون و چرا شرایط پسر عم خود را قبول کرد و به تعقیب آن ملکه، اولادش و اولاد سردار عبدالولی به روم عزیمت کردند.[۱۳۴]

آیا سردار نعیم از وقوع کودتأ در جریان بود؟

مرحوم سید قاسم رشتیا در کتاب *خاطرات سیاسی* حکایت می کند که ده روز قبل از کودتا، در حالیکه برای توقف کوتاه عازم ماسکو شده بود، او با سردار نعیم در منزل دامادش سردار عبدالعظیم غازی مواجه شده بود.[۱۳۵] چون

---

۱۳۳ نگاه شود به متن استفانامه پادشاه در بخش مربوط به ضمایم. ضمیمه سوم.

۱۳۴ در این مورد آقای عزیز نعیم تأکید مینماید مرحوم سردار محمد داؤد موضوع مسافرت اعضای فامیل شاهی را به شناختن نظام نوین از جانب محمد ظاهر شاه قطعاً مشروط نکرده بود.

۱۳۵ *خاطرات سیاسی سید قاسم رشتیا، از ۱۳۱۱ تا ۱۳۷۱*، نشر از طرف خود نویسنده، ایالات متحدۀ امریکا، ۱۹۹۷ میلادی (۱۳۷۶)؛ رجوع شود به صفحۀ ۳۸۰. مرحوم سید قاسم رشتیا از سفارت خود در جاپان به ماسکو رفته بود و راهی دیگر کشور های اروپائی به شمول یوگوسلایا جهت دیدن بعضی اعضائی فامیل خود بود. سردار نعیم با خانم به لندن دیدن پسر خود رفته بود و در این موقع در ماسکو جهت دیدن دختر خود توقف کرده بود. نا گفته نماند در عین زمان داکتر محمد یوسف خان هم جهت اشغال وظیفۀ جدید خود (سفیر کبیر افغانستان در اتحاد شوروی) عازم ماسکو شده بود.

رشتیا می دانست در عین زمانیکه سردار نعیم در لندن بود پادشاه هم به منظور تداوی چشم خود در آن شهر اقامت داشت، او از احوال پادشاه جویا شد تا نسبت به جواب نعیم خان بتواند از حال و نوعیت روابط "سرادران" با تخت سلطنتی بیآموزد. از روی جواب نعیم خان و معلومت دیگریکه حاصل کرده بود، مرحوم رشتیا به این نتیجه رسیده بود که نعیم خان به عیادت پادشاه در هوتلش رفته بود اما چون در اطاق سردار عبدالولی هم حاضر بوده، او تصور میکند صحبت از سطح موضوعات تعارفی عمیقتر بحث نشده باشد. با آن رشتیا این انکشاف را خیلی مثبت ارزیابی کرده در آن شروع رفع تیرگی روابط پسران عم را میبیند. اما مرحوم رشتیا مینویسد که بعد از وقوع کودتا، در مورد تجدید نظر کرده فکر میکند در واقع سردار نعیم جهت اغفال پادشاه برای عیادتش رفته بود تا در ذهن پادشاه و سردار ولی نظری مثبت در مورد روابط شان ایجاد کند تا ایشان به اصطلاح سپر خود را پایین نمایند. در حقیقت با وصف سردییکه در روابط سردار نعیم خان و پادشاه رخ داده بود، در مواقع مهم با هم میدیدند. این بار چون از روی تصادف هر دو همزمان در لندن بودند و پادشاه در آن شهر جهت تداوی اقامت داشت، نزاکتاً نا ممکن بود سردار نعیم به عیادت وی نرود. در این وقت سید وحید عبدالله مستشار سفارت افغانستان در لندن بود و، بمنطور بهبود روابط دو جانب، در جستوجوی ترتیب ملاقات خصوصی (دو به دو) بین ایشان شد. سردار نعیم ابتکار وحید عبدالله را با روحیه مثبت پذیرفت اما وقتیکه به دیدن پادشاه رفت و موجودیت سردار عبدالولی را در اطاق مشاهده کرد، البته بدون اظهار هیچگونه احساسات، جداً متأثر شد و متعاقباً در رابطه تأسف و یأس خود را ابراز کرده گفت: «سلطنت بکلی شاریده است!»...

در قسمت اینکه نعیم خان مکرراً ادعا کرده بود که از ترتیبات کودتا الی آخرین لحظات شب ۲٦ سرطان بی خبر بود، سید قاسم رشتیا در کتاب خود شك پیش کرده می نگارد: «این مفکوره با نزدیکی مشهود همیشگی دو برادر مشکل به نظر می خورد.»[۱۳۶] اما آقای عزیز نعیم تاکید میورزد پدرش در جریان جزئیات و ترتیبات نبود و تنها شب کودتأ سردار داؤد خان به منزل برادر خود آمد و او را از پلان خود مطلع ساخت. در حقیقت، از قول عین منبع، موضوع در حدود یك سال قبل از ۲٦ سرطان ۱۳۵۲ بین برادارن مطرح شده بود و سردار نعیم خان در حین که به یك تغییر قطعی نظام کشور موافقه نشان داده بود، ضمناً خاطرنشان شده بود که اگر ترتیب دادن کودتای کار مشکلی نیست، آیندهٔ آن به سنجش و پلان گذاری دقیق ضرورت میداشته باشد... از روی اظهار نگرانی که نعیم خان در آن وقت به برادر خود عرض کرده بود معلوم میشود او در این مورد صد فی صد دل گرم نداشته در رابطه با سرنوشت و احتمالاً مؤثریت طویل المدت چنان یك عمل تردید داشت و بلآخره ناچار در جریان شامل شده بود. به تأیید این موضوع به تبادله که آقای عزیز نعیم با پدر خود فردای کودتا داشت اشاره میتوان کرد: وقتیکه موصوف از پدر خود در مورد چگونگی کودتای ۲۶ سرطان جویا شد، سردار نعیم خان به جواب پسر خود چنین پرداخت: « از اینکه یك کشور خارجی کشور ما را اشغال نماید، همین کودتأ بهتر است.»[۱۳۷] درست معلوم نیست منظور سردار نعیم خان از استعمال این کلمات – و بخصوص اشاره به "یك کشور خارجی" – چه بود؟

---

۱۳۶ *خاطرات سیاسی سید قاسم رشتیا، از ۱۳۱۱ تا ۱۳۷۱*، نشر از طرف خود نویسنده، ایالات متحدهٔ امریکا، ۱۹۹۷ میلادی (۱۳۷٦)؛ رجوع شود به صفحهٔ ۳۸۰.

۱۳۷ مصاحبه تلفونی با آقای عزیز نعیم، مورخ چهار شنبه ۲۵ اکتوبر سال ۲۰۰۰ میلادی.

آقای عزیز نعیم در این مورد اظهار می نماید کلمات پدر مرحومش متوجه اتحاد شوروی بود که دائم یك خطر تهدید آمیز را برای افغانستان مجسم کرد. اما آنچه هویدا است اینست که سردار نعیم خان در مورد شکل و صورت و احتمالاً زمان آن عمل "انقلابی" که توسط برادرش اجرا شده بود چندان نظرخوب نداشت.

عکس العمل قوم محمدزائی در مقابل کودتأی سرطان

در قسمت روابط داؤد خان با قوم محمدزائی، گفته میتوانیم داؤد خان اصلاً حتی پیش از اینکه قدرت را بگیرد، آنقدر به حساب قوم پرستی پیش نمی رفت و به فکر خویشخوری و ترجیح دادن یك تن محمدزائی بر شخص دیگری برای احراز مقامی متمایل نبود. او به شخص علاقه نشان می داد و به هر کسیکه همکار نزدیکش می شد بدون در نظر داشت این موضوعات اعتماد می نمود. اما در این شك نیست که وقوع کودتای ۲٦ سرطان شکستی را نه تنها در بین اعضای فامیل سلطنتی بلکه در بین محمد زائی های مخالف و موافق انداخت.

اگر بگوئیم یك عده زیاد محمدزائی ها کودتای داؤد خان را به نظر خوب ندیدند دور از واقعیت نمی باشد. آنها به این عقیده بودند – و هنوز هم هستند –که داؤد خان در حقیقت شاخی را که بالای آن نشسته بود قطع کرد. اما همه به عین عقیده نیستند و تعداد دیگری است که در کودتای سردار داود خان در واقع یك نجات می بینند. اعضای گروه اخیرالذکر تاکید می نمایندکه در

آن زمان قدرت سلطنتی در خطر بود و در هر لحظه احتمال سقوط آن می رفت زیرا از آن لحاظ سردار داؤد خان با حرکتش ادامهٔ سلسله را به نحو از انحأ نجات داده حفاظت کرد. حتی در بین یك تعداد حلقه ها، بشمول حلقه های نزدیك به دربار، مفکوره ای ایجاد شده بود که "با محمد ظاهر شاه سلسله میراثی بطوریکه در قانون اساسی سال ۱۳۴۳ درج شده است خاتمه می یابد"، چه بنظرشان در بین وارثین تعیین شده و یا احتمالی شخصی دیده نمی شد که لیاقت نشستن را بر تخت شاهی بعوض محمد ظاهر شاه داشته باشد.

احتلاف بین ملیگراه و چپگراه بدور داؤد خان

مرام کودتای ۲۶ سرطان

مرام جمهوریت از دیدگاهٔ سردار داؤد خان به شرح ذیل بود:

« هدف اساسی جمهوری افغانستان خدمت به طبقه اکثریت مردم وطن ماست نه به یك طبقه خاص و محدود.» [۱۳۸]

« همان طوریکه در گذشته گفته ام باز میگویم که هدف انقلاب جمهوری تنها تحصیل قدرت سیاسی و تغییر نظامی به نظام دیگر نیست بلکه هدف ما تطبیق تحولات بنیادی به سود اکثریت مردم افغانستان است. بنابراین تا چنین هدف ها به سروثمر نرسد انقلاب به مفهوم وسیع و حقیقیش بکرسی

---

۱۳۸ مصاحبه با یك تن خبرنگار ترکی، کابل ۱۹ میزان ۱۳۵٤، د افغانستان کالنی ۱۳۵۵، وزارت اطلاعات و کلتور، مطبعهٔ دولت، صفحهٔ ۸.

نخواهد نشست، پس وظیفهٔ خود می دانم تا توجهٔ تمام ملت افغانستان مخصوصاً جوانان و روشنفکران را به این نکته جلب کنم که بدون مشارکت آنها و بدون مبارزهٔ خستگی ناپذیر تمام وطنپرستان واقعی دشوار است که ما نظم اقتصادی، اجتماعی، سیاسی و فرهنگی نوین را اعمار نمائیم.»[139]

کمیتهٔ مرکزی

بعد از اخذ قدرت، حکومت جدید موجودیت یك "شورای مرکزی" را ذکر کرد. در شورای مذکور افراد شامل بودند که به درجه اول در کامیابی کودتا نقش داشته اند: یعنی از یك طرف ملیگراها و از طرف دیگری چپگراها. چنانچه بعد از کودتاً جراید ملی یك قطع عکس را بچاپ رساندند که صرف یك تعداد محدود اشتراك کنندگان اولین جلسهٔ رسمی "کمیته مرکزی" جمهوریت را نشان می داد. طی این جلسه که در منزل داؤد خان دایر شده بود تصمیم گرفته شد تا او بر علاوهٔ ریأست جمهوری عهده دار صدارت اعظمی، وزارت خارجه و وزارت دفاع نیز میباشد. در حالیکه لست وزرای کابینه اول به زودی اعلان گردید، لست اعضای شورای مرکزی هیچ وقت به آگاهی مردم به وضاحت رسانیده نشد و بنظر مردم مرموز ماند. لیکن به نقل قول از یك منبع، در همان مجلس اول بعد از گرفتن قدرت اشخاص ذیل اشتراك کرده بودند:

---

۱۳۹ بیانیهٔ شاغلی محمد دأود رئیس دولت و صدراعظم بمناسبت سومین جشن جمهوریت، د افغانستان کالنی ۱۳۵۵، وزارت اطلاعات و کلتور، مطبعه دولتی.

- داکتر حسن شرق، که بعداً بصفت معاون صدرعظم مقرر شد.

- عبدالقدیر نورستانی، که بعداً عهده دار وزارت داخله شد.

- سید عبدالاله، که در زمان جمهوریت برعلاوۀ وزارت مالیه بحیث معاون صدرعظم نیز ایفای وظیفه کرد .

- سرور نورستانی، قوماندان قوی چهار زریپوش

- فیض محمد، که بعداً وزیر داخله و وزیر سرحدات گردید.

- غلام حیدر رسولی، که بعداً لوی درستیز و وزیر دفاع شد.

- مولاداد، صاحب منصب در گارد شاهی و بعد در گارد جمهوری.

- ضیأ مجید، که بعداً قوماندان گارد ریأست جمهوری گردید و بلآخره با کمونیست ها همدست شد.

- عبدالقادر "پیلوت" که بعداً در کودتای کمونیست ها برضد داؤد خان اشتراك کرد.

- و یك عده اشخاص دیگریکه به نحو از انحأ در ترتیب و مؤفقیت کودتای سرطان نقشی ایفا کرده بودند.[۱۴۰]

به اتکای حکایت یك مرجع معتبر، کمیتۀ مرکزی به شکل عملی از روی موقع به وجود آمده بود و اعضای که در آن عضویت داشتند بر اساس کدام تصیم مخصوص آنرا حاصل نکرده بودند[۱۴۱] بلکه همان رجال چون نقش مهم در تدابیر و اجرای کودتای ۲۶ سرطان بازی کرده بودند خود به خود در

---

۱۴۰ نگاه شود به ضمیمه شماره چهار در آخر این کتب.

۱۴۱ نگاه شود به بخش مربوط به ضمایم در آخر این کتاب (ضمیمه شماره چهار).

"کمیته" "عضویت" پیدا کرده بودند. جنرال یحیی نوروز میگوید آن کمیته به نوعی از انواع تا زمان انفاذ قانون اساسی جدید باقی ماند و بعد از آن لغو شد.[۱۴۲] کمیته مرکزی و یا نظامی در ابتدأ نسبت به ضرورت شرایط انقلابی روزی یك بار در وزارت دفاع یا ارگ جلسه می نمود. اما به مرور زمان چون پایه های حکومت جدید مستحکم تر شده بود و اجرأات به صورت عادی پیش می رفت، جلسات آن کمیته به فاصله زیادتر دایر شد تا حدیکه بعد از اینکه داؤد خان یك تعداد کمونیست ها را از حکومت اخراج نمود کمیته دیگر هیچ جلسه نکرد. از نگاۀ تشکیلات، کمیتۀ مذکور دارای کدام ترتیب خاص نبود. بغیر از شخص داؤد خان که حیثیت رئیس آنرا داشت دیگر اعضأ شمولیت مساوی داشتند.

در مورد اینکه چرا داؤد خان نخواست به این کمیته رسمیت ببخشد، جنرال نوروز به این عقیده است که رهبر انقلاب ۲۶ سرطان فکر نمی کرد باید قدرتش متکی به یك حلقۀ محدود باشد. او باور داشت که باید نظام جدید دارای قاعدۀ وسیع باشد. علاوه برآن، غالباً سردار محمد داؤد خان معتقد بود آن اشخاصیکه در مؤفقیت کودتأ مفید واقع شده بودند خورد ضابط های بودند که نسبت به دلایل مختلف کفایت آنرا نداشتند در رأس امور کشور قرار بگیرند. و بلآخره چون داؤد خان آدمی نبود که تمایل زیاد به تقسیم قدرت داشته باشد، نمیخواست با ایجاد موجودیکه با خودش در اداره و صلاحیت تصمیم گیری آن شریك باشد و حتی روزی با او مخالفت نماید برای خود درد سر خلق کند.

---

۱۴۲ مصاحبه با جنرال یحیی نوروز، مورخ ۷ می ۱۹۹۸ میلادی، شهر سکندریه، ایالت ورجینیا، ایالات متحدۀ امریکا.

زیرا هرگاه کمیته شکل رسمی را بخود میگرفت، داؤد خان مجبور می شد مشوره آنرا بطلبد و متعاقباً مد نظر بگیرد. لهذا، بر اساس دلایل مشرح، داؤد خان هیچگاه سعی ننمود تا "کمیتهٔ مرکزی" صورت رسمی را کسب نماید.

اولین کابینه جمهوریت

حدود پانزده روز بعد از گرفتن قدرت، در رسانه های خبری اعلان شد "کمیته مرکزی جمهوریت" پیشنهاد کابینه جدید صدراعظم محمد داؤد را قبول کرده است و لست اعضای آنرا به آگاهی مردم رسانده شد. ترکیب و تشکیل نخستین کابینهٔ داؤد خان واضحاً نمایانگر یك تقسیم بندی بین عناصر چپگراه و ملیگراه بود.[۱۴۳]

عناصر ملیگراه :

– سردار محمد داؤد، صدر اعظم، وزیر خارجه و وزیر دفاع ملی

- سید عبدالاله، وزیر مالیه و بعداً معاون صدرعظم

- وحید عبدالله، معین وزارت خارجه با صلاحیت اشتراك در مجلس وزرأ

- داکتر عبدالمجید، وزیر عدلیه

- غوث الدین فایق، وزیر فواید عامه.

- داکتر عبدالرحیم نوین، وزیراطلاعات و کلتور

---

۱۴۳ برای دریافت لست مکمل اعضائی کابینه دورهٔ جمهوریت با تحولات که در طول زمان صورت گرفته بود نگاه شود به بخش « ضمایم » این کتاب.

- نظر محمد سکندر، وزیر صحیه

عناصر چپگراه :

- داکتر حسن شرق، معاون صدر عظم

- فیض محمد، وزیر داخله

- محمد خان جلالر[۱۴۴]، وزیر تجارت

- نعمت الله پژواك، وزیر معارف

- عبدالقیوم وردك[۱۴۵]، وزیر معادن وصنایع

- عبدالحمید محتاط، وزیر مخابرات

- غلام جیلانی باختری، وزیر زراعت

- پاچا گل وفادار، وزیر قبایل

در اولین کابینه – قبل از تحولات سال ۱۹۷۵ – هشت تن وزیر چپگراه شامل بودند که از جمله بعضی اشخاص بشکل واضح چپی بودند و دیگرانی که چهرهٔ اصلی خود را هنوز افشأ نکرده بودند.

در "خطاب به ملت"، که توسط رادیو مورخ ۲۵ اگست ۱۹۷۳ پخش

---

۱۴۴ در مورد جلالر تا خیلی مدت اصلاً کسی تصور نمی کرد او با کمونیست ها پیوند داشته باشد و حتی بعضی ها فکر میکردند او در جبههٔ مخالف کمونیست ها قرار دارد تا اینکه بلآخره فهمیده شد او از معتمدین سازمان کی.جی.بی شوروی بود.

۱۴۵ اگرچه عبدالقیوم وردك بطور خاص کمونیست نبود اما با چپی ها و حلقه هایشان نزدیکی واضح داشت.

شد، رئیس جمهور نوین افغانستان سیاست ها و پلان های را که در نظر داشت در کشور تطبیق نماید معرفی نمود. لیکن در خلال بیانیه اش تأثیر بعضی افکار "چپگراه" محسوس بود و این مایهٔ تشویش بیشتر آن عده اشخاصیکه معتقد بودند "قدرت بدست مارکسیست ها افتاده است" شد. در بیانیهٔ خود داؤد خان از اصلاحات ارضی، از ختم امتیازات خانوادهٔ شاهی، از فراهم نمودن زمینه درس و تداوی به همه طبقات مردم و موضوعات دیگری از این قبیل اشاره نمود، که در حقیقت در ذهن داؤد خان مربوط به بخشیدن عدالت اجتماعی بیشتر و اعتلای کشور میشد و به هیچ صورت ارتباط با افکار مارکسیستی نداشت.

در قانون اساسی سال ۱۹٦٤ درج شده بود که به اعضای خانوادهٔ سلطنتی یك تعداد مقام های عالی به شمول صدارت اعظمی و یا وزارت تفویض شده نمی تواند و هم اینکه به وکالت در شورا اتخاب شده نمی توانند، و چون سردار محمد داؤد احساس کرده بود این ماده خاص بر ضدش طرح شده بود، او خواست در عین بازی شریك شده یك قدم دور تر بگذارد! داؤد خان انتقام خود را به شکل گرفت که در حالیکه خودش منحیث یك عضؤ خانوادهٔ سلطنتی و پسر عم شاهٔ مخلوع می توانست به خوبی خود را پادشاه اعلان نماید (طوریکه تاریخ افغانستان شاهد چنین حالت ها در گذشته شده بود)، او ترجیح داد تا نظام مملکت را کاملاً عوض نماید و با اعلان جمهوریت، انتقال قدرت را از شکل سلطنت میراثی به جمهوری انتخابی یا حد اقل انتصابی در مراحل اول آن تغییر بدهد. این طرز العمل مانند این بود که سردار داؤد به پادشاه گفته باشد "خواستی به بهانهٔ دیموکراسی مرا از صحنه سیاسی کشور بیرون کنی، امروز، به نوبهٔ خود، من به بهانهٔ دیموکراسی بهتر و اعلی تر تو را از صحنه دور می رانم!" لیکن

در حقیقت تأثیر این عمل داؤد خان خیلی عمیق تر بود چون به آن ترتیب خانوادۀ خود را از حکومت شاهی میراثی مرحوم ساخت و در های ارگ را، بحیث نمونۀ قدرت مرکزی مملکت، بشکل باز کرد که بعد از شهادتش ماجرای بدست کمونیست ها ایجاد شد که طی یك ربع قرن اخیر ادامه دارد.

بعد از تحول بنیادی ۲٦ سرطان، اکثر اعضای خانوادۀ سلطنتی سابق به این عقیده بودند که نزدیکی سردار داؤد با کمونیست ها مؤقتی و صرف جنبۀ "سوق الجیشی" را داشته، بمجردیکه او پایۀ های قدرت خود را مستحکم تر ساخته بتواند، از اشتراك کمونیست ها صرف نظر مینماید و آنها را از بین میبرد.

موضوع شهادت محمد هاشم میوندوال و فرضیۀ موجودیت یك دسیسۀ "پاکستانی"

شب مورخ ۲۲ سپتامبر ۱۹۷۳، یعنی کمی بیشتر از یك ماه بعد از اتخاذ قدرت توسط داؤد خان، رادیو کابل دو اعلامیه را به ارتباط دسیسه ای پخش نمود. در اعلامیه اول، حکومت افغانستان مداخلات حکومت پاکستان را در امور داخلی افغانستان جداً محکوم نمود و متعاقباً خبری حاکی از افشای دسیسه ای که برخوردار از حمایۀ کدام کشور خارجیی بود به استماع شنوندگان رسانید. بر اساس این خبر، افشای این موضوع به دستگیری یك تعداد افراد که احتمالاً در این دسیسه برای دگرگون ساختن اوضاع افغانستان سهیم بودند منتج شد؛ از جمله صدراعظم سابق محمد هاشم میوندوال، لوی درستیز خان محمد خان مرستیال، قوماندان سابق قوای هوائی عبدالرزاق خان، و یك تعداد اعضای

شورای ملی بشمار میرفتند.

درحقیقت دستگیری این شخصیت ها و زجر دادن ایشان جزو پلان پرچمی ها و خلقی ها بود که می خواستند به این ترتیب افراد سرشناس را که در گذشته یا به نحوی از انحأ مخالفت خود را با نزدیکی مبالغه آمیز با روسیهٔ شوروی ابراز کرده بودند و یا از افراد نزدیك به داؤد خان بشمار می رفتند، از بین ببرند: عبدالرزاق خان، خان محمد خان مرستیال، عبدالسلام خان ملکیار، و امثالهم ... غالباً مفکورهٔ اساسی دست اندرکاران این دسیسه، با انداختن مسئولیت این توطئه به دوش میوندوال و اشخاص مذکور، پریشان نمودن داؤد خان بود. مقصد آنها این بود که هرگاه داؤد خان متوجه میشود یك تعداد اشخاص معتمد و بسیار نزدیك به او با دشمن پاکستانی اش همدست شده اند و می خواهند مقابلش دسیسه ای را برپا کنند، آنگاه رئیس جمهور داؤد بلا فاصله خود را در آغوش اتحاد شوروی می اندازد!...

به گمان اغلب میوندوال زیر شکنجه بی رحمانهٔ عناصر کمونیست وزارت داخله جان را از دست داده شهید شد. لیکن حکومت اعلان نمود که او خودکشی کرده در اطاق بندیخانه با نیکتائی خود را آویخته است...

گفته می شود مرحوم میوندوال، بعد از اینکه از وظیفه صدارت خود توسط پادشاه سبك دوش گردید، یك نوع عقده مقابل پادشاه پیدا کرده بود. او فکر می کرد پادشاه به رشد و ترقی کشور خود علاقهٔ واقعی ندارد. میوندوال، که از ۲ نوامبر ۱۹۶۵ الی ۱۲ اکتوبر ۱۹۶۷ صدراعظم بود، به این نتیجه رسیده

بود که روش سیاسی پادشاه فاقد از هر نوع ثبات و یا استادگی می باشد. لیکن با وجود بد بینی اش از شخص ظاهر شاه، خواهان تغییر نظام کشور به وسیلهٔ زور نبود. وقتیکه اطلاع کودتای داؤد خان به گوشش رسید، بلا فاصله از بغداد به کابل عزیمت نموده به هر دو برادر، داؤد خان و نعیم خان، پیشنهاد همکاری نمود. جای شك نیست اگر هاشم میوندوال احساس می کرد با برگشتنش به کابل حیات خود را به خطر می اندازد، در بغداد انتظار میکشید تا اوضاع ثبات پیدا کند. لیکن نه تنها میوندوال با پسران سردار محمد عزیز مخالفت خاصی نداشت، حتی گفته می شود روابط خیلی حسنه با سردار نعیم خان داشت. در کتاب "افغانستان در پنج قرن اخیر" میر محمد صدیق فرهنگ می نویسد که حتی داؤد خان و برادرش در موقع تماس های ابتدائی شان به فکر مقرری او بحیث سفیر افغانستان در واشنگتن افتاده بودند. زیرا احتمال میرود کمونیست ها وقتیکه از این موضوع واقف می شوند به تشویش می افتند که اگر یك تن سیاستمدار ماهر و مجرب مسئولیت روابط افغانستان با امریکا را عهده دار شود، خطر این وجود میداشته باشد که تمایل سیاسی نظام جمهوری جدید بطرف امریکا کشانیده شود و در نتیجه خود به خود از اتحاد شوروی فاصله بگیرد. فلهذا می توان گفت که دسیسه از میوندوال نبود بلکه دسیسه علیه او بود و مبتکرین آن کمونیست ها بودند. به گمان اغلب و با تأیید یك تن از مأمورین سابق پولیس افغانستان که با کودتاچیان ۲۶ سرطان نزدیك بود، حدس زده میشود مسئول شهادت هاشم میوندوال یك تن صاحب منصب پولیس بنام صمد اظهر بود که بر اساس امر شخص وزیر داخله پرچمی آن زمان، فیض محمد، صدر اعظم سابق افغانستان را بعد از شکنجه و بخصوص برق دادن های مکرر اعدام کرد. لیکن سئوال اینجا مطرح است که آیا داؤد خان یا برادرش از این موضوع با خبر بودند

ج، ع، ج بناغلی محمد هاشم میوندوال صدراعظم

محمد هاشم میوندوال صدراعظم افغانستان از دوم نوامبر ۱۹۶۵ الی ۱۲ اکتوبر ۱۹۶۷ و مؤسس حزب مساوات، در برج سپتامبر ۱۹۷۳ میلادی در اثر دسیسهٔ پرچمی ها به شهادت رسانیده شد.

یا خیر؟ به گمان اغلب اگرچه رئیس جمهور از ابتدای موضوع بی خبر بود، اما بر اساس یك نوع همبستگی انقلابی و در حالیکه به متحدین چپگراۀ خود ضرورت داشت چشم را پوشانیده فرضیه خودکشی را قبول کرده بود و آنرا رسمی ساخته بود.

دسیسه کاران کمونیست برای بخشیدن اعتبار بیشتر به فرضیۀ موجودیت یك دسیسه پاکستانی علیه داؤد خان، یکتعداد نظامیان و شخصیت های دیگر را نیز متهم نموده، بدون محکمه اعدام نمودند. موجودیت فیض محمد در رأس وزارت داخله کمونیست ها را در ابتدای دورۀ جمهوریت خیلی مقتدر ساخته بود. آنها، در حینکه تأسیسات نظام جمهوری را تخریب می نمودند، از موقف خود جهت پیشبرد اهداف حزبی شان، که با منافع اتحاد شوروی در افغانستان مصادف بود، سؤ استفاده میکردند .

داکتر نصری حقشناس در کتاب "دسایس و جنایت روس در افغانستان" چنان وانمود میکند که حکومت جدید جمهوری دستور قتل هاشم میوندوال را از مسکو گرفته بود: « *سردرا محمد نعیم خان در اولین سفرش پس از کودتا بتاریخ ۱۹ سنبله راهی مسکو شد تا بحیث نمایندۀ فوقالعاده و با صلاحیت برادر خود دستور کرملن را بشنود و اخلاص و ارادت دیرینۀ خود و محمد داؤد را بار دیگر تجدید نماید. همینکه محمد نعیم خان از مسکو بر گشت دستور گرفتاری میوندوال صادر شد...*».[۱۴۶]

---

۱۴۶ دسایس و جنایات روس در افغانستان از امیر دوست محمد خان تا ببرک، چاپ دوم، ثور ۱۳۶۸، پاکستان، صفحۀ ۳۹۵ .

با مطالعهٔ سیر روابط هاشم میوندوال با پادشاه و سردار داؤد خان در طول دورهٔ مشروطه صباح الدین کشککی، که میوندوال را خیلی خوب میشناخت، درکتاب خود می نویسد وقتیکه میوندوال بتاریخ ۱۱ اکتوبر ۱۹۶۷ میلادی استعفای خود را به پادشاه تقدیم کرد، تا بتواند به امریکا جهت تداوی انسداد معده شدید که داشت برود، او علاوه بر تکلیف صحی با تکالیف سیاسی هم مواجه بود: « (او) دیگر نمی توانست نقش مؤثری را پیش ببرد زیرا پیش از حد منهمك به در گیری های حزبی شده و شخصیت های بدون استحقاق و لیاقت را در کدر های دولت شامل ساخته بود.»[۱۴۷]

در رابطه با برنامهٔ سیاسی میوندوال، آقای کشککی متذکر میشود که میوندوال میخواست "با یك تیر دو فاخته را بزند" به این معنی که او میخواست هم خود را دشمن پادشاه و خاندان سلطنتی قلمداد کند و در عین زمان ادعای احراز مکرر بالا ترین مقام حکومت را داشته باشد. چنان معلوم می شود که پادشاه به او وعده کرده بود – یا اینکه میوندوال موضوع را چنین تعبیر کرده بود؟ – که بعد از تکمیل تداویش مقام صدارت اعظمی به او دوباره تفویض خواهد گردید. بصورت صحیح معلوم نیست آیا همین موضوع سبب کشیدگی روابط میوندوال با پادشاه شده بود یا دلایلی دیگری هم موجود بود؟ درحالیکه اکثراً متفقاً تأکید مینمایند که مقام میوندوال نزد پادشاه خیلی صمیمی بود، بشکلیکه در ایام مریضیش پادشاه و ملکه جهت عیادت او به منزلش رفته بودند.

---

۱۴۷ صباح الدین کشککی، دههٔ قانون اساسی، غفلت زدگی های افغانها و فرصت طلبی روس ها ، شورای ثقافتی جهاد افغانستان، پاکستان، ۱۳۶۵؛ صفحهٔ (۵۰) .

علاوتاً تا زمانیکه بمنظور تداوی راهی امریکا نشده بود پادشاه بعوض وی جانشین (نور احمد اعتمادی) تعیین نکرده بود.

صباح الدین کشککی در قسمتی دیگر از کتاب خود نیز مینویسد محمد هاشم میوندوال حتی حاضر شده بود با چپی ها نزدیك شود تا به مقصد خود برسد.[۱۴۸] روابط میوندوال با سلطنت آنقدر وخیم شده بود که اگر جریده ای مضامینی را که میوندوال در نشریهٔ "مساوات" نشر میکرد دوباره چاپ مینمود، حکومت آنرا در محکمه میکشانید. وقتیکه میوندوال خود را در انتخابات به ولسی جرگه در مقر (ولایت غزنی) کاندید کرد و در نتیجه ناکام شد، او حکومت و خاندان شاهی را متهم به دسیسه برضدش کرد.

در مورد قهر که نزد میوندوال مقابل پادشاه و خانوادهٔ سلطنتی پیدا شده بود، ع. و. ص. حکایت می کند روزی صدرعظم سابق در پارك زرنگار بیانیه ای می داد. برای تمثیل بیشتر مفکورهٔ خود و احساس ناتوانی که در ایام عهده داری صدارت اعظمی برایش پیدا شده بود، میوندوال با نگاه کردن به سوی ارگ با بیت ذیل سخنرانی خود را آغاز نمود:

« چون عیش و نوش خود را کردند بر پا
بما گفتند دهن خویش مگشا
به کار مملکت قفلی نهادند

---

۱۴۸ صباح الدین کشککی، دههٔ قانون اساسی، غفلت زدگی های افغانها و فرصت طلبی روس ها، شورای ثقافتی جهاد افغانستان، پاکستان، ۱۳٦۵؛ صفحهٔ ۵۱ .

کلید اش ره بدست ما ندادند.»

در موضوع روابط هاشم میوندوال و پسران سردار محمد عزیز خان، مرحوم کشککی در کتاب خود خاطر نشان میشود وقتی میوندوال از خارج به کابل بر گشت، در میدان هوائی کابل بیانیهٔ ای "احساساتی" را به حمایهٔ نظام جدید التأسیس ایراد نمود. علاوتاً، مؤلف مذکور اشاره میکند هر کسیکه از نوعیت و کیفیت روابط میوندوال با دو برادر داؤد خان و نعیم خان اندکی آگاهی داشته باشد، به هیچ صورت اتهامات ابلاغ شده را قبول کرده نمی تواند (رجوع شود به تحلیل داکتر حقشناس). و از همه مهمتر، صباح الدین کشککی متذکر می شود که "بسیار امکان داشت محمد داؤد در انتخابات آزاد در آینده میوندوال را بحیث جانشین خود میآورد. زیرا میوندوال از جملهٔ شخصیت های قلیل افغانی بود که صاحب شهرت بین المللی و ظرفیت تثبیت شدهٔ رهبری بود".[۱۴۹]

ولی اگر باز هم بخواهیم به سراغ علت تیرگی روابط محمد هاشم میوندوال با سردار داؤد و برادرش سردار نعیم خان، بشکلیکه آنها اعتماد خویش را از او سلب کرده باشند و در نتیجه به تهمت کودتأ از جانب او ارزش قائل شده باشند بپردازیم، یك تن از مأمورین سابقه دار حکومت که به امور سیاسی کشور علاقهٔ فراوان داشت علل فرضی آتی را ارائه مینماید:

الف) در زمان سفر خروتچف و بولگانین به کابل محمد هاشم

---

۱۴۹ صباح الدین کشککی، دههٔ قانون اساسی، غفلت زد گی های افغانها و فرصت طلبی روس ها ، شورای ثقافتی جهاد افغانستان، پاکستان، ١٣٦٥؛ صفحهٔ (۵۳).

میوندوال رئیس مستقل مطبوعات بود و حق اشتراك در مجلس وزرأ را هم داشت. گفته می شود میوندوال در مجلس وزرأ با داؤد خان بالای موضوع تمدید قرارداد دوستی و همزبیستی مسالمت آمیز با اتحاد شوروی بحث کرده بود. میوندوال به این عقیده بود که چون شرایط و زمان هر دو فرق کرده است، قراردادیکه حدود سی و پنج سال قبل، در عهد امانیه، تهیه و امضأ شده بود، باید با در نظر داشت شرایط معاصر دست بخورد قبل از اینکه تمدید شود. نظر داؤد خان صدراعظم بر عکس این بود که چون تا کنون همین موافقتنامه سبب حفظ اثبات روابط بین دو کشور شده است، دلیلی ندارد در یك مرحله حساس و در حالیکه افغانستان به حمایهٔ اتحاد شوروی در قضیهٔ پشتونستان ضرورت مبرم دارد تخریش ایجاد شود. چندی بعد از این تبادله، بتاریخ ۲٤ جنوری ۱۹٥٦ میلادی، داؤد خان میوندوال را بحیث معین وزارت خارجه مقرر نمود تا دیگر در مجلس وزرأ سهم گرفته نتواند و "مزاحمت" خلق نکند.

ب) وقتیکه در عهد سلطنت مشروطه میوندوال از صدارت سبك دوش شد، او به تأسیس حزب "مساوات" پرداخت. در حالیکه در صف مخالفین حکومت قرار داشت به عوض اینکه داخل حلقهٔ داؤد خان شود، میوندوال خط مستقل انتخاب کرد که شاید سبب نا رضایتی داؤد خان و برادرش نعیم خان شده باشد، چون آنها – به نظر ع. و. ص. – به این عقیده بودند که "میواندوال را ایشان ساخته اند".

پ) عین منبع (ع. و.ص) تأکید میورزد عامل مهم دیگریکه آهسته آهسته در ذهن داؤد خان در مورد میوندوال برداشت منفی ایجاد کرد و سبب

شد تا اعتبار خود را از او بردارد فعالیت های تخریبی حسن شرق بود که در قسمت وخامت روابط دو جانب مذکور خیلی کوشش میکرد...

جنرال کمونیست نبی عظیمی بحیث سخنگو و حامی فرضیهٔ کمونیست ها در مورد شرایط شهادت – "خود کشی" – صدراعظم سابق افغانستان محمد هاشم میوندوال می نویسد که او "بنا بر امر مستقیم محمد داؤد" مؤظف به دستگیری محمد هاشم میوندوال شده بود. البته نبی عظیمی اتهام "توطئه علیه دولت" را که بر اساس آن میوندوال و یك تعداد اشخاص سرشناس یا کمتر شناخته شده دستگیر شدند سئوال نمی کند. اما با و جود آن وقتیکه عظیمی عکس العمل میوندوال را در مقابل توقیف کردن اش حکایت می کند، آن نمایانگر تعجب و حیرت میوندوال مقابل این حالت می باشد: « محمد هاشم میوندوال در طول راه پرسید: قوماندان صاحب من بار ها خواهش ملاقات با رئیس دولت را کرده بودم و همکاری بی دریغ خود را حین مسافرتم در خارج به ایشان اعلان نمودم، نمی دانم چرا نپذیرفتند و اکنون که روز پنجشنبه است بدون اطلاع قبلی و به این شکل مضحك مرا خواسته اند؟ من که جواب برای گفتن نداشتم خاموش بودم. موتر ما در مقابل کوتی باغچهٔ ارگ توقف کرد. میوندوال گفت رئیس صاحب دولت در گلخانه هستند شما چرا مرا به اینجا آورده اید؟ من چاره نداشتم، برایش گفتم که بنا بر امر رئیس دولت توقیف شده اید. او پرسید به کدام جرم؟ من گفتم نمی دانم.»[۱۵۰]

---

۱۵۰ نبی عظیمی، *اردو و سیاست در سه دههٔ اخیر افغانستان*، در دو جلد، مرکز نشراتی میوند - سبا کتابخانه، پیشاور، بهار ۱۳۷۷ هجری شمسی؛ صفحهٔ ۱۰٤.

در حالیکه حکایت که از آن می کند خود نشان می دهد مرحوم میوندوال کاملاً از آنچه مقابلش طرح شده بود غافل بود، نبی عظیمی، که او را به بهانهٔ ملاقات با داؤد خان فریب داده تا ارگ آورد و به محافظین حبس کوتی باغچه تسلیم کرد، نه تنها شامل بودن مرحوم میوندوال را در توطئه ای تأیید میکند بلکه در قسمت "خود کشی" وی علتی دیگری هم میتراشد و مینویسد: «احتمال دیگر اینست که چون میوندوال در گذشته بحیث جاسوس سازمان استخباراتی امریکا سی. آی. ای متهم بود، ممکن ترس وی از افشای بیشتر حقایق او را مجبور به خود کشی کرده باشد...».[۱۵۱]

نبی عظیمی مینگارد – و در این مورد او به کتاب حسن شرق هم اشاره میکند – توطئه میوندوال وقتی افشأ شد که اسناد که در آن دست پاکستان دیده میشد در منزل مولوی سیف الرحمان، یك تن همکار هاشم میوندوال، پیدا شد. البته در مقابل این فرضیه، خیلی ها هستند که موجودیت چنان اسناد را مورد سئوال قرار داده آنرا جعلی می خوانند و کل مسئلهٔ این "توطئه" را بحیث یك دسیسه مقابل میوندوال معرفی می نمایند. در اینجا می توان افزود که در واقع توطئه مقابل شخص سردار داؤد خان و نظام جمهوری ۲۶ سرطان بود.

در سالنامهٔ سنه ۱۹۷٤ که توسط وزارت اطلاعات و کلتور حکومت جمهوری نشر می شد، لست اشخاصیکه بر اساس فیصله محکمهٔ نظامی جمهوریت به ارتباط "کودتا" میوندوال محکوم شناخته شده و معدوم و یا

---

۱۵۱ نبی عظیمی، *اردو و سیاست در سه دههٔ اخیر افغانستان*، در دو جلد، مرکز نشراتی میوند - سبا کتابخانه، پیشاور، بهار ۱۳۷۷ هجری شمسی؛ صفحهٔ ۱۰۶.

محبوس شده بودند به طور ذیل معرفی شده است:[152]

« الف) آنهایکه به اعدام محکوم شدند:

– محمد هاشم میوندوال – دگر جنرال خان محمد خان "مرستیال" – وکیل سیف الرحمان – محمد عارف (تاجر) – دگروال زرغون شاه – دگروال سید امیر.

ب) افرادیکه به حبس ابدی محکوم شدند:

– جنرال عبدالرزاق خان – دگروال کوهات – دگروال امین الله – تورن سید هاشم – دگروال ممتاز – جگرن محمد اکرم – حاجی فقیر محمد.

پ) افرادیکه به دوره های مختلف حبس محکوم شدند:

– غلام حیدر، پانزده سال – دگرجنرال نیك محمد، ده سال – دگر جنرال محمد رحیم، هشت سال – دگروال گل شاه علی، هفت سال – جگرن نقیب الله، هفت سال – دگروال نور احمد، پنج سال – تورن محمد اکبر، چهار سال.»

---

۱۵۲ د افغانستان کالنی ۱۹۷٤، بزبان انگلیسی، ص ۱٤۸.

قانون اساسی سال ۱۳۵۵

در بیانیه که توسط رادیو کابل مورخ ۱٦ جولائی ۱۹۷٤ بمناسبت اولین سالگرد تأسیس نظام جمهوری پخش شد، سردار محمد داؤد در مورد تصمیم کودتأ، نوع انجام دادن آن و همچنانکه، آنچه مورد علاقهٔ بیشتر ما در این قسمت است، در مورد تصمیم سابقه اش جهت ایجاد قانون اساسی جدید روشنی می اندازد.[۱۵۳]

سردار محمد داؤد در این بیانیه به دلایل استعفای خود از صدارت اعظمی اشاره می نماید و از چند نامه که به پادشاه فرستاده بود ذکر می نماید.[۱۵۴] در نامه که بتاریخ ۹ سرطان ۱۳٤۱ عنوان ظاهر شاه فرستاده بود داؤد خان، آنگاه صدراعظم برحال، به ضرورت وارد نمودن تغییرات در جامعه و در شکل چوکات سیاسی کشور رجوع کرده خواستار یك سلسله تحولات شده بود که متعاقباً بعضی از آنها در قانون اساسی سال ۱۹٦٤ میلادی تا حدی گنجانیده شد. غالباً داؤد خان به منظور جواب دادن به آنهایکه انتقاد گرفته میگفتند مخالفتش با نظام مشروطه صرف به این بود که قانون اساسی سال ۱۹٦٤ او را از صحنهٔ سیاسی منزوی ساخته بود، وبناً سبب اقدامش به کودتأ

---

۱۵۳ جمهوریت افغانستان، بیانیه ها، پیام ها، مصاحبه ها و سفر های رسمی رئیس جمهور محمد داؤد ۱۷ جولائی ۱۹۷۳ میلادی الی ۱۵ جولائی ۱۹۷۵ میلادی، وزارت اطلاعات و کلتور، کابل، بزبان انگلیسی، چاپ ۱۹۷۵.

۱۵۴ در رابطه همچنان نگاه شود به ابتدای فصل چهارم این کتاب.

شده بود، محتوای این خط را در بیانیهٔ خود شامل کرده است. در آن نامه به پادشاه، که مفصلاً در این خطاب رادیوئی اش انعکاس یافته است، رئیس جمهور محمد داؤد سطوری را که به موقف آن زمان اش روشنی میاندازد ذکر مینماید: «عشق قدرت، رقابت ها و خود سری ها از طرف اشخاص مربوط به خانوادهٔ شاهی، به حکومت و یا متعلق به طبقات با نفوذ جامعه، آنها را صرف به ناکامی وتباهی خود شان و به سقوط مادی و معنوی مملکت کشانده است.» داؤد خان علاوه مینماید که در حقیقت افکار و تهداب قانون اساسی مشروطه را خودش گذاشته بود اما پادشاه پیشنهادش را آنگاه قبول نکرده بود.

در قسمت ادعای سردار داؤد مبنی بر اینکه خودش خواسته بود نقش و امتیازات خانوادهٔ سلطنتی را محدود بسازد، جنرال یحیی نو روز این موضوع را تایید مینماید: « من در این قسمت تعجب نمی آورم. چنانچه وقتیکه در دورهٔ جمهوریت قانون اساسی جدید طرحریزی شد، در آن هم نظام سلطنتی و هم کلیهٔ امتیازات و صلاحیت های خانوادهٔ سلطنتی از بین رفته بود. این عمل وی نمونهٔ تصمیم سابقش در مورد بود.»[۱۵۵]

در بیانیهٔ مورخه ۲۳ اگست ۱۹۷۳، داؤد خان به ملت تعهد کرد مصمم است "دیموکراسی واقعی" را در کشور بنیان گذاری نماید، که آن عکس "دیموکراسی قلابی" که پادشاه خواسته بود توسط قانون اساسی سال ۱۹٦٤ پیاده کند خواهد بود. لیکن باید گفت از آغاز کودتأ تا سال ۱۹۷۷ حکومت

---

۱۵۵ مصاحبه با جنرال یحیی نوروز، مورخ ۷ می ۱۹۹۸ میلادی، شهر سکندریه، ایالت ورجینیا، ایالات متحدهٔ امریکا.

سردار محمد داؤد

سردار محمد داؤد حین توشیح قانون اساسی سال ۱۳۵۵.

روابط دو برادر نمایانگر احترام متقابل و وفاداری کلی بود. با وجود اختلاف نظر در مورد شکل و صورت نظام جمهوری، سردار نعیم بحیث نمایندهٔ خاص برادر خود سفر های متعدد را انجام داد و تا آخرین لحظات حیات خود در پهلوی "آغه لاله" خود بود.

جمهوری جلو آزادی های مطبوعات و سیاسی را قید نگاه کرد. مطبوعات زیر مراقبت حکومت قرار داشت و احزاب سیاسی ممنوع بود. صرف حلقه چپگراه (در واقع اکثراً کمونیست ها)، که در ابتدای احتلاف حکومتی شریك بود، نسبتاً آزادانه ابراز موجودیت می نمود.

در سال ۱۹۷٦ بلآخره، مطابق به وعدهٔ که هنگام تأسیس نظام جدید به ملت کرده بود و احتمالاً زیر فشار حلقه های خوشبین و بدبین که علایم بی حوصلگی از خود نشان میداند، رئیس جمهور اعلان نمود کمیسیونی تشکیل می شود تا در مورد طرح قانون اساسی جدید پیشنهاداتی نماید. در کمیسیون مذکور علاوه بر پانزده تن اعضای کابینه، یك تعداد استاد های پوهنتون، چند تن جنرالان و چند تن شخصیت های به اصطلاح بی طرف عضویت داشتند.[۱۵۶] کمیسیون جمعاً دارای چهل و یك عضو بود. بتاریخ ۲٦ جنوری ۱۹۷۷ متن و مواد طرح قانون اساسی جدید در جراید نشر شد. از ۳۱ جنوری الی ۳۱ فبروری ۱۹۷۷میلادی، بمقصد تصویب لایحهٔ قانون اساسی جدید لویه جرگه ای در کابل دایر شد. دو صد و نزده (۲۱۹) تن از اعضای لویه جرگه به شکلی از اشکال در ولایات انتخاب شده بودند و حدود صد تن (۱۰۰) دیگر از طرف رئیش جمهور به نمایندگی از اقلیت ها و طبقات مختلف کشور تعین شده بودند.

---

۱۵۶ جهت دریافت لست مکمل اعضای کمیتهٔ تسوید قانون اساسی سال ۱۳۵۵ نگاه شود به ضمیمه هفتم در این کتاب.

در بیانیه افتتاحیهٔ مورخهٔ دهم دلو ۱۳۵۵ خود به شرکت کنندگان لویه جرگه که به منظور تائید قانون اساسی جدیدالطرح گرد هم آمده بودند ایراد نمود، رئیس جمهور به تعریف انقلاب و عواملیکه سبب ایجاد آن میشود پرداخت. به عقیدهٔ وی جوامع باید در حالت رشد و تحول باشد و این حرکت باید به سوی بهبودی باشد. زیرا جامعه ایکه در حالت سکوت باقی میماند، مثلیکه افغانستان قبل از انقلاب ۲۶ سرطان بنظرش در آنچنان یك حالت قرار داشت، نارضایتی را در بین مردم ایجاد می نماید و بلآخره با عکس العمل شدید آن مواجه می شود و این عکس العمل شدید میتوان صورت یك انقلاب را بخود بگیرد. در این بیانیه داؤد خان کلمه "انقلاب" را چنین تعریف میکند: «*انقلاب عملیهٔ تغییر، اصلاح و تحول در اوضاع اجتماعی، اقتصادی و سیاسی جامعه است، به نوع که منافع اکثریت مردم را به شیوه های مثبت و مترقی آن مطابق به شرایط و قانون تکامل جامعه علماً و عملاً تأمین نماید. (...) انقلاب در هر جامعه مولود شرایط و عوامل ناهمگون و غیر عادلانه اجتماعی، اقتصادی، و سیاسی میباشد که استمرار دوام و بقای آن ملت را به ادبار، انحطاط و چنان خطرات جبران نا پذیری می کشاند که بی علاقگی عناصر ملی و وطنپرست را در برابر آن میتوان گناه عظیم شمرد* ».[۱۵۷] سردار داؤد خان حکومات دورهٔ "دموکراسی قلابی" را به رشوهٔ خوری و خویشخوری متهم نموده می گوید: «مسابقه کنندگان ارگان های دولت استفاده های نا جایز را از مال بیت المال و جیب مردم حق مسلم خود میدانستند، استفاده از نفوذ و مقام رسمی شکل قانون

---

۱۵۷ رجوع شود به دافغانستان کالنی ۱۳۵۵ ـ ۱۳۵۶ ، وزارت اطلاعات و کلتور، مطبعه دولتی، کابل؛ صفحات ۱۲ الی ۲۱ . بیانیهٔ افتتاحیه مورخ ۱۰ دلو ۱۳۵۵ هجری شمسی.

را بخود اختیار نموده بود».[158]

بانی نظام جدید حکومات دورۀ مشروطه را نه تنها از لحاظ سیاسی بلکه از لحاظ اقتصادی و اجتماعی هم محکوم و ناکام می خواند. وی اظهار می نماید در حالیکه در مدت دو دورۀ پلان پنج ساله اقتصاد کشور رونق گرفته بود و با وجود مشکلات رو به انکشاف مثمر شده بود، در دورۀ متعاقب نسبت به بی تصمیمی و عدم توجۀ مسئولین دولتی (به این ارتباط داؤد خان در بیانیۀ خود کلمۀ "انارشی" را استعمال مینماید)، آن اقتصاد تدریجاً به رکود مواجه شد و این حالت رقتبار در ازدیاد بی کاری و نا امیدی جامعه افزود. در ذکر نواقص حکومات دورۀ گذشته، کلماتش را متوجه قوۀ تقنینیه نیز میسازد و آنرا شدیداً مورد اتقاد قرار داده با الفاظ کوبنده ملامت مینماید. او میگوید که آن قوة "خصلت و ماهیت اصلی خود را از دست داده بود و به عوض دفاع از منافع و حقوق واقعی مردم و احترم به قانون، عدۀ آنها خود قانون شکن گشته و به اعمال ضد مردمی آغشته و آلوده شدند و با منتهای بیباکی از همه انواع فساد، بی نظمی ها و اخلال گری ها، یا پشتیبانی نمودند یا چشم پوشیدند".[159]

رئیس جمهور محمد داؤد نابسامانی ها و بی بند و باری های مشرح را متعلق به حکومات و نظام سابق ساخته آنرا سبب گرایش جوانان به "نظریات و

---

۱۵۸ رجوع شود به سالنامۀ افغانستان ۱۳۵۵-۱۳۵۶، وزارت اطلاعات و کلتور، مطبعۀ دولتی، کابل، صفحات ۱۲ الی ۲۱.

۱۵۹ مآخذ از دافغانستان کالنی ۱۳۵۵ ـ ۱۳۵۶ ، وزارت اطلاعات و کلتور، مطبعه دولتی، کابل؛ صفحه ۳۱.

افکار افراطی و تفریطی" میخواند. لیکن معلوم نیست در اینجا و در این موقع که داؤد خان این بیانیه را خطاب مینماید منظورش از "نظریات افراطی و تفریطی" چه بود؟ غالباً در ذهن خود از یك طرف به گروه های چپی، بخصوص به اعضای جناح های خلق و پرچم و احتمالاً گروه های کوچکتر چون ستم ملی و شعلهٔ جاوید، و از طرف دیگر به حرکات منسوب به نهضت اسلامی اشاره می کرد.

بعد از دو هفته گردهمآئی، قانون اساسی که دارای ۲۳۱ ماده بود از طرف اعضای لویه جرگه تصویب شد و طی آن داؤد خان به ریأست دولت جمهوری افغانستان تعیین شد. قانون اساسی جدید صلاحیت و قدرت بیشتر را به شخص رئیس جمهور بخشیده، در مادهٔ چهلم خود، با ایجاد یك حزب حکومتی به نام "حزب انقلاب ملی"، نظام یك حزبی را در کشور بنیان گذاری کرد.

روحیه و ماهیت قانون اساسی جدید

قانون اساسی که بتاریخ ۵ حوت ۱۳۵۵ هجری شمسی توسط داؤد خان توشیح گردید و انفاذ یافت نکات جالب دارد که یکی از آن تأسیس نظام سیاسی یك حزبی می باشد.[۱۶۰] ماده چهلم (۴۰) آن قانون چنان موضوع را تذکر میدهد:

---

۱۶۰ رجوع شود به د افغانستان کالنی ۱۳۵۵ ـ ۱۳۵۶ ، وزارت اطلاعات و کلتور، مطبعه دولتی، کابل؛ صفحات ۱۷۱ الی ۱۹۰.

سردار محمد داؤد

« برای انعکاس خواسته های اجتماعی و تربیت سیاسی مردم افغانستان تا زمانیکه این آرزو برآورده گردد و به رشد طبیعی خود برسد سیستم یك حزبی در کشور به رهبری حزب انقلاب ملی که بانی و پیشآهنگ انقلاب مردمی و مترقی ۲۶ سرطان ۱۳۵۲ مردم افغانستان است برقرار خواهد بود.»

در حالیکه ماده چهلم قانون اساسی ۱۳۵۵ سیستم یك حزبی را تأسیس می کند مواد سی و هشتم (۳۸) و سی و نهم (۳۹) آن آزادی بیان، نشریات و اجتماع را به مردم قائل میشود لیکن هر یك از آزادی های مذکور مشروط و محدود به احکام قانون می باشد که البته آن توسط حکومت به نفع حزب یگانهٔ خود ترتیب و انفاذ میشود. زیرا میتوان گفت قانون اساسی جدید یك آزادی نسبی را به مردم می دهد لیکن همانطوریکه مادهٔ چهلم به آن اشاره میکند، به نظر طرح کنندگان این قانون اساسی مردم افغانستان هنوز به آن مرحله عقل و شعور سیاسیی نرسیده بود که بتواند در موضوعات سیاسی کشور خود سهیم شود و ابراز نظر مستقلانه و با صلاحیت نماید، از اینرو مردم افغانستان نیازمندی به رهبری حزب یگانه و حکومتی می داشته باشد... به عبارت دیگر مردم افغانستان آماده دیموکراسی صد فی صد نبوده هنوز از نگاهٔ هوشیاری سیاسی صغیر ارزیابی شده بود.

فصل دوم قانون اساسی سال ۱۳۵۵ زیر عنوان "اساسات اقتصادی" حدود و نوع اقتصاد کشور را تعیین می کند. فصل مذکور واضحاً از شرکت های تعاونی و کوپراتیفی (ماده ١٦) و تجارت رهبری شده (ماده ۱۸) متذکر می شود که اگر بطور سطحی در نظر گرفته شود همه بحیث علایم ایجاد یك

سیستم اقتصادی سوسیالیستی تعبیر شده می تواند. لیکن در مواد دیگر سرمایه گذاری و تشبثات شخصی مجاز و مورد حمایهٔ قانون قرار دارد (ماده های ۱۵ و ۱۷). دولت صنایع ثقیله یا بزرگ، معادن، جنگلات، انرژی، اساسات وسیع سیستم های حمل و نقل کشور، بانك ها، بیمه ها، تهیهٔ ارزاق و مخابرات را متعلق به خود دانسته است(ماده ۱۳). در این قسمت همچنانکه در قسمت سیستم کووپراتیف ها از یك نگاه می توان گفت که همه بیانگر زیربنای "سوسیالیستی"[۱۶۱] طرح کنندگان قانون اساسی سال ۱۳۵۵ است، لیکن اگر ساحهٔ دید خود را وسیع تر بسازیم و سیستم اقتصادی بعضی کشور های غربی را در عین زمان در نظر بگیریم، متوجه میشویم این نوع رفتار صرف منحصر به کشور های سوسیالیستی نبود. مثلاً در فرانسه دولت سهم فعال در تعیین اساسات اقتصادی کشور داشت. دولت دارای بانك ها، فابریکه جات موتر سازی، شرکت های بیمه، طیاره سازی، هوانوردی و غیره بود. درحقیقت گفته میتوانیم انحصارات دولتی در فرانسه به حدی زیاد بود که بطور مقایسوی در افغانستان، در طول دورهٔ که مد نظر گرفته ایم، نقش دولت در ساحه اقتصادی محدودتر تخمین شده می تواند.

نقش مرکزی رئیس دولت در قانون اساسی جدید

فصل هفتم قانون اساسی سال ۱۳۵۵ صلاحیت ها و وظایف رئیس

---

۱۶۱ برای تعریف سوسیالیزم از دیدگاهٔ سردار داؤد خان، نگاه شود به قسمت مربوط به ضمایم در آخر این کتاب.

جمهور را تعیین مینماید. اگر مواد آن فصل را از نظر بگذرانیم، تعریف وظایف و صلاحیت ها رئیس جمهور چند شکل جالب را بخود گرفته است و تأثیرات مختلف در آن محسوس است. در حقیقت، چنانکه مادهٔ هفتاد و هشتم (۷۸) به وضاحت این امر را توضیح میدهد، رئیس جمهور قانون اساسی جدید از پادشاهٔ قانون اساسی دورهٔ مشروطه دارای صلاحیت های کمتر نمی باشد زیرا نه تنها او قائد و ممثل کشور می باشد بلکه علاوه بر آن مستقیماً سیاست مملکت و حکومت را بدوش میداشته باشد. صلاحیت های رئیس جمهور طوریکه در مادهٔ هفتاد و هشتم وضح شده بطور ذیل میباشد:

« ۱ ـ قیادت اعلی قوای مسلح کشور؛

۲ ـ با مشورهٔ لویه جرگه اعلان حرب و متارکه. در صورت خطر فوری و آشکاری که استقلال و تمامیت ارضی را تهدید کند و یا در حالات عاجل دیگر، رئیس جمهور میتواند تصمیمات استثنائی اتخاذ نماید و لویه جرگه را دایر کند؛

۳ ـ اعلان حالت اضطرار و خاتمه دادن به آن؛

٤ ـ دایر کردن و افتتاح لویه جرگه؛

٥ ـ افتتاح اجلاس عادی ملی جرگه و دایر نمودن و افتتاح اجلاس فوق العادهٔ آن؛

٦ ـ منحل ساختن ملی جرگه و اصدار فرمان انتخابات مجدد در خلال مدت سه ماه از تاریخ که انحلال ملی جرگه صورت میگیرد؛

۷ ـ تحکیم وحدت ملی و پشتیبانی از منافع مردم افغانستان.؛

۸ ـ رهبری و همآهنگ ساختن سیاست داخلی و خارجی کشور مطابق با احکام این قانون اساسی؛

۹ ـ تخفیف و عفو مجازات؛

۱۰ ـ اعطای نشان مطابق به احکام قانون؛

۱۱ ـ تعیین معاون یا معاونین ریأست جمهوری از جمله اعضای حزب و همچنان تعیین وزرأ از داخل و خارج حزب، عزل و قبول استعفای آنها؛

۱۲ ـ تعیین اعضای ستری محکمه و قاضی القضات؛

۱۳ ـ تعیین، تقاعد ، قبول استعفأ و عزل قضات، صاحب منصبان قوای مسلح و مأمورین عالی رتبه مطابق به احکام قانون؛

۱۴ ـ تعیین سران نمایندگی های سیاسی افغانستان نزد دول خارجی، تعیین نمایندگی های دائمی افغانستان نزد موءسسات بین المللی و قبول اعتمادنامه های نماینده گان سیاسی خارجی.

۱۵ ـ توشیح قوانین و فرامین تقنینی و اعلام انفاذ آنها، اعطای اعتبارنامه بغرض عقد معاهدات بین الدول مطابق به احکام قانون و توشیح معاهدات بین الدول.»

در مجموع آنچه از لابلای صلاحیت های رئیس جمهور مولود قانون اساسی سال ۱۳۵۵ استنباط کرده می توانیم اینست که شخصیکه آن کرسی را اشغال مینماید دارای اقتدار عام و تام می باشد چون علاوه بریأست جمهوری و رهبری حکومت، یعنی صدارت اعظمی، قیادت حزب یگانه کشور را نیز بدوش میداشته باشد. رئیس جمهور برای مدت شش سال توسط لویه جرگه به اکثریت دو ثلث آراء از بین اعضای حزب انقلاب ملی انتخاب میشود. بعد از اینکه انتخاب شد، در مقابل اعضای لویه جرگه قسم میخورد که از دین، تمامیت ارضی و اهداف انقلاب ۲۶ سرطان دفاع خواهد کرد.[۱۶۲] نا گفته نماند چنین

یك نظام "رئیسانه" منحصر به افغانستان نبود، بلکه در آن زمان در مصر جنرال عبدالناصر و بعد انور السادات، در تونس حبیب بورقیبا، در الجزائر بعد از استقلال و در یك تعداد کشور های دیگر در چهار گوشهٔ دنیا نظام های مشابه وجود داشت.

قانون اساسی سال ۱۳۵۵ ایجاد یك ملی جرگه (فصل پنجم) و لویه جر گه (فصل ششم) را در نظر می گیرد. ملی جرگه را اعضای منتخب توسط آرای مردم طی انتخابات آزاد تشکیل میدهد اما باید کاندید ها از طرف حزب انقلاب ملی معرفی شوند (ماده چهل و نهم). در عین ماده تذکر داده شده است که باید پنجا در صد (۵۰ ٪) کاندید ها از طبقات کارگر و دهقان باشد. ماده شصت و دوم وظیفه ملی جرگه را مشخص مینماید: «*ملی جرگه برای تنظیم امورحیاتی افغانستان مطابق به احکام این قانون اساسی بر مسودهٔ قوانینی که از طرف حکومت و قوهٔ قضایه پیشنهاد میگردد بعد از مطالعه و غور تصمیم لازمه اتخاذ مینماید* (...)» .

در فصل ششم خود، طرح کننده گان قانون اساسی سال ۱۳۵۵ لویه جرگه را چنان تعرف نموده اند (ماده شصت و پنجم):

«*در افغانستان لویه جرگه عالیترین مظهر قدرت و ارادهٔ مردم آنست.*

لویه جر گه مرکب است از : اعضای ملی جرگه، اعضای شورای مرکزی حزب، اعضای حکومت و شورای عالی قوای مسلح، اعضای ستری

---

۱۶۲ نگاه شود به ماده هشتادم در سالنامهٔ افغانستان ۱۳۵۵ ـ ۱۳۵۶، وزارت اطلاعات و کلتور، مطبعه دولتی، کابل؛ صفحات ۱۷۱ الی ۱۹۰.

محکمه. پنج الی هشت نفر نماینده از هر ولایت. سی (۳۰) نفر اعضاء که بوسیله فرمان از طرف رئیس جمهور تعیین میشوند.»

ماده شصت و هفتم مواقع که لویه جرگه دایر شده می تواند و بتصمیم گیری باید بپردازد توضیح مینماید:

«لویه جرگه در حالات آتی تحت ریأست رئیس جمهور و یا نایب رئیس دایر می گردد:

۱ ـ تعدیل قانون اساسی.

۲ ـ انتخاب و قبول استعفای رئیس جمهور.

۳ ـ تصویب اعلان حرب و متارکه.

٤ ـ هر واقعهٔ مهمیکه تصویب لویه جرگه را ایجاب کند.»

اختلافات بین اعضای کابینه و تأسیس حزب انقلاب ملی

در ایام قبل و بعد از به وجود آمدن حزب انقلاب ملی، اختلافات شخصی و مفکوروی بین اعضای کابینهٔ سردار داؤد افزایش یافت. رئیس جمهور شخصاً اعضای هیئت رئیسه حزب خود را تعیین نموده بود و چنان وانمود میشد در اختلاف و رقابتیکه عمدتاً بین دو گروه (یعنی گروهٔ وحید عبدالله و گروهٔ سید عبدالله) جاری بود، به جناح که توسط سید عبدالاله رهبری میشد موقع بیشتر قایل بود.

در کمیتهٔ مرکزی حزب انقلاب ملی وزیر دفاع غلام حیدر رسولی، وزیر دولت داکتر عبدالمجید خان، وزیر داخله عبدالقدیر نورستانی، وزیر تعلیم و تربیه داکترعبدالقیوم وردك، و یك تعداد اشخاص دیگریکه از طرف داؤد خان تعیین شده بودند شامل بودند. اما یك تعداد افراد با تعیینات داؤد خان موافقت نداشتند و جداً عکس العمل نشان دادند. علم بردار و سخنگوی این گروه معین وزارت خارجه سید وحید عبدالله بود. این حلقه، که در آن وزیر زراعت عزیز الله واصفی، وزیر صحیه داکتر عبدالله عمر، وزیر عدلیه وفیع الله سمعیی، ویك تعداد اشخاص دیگر شامل بودند، گروه سید عبدالاله را به اتهام چپگراهی محکوم کرده با آن اعلان مخالفت نموده بود. جناح مذکور حتی تصمیم گرفته بود تا برسم اعتراض استعفای دسته جمعی خود را به رئیس جمهور و صدراعظم داؤد خان تقدیم نماید. لیکن وقتیکه سردار نعیم خان از تصمیم شان آگاهی یافت، بعد از صحبت های زیاد آنها را معتقد ساخت از اقدام خود صرف نظر نمایند. اگر وحید عبدالله و حلقه اش به نصیحت های نعیم خان گوش داده ظاهراً قناعت نمودند، اما در حقیقت فاصله ای که در این موقع ایجاد شده بود فضای کار را در بین کابینه و چوکات رهبری حزب واحد حکومتی دگرگون کرده بود و بطور روز افزون آن تیره تر شده میرفت.

کمی بعد از این واقعه، آوازه افتاد که احتمال دارد سید وحید عبدالله به دفتر نمایندگی افغانستان در ملل متحد مقرر شود ولی او مصمم بود که اگر چنان یك موضوع (یعنی دور ساختن وی از کابل – مرکز قدرت) صورت عملی را بخود بگیرد استعفایش را به رئیس جمهور تقدیم کرده چند جریب زمین را در لشکرگاه خریداری نماید و با آن خود را مصروف بسازد.[۱۶۳]

باید گفت در ایجاد این فضأ موضوعات شخصی هم نقشی داشت. سید عبدالاله و وحید عبدالله هر دو برخوردار توجهٔ خاص از طرف داؤد خان بودند. هر کدم آنها از موقف خاص خود استفاده می نمودند تا در تعیین سیاست حکومت جمهوری سهم بارزی داشته باشند. اما بیشتر از همه، دیگر اشخاص هوشیار و استفاده جو از موقف و مقام شان برای پیشبرد مقاصد و منافع شخصی، مالی و یا سیاسی خود و یا گروهٔ خود سؤ استفاده می نمودند.

فعالیت های گروه های سیاسی اسلامگراه – اخوانی– بر ضد حکومت داؤد خان

استاد غلام محمد نیازی بنیانگذار تحریك اسلامی به سبك اخوان المسلمین مصری در پوهنتون کابل بود. بعد از کودتای داؤد خان، در اثر فشار پرچمی ها، غلام محمد نیازی در جمله مخالفین احتمالی حکومت جدید دستگیر شده به حبس انداخته شد. یگانه دلیل دستگیری او سیاسی بود و نه اینکه مرتکب کدام جرم شده باشد به غیر از اینکه یك خطر مخالفت را برای آینده مجسم می نمود. در حالیکه غلام محمد نیازی، چون پرچمی ها در داخل پوهنتون دنبالش آمده بودند، موقع گریز را نیافته بود یك تعداد دیگر از مسئولین نهضت اسلامی خطر را احساس نموده با ترك کشور حیات خود را نجات دادند. اکثر آنها به

۱۶۳ مصاحبهٔ تلفونی با خانم مریم سلطان، دختر مرحوم وحید عبدالله، مورخ ۱۱ مارچ ۲۰۰۱ میلادی. خانم مریم سلطان فعلاً در ایالت کلیفورنیا ، ایالات متحدهٔ امریکا ، اقامت دارد.

پاکستان همسایه پناه بردند؛ از آن جمله: برهان الدین ربانی، استاد شرعیات؛ احمد شاه مسعود، محصل مکتب پولیتخنیك؛ گلب الدین حکمتیار، محصل فاکولتهٔ انجینیری که یك دوره حبس را بجرم قتل یك تن محصل پرچمی گذشتانده بود و در وقت صدارت موسی شفیق از بندی خانه رها شده به ادامهٔ تحصیلات خود بپرداخته بود...

درآن زمان چون روابط حکومت افغانستان و پاکستان ازلحاظ موضوع پشتونستان تیره بود و پاکستان بسر قدرت رسیدن داؤد خان را یك خطر بزرگ تلقی می نمود، بمنظور براه انداختن برنامه های اغتشاشی در کشور همسایه، اسلام آباد پناه جوئیدن این گروه اسلامگراه افغان را غنیمت شمرد. در جریان دهه قانون اساسی، رهبران یك تعداد گروه های اسلامگراه دیگر نیز ضربهٔ تضاد و عقده کمونیست ها را دیده بودند: از آن جمله مولوی منهاج الدین گهیځ، رهبر گروه "توابین" و مدیر نشریهٔ هم نامش – "گهیځ" –، که در ماهٔ سپتامبر ۱۹۷۲ میلادی قبل از تأسیس جمهوریت به شهادت رسانیده شد، و دیگرانی که مجبور به ترك کشور شده بودند. در دورهٔ جمهوریت، فیض محمد وزیر داخله پرچمی که تا سال ۱۹۷۵ میلادی اختیارات آن وزارت را به دست داشت عامل درجه اول و وسیلهٔ این سیاست تخریبی پرچمی ها علیه گروه های اسلامگراه (نهضتی) بود.

حضرت صبغت الله مجددی، مؤسس جمیعت العلمای محمدی، با وجود قرابتیکه از طریق والدهٔ خود داشت، طوریکه قبلاً به آن اشاره کرده ایم، چون در زمان صدارت سردار محمد داؤد، در موقع سفر دوم خروتچف به کابل،

به اتهام سؤ قصد مدت بیشتر از چهار سال را در محبس گذشتانده بود، چندان روابط حسنه با او نداشت. هنگام وقوع کودتای ۲۶ سرطان، حضرت صبغت الله مجددی در لیبیا جهت اشتراك در کانفرانسی تفاهم بین الادیان عزیمت کرده بود و از آنجا نسبت به خطریکه احساس میکرد از بازگشتن به کابل ابا ورزید.

علاوه بر اسمهایکه قبلاً ذکر کردیم، در جمله اشخاصیکه به پاکستان پناه برده بودند و بعداً در دورهٔ جهاد دارای شهرت و مقام بلند شدند، نام های مولوی یونس خالص، مولوی نصرالله منصور، مولوی جلال الدین حقانی و قاضی محمد امین وقاد را نیز می توان یاد کرد. نهضتی هایکه در پاکستان هجرت نموده بودند پلانی را طرح نموده بودند که طی آن نظام کشور را تغییر داده قدرت را بایست بدست می آوردند. در پلان مذکور، که قرار بود مورخ ۲۲ جولائی ۱۹۷۵ براه انداخته میشد، بایست از چند جانب به حکومت ضربه رسانیده میشد. چنانچه نهضتی ها با قوت های نسبتاً محدود خود مصمم بودند بالای چندین منطقه افغانستان تسلط یافته آن مناطق را به پایگاه های نظامی خود مبدل نمایند و جنگ چریکی را مقابل حکومت مرکزی سردار داؤد خان آغاز نمایند تا اینکه به سقوط آن مؤفق شوند. نهضتی ها ترتیبات بیشتر برای بدست آوردن ادارهٔ مناطق پنجشیر، لوگر، کنرها و بدخشان را گرفته بودند. اما تلاش شان به دلایل مختلف به ناکامی مواجه شد. عدم آمادگی کافی سبب شد تا بغیر از مسلط شدن بر یك یا دو عمارت حکومتی در پنجشیر برای چند ساعت محدود به مؤفقیت دیگری نائل نشوند. در کابل که مرکز قدرت بود حرکتی بخصوص به پشتیبانی از توطهٔ نهضتی ها به نظر نخورد. در حقیقت برای تحقق بخشیدن پلان خود باید آنها در بین اردو نفوذ کافی پیدا میکردند لیکن، برعکس

کمونیست ها، در آن زمان تأثیر گروه های اسلامگراه در بین نظامیان کمتر محسوس بود.

در سال های ۱۹٦۰ - ۱۹۷۰ میلادی عمدتاً دو جریان سیاسی در بین اردوی افغانستان، یاحد اقل در بین حلقه های آن که به موضوعات سیاسی بیدار بودند، نفوذ کرده بود. به یك طرف تعدادی از خورد ضابطان و صاحب منصبان بودند که چه در اثر تبلیغات خلقی ها و پرچمی ها یا چه در اثر دورۂ تحصیلات خود در اتحاد شوروی به عقاید کمونیستی گرائیده بودند و به طرف دیگر یك تعداد کثیرتر را عساکریکه نسبت به داؤد خان خوشبینی نشان میدادند تشکیل میداد. گروه اخیرالذکر معتقد بود سردار داؤد، که دارای تعلیمات عسکری بود وعلاقهٔ خود را به این منصب مکرراً نشان داده بود، نه تنها برای کشور خود ترقی می خواهد بلکه او خواهان استقرار یك نظام قوی که در آن اردو نقشی قابل ملاحظه را داشته باشد میباشد. علاوه بر آن داؤد خان از دوره کار خود در وزارت دفاع و صدارت اعظمی روابط نزدیك را با یك تعداد افراد عسکری حفظ نموده بود. نا گفته نماند در جریان دو دورۂ مذکور داؤد خان خیلی جوان ها را جذب کرده و به ایشان موقع داده بود تا در رشتۂ عسکری پیشرفت نمایند. برای یك عده از آنها زمینه اخذ تعلیمات بیشتر را در خارج از کشور - ترکیه، روسیه ، انگلستان، و طبعاً اتحاد شوروی - فراهم ساخته بود و چنانچه بعد از تکمیل تحصیلات آنها توانستند بزودی رتبه های بلندتر را در چوکات عسکری احراز نمایند. همین صاحب منصبان جوان (و یا کمترجوان) پایه های نفوذ داؤد خان را در داخل اردوی کشور تشکیل می دادند.

نهضتی ها در ترتیبات خود از هر نگاه بی تجربگی نشان داده بودند. زیرا نه خود آنها آماده بودند و نه مردم افغانستان ذهناً آمادهٔ حمایهٔ از چنان یك حرکت اغتشاشی بود. اهالی ولایات که شاهد حملات غیر مترقبهٔ آنها بودند هدف اصلی شان را نفهمیده شاید ازخود پرسیده باشند: «اگر اینها با حکومت مرکزی مخالفتی دارند و آنرا "کافر" میخوانند، چرا به خود شهر کابل نمی روند تا با آن مخالفت سیاسی یا مسلحلنهٔ خود را ابراز نمایند به عوض اینکه چند تن عسکر بیچاره و یا مأمور ولایتی مظلوم را مورد حمله قرار داده به قتل برسانند؟» در اثر این توطئه ناکام یك تعداد نهضتی ها دستگیر شدند و تعداد دیگری جان خود را از دست دادند. در میان دستگیر شدگان، هفتاد و چهار (٧٤) تن به دوره های مختلف حبس و سه (٣) تن به اعدام محکوم شدند در حالیکه دوازده (١٢) تن دیگر رها شدند.

با وجود ناکامی شان، اخوانی ها به مبارزهٔ خود ادامه دادند چون به نقل قول از یك تن کارمند شعبهٔ استخباراتی آن زمان، [۱۶۴] حلقه ایکه در آن گلبدین حکمتیار شامل بود ترتیبات سؤ قصدی را علیه رئیس جمهور گرفته بود. داؤد خان به تدابیر امنیتی که به شخص خودش تعلق میگرفت بی علاقه بود. حتی در موقع سفر های کوتاه اش به خارج از شهر کابل ـ به طور مثال وقتیکه به قرغه میرفت ـ بمجردیکه متوجهٔ میشد مأمورین پولیس یا ضبط احوالات وظیفهٔ خود را اجرا نموده به تعقیبش روان هستند آنها را با عصبانیت جواب می داد و امر میکرد که دیگر به تعقیب او نیایند... با درنظر داشت خاصیت مشرح داؤد خان، ترتیب

---

۱۶۴ مصاحبه با م. ع. ن. مورخ اول جولائی ۱۹۹۵ میلادی.

دادن سؤ قصد علیه حیاتش برای مخالفین وی کاری آسان بود. اما با کشف سؤقصد مذکور دستگاهٔ استخباراتی حکومت توانسته بود دسیسهٔ اخوانی ها را خنثی نماید و پاکستان را متهم به حمایهٔ و تحریك گروهٔ مبتکر آن بسازد.

استفادهٔ که مقامات پاکستانی از اسلامیون افغان بر ضد حکومت داؤد خان در آن زمان کرده بود در یك مقاله منتشرهٔ سال ۱۹۸۹ هم تأیید شده است.[۱۶۵] لورانس لیفشولتز در مضمونی زیر عنوان "ارتباط سی. آی. هی. و آی. اس. آی." مینویسد سیاست پاکستان در آن زمان ایجاب میکرد تا یك تعداد قطعه را جهت فشار آوردن بالای حکومت افغانستان بدست بیآورد و آنرا منصرف از سیاست مخالفت آمیز و آشتی ناپذیرش مقابل همسایهٔ پاکستانی اش بسازد. هدف نهایی پاکستان شناختن خط دیوراند بحیث سرحد رسمی دو کشور همچنانکه خاموش ساختن موضوع پشتونستان آزاد از جانب افغانستان بود: « در حالیکه هواخواهان گلبدین حکمتیار ادعا دارند مبارزهٔ مسلحانه را مقابل "کفار" در سال ۱۹۷۵ آغاز نموده اند، یك تعداد اشخاص سیاسی و نظامی که در حکومت ذوالفقار علی بوتو عهده دار منصب های بلند و مهم بودند و از برنامه های مخفی که در افغانستان پیاده می شد آگاهی مطلق داشتند، از آن واقعات حکایت دیگری می‌نمایند. این مسئولین آن زمان اظهار دارند

---

۱۶۵ لورانس لیفشولز (Lawrence Lifschultz)، ارتباط خترناك: ارتباط سی. آی. هی. و آی.اس.آی، مجله نیوز لین، نوامبر ۱۹۸۹ میلادی، پاکستان، بزبان انگلیسی.
سی. آی. هی ((Central Intelligence Agency (C.I.A) سازمان مرکزی استخبارات امریکا و آی. اس، آی ((Inter-Service Intelligence (I.S.I) دستگاه نظامی استخبارات پاکستان میباشد.

گلبدین و همرزمانش تحت قوماندهٔ مستقیم حکومت بوتو در پاکستان بودند. اکمالات، تمویل و طرحریزی حمله که در پنجشیر صورت گرفته بود کاملاً توسط مقامات پاکستانی ترتیب یافته بود. به نقل قول از منابع مربوط به حکومت بوتو آن زمان، در سال۱۹۷۳ میلادی پلان تشکیل یك قوت مسلح دارای پنج هزار نفر روی دست گرفته شده بود که آن یك پروژه سری بوده با توجه زیاد محرم نگاه میشد و توسط یك مدیریت مستقل خارج از چوکات آی.اس.آی رهبری میشد.»

توطئه ناکام اخوانی ها مستقیماً نظام کشور را تغییر داده نتوانست اما مقام رهبری کشور را تکان داد. سردار داؤد خان به فکر تجدید خطوط اساسی سیاست های داخلی و خارجی خویش افتاد. از نگاهٔ داخلی داؤد خان متوجه شد که در نزدیکی خود با دسته های چپگراه از حد معقول بیشتر پیش رفته است و در نتیجه، تصمیم گرفت در تعیین سیاست داخلی خود یك نوع موازنه را بوجود بیآورد که طی آن قدرت چپی ها کم شود و موقع بیشتر به دیگر جریان های سیاسی داده شود ورنه احتمال میرود توطئه دیگری مقابل حکومتش این بار مؤفقانه براه انداخته شود. بناً سر از ختم سال ۱۹۷۵ و بخصوص از سال ۱۹۷۶ میلادی ببعد سردار محمد داؤد خان تحولاتی را در سیاست خود آورد که نمایانگر تغییر واضح خط سیر حکومتش بود.

سردار محمد داؤد

تحولات چشمگیر در خط مشی حکومت

سیاست داخلی

در عرصهٔ سیاست داخلی، رئیس جمهور و صدراعظم محمد داؤد خواست یك تعداد تغییرات را تطبیق نماید و بخصوص تعداد چپگراهایکه خود را رسماً کمونیست اعلان نمی کردند و در کابینه عضویت داشتند کم شود و به عوض آنها عناصر ملیگراه و صادق به شخص خودش را مقرر نماید. عناصر چپگراه می دانستند موقف شان در حکومت در خطر است لیکن تا حدی جای تعجب برایشان نبود چون آهسته آهسته مخالفت ها در بین احتلافیون دیروز اتفاق افتاده بود و نزاع ایجاد شده بود. چپگراها از هرطرف زیر انتقاد قرار گرفته و با مخالفت جریان های ملیگراه در داخل کابینه و نهضتی های اسلامگراه درخارج ازکابینه مواجه شده بودند.

لیکن هدف سردار داؤد عبارت از تصفیه تدریجی کابینه از وجود عناصر چپگراه بود، و آن وظیفهٔ سهلی نبود چراکه خارج از مقام های بلند، کمونیست ها عناصر وفادار خود را در لابلای دوایر حکومتی به مأموریت های مختلف گنجانیده بودند. زیرا در هنگام تصفیه کاری، چون مأمورین عادی دولت در رتبه های متوسط بودند آنها توجه را بخود جلب نکرده بجای باقی ماندند و در پشت پرده فعالیت های حزبی خود را پیش برده توانستند. نخست سردار داؤد سه تن از

Cabinet Reshuffled

To improve and speed up work, the following appointments and reshuffles were made in the Cabinet under the direction of President and Prime Minister, Mohammad Daoud, according to the announcement of President's Office on September 27:

Sayed Abdullah, in addition to his present portfolio, as Second Deputy Prime Minister;

Faiz Mohammad, as Minister of Frontier Affairs;

Abdul Qadeer, as Minister of Interior;

Eng. Abdul Tawab Asefi, as Minister of Mines and Industries;

Azizullah Wasifi, as Minister of Agriculture;

Eng. Abdul Karim Attayee, as Minister of Communication.

Top: Sayed Abdullah, Second Deputy Prime Minister and Minister of Finance.

Above left: Faiz Mohammad, Minister of Frontier Affairs.

Above right: Abdul Qadeer, Minister of Interior.

Left: Eng. Abdul Tawab Asefi, Minister of Mines and Industries.

Below left: Azizulah Wasifi, Minister of Agriculture.

Below right: Eng. Abdul Karim Attayee, Minister of Communications.

8

"Serving the majority of the people is the fundamental objective of the Republican Regime"

The English translation version of an interview granted by President and Prime Minister Mohammad Daoud to Najdet Burkent the correspondent of the Turkish daily Tarjuman as released by the Presidential Office on September 30, 1975.

معرفی اعضای کابینه که بتاریخ ۲۷ سپتامبر ۱۹۷۵ میلادی به وظایف جدید شان مقرر شدند. در این صفحه سید عبدالاالله وزیر مالیه و معاون صدراعظم، عبدالقدیر نورستانی وزیر داخله، فیض محمد وزیر قبایل، عبدالتواب آصفی وزیر معادن و صنایع، عزیزالله واصفی وزیر زراعت و عبدالکریم عطائی وزیر مخابرات دیده میشوند. (مجله آریانا، شمارهٔ زمستان ۱۹۷۵، بزبان انگلیسی، وزارت اطلاعات و کلتور، کابل).

وزرای کمونیست را که در کودتأ شریك بودند از وظایف شان سبك دوش نمود و بعضی از آنها را به خارج بحیث سفیر مقرر نموده از کابل دور ساخت. بدین ترتیب، در سال ۱۹۷۵ میلادی فیض محمد وزارت داخله را به عبدالقدیر نورستانی واگذاشته خودش کرسی وزارت قبایل را که از آن پاچاگل وفادار سبکدوش شده بود اشغال نمود.[۱۶۶] عبدالحمید محتاط وزارت مخابرات را به عبدالکریم عطائی تسلیم نمود. کمی بعد، داؤد خان عزیز الله واصفی را به عوض جیلانی باختری بوزارت زراعت تعیین نمود. و همینطور، در سال ۱۹۷۷ حسن شرق را از معاونیت صدارت اعظمی برطرف کرد و به سفارت افغانستان در توکیو او را فرستاد. همزمان با این تحولات، رئیس جمهور در بیانیات خود به طور مکرر ابراز می نمود که افغانستان هیچ نوع مفکوره ـ ایدیولوژی ـ وارد شده را قبول کرده نمی تواند: این نوع موقف گیری های سردار محمد داؤد باعث تشویش بیشتر کمونیست ها و باداران روسی شان شده آنها را به فکر تجدید سیاست شان در قبال اوضاع افغانستان انداخت.

در مورد این تحول سیاست داؤد خان، نور محمد تره کی در بیانیهٔ مورخ ۱۹ ثور ۱۳۵۷ خود چنین اظهار نمود: « محمد داؤد پس از یك زمان کوتاه با طرد عناصر ملی و مترقی از مقام های دولتی عملاً وارد اتحاد با عناصر راستگراء مرتجع، سلطنت طلب و عمال ارتجاع داخلی و خارجی گردید و طرفداران و هوا داران دستگاه کهنه سلطنتی و خائنین به وطن را به مقام های حساس دولتی انتصاب کرد.»[۱۶۷]

---

۱۶۶ قابل یادآوری می باشد که پاچا گل وفادار و فیض محمد هر دو کمونیست بودند.

سیاست خارجی

سیاست خارجی حکومت جمهوری در حقیقت به همکاری هر دو برادر سردارمحمد داؤد و سردارمحمد نعیم تهیه و تطبیق میشد. از شروع تأسیس جمهوریت داؤد خان وزارت خارجه را شخصاً به دوش گرفته وحید عبدالله را بحیث معاون خود مقرر نموده بود. وحید عبدالله بر عکس معمول در مجالس وزرأ اشتراك میکرد و در حقیقت او مسئولیت پیشبرد امور اداری وزارت خارجه را داشت. اما آنچه مربوط به تعیین خطوط اساسی سیاست خارجی کشور بود وحید عبدالله دارای چندان صلاحیت نبود چه، با آنکه سردارنعیم خان رسماً وظیفه ای نداشت، روابط خاص وی با برادرش سبب شده بود تا در واقع در اکثر موضوعات نظرش حیثیت فرمان را داشت و در بیرون از کشور برای تعمیر سیاست خارجی جمهوریت اکثر اوقات بحیث نمایندۀ خاص رئیس جمهور افغانستان کفالت مینمود و وقتیکه مهمان های مهم خارجی عازم کابل میشدند، ملاقاتی تعارفی را حتماً با سردار نعیم خان انجام میدادند.

---

۱۶۷ **_خطوط اساسی وظایف انقلاب دموکراتیك افغانستان ۷ ثور ۱۳۵۷_** ، متن بیانیۀ رادیوئی نور محمد تره کی رئیس شورای انقلابی و صدر اعظم که مورخ ۱۹ ثور ۱۳۵۷ توسط رادیو افغانستان نشر شده بود؛ کابل، مطبعۀ دولتی.

(دوهم کال ۱۷٤ گڼه)

شنبه د کب (۱۷) ۱۳۵۳هـ.ش کال

ښاغلی رئیس دولت و صدراعظم به هند، بنگله دیش و عراق سفر میکنند

کابل ۱۷ حوت (ب):

دفتر ریاست جمهوری روز پنجشنبه اعلام کرد که ښاغلی محمدداؤد رئیس دولت و صدر اعظم در اثر دعوت ښاغلی فخرالدین علی احمد رئیس جمهور هند، شیخ مجیب الرحمن رئیس جمهور بنگله دیش و ...

این تصویر سردار محمد داؤد را حین ملاقات با صدر یك هیئت استرآلیائی نشان میدهد. عنوان که به طرف راست این پارچه از صفحه ای جریده جمهوریت مشاهده میشود به سفریکه سردار داؤد به کشور های هندوستان، بنگله دیش و عراق در ماه مارچ ۱۹۷۵ میلادی انجام دادنی بود اشاره می نماید. (جمهوریت، شماره ۱۷٤، سال دوم، کابل).

(د دوهم کال ۱٦۷ گڼه)

پنجشنبه د کب (۸) ۱۳۵۳هـ.ش کال

د دولت د ښاغلی رئیس خاص نماینده ښاغلی محمدنعیم هیواد ته راستون شو

کابل د کب ۸ (ب):

د دولت د ښاغلی رئیس او صدراعظم خاص نماینده ښاغلی محمد نعیم د نیپال د پاچا اعلیحضرت بیر اند را بیر بیکرا م شاه دیوا د تاج په سر کولو په مراسمو کی د گډون نه پس پرون له غرمی نه وروسته په ۳ بجو کابل ته راغی

د دولت د ښاغلی رئیس او صدراعظم خاص نماینده ښاغلی محمد نعیم هیواد ته د راستنیدو په وخت کښی د کابل په بین المللی هوایی ډگر کښی د عظمی صدارت له د رستیال دکتور محمد حسن شرق او نور وهر کلی کوونکو سره . (باختر د انځورګر عکاسی)

سردار محمد نعیم در موقع بازگشت خود از سفریکه بحیث نمایندۀ خاص رئیس جمهور انجام داده بود توسط حسن شرق، معاون صدراعظم و غلام حیدر رسولی در میدان هوائی کابل پذیرائی میشود. (جمهوریت، شماره ۱٦۷، سال دوم، کابل)

سفر داؤد خان به ماسکو (جون ۱۹۷٤). رئیس جمهور افغانستان با لیونید بریژنیف و الکسی کوسیگین در این تصویر دیده میشود. تغییرات وارده در سیاست سردار داؤد خان بعد از سال ۱۹۷۵ سبب پریشانی رهبران کرملین میشود و بریژنیف شخصی میباشد که سیاست تخریبی شوروی را علیه افغانستان طرح و عملی مینماید.

از چپ به راست : والیری جیسکارد دیستانگ رئیس جمهور فرانسه، سردار محمد نعیم نمایندهٔ خاص رئیس جمهور و داکتر محمد اکرم سفیر کبیر افغانستان مقیم پاریس (۸ جولائی ۱۹۷٦).

خطوط اساسی سیاست خارجی افغانستان در ابتدای جمهوریت

وحید عبدالله معین سیاسی وزارت خارجۀ افغانستان، که در حقیقت دارای صلاحیت وزیر را بود، در بیانیه ای که در تالار مجمعۀ عمومی ملل متحد در ماۀ میزان سال ۱۳۵٤ ایراد نمود بالای خطوط اساسی سیاست خارجی جمهوریت روشنی انداخت.[۱۶۸] او متذکر شد آن خطوط نسبت به گذشته اساساً تغییر نکرده است و بر چند اساس ذیل استوار می باشد:[۱۶۹]

- سیاست بی طرفی و پشتیبانی جدی از جنبش عدم انسلاك؛
- پشتیبانی از ملل متحد و نقش آن در حفظ صلح در دنیا؛
- پشتیبانی از حق مردم فلسطین؛
- حمایت از حق مستعمرات سابق که خواهان شامل شدن در سازمان ملل متحد می باشند؛
- تقبیح سیاست های تبعیضانه افریقای جنوبی و رودیزیا.

---

۱۶۸ قابل تذکر است که تحریر اینچنان بیانیات مهم که از سیاست خارجی کشور در قبال مسائل عمدۀ دنیا منعکس میشد کاری دسته جمعی بود که در آن وحید عبدالله از همکاری یك هیئت مرکب از فاروق فرهنگ، عبدالاحد ناصرضیأ، داکتر فرید رشید و استاد عزیز نعیم مستفید میشد.

۱۶۹ مآخذ از *د افغانستان کالنی ۱۳۵۵* ، وزارت اطلاعات و کلتور، مطبعه دولتی، صفحات ۱۵۲ الی ۱۵۷.

در پهلوی موقف های مشرح، افغانستان خود را پشتیبان "دیتانت"[۱۷۰] یا به عبارت دیگر گرم شدن فضای همکاری و روابط سیاسی بین دو محور مخالف و رقیب که توسط اتحاد شوروی و امریکا رهبری می شدند اعلام نمود. به طور جالب به نمایندگی از افغانستان وحید عبدالله خواستار تعمیم این ذهنیت جدید در باقی دنیا و بالخصوص در بین کشور های غیر وابسته به دو گروه مذکور شد. البته ذکر کردن موضوع "دیتانت" را در چنان یك تالار بی ربط با نوع معاملهٔ حکومت افغانستان با قضیهٔ پشتونستان نبود. سخن های وحید عبدالله در این قسمت اشاره ای به حکومت پاکستان بود تا آنرا بفهماند جمهوریت جدید التأسیس مصمم هست از طرق مسالمت آمیز معضله موجوده را حل نماید.

اگر چه در ابتدای دورهٔ جمهوریت سیاست خارجی افغانستان شاهد کدام تحول بنیادی نشده بود، اما طوریکه وحید عبدالله در بیانیهٔ خود اشاره می نماید، تحول عمده در سطح فعالیت های دیپلوماتیك رژیم جدید بود چه داؤد خان شخصاً به سیاست خارجی علاقه فراوان داشت. و از این لحاظ باز هم باید خاطرنشان ساخت که وظیفهٔ مرحوم وحید عبدالله چندان آسان نبود چه از یك طرف معاونیت داؤد خان را که سمت وزیر را به خود تخصیص داده بود باید می کرد و از سوی دیگر با نقش غیر رسمی اما مرکزی سردار نعیم خان سازش می نمود.

---

۱۷۰ کلیمه دیتانت (Detente) در اصل کلیمه فرانسوی با ریشهٔ لاتین است که معنی تقلیل بخشیدن به فشار و کشیدگی روابط بین المللی، و بخصوص روابط دو قطبی، در شرایط "جنگ سرد" استفاده میشد.

وقتیکه وحید عبدالله از "دیتانت" و فعالیت های بیشتر دیپلوماسی افغانستان در تالار جلسه عمومی ملل متحد صحبت می نمود (میزان ١٣٥٤) سخنانش به طور جالب پیشگوی تحولات که حکومت سردار داؤد خان بعداً روی دست می گیرد میباشد.[١٧١]

زیرا در ابتدأ کابل روابط غیر دوستانه با پاکستان، روابط سرد با ایران، روابط عادی بدون علاقه با کشور های غربی و امریکا، روابط گرم با هندوستان و روابط صمیمی با اتحاد جماهیر شوروی برقرار نموده بود. در سال ١٩٧٤، سردار نعیم، جهت معرفی و شناساندن نظام جدید حاکم در افغانستان و در عین موقع بمنظور اطمینان دادن به کشور های "دوست" که رئیس جمهور نوین داؤد خان به اساسات سیاست خارجییکه در زمان صدارت خود بنیان گذاری کرده بود وفادار می باشد، سفر های متعدد به کشور های مختلف، به شمول روسیه، هندوستان ویك تعداد کشور های عربی انجام داد.

در ماهٔ جون ١٩٧٤، رئیس جمهور محمد داؤد جهت انجام یك سفر رسمی عازم ماسکو گردید. در آن موقع به رئیس جمهور افغانستان وعدهٔ کمك های اقتصادی قابل ملاحظه ای داده شد. در مقابل داؤد خان با مفکورهٔ اتحاد شوروی مبنی بر ایجاد یك "پیمان صلح و امنیت برای آسیا" خود را همنوا اعلام نمود، که آن باعث نا رضایتی حکومت چین شد چون بایجنگ پیمان مذکور را ابتکار روسها علیه منافع خود تلقی می نمود.

---

١٧١ از نگاهٔ داخلی دور راندن عناصر کمونیستی ازحکومت، و از نگاهٔ بیرونی، آشتی با پاکستان، نزدیکی با کشور های خلیج، دوری جستن از اتحاد شوروی و غیره.

از سال ۱۹٦۳ ببعد، بتعقیب ختم وظیفهٔ داؤد خان از حکومت، کابینه های مختلف، و بخصوص در دورهٔ موسی شفیق، [۱۷۲] سیاست خارجی جدیدی را روی دست گرفته بودند. موسی شفیق تلاش کرده بود تا به کشور های خلیج فارس خود را نزدیك نموده از ثروت آنها در راهٔ رشد سریعتر افغانستان استفاده نماید. در حالیکه انتظار می رفت این سیاست نتایج مثمر بدهد کودتأی سردار محمد داؤد برای مدتی آنرا متوقف ساخت.

در برابر وخیم شدن روز افزون روابط حکومت با کمونیست ها و به پیشبینی تخریب آینده روابط آن با اتحاد شوروی، رئیس جمهور و برادرش نعیم خان خواستند سیاست خارجی معتدلتر و متوازن تر را روی کار آورند. سیاست جدید مصمم بود تا با جلوه دادن نزدیکی بیشتر با روسها بخل و تشویش امریکائی ها را تحریك نماید و بدین ترتیب کمکها و همکاری سیاسی بیشتر واشنگتن را جلب نماید. به همین سلسله، هانری کیسینجر، وزیر خارجهٔ ایلات متحدهٔ امریکا در ماهٔ نوامبر سال ۱۹۷٤ عازم کابل گردید. کیسینجر به افغانستان کمك های بیشتر وعده و تمنا نمود تا کابل سیاستش را در مورد قضیهٔ پشتونستان نرم تر و در بهبود روابطش با پاکستان سعی ورزد. رئیس جمهور افغانستان در این قسمت به نمایندهٔ امریکائی اطمینان داد کشورش اکنون حاضر هست قضیه پشتونستان را از طریق مذاکره با وساطت یك حکومات دوست حل نماید.

---

۱۷۲ **محمد موسی شفیق از ۱۲ دسمبر ۱۹۷۲ الی ۱۷ جولائی ۱۹۷۳ صدارت عظمی و وزارت خارجه را بدوش داشت.**

اهمیت بسیاست عدم انسلاك

«ما از هیچ راه و رسمی کورکورانه تقلید نخواهیم کرد» .[173]

در مصاحبه ای با یك تن خبرنگار ترکی در کابل، بتاریخ ۱۹ میزان ۱۳٥٤، سردار داؤد خان در مورد سیاست خارجی بی طرفانهٔ افغانستان چنین اظهار نمود: « *شك نیست که ما خواهان صلح هستیم و آرزو داریم با تمام کشور های جهان روابط دوستانه و صمیمانه داشته باشیم. افغانستان کشوری بیطرف و غیر منسلك هست، اما در برابر تمام مسایل بیطرف و غیر جانبدار نیستیم. بیطرفی افغانستان یك بیطرفی فعال و با قضاوت آزاد است.*»[174]

در عین مصاحبه، خبرنگار ترکی از داؤد خان در مورد اعلامیهٔ هلسنکی پرسیده از وی در مورد موقف کشورش در قبال این پیشرفت در راهٔ همزیستی مسالمت آمیز و "دیتانت" سئوال کرد. در پاسخ داؤد خان آنرا گام مثبتی خواند اما خاطر نشان ساخت که اعلامیهٔ هلسینکی اولاً مربوط به کشور های اروپائی میباشد و سایر کشور های جهان در آن مطرح نیست. داؤد خان علاوه کرد در صورتیکه چنین یك اقدام در آسیا هم صورت بگیرد، افغانستان به تأسی از سیاست های صلحجویانهٔ خود از آن حمایه خواهد کرد. نا گفته نماند این نظر

---

۱۷۳ بیانیهٔ شاغلی محمد داؤد رئیس دولت و صدراعظم بمناسبت سومین جشن جمهوریت، د افغانستان کالني ۱۳٥٥، وزارت اطلاعات و کلتور، مطبعهٔ دولتی.

۱۷۴ مراجعه شود به د *افغانستان کالنی ۱۳۵۵* ، وزارت اطلاعات و کلتور، مطبعه دولتی، صفحات ٦ الی ٨.

داؤد خان به ارتباط موضوع استقرار صلح در آسیا به یك تعداد نظریات که در آن زمان از طرف اتحاد شوروی در این مورد ابراز شده بود تا حدی مصادف بود چون شوروی خواهان ایجاد یك معاهدهٔ صلح و امنیت در آسیا شده بود.

داؤد خان به جهان سوم و جنبش عدم انسلاك ارزش فراوان قائل بود و در تعیین سیاست خارجی رژیم خود همچنانکه در وقت معرفی آن بالای این موضوع دائم اصرار میورزید.

در بیانیهٔ که بمناسبت سومین سالگرد استقرار نظام جمهوری در افغانستان ایراد کرد، [۱۷۵] سردار داؤد خان به ارتباط با سیاست خارجی افغانستان به مبارزه مقابل استعمار و بی عدالتی های بین المللی اصرار ورزید. او با کشور های که خود را از زیر تسلط قدرت های استعماری کشیده بودند و آزادی خود را بدست آورده بودند و یا اینکه در تلاش بدست آوردن آن بودند خود را همدرد و همبسته می دانست. با آن گروه کشور های که جزو جهان سوم بودند و اکثراً عضوء جنبش کشور های غیر منسلك نیز بودند خود را نزدیك دانسته میگفت: « افغانستان از جملهٔ کشور های غیر منسلك و منسوب به جهان سوم میباشد؛ جهانیکه سالیان دراز تحت تأثیر استعمار و امپریالیزم جهانی صدمات و خسارات بزرگی را متحمل شده بود امروز از خواب غفلت بیدار شده است احتیاج مبرم و حتمی این جهان بغرض تحول و انکشاف آنها را به جنبش و حرکت جدیدیی واداشته که در این عصر نمیتوان آنرا بی تأثیر و نادیده تلقی کرد

---

۱۷۵ بیانیهٔ شاغلی محمد داؤد رئیس دولت و صدراعظم بمناسبت سومین جشن جمهوریت، د افغانستان کالني ۱۳۵۵، وزارت اطلاعات و کلتور، مطبعه دولتی، کابل.

و شکی نیست که این مرحلهٔ مهم تاریخ است. »

کانفرانس سران کشور های غیر منسلك در کولامبو

چند روز قبل از عزیمت به جلسهٔ کولامبو، که قرار بود بتاریخ ۲٤ اسد ۱۳۵۵ افتتاح شود، رئیس جمهور داؤد خان در مصاحبه ای با یك تن خبرنگار مصری در مورد حفظ هویت بی طرفانهٔ حرکت کشور های غیر منسلك اصرار نمود. درمصاحبه ای با جمیل عارف، یك تن خبرنگار مصری، به جواب سئوالیکه به تمایل رومانیا به کسب عضویت جنبش موصوف اشاره می کرد داؤد خان پاسخ داد که اساسنامه آن سازمان طوریکه در بلگراد طرحریزی شده بود به این ارتباط واضح است: در های آن جنبش به کشور های عضؤ یکی از پیمان های نظامی بزرگ قطبی بند است. لهذا از آنجایکه رومانیا عضؤ پیمان وارسا می باشد، پذیرفتن آن غیر ممکن و غیر معقول می باشد.[۱۷۶]

در این کانفرانس سران کشور های غیر منسلك موجودیت داؤد خان بحیث رئیس جمهور، صدراعظم و وزیر خارجهٔ کشورش ناگذیر بود. اعضای هیئت معیتی وی از وحید عبدالله، معین وزارت خارجه، عبدالرحمان پژواك، سفیر کبیر افغانستان مقیم دهلی جدید، حمیدالله طرزی، معین وزارت تجارت، وفی

---

۱۷۶ رجوع شود به د *افغانستان کالنی ۱۳۵۵ ـ ۱۳۵٦* ، وزارت اطلاعات و کلتور، مطبعه دولتی، کابل؛ صفحات ۲ و۳ . مصاحبه با جمیل عارف، یك تن خبرنگار مصری، کابل، مورخ ١٤ اسد ١٣٥٥.

الله سمیعی، معین دوم وزارت معارف و صمد غوث، مدیر عمومی سیاسی وزارت خارجه، مرکب بود. بعد ازیك توقف کوتاه در میدان هوائی دهلی جدید، هیئت افغانی بتاریخ ۲٤ اسد ۱۳۵۵ به کولامبو پایتخت سریلانکا جهت اشتراك در پنجمین اجتماع سران کشور های غیر منسلك وارد گردید.

در بیانیهٔ که در مقابل اعضای کانفرانس ایراد کرد، داؤد خان نخست از سهیم بودنش در اولین اجتماع سران کشور های غیر متعهد در بلگراد یاد آور شد و تأکید ورزید افغانستان از بنیانگذاران مفکوره بیطرفی می باشد چون در دوران دو جنگ جهانی همین موقف بیطرفی را با وجود فشار های زیاد حفظ نموده بود. او خاطرنشان شد که جنبش کشور های غیر منسلك در مرحلهٔ ای اساس قرار دارد، زیرا بعد از رها شدن یك تعداد کشور ها از یوغ استعمار مستقیم آن حالا دچار چهره های استعماری جدید می باشندکه بیشتر شکل های اقتصادی و دخالت سیاسی را به خود میگیرد. داؤد خان اصرار ورزید کشور های جهان سوم اگر میخواهند یکی از وظایف اساسی خود را که عبارت از ایجاد نزدیکی بین پیمان های متضاد جهت حفظ صلح جهانی ایفا نمایند، باید اتحاد و همکاری های همه جانبه و خاصتاً همکاری اقتصادی خویش را محکم تر بسازند. داؤد خان با سیاسی توجیه دادن همه موضوعات مخالفت خود را اعلام نموده از جلب همکاری های اقتصادی کشور های منکشف پشتیبانی نمود. البته این اظهارش به تجربه و سیاست های که خودش چه در دورهٔ صدارتش و چه در دورهٔ ریأست جمهوری اش تطبیق نموده است متکی می باشد.

آنچه جالب به نظر می آید اینست که اگر داؤد خان از صلح، از

همزیستی مسالمت آمیز و نقش کشور های غیر منسلك در آبادی آن، از حل سیاسی و مسالمت آمیز قضایای بین المللی، از محکوم نمودن استعمار و استثمار و یك تعداد موضوعات عمدهٔ روز در این بیانیهٔ خود متذکر شد، در مقابل از قضیهٔ پشتونستان و اختلاف افغانستان با پاکستان هیچ یاد نکرد. میتوان حدس زد که چون قرار بود در راهٔ باز گشت سفر رسمیی را به پاکستان انجام بدهد، داؤد خان نخواست موضوع پشتونستان را مورد بحث قرار بدهد تا زمینه را جهت بهبود روابط با پاکستان مساعدتر بسازد. لیکن با وجود این احتیاط، داؤد خان موقف کشور خود را در مورد معضلهٔ پشتونستان بطور غیر مستقیم چنین توضیح کرد: « سیاست افغانستان بر اساس روش عدم انسلاك بر پایهٔ دوستی با همه کشور های صلح دوست جهان استوار است. حرکت عدم انسلاك در نزد ما استعفأ از مسایل جهانی نه بلکه یك سیاست فعال و مثبت هست. این سیاست آشتی با تجاوز، الحاق و اشغال سرزمین ها، پامال نمودن حقوق و آزادی های بشری و مخالفت با حق تعیین سرنوشت و حاکمیت ملی را به هیچ صورت و در هیچ نقطهٔ دنیا قبول کرده نمی تواند.»[۱۷۷]

روابط با اتحاد شوروی

در مصاحبه ای با خبرنگار آژانس خبر رسانی "رویتر"، داؤد خان روابط رژیم خود را با اتحاد شوروی چنین مشخص نمود:

---

۱۷۷ رجوع شود به دافغانستان کالنی ۱۳۵۵ ـ ۱۳۵٦ ، وزارت اطلاعات و کلتور، مطبعه دولتی، کابل؛ صفحه ٦۰.

« ـ سئوال : در بعضی محافل، افغانستان بحیث یکی از اقمار اتحاد شوروی محسوب می شود؛ لطفاً روابط افغانستان را با اتحاد شوروی توضیح فرمائید؟

ـ جواب : ملت افغان بحیث یك ملت صلحدوست آرزومند دوستی و علایق نیك و صمیمانه با همه مردم و ملل جهان می باشد خاصه با همسایگانش اما متیقین باشید که هیچوقت افغانستان از اقمار کسی نبوده و نمیباشد جز قمری در محور ناسیونالیزم خودش.»[۱۷۸]

داؤد خان در اخیر جملات خود، به علت اینکه آژانس رویتر دایم حکومتش را "سوسیالیستی" و نزدیك به اتحاد شوروی معرفی مینمود، آنرا متهم به تبلیغ مغرضانه علیه نظام جمهوری کرد و بوضاحت حساسیت خود را مقابل این نوع تبلیغات در برابر نظام جدیدالتأسیس کشورش نشان داد. در مصاحبهٔ دیگری با خبرنگار "لوماند" فرانسوی، مورخ یك شنبه ۱۶ قوس ۱۳۵٤، داؤد خان عین حساسیت را در مورد "تاپه زدن" حکومتش نشان داد:

« سئوال: جناب رئیس دولت! هنگامیکه شما قدرت را بدست گرفتید سقوط سلطنت در افغانستان بحیث یك کامیابی اتحاد شوروی قلمداد شد. روابط فعلی شما با ماسکو از چه قرار است؟

جواب: شما به زعم و مقصد خود نسبت به انقلاب ملی ما هر تعبیر خواسته باشید بکنید مربوط به خود شماست اما آنچه من می توانم به صراحت بگویم اینست که هیچ یك جنبش ملی تا وقتیکه از افکار و عقاید فرزندان خود

---

۱۷۸ مصاحبه در کابل بتاریخ ٥ حمل ۱۳٥٤صورت گرفت. د افغانستان کالنی ۱۳٥٥، وزارت اطلاعات و کلتور افغانستان، مطبعه دولتی، صفحه ۲٥.

این خاك و پشتیبانی و تائید ملت افغانستان سرچشمه نگرفته باشد مؤفق نگردیده و نخواهد گردید، اوراق تاریخ کشور ما بهترین شاهد آن است.

بجواب قسمت اخیر سئوال شما باید بگویم که روابط ما با اتحاد شوروی بیش از نیم قرن همواره بر اساس دوستی و احترام متقابل وحسن همجواری استوار بوده و امیدوارم همیشه چنین خواهد بود. »[۱۷۹]

اما در اواخر دورۂ جمهوریت روابط آنقدر خراب شده بود که یك تن مأمور سابقه دار افغانستان که سالیان زیاد را در یکی از مؤسسات ملل متحد مؤظف بود در موضوع صورت روابط دو کشور چنان حکایت می نماید: « شما فکر کنید که افغانستان با عضویت کیوبا در آن جنبش (یعنی جنبش کشور های غیر منسلك) مخالفت می کرد در حالیکه کیوبا به اصطلاح از دهن خود اتحاد شوروی افتاده بود... حتی وقتیکه من در خارج در مأموریت خود بودم می شنیدم که در اواخر وقتیکه سفیر شوروی به وزارت خارجه (در کابل) مراجعه میکرد معاون وزارت خارجه و یا مأمورین عالی رتبۂ آن وزارت برایش وقت ملاقات نمی دادند!».

---

۱۷۹ مراجعه شود به د افغانستان کالنی ۱۳۵۵، وزارت اطلاعات و کلتور ، مطبعه دولتی، صفحۂ ۱۵.

سردار نعیم با هانری کیسینجر(راست) و سناتور چارلس پیرسی، رئیس کمیته امور خارجه سنا امریکا در موقع سفر سردار نعیم به امریکا - برج جون سال ۱۹۷۶ میلادی. (کولکسیون شخصی عبدالله خان ملکیار).

سید وحید عبدالله، معین وزارت خارجه، حین خطاب بیانیه ای در موقع اجلاس عمومی سالانه سازمان ملل متحد، مقر ملل متحد، نیو یارک. (کولکسیون شخصی خانم مریم سلطان).

بهبود چشمگیر در روابط افغانستان و ایالات متحدهٔ امریکا

برعکس برداشت عمومی، با وجود تشویش که در حلقه های مقتدر پایتخت های غربی کودتای داؤد خان ایجاد کرده بود، چون حکومات غربی واقعیت بین خود را اعلام نموده ادعا دارند معاملهٔ شان با دولت هاست بدون در نظر داشت تغییرات در نظام آنها، حکومت امریکا از ایجاد جمهوریت در افغانستان توسط کودتای ۲۶ سرطان خود را ظاهراً چندان نا راضی نشان نداد. سناتور چارلس پیرسی[۱۸۰] طی یك سفر غیر رسمییکه بکابل اندکی بعد از سقوط نظام سلطنتی انجام داد[۱۸۱] – اساساً به ارتباط قضیهٔ پشتونستان – در این مورد چنان اظهار نمود: « متکی بر سفر های من به افغانستان و ملاقاتیکه با رئیس جمهور و صدراعظم محمد داؤد و دیگر شخصیت های حکومت انجام داده ام متیقن هستم جمهوریت جوان افغانستان مصمم هست تا به مشکلات قدیم جواب های جدید را با جدیت سراغ نماید.»[۱۸۲]

داکتر هنری کیسینجر، وزیر خارجهٔ امریکا، دو مرتبه به پایتخت

---

۱۸۰ سناتور چارلس پیرسی (Charles Harting Percy) عضؤ مشرانو جرگهٔ ایالات متحدهٔ امریکا از سال ۱۹۶۷ الی ۱۹۸۵ بوده، اکثراً ریأست کمیته روابط خارجهٔ را بدوش داشت.

۱۸۱ سناتور چارلس پیرسی مورخ ٦ اگست ۱۹۷۳ میالدی عازم کابل گردید.

۱۸۲ سالنامه افغانستان، سال ۱۹۷٤، بزبان انگلیسی، وزارت اطلاعات و کلتور، مطبعهٔ دولتی، کابل.

افغانستان مسافرت نمود: بار اول مورخ اول نوامبر ۱۹۷٤ و بار دوم بتاریخ ۸ اگست ۱۹۷٦میلادی بود. در جریان هر دو سفرش با مقامات افغانی منجمله با داؤد خان، نعیم خان و هیئتی از وزرأ در مورد روابط طرفین در امور سیاسی و اقتصادی مذاکراتی را انجام داد. جانب امریکائی از پیشرفت مثبت روابط کشور های منطقه اظهار خوشنودی نموده، مملکت خود را آمادهٔ سهمگیری در تلاش های انکشافی افغانستان اعلان نمود.

علاوه بر تلاش های سناتور چارلس پیرسی در قسمت حل معضلهٔ پشتونستان، شخصیت ها وهیئات دیگر امریکائی هم به کابل رفت و آمد داشتند که آن همه نمایانگر علاقه مشهود جهت بهبود و ایجاد نزدیکی در روابط بین دو کشور بود. به همین ترتیب، بتاریخ ٥ سپتامبر ۱۹۷٦ یك تن عضؤ کانگرس امریکا، مورگان مورفی،[۱۸۳] مسافرتی را به کابل انجام داد و با وحید عبدالله ملاقات کرد. کمی بعد از آن، مورخ ۱۳ نوامبر ۱۹۷٦میلادی، لیستر ولف[۱۸۴] رئیس کمیتهٔ روابط خارجه شورای نمایندگان کانگرس امریکا با یك هیئت چهار نفری عازم کابل گردید. در جریان اقامت دو روزهٔ شان با بلند ترین مقامات حکومت به شمول شخص رئیس جمهور، سردار نعیم خان، و وحید عبدالله ملاقات و تبادله نظر کردند.

وقتیکه به تاریخ ۲۹ جولائی ۱۹۷۷ میلادی آقای واحد کریم سفیر

---

۱۸۳ Morgan Murphy

۱۸۴ Lester Wolf

جدید افغانستان اعتمادنامهٔ خود را به رئیس جمهور امریکا جیمی کارتر تقدیم نمود، کارتر به سفیر جدید افغانستان در واشنگتن چنین گفت : «ایالات متحدهٔ امریکا تأسیس قانون اساسی جدید تان را با علاقه تعقیب نموده است و ما به خصوص از موقع که به حقوق بشر در آن داده شده است مطلع هستیم.... و ما همچنان درست اطلاع داریم رئیس جمهور داؤد مصمم هست سطح اقتصادی مردم افغانستان را ارتقا بدهد. ما آماده هستیم در این مورد کمك کنیم.»[۱۸۵]

بتاریخ اول اکتوبر ۱۹۷۷میلادی، در حالیکه وحید عبدالله جهت اشتراك در جلسه عمومی ملل متحد عازم امریکا شده بود، با وزیر خارجهٔ آن کشور، سایروس وانس،[۱۸۶] نیز ملاقاتی داشت. در موقع آن ملاقات جانب امریکائی دعوتنامه ای عنوان سردار محمد داؤد خان به دست وحید عبدالله تقدیم نمود که بعداً مورد قبول جانب افغانی قرار گرفت. به اساس آن قرار بود رئیس جمهور افغانستان در تابستان سال ۱۹۷۸میلادی جهت انجام سفر رسمی وارد امریکا شود... وزیر خارجه امریکا در جریان صحبت های که با وحید عبدالله داشت خاطر نشان شد کشور امریکا در عین زمانیکه به استقلال و تمامیت ارضی افغانستان ارزش قایل میباشد و آماده است تا پروگرم های انکشافی و کمك های خود را ادامه بدهد، ضمناً آرزومند است تا حکومت افغانستان در قسمت از بین بردن و جلو گرفتن تولیدات مواد مخدره مثل افیون کوشش جدی بخرچ دهد.

---

۱۸۵ رجوع شود به راپور محرم سفارت امریکا در کابل، مورخ ۳۱ جنوری ۱۹۷۸ میلادی؛ *اسناد لانهٔ جاسوسی*، دانشجویان مسلمان پیرو خط امام، شماره ۲۹ ، افغانستان، جلد اول.

۱۸۶ Cyrus Vance

سفیر افغانستان واحد خان کریم به سیروس وانس اطمینان داد که سردار داؤد خان شخصاً در این مورد خود را ذی دخل احساس میکند و در این ساحه خواهان حصول نتایج چشمگیر و قاطع می باشد.

موضوع مذکور را قبلاً یك تن سناتور امریکائی – ویلیام سکات[187] – در حین سفر خود به پایتخت افغانستان در ماه نوامبر ۱۹۷۶ میلادی با سردار محمد داؤد خان به لحن نسبتاً شدید تر و واضح تر یاد کرده بود. سناتور مذکور به داؤد خان گفته بود که ادامهٔ کمك های امریکا به مشاهده کشورش از کوشش های حکومت جمهوری افغانستان در قسمت از بین بردن تولید مواد مخدره مشروط خواهد بود.

در راپور محرمی، سفیر امریکا مقیم کابل (آقای تیودور الیوت)[188] تبصره ای در مورد سیاست خارجی سردار داؤد نوشته و آنرا تقدیر مینماید.[189] موصوف می نویسد که در جریان سال ۱۹۷۷ میلادی با بهبود بخشیدن به روابط خویش با کشور های همسایه ایران و پاکستان و با ادامه روابط فعال و نزدیك با اتحاد شوروی داؤد خان در استحکام و تشویق ثبات منطقوی افزوده با اهداف سوق الجیشی امریکا در آن بخش آسیا همنوا است. الیوت حتی مؤفقیت داؤد خان را در این مورد با رئیس جمهور فینلاند کیکونین[190] مقایسه میکند و

---

۱۸۷ William Scott

۱۸۸ Theodore Eliott

۱۸۹ /*اسناد لانهٔ جاسوسی*، دانشجویان مسلمان پیرو خط امام، شماره ۲۹ مربوط به افغانستان، تهران، سال چاپ نا معلوم (۱۹۸۰ میلادی؟)، ص ۵۰.

اشاره مینماید که به نظرش داؤد خان در پیشبرد چنین یك سیاست نسبت به همتای اروپائیش مؤفقتر میباشد (!). بر اساس راپوریکه سفارت امریکا در کابل به مرکز خود فرستاده بود، سال ۱۹۷۷ میلادی از هر نگاه برای روابط بین افغانستان و ایالات متحدهٔ امریکا مثبت تلقی شده است. در نقطه شماره سه راپور خود، آقای الیوت مینویسد: « در طول سال ۱۹۷۷ روابط افغانستان با ایالات متحده فوقالعاده بود.»[۱۹۱] چنانچه در این مدت افغانستان حد اقل دو مرتبه کاری را کرده بود که سبب رضایت زیاد امریکائی ها شده بود:

– جهت مبارزه بر ضد تولید مواد مخدره حکومت افغانستان موافقه کرده بود تا یك هیئت مشترك جهت بررسی امور مربوطه تشکیل داده شود.

– در ملل متحد در موقع رای گیری در موضوع جزیره های گوام و پورتو ریکو، افغانستان از موقف امریکا جانب داری کرده بود.[۱۹۲]

---

۱۹۰ رئیس جمهور فینلاند کیکونین (Urho Kaleva Kekkonen) از سال ۱۹۵٦ الی ۱۹۸۱ میلادی به قدرت ماند. کیکونین از این حیث شهرت زیاد پیدا کرده بود چه سیاستی را پیش میبرد که با حفظ بیطرفی کشورش روابط صمیمانه را با اتحاد شوروی همسایه برقرار کرده بود.

۱۹۱ *اسناد لانهٔ جاسوسی*، دانشجویان مسلمان پیرو خط امام، شماره ۲۹ مربوط به افغانستان، تهران، سال چاپ نا معلوم(۱۹۸۰ میلادی؟)، ص ۵۰.

۱۹۲ نسبت به ماده ۱۵ فیصله نامه شماره ۱۵۱٤ سال ۱۹٦۰ میلادی، ملل متحد کمیسیونی را تشکیل داده بود که در موضوع تصاحب مجدد استقلال توسط مستعمرات غور و پیشنهاداتی می کرد. در این رابطه اعضائی آن کمیسیون به طور مکرر در مقابل جلسه عمومی موضوع استقلال یك تعداد جزایر و سرزمین هایکه هنوز هم زیر تسلط کشور های همچو امریکا، انگلستان و زیلاند جدید باقی مانده بود مطرح کرده بود، به امید اینکه جلسه عمومی فیصله نامه ای را تصویب کند تا طی آن رعایت استقلال و خودمختاری این سرزمین ها توسط قدرت ◄

در همان سال ۱۹۷۷ امریکا کمك های خود را برای جذب و تمرین افراد عسکری افغانستان زیاد کرد تا بتواند با اتحاد شوروی تا اندازه ای رقابت نماید. و به این ارتباط باید گفت نمایندگان افغانی چه در مواقع رسمی و چه در محافل غیر رسمی به شکل مسلسل و مکرر از جانب امریکائی تقاضا نموده بودند تا امریکا همکاری خود را به شکل آشکار تر و واضح تر در افغانستان فعال نماید تا پلهٔ ترازو که هنوز هم به سوی اتحاد شوروی مایل بود دوباره توازن خود را برابر نماید.

مصالحه بین افغانستان و پاکستان

موضوع پشتونستان در روز های قبل از کودتأ

اگر چه در دورهٔ مشروطه سیاست افغانستان در قبال قضیهٔ پشتونستان نسبتاً و ظاهراً حلیمتر بود، اما باز هم سیاستی فعال وجود داشت و معضله لاینحل مانده بود. در داخل پاکستان، ولو که حکومت بوتو یك نوع نرمش به مقابل پشتون خواهان نشان داده بود و چون با خان عبدالغفار خان روابط نسبتاً بهتر بر قرار نموده بود، زخم به همان طوریکه در ختم دورهٔ صدارت داؤد خان

◄

های استعمارگر قبول شود. اما البته به دلایل سوق الجیشی و اقتصادی این کشور ها حاضر نبودند تا این پایگاه ها را از دست بدهند و در بازی که در ملل متحد عادی است در صدد ترتیب احتلاف های میشنندند که بتواند در موقع رای گیری این نوع تلاش ها را خنثی نماید.

بود – یعنی یك دهه قبل – تازه مانده بود.

در این ارتباط وبخصوص در قسمت روابط رهبر پشتون خواهان آن طرف خط دیورند خان عبدالغفار خان و ذوالفقار علی بوتو، مرحوم عبدالحکیم طبیبی در راپوری از سفارت دهلی جدید [193] خود مینویسد که چندین موضوع سبب تیرگی روابط دو شخص مذکور شده بود. اول این که غفار خان بعد از مراجعت از کابل به یك سلسله بیانیات پرداخته بود که در آن خواهان استقلال مناطق شمالی پاکستان – یعنی صوبهٔ سرحد و بلوچستان – شده بود. موضوع دیگریکه باعث تشنج روابط بین دو فرد مذکور شده بود قضیهٔ عساکر که بدست هندوستان در اثر جنگیکه در نتیجهٔ آن پاکستان شرقی – بنگله دیش – استقلال خود را گرفته بود بشمار می رفت. بوتو معتقد بود غفار خان با استفاده از روابط صمیمانه اش با هندوستان، اگر منحیث نماینده او به بنگله دیش برود، میتواند رهائی اسرای نظامی پاکستانی را بدست آورد. لیکن غفار خان این مأموریت را رد کرد و در نتیجه قهر بوتو را به خود جلب نمود. متعاقباً، علی بوتو خان عبدالغفار خان را متهم به جانب گیری به منفعت هندوستان کرده او را در بیانیات خود مکرراً کوبید. مخالفت بوتو و خان عبدالفغار خان تنها در این مورد

---

۱۹۳ مراجعه شود به دو نسخه راپوریکه مرحوم داکترعبدالحکیم طبیبی بحیث سفیر کبیر افغانستان مقیم دهلی جدید به مرکز فرستاده بود. راپور های مذکور عنوانی موسی شفیق که هم سمت صدر اعظمی را دارا بود و هم چوکی وزارت خارجه را کار می کرد تهیه و فرستاده شده است. راپور اول تاریخ چهارم دلو ۱۳۵۱ را نشان میدهد و تحت شماره ۴۵۸۴ درج شده است. راپور دوم تحت عنوان " راپور سیاسی در موضوع بلوچستان " تهیه شده است و در بالای صفحه اول با تذکر " خاص و رأساً " دیپلومات مذکور به حساسیت بیش از حد آن موضوع در آن مقطع زمان تأکید نموده است.

نبود. در آن ایام علی بوتو خواهان بر پاه کردن قانون اساسی جدیدی در کشور خود بود که طی آن بر قدرت حکومت مرکزی افزوده می شد و در عین زمان شورا های ایالتی تضعیف می گردید. علاوتاً صدر اعظم بر اساس قانون اساسی جدید صلاحیت های که معمولاً مربوط به رئیس دولت بود به خود قایل شده بود، که مهمترین آن سرکردگی کل اردوی کشور بود. آنچه مایهٔ تشویش و نگرانی بیشتر احزاب مخالف – به شمول حزب عوامی ملی به رهبری ولی خان، پسر غفار خان – شده بود، موضوعی بود که در نظام قانون جدید کشور صدر عظم توان انحلال شورا های ایالتی را دارا بود. البته احزاب مخالف ادعا داشتند قانون اساسی جدید به بهانهٔ دیموکراسی در حقیقت یك نظام مستبد را بر قرار خواهد کرد که با قانون اساسی جنرال یحیی خان کدام تفاوت نمی نخواهد داشت.

در مورد قضیهٔ بلوچستان، مرحوم عبدالحکیم طبیبی در راپور خود مینویسد که صدرعظم حکومت ایالتی بلوچستان عطأ الله خان منگل از سیاست حکومت پاکستان در این مورد خیلی نا راضی است چه حکومت پاکستان سعی دارد با ایجاد نزدیکی با ایران افغانستان را در انزوا قرار بدهد.[۱۹۴] حتی رئیس جمهور پاکستان بوتو، با جلوه دادن اینکه خانمش در اصل ایرانی است، طی سفریکه به ایران انجام داده بود، از تهران تقاضای کمك های اقتصادی و همکاری فرهنگی را کرده از جانب شاهٔ ایران بعضی وعده های را حاصل کرده

۱۹۴ مراجعه شود به دو نسخه راپوریکه مرحوم داکتر عبدالحکیم طبیبی بحیث سفیر کبیر افغانستان مقیم دهلی جدید به مرکز فرستاده بود. (به مشخصات این دو راپور در پاورقی دیگری قبلاً پرداخته شده است).

بود. در مقابل این نزدیکی بین ایران و پاکستان، مرحوم داکتر عبدالحکیم طبیبی مرکز را – یعنی کابل – متوجه میسازد که نباید افغانستان از این جریان عقب بماند و ضمناً خاطر نشان ساخته بود که در این شرایط حساس سفارت کبرای افغانستان در تهران بی سرپرست میباشد و این حالت به هیچ صورت به منفعت فعالیت های دیپلوماتیك افغانستان تمام نمی شود.

استقلال بنگله دیش بالای روحیات مردم ایالات بلوچستان و صوبهٔ سرحد تأثیر نسبتاً مثبت کرده بود چون آن مردم آغاز تجزیهٔ پاکستان را در این حادثه می دیدند. یك تن از مسئولین حزب عوامی ملی بلوچستان در بیانیهٔ خود در موضوع چنین اظهار نموده بود: «ما به یك ملت تعلق نداریم. ما کلتور، مدنیت، زبان و عنعنات جداگانه داریم و بحیث یك ملت کوچکتر هرگز مطیع ملت بزرگتر نمی شویم. از آنرو هر ملیت درپاکستان راهٔ جداگانه دارد و اگر پنجاب را اکثریت بنگالی و شیخ مجیب الرحمان قبول نکردند، ما چرا پنجاب و آقای بوتو را قبول کنیم؟»[195]

قدم ها به طرف مصالحه

در ابتدای دورهٔ جمهوریت، سردار محمد داؤد خان سیاست خارجی تشدد آمیز را بمقابل پاکستان بکار انداخت. دلیل آن نه تنها موضوع لاینحل پشتونستان بلکه انکشاف حالت بحرانی در بلوچستان شده بود. در قسمت

---

۱۹۵ عبداحکیم طبیبی،" راپور سیاسی در موضوع بلوچستان ".

بلوچستان واقع آنطرف خط دیورند اقوام محلی مقابل انحصار قدرت توسط پنجابی ها اعتراض می نمودند و تقاضای یا استقلال مطلق و یا خودمختاری محلی را داشتند. حکومت افغانستان در این قسمت حمایه و پشتیبانی خویش را از مبارزین بلوچ اعلان نموده بعضی کمك های نقدی و نظامی را به آنها میسر میساخت. قضیه های پشتونستان و بلوچستان روابط دو کشور همسایه را وخیم ساخته بود و با استفاده از وسایل جمعیی، داؤد خان و ذوالفقار علی بوتو، که به تاریخ ۲۰ دسامبر ۱۹۷۱ میلادی به قدرت رسیده بود، یك دیگر را به لحن شدید متهم مینمودند. بوتو سردار داؤد را "دیکتاتور" میگفت و داؤد خان پشتون ها و بلوچ ها را به قیام دعوت می نمود.

جنرال کمونیست نبی عظیمی در اثر خود - اردو و سیاست[۱۹۶] - می نویسد که در سال های اول نظام جمهوری، حکومت افغانستان نسبت به مخالفتیکه با پاکستان در مورد پشتونستان و بلوچستان داشت، دست به یك سلسله فعالیت ها زده بود، بشمول تربیه کردن یك تعداد پشتون ها و بلوچ های آن سوی خط دیوراند. عظیمی مینویسد که دو قرارگاه، یکی در قندهار و دیگری در کابل، "در دامنۀ کوه ولایتی، نزدیك سیاه بینی" تاسیس شده بود. نبی عظیمی حکایت می کند قرارگاهیکه در کابل واقع بود کاملاً زیر ادارۀ گارد جمهوری بوده شکل مخفی را داشت به نوعیکه همه فکر می کردند این مرکز صرف یك تعلیمگاۀ گارد جمهوری است و بس. سلاح، پول و هر نوع موادیکه به مبارزین پشتونستان آزاد داده میشد، به وسیلۀ وسایط گارد جمهوری تا مناطق

---

۱۹۶ جنرال نبی عظیمی، *اردو و سیاست در سه دهۀ اخیر افغانستان*، در دو جلد، مرکز نشراتی میوند - سبا کتابخانه، پیشاور، بهار ۱۳۷۷ هجری شمسی؛ صفحۀ ۱۰۳.

مرزی حمل و نقل میشد.

در سال ۱۹۷٤ میلادی، جلسهٔ سران کشور های اسلامی درشهر لاهور پاکستان دایر شد. داؤد خان از رفتن اجتناب ورزید و به نمایندگی خود عبدالرحمان پژواك را فرستاد. تقاضا های حکومت افغانستان و اعتراضات آن در مقابل معاملهٔ حکومت پاکستان در قضیهٔ بلوچستان مورد توجهٔ اشتراك کنندگان مجلس قرار نگرفت. بر عکس، کشور های عربی اختلافات بین افغانستان و پاکستان را کوچك تلقی نمودند و بر موضوع تصاحب قسمت شرقی شهر بیت المقدس توسط اسرائیل در اثر "جنگ شش روزه" مشهور پیچیدند. شب روزیکه آقای پژواك بیانیهٔ خود را ارائه نمود، معمر القضافی رئیس جمهور لیبیا به داؤد خان تلفون نمود و از او خواهش کرد عازم لاهور گردد تا از نزدیك با همتای پاکستانی خود ببیند وموضوع را با وی برادارنه حل نماید. زیرا بنظر قائد لیبیائی شرکت کنندگان مجلس لاهور باید انرژی خود را سر موضوع عمدهٔ روز ـ یعنی موضوع فلسطین ـ که دنیای اسلام را به تشویش انداخته است صرف نمایند.

داؤد خان از رفتن به لاهور معذرت خواست. اما بی تفاوتی نسبی کشور های اسلامی در مقابل ادعا های حکومت افغانستان او را به احتمال اغلب وادار به غور و تجدید نظر ساخت. با مشورهٔ برادر خود نعیم خان و با وجود مخالفت عناصر چپگراه، طرح جدیدی را روی دست گرفت. عناصر اخیر الذکر شدیداً مخالف با بهبود روابط بین دو کشور همسایه بودند و برعکس در تخریب آن سعی می ورزیدند.[۱۹۷] تحلیل ایشان بر این بود که در صورت وقوع جنگ،

چون پاکستان از متحدین امریکا بود، افغانستان ناچار به سوی اتحاد شوروی برای دریافت کمك و حمایه روی خود را میگرداند. در آن صورت، نه تنها کمونست ها در موقف بسیار قوی قرار میگرند بلکه علاوتاً احتمال بدست آوردن قدرت برای شان مزید تر میشد.

موقف افغانستان در موضوع سرحدات و خط دیوراند روشن بود: در نامه ای که بتاریخ ۸ سنبله ۱۳۵٤ بمنظور رد تحلیل و اتهامات صدراعظم پاکستان، ذوالفقار علی بوتو، به سرمنشی ملل متحد کورت والدایم [۱۹۸] ارسال می دارد، [۱۹۹] داؤد خان ادعای پاکستان را مبنی بر اینکه سرحدات جنوبی و شمالی افغانستان در حدود صد سال قبل تعیین شده وبرای تغییر دادن آن بغیر از توسعه طلبی حکومت افغانستان دلیلی دیگر وجود ندارد، خالی از حقیقت میخواند. در مقابل رئیس جمهور افغانستان تأکید می ورزد همان طوریکه در وقت شامل شدن پاکستان در سازمان ملل متحد بحیث یك پدیدهٔ سیاسی جدید التأسیس وارث هند بریتانوی شناخته نشده بود (بلکه هندوستان در این سمت قبول شده بود)، حکومت افغانستان نیز به این حیثیت آنرا نشناخته خود را پابند احترام تعهدات قبلی نمی داند. توافقات که کشورش با یك دولت دیگر (انگلیس) و آن هم زیر فشار و تهدید استعمار عقد کرده بود خود به خود فاقد

---

۱۹۷ رجوع شود به دسیسه که مقابل محمد هاشم یوندوال ترتیب داده بودند.

۱۹۸ کورت والدایم : Kurt Waldheim

۱۹۹ رجوع شود به *دافغانستان کالنی ۱۳۵۵* ، وزارت اطلاعات و کلتور، مطبعه دولتی؛ صفحات ۱٦٤، ۱٦٥.

اعتبار میباشد.

در شروع سال ۱۹۷۵ میلادی سردار نعیم خان به نمایندگی از برادر خود عازم کشور نیپال شد تا در مراسم تدفین پادشاهٔ متوفی آن کشور اشتراك نماید. در آن موقع با وساطت یك تن سیاستمدار امریکائی چارلس پیرسی حاضر شد تا عزیز احمد نمایندهٔ پاکستان را ملاقات نماید. هر دو جانب بالای ملزوم بودن بهبود روابط کشور هایشان موافقت نشان داده ابراز نمودند خاموش ساختن تبلیغات سؤ را که از طریق مطبوعات دوکشور به شکل شعله ور صورت میگرفت بحیث گام اول در این راه میتوان خواند.

بعد از بازگشت نعیم خان به کابل، چون مطابق به سیاست جدید الطرح زمامداران جمهوریت بود، داؤد خان بدون اظهار نا رضایتی این انکشاف را پذیرفت. متعاقباً، در مطبوعات کابل یك تغییر در سبك مقالات که در مورد پاکستان نشر می شد محسوس گردید و عین تغییر به ارتباط افغانستان در نشریات پاکستانی ملاحظه شد. اما وقتیکه بتاریخ ۸ فبروری ۱۹۷۵ میلادی حیات الله خان شیرپاو، یك تن از دوست های شخصی و متحد سیاسی علی بوتو، در پیشاور در اثر سؤ قصد کشته شد، این همه تحولات مثبت برهم خورد. حکومت پاکستان حزب عوامی ملی را که در راهٔ استقلال پشتونستان مبارزه می نمود متهم به دست داشتن در این دسیسه شناخته رهبران آن، یعنی خان عبدالغفار خان و پسرش ولی خان را توقیف کرد و حزب عوامی ملی را غیر قانونی اعلان نمود. چون عبدالغفار خان در مبارزهٔ خود برخوردار حمایه و خوشبینی حکومت افغانستان بود، کابل به تبلیغات شدید مقابل اسلام آباد دوباره پرداخت. لیکن با

وجود این مرحله طوفانی، بعد از مدتی و در اثر تقاضای مقامات پاکستانی تماس های دو جانبه از سر گرفته شد و شدت تبلیغات تقلیل یافت.

بتاریخ پنجم حمل ۱۳۵٤، در جواب سئوالی از خبرنگار رویتر [۲۰۰] به ارتباط قضیهٔ پشتونستان و بلوچستان و طرق حل اختلاف موجوده بین افغانستان و پاکستان، داؤد خان پاسخ داد که او خواهان حل این مشکلات است و اضافه نمود "فقط جرأت اخلاقی هر دو طرف و رفع هرگونه شك و تردید نسبت به یکدیگر و بلآخره حسن نیت طرفین" [۲۰۱] لازم است. داؤد خان این جواب را در حال داد که چند مدت قبل در محفل تجلیل از "سیرت النبی" منعقدهٔ کراچی علی بوتو افغانستان و حکومت اش را ملامت و مسئول مشکلات جاری خوانده بود. صدراعظم پاکستان گفته بود پاکستان با افغانستان مشکلی ندارد، آن افغانستان است که مشکل پیش می کند.

در عین مصاحبه با رویتر، داؤد خان اعتراف می کند یك سلسله تماس ها موجود است و، اگرچه رسماً چیزی در زمینه اعلان نشده است، چنان معلوم می شود که شاهٔ ایران، رضأ شاه پهلوی، حاضر شده است بین طرفین میانجگری نماید و موضوع را اخیراً با رهبر پاکستان در جریان سفر خود به اسلام آباد در میان گذاشته و غالباً موافقه وی را در این مورد حاصل نموده است. وقتیکه

---

۲۰۰ آژانس خبر رسانی رویتر (Reuter).

۲۰۱ مصاحبه با خبرنگار آژانس خبررسانی رویتر، کابل، ۵ حمل ۱۳۵٤ هجری شمسی، د افغانستان کالنی ۱۳۵۵، وزارت اطلاعات و کلتور افغانستان، مطبعه دولتی، صفحه ۵۲.

خبرنگار از داؤد خان در مورد احتمال مسافرت ذوالفقار علی بوتو به کابل جهت انجام مذاکرات پرسید، داؤد خان به پاسخش چنین گفت:[۲۰۲]

«ـ در صورت تمایل آقای بوتو به مسافرت به افغانستان هیچ مانعی نمی بینم.

ـ سئوال: آیا دعوتنامه ای فرستاده شده است ؟

ـ جواب: نه خیر، نخستین بار است که چنین مطلبی را میشنوم اما، اگر آقای بوتو خواسته باشد، هیچ مانعی در میان نیست.»

سفر ذوالفقار علی بوتو به افغانستان

در سال ۱۹۷۵ زلزله شدیدی بعضی قسمت های سرزمین افغانستان را تکان داد. حکومت پاکستان کمك خود را پیشنهاد نمود. داؤد خان نه تنها آن پیشنهاد را قبول کرد بلکه علاوتاً موقع را غنیمت شمرد تا در این قضیه، با وجود معضلۀ سرحدی و قضیۀ پشتونستان، یك تحول کلی را ایجاد نموده مناسبات دو کشور همسایه را حتی الامکان عادی بسازد. چنانچه در ضمن پذیرفتن کمك پاکستان، داؤد خان صدراعظم علی بوتو را به کابل دعوت نمود. به نوبۀ خود، علی بوتو دعوت تا حدی غیرمترقبۀ رهبر افغانستان را بخوشی پذیرفت و غرض اظهار رضایت خود از ایجاد این مرحلۀ جدید در روابط دو کشور، خان عبدالغفار خان و سایر مسئولین حزب عوامی ملی را از زندان رها نمود.

---

۲۰۲ مآخذ از *دافغانستان کالنی ۱۳۵۵* ، وزارت اطلاعات و کلتور افغانستان، مطبعه دولتی، صفحه ۲۸.

سفر ذوالفقار علی بوتو به کابل (جون ۱۹۷۶): بعد از تقریباً سه دهه روابط پر ماجرا، بلآخره امید برقراری روابط حسن همجواری بین کشور های افغانستان و پاکستان دیده میشد.

وحید عبدالله، معین وزارت خارجه؛ رئیس جمهور سردار محمد داؤد؛ صمد غوث، مدیر سیاسی وزارت خارجه. اسلام آباد، اگست ۱۹۷۶ میلادی(کولکسیون شخصی خانم مریم سلطان).

در سی امین جلسه عمومی سازمان ملل متحد در میزان ۱۳۵٤، وحید عبدالله بصفت معین سیاسی وزارت خارجهٔ افغانستان بیانیه ایی ایراد کرد که در آن البته در مورد قضیه پشتونستان چند کلمه ذکر شده بود. مرحوم وحید عبدالله موقف حکومت انقلابی افغانستان را صلحجو و آماده جستجوی راهی حل توسط مذاکره و درك موقف یك دیگر معرفی نمود. او متذکر شد افغانستان هیچ مشکل دیگر با "برادران" پاکستانی خود ندارد مگر شناختن "حقوق حقه و بشری برادران پشتون و بلوچ".[۲۰۳]

صدرعظم پاکستان بتاریخ ۷ جون ۱۹۷٦ میلادی عازم کابل گردید.[۲۰۴] ملاقات در فضای صمیمانه صورت گرفت. در پایان سفر رسمی، سران دو کشور اعلامیه مشترکی را پخش کردند در آن جانبین جهت حل اختلافات بالای ضرورت به مراجعه به طرق مسالمت آمیز تاکید می نمودند. در عین اعلامیه جانبین یاد آور شدند که از این موقع ببعد، روابط خود را بر اساس مقررات سیاست همسایگی استوار خواهند داشت و نیز وعده نمودند سفارشات کانفرانس سران کشور های غیر منسلك را مد نظر خواهند گرفت.

هیئت معیتی صدراعظم پاکستان را عزیز احمد، وزیر دولت در امور خارجه و دفاع، محمد یوسف بیگ، معاون مخصوص صدراعظم، آغاشاهی و

---

۲۰۳ مآخذ از د *افغانستان کالنی ۱۳۵۵*، وزارت اطلاعات و کلتور افغانستان، مطبعه دولتی، ص ۱۵٤. همچنان نگاه شود به متن اعلامیه مشترك افغانستان و پاکستان در بخش کتاب حاضر مربوط به ضمایم(ضمیمه شاره ۶).

۲۰۴ سفر علی بوتو به افغانستان از ۱۷ الی ۲۱ جوزا ۱۳۵۵ هجری شمسی دوام کرد.

شهنواز، سکرتران وزارت خارجهٔ پاکستان و محمد اسماعیل رئیس تشریفات تشکیل میداد.[۲۰۵]

در ضیافتیکه توسط ذوالفقار بوتو در هوتل انترکانتیننانتل کابل عصر ۲۱ جوزا ۱۳۵۵ ترتیب یافت، بوتو به مهمانان حاضر خطاب کرده گفت او به افغانستان بمنظور حل مشکلات موجوده بین دو کشور آمده است و از اینکه نه تنها مذاکرات در فضای صمیمانه صورت گرفت اما، اضافه برآن، از اینکه داؤد خان دعوتش را به پاکستان پذیرفته است اظهار راضیت نمود. بوتو افزود مسافرت رئیس جمهور افغانستان به پاکستان نه تنها شرایط تفاهم بیشتر بلکه امکانات همکاری در ساحات مختلف را مساعد خواهد ساخت.

بعد از تقریباً سه دهه دشمنی و تخریب بین افغانستان و پاکستان بخاطر میراث سیاست اتسعماری انگلیس اکنون بوتو از تفاهم، فضائی صمیمانه و همکاری صحبت مینمود. سخن های سردار محمد داؤد چندان تفاوت نداشت. او هم از جریان مذاکرات خرسندی نشان داده گفت در این فرصت زمینه برای جانبین مساعدتر شد تا موقف یك دیگر را دقیقاً درك نمایند و از طرق سیاسی راهٔ حلی برای قضیهٔ پشتونستان بیابند. داؤد خان به بوتو گفت: « به برادران پاکستانی ما توسط شما و همراهان تان اطمینان می دهم که ملت افغانستان جز دوستی و برادری با ملت پاکستان آرزوی دیگری ندارد.»[۲۰۶]

---

۲۰۵ در این وقت سفیر پاکستان مقیم کابل علی ارشد بوده و داکتر رحیم شیرزوی بحیث وزیر مختار شارژدافیر امور سفارت افغانستان در اسلام آباد را بدوش داشت. آغاشاهی بعد ها در دورهٔ ضیأالحق مدتی بحیث وزیر خارجهٔ پاکستان هم ایفای وظیفه نمود.

سفر داؤد خان به پاکستان

بعد از ختم کانفرانس کولامبو، داؤد خان بنا به دعوت مقامات پاکستانی عازم اسلام آباد گردید و سفرش از ۲۹ اسد الی دوم سنبله ۱۳۵۵ هجری شمسی ادامه یافت. سفر داؤد خان در فضای خیلی صمیمانه صورت گرفت و طرفین به اتفاق آراء از حسن نیت متقابل در سراغ راهی حل مسالمت آمیز به قضیه های پشتونستان و بلوچستان اظهار خوشی نمودند. سفر هیئت افغانی، که در حدود دو ماه بعد از آمدن علی بوتو به افغانستان صورت می گرفت، با توجهٔ خاص در قسمت تشریفات توسط مقامات پاکستانی ترتیب داده شده بود. طوریکه اعلامیه مشترك پایان سفر به آن اشاره کرد، به هرطرفیکه داؤد خان میرفت با استقبال گرم مردم مقابل میشد. در مدت اقامت چهار روزه اش در آن کشور، سردار داؤد خان از شهر های لاهور و مری نیز دیدنی نمود اما حکومت پاکستان البته نخواست زعیم افغان از پیشاور یا کویته دیدار نماید چه احتمال زیاد وجود داشت که رفتن وی به آن مناطق سرحدی خود به خود اغتشاشات و پیچیدگی های سیاسی را ایجاد میکرد.

می توان گفت که در این مرحله هر دو طرف در ایجاد روابط کاملاً عادی و رفع تمام مشکلات جداً سعی می نمودند و با تصمیم راسخ در این راه قدم میگذاشتند. در این هنگام حکومت مرکزی پاکستان حاضر شده بود تا به شورا های ولایتی صوبهٔ سرحد و بلوچستان اختیارات بیشتر قائل شود و در عین

---

۲۰۶ مآخذ از د افغانستان کالنی ۱۳۵۵ ، وزارت اطلاعات و کلتور افغانستان، مطبعه دولتی، ص ۸۴.

زمان اصرار می ورزید تا کابل خط دیورند را بحیث سرحد رسمی بین دوکشور بشناسد ولی هنوز کابل به آن رضایت خود را نشان نداده بود. اما وقتیکه از یك طرف در پاکستان به تاریخ ٥ جون ١٩٧٧ میلادی جنرال ضیاالحق قدرت را توسط کودتای بدست گرفت و از دیگر طرف، اندکی بعد، در کابل کمونست ها قدرت را غصب نمودند، همه امید های ایجاد ثبات سیاسی دوامدار در حوزه برهم خورد و این دو واقعه سبب تولید مرحله بحرانی جدیدی در منطقه شد.

روابط با ایران شاهی

طی سفری به افغانستان، بتاریخ ٢٧ اگست ١٩٧٤ میلادی، خلعت بری، وزیر امور خارجه ایران، با سران حکومت افغانستان در قسمت بهبود روابط دو کشور همجوار ملاقات نمود. آقای حقشناس به این ارتباط ادعا دارد[٢٠٧] که در این جریان، وزیر موصوف به مقامات افغانی پیشنهاد کرد، تا وابستگی افغانستان نسبت به ماسکو از لحاظ اقتصادی بسکلد، کشورش حاضر میباشد بار کلیهٔ قرضه های را که افغانستان تا آن زمان از اتحاد شوروی گرفته است به دوش خود بگیرد.

در ماه اپریل ١٩٧٥ میلادی، داؤد خان سفری را به ایران انجام داد تا روابط دو کشور را که مدتی در بارهٔ موافقهٔ تقسیم آب های هلمند به سردی گرائیده بود دوباره گرم بسازد. باید گفت چون داؤد خان در گذشته در مورد

---

٢٠٧ حقشناس، دسایس و ... صفحهٔ ٤٠٧ .

مراحل ابتدائی مذاکرات تقسیم آب هلمند چندان خوشی نشان نداده بود وقتیکه در سال ۱۹۷۳ روی کار آمد، حکومت کشور همسایهٔ ایران بتشویش افتاد. در فیصله ایکه بلآخره در دورهٔ صدارت محمد موسی شفیق انعقاد گردیده بود، موضوعیکه سبب نگرانی بعضی بشمول سردار داؤد شده بود، یعنی فروختن یك بخش استحقاق آب افغانستان را به ایران، اصلاً مطرح نشده بود و لهذا وقتیکه در اولین مصاحبهٔ مطبوعاتی سردار محمد داؤد بعد از کودتای ۲۶ سرطان از وی در این مورد پرسیده شد، او مختصراً پاسخ داد که هنوز موضوع را مطالعه نکرده است.[۲۰۸] موضوع آب هلمند نزد ایرانی ها خیلی حساس بود و بناً وقتیکه تهران اطمینان حاصل کرد حکومت جدید التأسیس کابل در نظر ندارد موقف کشورش را در رابطه با قرارداد امضأ شده تغییر بدهد، آن خیلی راحت شد و در نتیجه به حکومت افغانستان معادل تقریباً دو میلیارد دالر کمك را وعده نمود. قرار بود قسمت عمدهٔ این کمك در تعمیر خط آهن که بایست شبکهٔ خط آهن ایران را از طریق هرات و کندهار به کابل متوصل می کرد همچنانکه شبکهٔ ایران را با شبکهٔ پاکستان ارتباط می داد مصرف میشد. بقیهٔ پول های وعده داده شده برای تمویل پروژه های انکشافی مختلفه باید استعمال میشد.

اگرچه بعداً معلوم شد در نوع و صورت اعطای کمك های ایران سؤتفاهم رخ داده بود، لیکن بازهم روابط دو کشور بزودی با مسافرت سردار محمد داؤد به تهران بهبود یافت. در اثر این بهبود جریان مهاجرت کارگران افغان به ایران، که آهسته آهسته شروع شده بود، دفعتاً شدت یافت. یك تعداد

---

۲۰۸ موافقتنامهٔ تقسیم آب هلمند بین افغانستان و ایران مورخ ۱۳ مارچ ۱۹۷۳ میلادی امضأ شد. صدراعظم افغانستان در آن ایام مرحوم موسی شفیق بود.

اشخاص در داخل کابینهٔ سردار داؤد خان – مثل وزیر مالیه سید عبدالالله – و یك تعداد اشخاص دیگر درحلقه های مختلف سیاسی و اقتصادی صاحب نفوذ کشور انکشاف مذکور را مثبت تلقی می نمودند. حتی امروز مؤرخین همچو داکتر نصر حقشناس مفاید آن سیر را تعریف نموده می نویسند که "ملیون ها دالر" از آن طریق به افغانستان سالانه عاید میشد و مردم حتی در دورافتاده ترین نکات کشور از آن مستفید میشدند. مؤلف مذکور تحلیل میکند این موضوع همراه با ازدیاد روزافزون روابط تجارتی دو کشور تدریجاً پای روس را از کشور ما کشیده میتوانست.[۲۰۹]

اگرچه بحث در این مورد در اینجا گنجایش ندارد، اما مسلماً منفعت روان کردن کارگران افغانی را به ایران مورد سئوال قرار داده میتوانیم. شرایط کار و رویهٔ منفی و تا حدی تحقیر آمیز مقامات اداری همچنانکه اکثر مردم ایران مقابل آن طبقه غریب و بی چاره که به آن کشور مهاجرت کرده بود چندان خوش آیند نبود. البته این حالت که به آن هموطنان ما در ایران مواجه شده بودند خاص نیست بلکه در چهار گوشهٔ جهان مهاجرین دیگر درعین شرایط با رویه های نا مناسب نیز روبرو شده اند. وقتیکه بعد از طوفان جنگ دوم جهانی ممالك اروپائی به اعمار مجدد کشور های خود با کمك و قرضه های امریکائی پرداختند به زودی با کمبود کارگر مواجه شدند. برای رفع آن مشکل و برای اینکه اقتصاد شان سطح رشد فوق العادهٔ خود را نگاه کرده بتواند یك عدهٔ زیاد کارگران خارجی را وارد کشورهای خود کردند. فرانسوی ها از مستعمرات

۲۰۹ دسایس و جنایات روس، صفحهٔ ۴۰۷ .

افریقای شمالی خود و آلمان ها از ترکیه که با آن روابط خاص داشتند مزدور کاران فاقد تحصیل و یا کسب خاص را به لك ها تن خواستند و مشغول شاقه ترین کار های صنعتی و ساختمانی خویش آنها را ساختند.

اگر از نگاهٔ اقتصادی آن کارگران مهاجر بهبود قابل ملاحظه را در اوضاع خود مشاهده کردند، از نگاه حیثیت، عزت و حرمت خیلی رنج و شکنجه دیدند. ساکنین کشور های میزبان با آنها بالعموم رویهٔ خیلی خراب و تحقیر آمیز می نمودند. البته خیلی موضوعات دیگر را در این مورد از نگاه روانی، اجتماعی و روند ذات البینی روابط خانوادگی میتوان مورد بحث قرار داد، اما بس علمأ و جامعه شناسان بالای این موضوع نوشته و مباحثه کرده اند زیرا فقط اینجا خاطر نشان میسازیم که بعضی اوقات نباید امور اقتصادی بالای همه مسائل برتری داشته باشد و عواقب اجتماعی، انسانی و حتی عقلی و عصبی چنان تصامیم در یك جامعه نیز مد نظر گرفته شود.[۲۱۰]

زمانیکه جنگ سوم اعراب و اسرائیل در سال ۱۹۷۳ میلادی در گرفت و به ناکامی نسبی اعراب تمام شد، آنها مصمم شدند نفت را بحیث یك وسیله فشار استفاده کرده ممالك غربی را وادار بسازند تا از حمایهٔ یك جانبه خود از اسرائیل دست کشیده در قسمت حل قضیهٔ فلسطین عدالت اختیار نموده حقوق حقهٔ مردم محروم آن سرزمین را بشناسند. در اثر این تصمیم نرخ نفت در بازار

---

۲۱۰ به ارتباط این موضوع به تحقیقات و نتیجه گیری های داکتر امین بهروان، روان شناس ورزیدهٔ افغان که سال ها در شفاخانه ها و مؤسسات صحی برای تداوی امراض عقلی، عصبی و روانی در فرانسه کار کرده و تجربه حاصل نموده است مراجعه شود.

های جهان ضرب خورد و در نتیجه کشور های تولیدکننده و بخصوص کشور های ادوار خلیج فارس ثروتمند شده اقتصاد شان رونق بی سابقه پیدا کرد. کارگران مهاجر را از چهار کنار دنیا استخدام نمودند؛ از آن جمله یك تعداد از هموطنان ما که برای دریافت سرنوشت بهتری راهی آن سرزمین ها شدند. اگر در ممالك عربی بیشتر کارگران از سایر ممالك عربی غریبتر و با نفوس بیشتر، مثل مصر، یا از عجم با عین شرایط، مثل هندوستان یا پاکستان، جذب شده بودند، در ایران نسبت به نزدیکی فرهنگی دوکشور و تصمیم حکومات ذی علاقه، زحمت کشان که عازم آن دیار شده بودند تا یك حد زیاد اهل افغانستان بودند. نا گفته نماند نسبت به کشور های عرب خلیج، ایران آنقدر به وارد کردن کارگران خارجی ضرورت نداشت چون بر عکس آنان دارای نفوس کافی بود.

طوریکه به آن قبلاً اشاره کرده ایم، قابل تذکر است که بعد از بقدرت رسیدن سردار داؤد زمینهٔ بهبود روابط ایران و افغانستان از این نگاه هم مساعدتر شد که رضأشاه پهلوی به سعی خود جهت میانجگری بین جانبین مخالف – پاکستان و افغانستان – ادامه می داد و از ایشان به مصالحه و آشتی دعوت می نمود.

سیاست اقتصادی

در مصاحبهٔ بتاریخ ٦ حوت ١٣٥٤ با نمایندهٔ آژانس خبر رسانی یوگوسلاویائی "تانیوگ" در کابل، [٢١١] داؤد خان در مورد پلان های اقتصادی

خود تشریحات میدهد و اظهار مینماید پلان هفت ساله که در نظر گرفته شده است بیشتر متوجۀ انکشاف زراعت کشور می باشد. رئیس جمهور تشریح می دهد که درنظر گرفته شده است تا جهت تمویل این پلان هفت ساله یك صد و هفتاد ملیارد افغانی بودجه تخصیص داده شود، که آن مبلغ معادل سه و نیم ملیارد دالر امریکائی آن زمان میباشد. داؤد خان این رقم را با ارقام بودجه های چهار پلان پنج ساله گذشته قیاس نموده خاطر نشان می شود که برای پلان های گذشته جمعاً در حدود هفتاد و چهار ملیارد افغانی[۲۱۲] مصرف شده بود و اکنون تنها به منظور پیشبرد یك پلان دو برابر آن مبالغ در نظر گرفته شده است.

رئیس دولت و صدراعضم داؤد خان می افزاید که در این پلان سعی بعمل خواهد آمد تا نه تنها سطح تولیدات و حاصلات زراعتی ارتقا یابد بلکه همراه با آن صادرات مواد زراعتی افغانستان نیز انکشاف یابد. مساعد ساختن زمینه برای احداث صنایع ثقیله و توسعه از نگاه کمیت و کیفیت وسایل و وسایط حمل و نقل کشور همچنانکه سایر وسایل ارتباطی از اهداف مهم پلان اول هفت ساله شناخته شده بودند.

پلان هفت ساله توسط وزارت پلان و وزیرش علی احمد خرم تهیه شده و به شورای عالی اقتصادی[۲۱۳] در برج حوت ۱۳۵۴ برای ملاحظه و بررسی

۲۱۱ مراجعه شود به د *افغانستان کالنی ۱۳۵۵* ، وزارت اطلاعات و کلتور، مطبعه دولتی، صفحات ۱۹ الی ۲۳ .

۲۱۲ معادل یك و نیم ملیارد دالر امریکائی.

تقدیم شد تا اینکه بتاریخ ۱۴ سنبله ۱۳۵۵ هجری شمسی، بر اساس فرمان شماره ۷۳۵، از طرف حکومت سردار داؤد خان تأیید و منظور گردید.

وضع اقتصاد افغانستان رویهم رفته در جریان دورۀ جمهوریت علایم مثبت و امیدوار کننده از خود نشان میداد. یکی از علایم آن بالا رفتن ارزش افغانی در مقابل اسعار معتبر مانند دالر امریکائی و مارك آلمانی در جریان سال ۱۳۵٤ میباشد.[۲۱۴] سیاست اقتصادی حکومت جمهوری، طوریکه مجله فرانسوی "آسیای جدید"، در شمارۀ ۲۳۱ خود، مورخ اکتوبر ۱۹۷۶ میلادی، به آن اشاره میکند،[۲۱۵] مصمم بود تا با استفاده از همکاری و کمك های خارجی اقتصاد کشور را به سوی رشد دوام دار سوق بدهد. در داخل کشور به منظور اینکه پروژه های انکشافی برهم نخورد و اقتصاد مردم نسبت به افزایش روز افزون قیمت ها در بازار بحیث نتیجۀ اوضاع بحرانی اقتصاد جهانی که بعد از سعود دفعتاً نرخ نفت رخ داده بود خراب نشود، حکومت سعی داشت تا نرخ

---

۲۱۳ شورای عالی اقتصادی مورخ ۱۱ دسامبر ۱۹۷۳ به منظور مراقبت و مؤفقیت پلان های انکشافی کشور ایجاد شد تحت ریأست رئیس جمهور و صدراعظم محمد داؤد خان ماهانه یك مرتبه دایر میشد. سایر اعضائی آن شورا معاون صدراعظم، وزیر مالیه، وزیر زراعت و آبیاری، وزیر صنایع و معادن، وزیر فواید عامه، وزیر تجارت، معین وزارت پلان، و بلاخره رئیس دافغانستان بانك بودند.

۲۱۴ در سال ۱۳۵٤ یك دالر امریکائی مقابل (۵۵) افغانی تبادله میشد در حالیکه در سال ۱۳۵۲ بمقابل (۶۰)افغانی تبادله میگردید.

۲۱۵ Le developpement afghan، مجله اطاق تجارت آسیا و فرانسه، شماره ۲۳۱، اکتوبر ۱۹۷۶ میلادی، پاریس، صفحات ۳ الی ۱۱. نویسنده مضمون معلوم نیست، لیکن چنان حدس زده میشود مواد مضمون را سفارت افغانستان در پاریس تهیه کرده بود.

یك تعداد مواد حیاتی مثل غله، شکر[۲۱۶] و نفت را زیر ادارهٔ خود نگاه کند و با مأمورین دولت از طریق سیستم کوپون کمك شود.

اتکا به امداد های خارجی

در بودجهٔ پلان هفت ساله اول، که سال های ۱۳۵۵ الی ۱۳۶۱ (۱۹۷٦ الی ۱۹۸۳ میلادی) را در بر میگرفت، مبلغ (۱۷٤،۳) ملیارد افغانی تخصیص داده شده بود که به مقایسه مبالغ که در سال های ۱۳۳۸ الی ۱۳۵۴ جهت انکشاف مملکت سرمایه گذاری شده بود شش برابر بیشتر میباشد.[۲۱۷] طرح کنندگان پلان بودجهٔ هفت ساله را بین چند بخش عمده مصرف و یا سرمایه گذاری تقسیم نموده بودند: (۳٦،۱ ٪) به انکشاف صنایع، معادن و انرژی؛ (۲٤،۷٪) به انکشاف زراعت و آبیاری؛ (۳۱،٥ ٪) به حمل و نقل و مخابرات؛ (٦٪) به خدمات اجتماعی؛ و بلآخره (۱،۷٪) بحیث پس انداز و

---

۲۱۶ داکتر حبیب حیدر در مطالعه جالبیکه در مورد تجارت اموال و اجناس زراعتی افغانستان پیش برده بود، در مورد قیمت شکر می نویسد که در ماهٔ حوت ۱۳۵۲ (مارچ ۱۹۷٤ میلادی) نرخ بوره شکر به بهای ٤۹ افغانی فی کیلوگرام در بازار بین المللی بود در حالیکه حکومت نرخ آنرا برای بازار داخلی به نرخ ۲۴ افغانی فی کیلوگرام نگاه کرده بود. رجوع شود به اثر داکتر حبیب حیدر، Contribution a l'etude de la commercialisation des produits agricoles en Afghanistan, مضمون داکتری، پوهانتون سوربون، پاریس، ۲۵ جون ۱۹۷٦ میلای، ص ۱۰٤.

۲۱۷ به اساس ارقام وزارت پلان در بین سال ۱۳٤۸ و ۱۳٥٤ (۲۹،۲) ملیارد افغانی به عین جهت مصرف شده بود. First Seven Year Economic and Social Plan, Ministry of Planning, Kabul 1355. صفحهٔ ۴۵.

کمك به زارعین که خواهان بدست آوردن کود کیمیاوی به قیمت مناسب میبودند تخصیص داده شده بود.

حکومت افغانستان در تلاش های خود جهت جذب کمك ها و یا به دست آوردن اعتبار مالی بمنظور تمویل پروژه های انکشافی خویش با عکس العمل مثبت کشور های مختلف و بخصوص کشور هایکه با استفاده از ذخایر تیل وافر شان دفعتاً صاحب ثروت های غیر مترقبه شده بودند روبرو شد. زیرا کشور های ایران، عراق، عربستان سعودی و کوایت خود را آمادۀ مساعدت کمك های قابل ملاحضه به افغانستان اعلان نمودند.

ایران شاهی، در اثر سفر سردار داؤد در اواخر ماۀ اپریل ۱۹۷۵ میلادی، خود را آمادۀ مساعدت کمك های مالی تا حدود دو میلیارد دالر اعلام نمود. در مرحلۀ اول، امداد ایران به تمویل پروژه های ذیل تخصیص داده میشد: وادی هلمند، فابریکه قند سازی، فابریکه سمنت، فابریکه نساجی، فابریکه پشمینه بافی، تکمیل اعمار سرکی که وادی هلمند را به سرحد ایران متوصل میسازد و، از پروژه های عمده حکومت جمهوری، اعمار خط آهن بین کابل و سرحد ایران.[۲۱۸] کشور کوایت اعتبار مالی معادل دو الی سه لك دالرامریکائی را برای تمویل پروژۀ انکشافی وادی فراه رود وعده کرد و عربستان سعودی علاوه به کمك بلا عوض ده ملیون دالر امریکائی که در جهت تهیۀ مطالعات لازمه در

---

۲۱۸ مورخ ۳ جولائی ۱۹۷۵ میلادی قراردادی بین وزرات فواید عامه و شرکت فرانسوی سوفرائل برای سروی و بعد تعمیر خط آهن که طول مجموعی ۱۸۱۰ کیلومتر می بود و کابل را از راۀ غزنی، قندهار و هرات به سرحد ایران وصل میکرد امضأ شده بود.

مورد امکانات عملی بودن پروژه های مختلف، یك قرضه پنجاه و پنج ملیون دالری را مساعدت کرد. بغداد همچنان علاوه بر قرضه ای ده ملیون دالری، دو ملیون دالر کمك های بلاعوض را به حکومت جمهوری سردار داؤد مهیا کرد. ایالات متحدهٔ امریکا دو ملیون دالر قرضه و سه و نیم لك دالر کمك بلاعوض را جهت تمویل پروژهٔ بند آب کجکی و آلمان غربی شست ملیون دالر قرضه جهت تمویل پروژه های مختلت در ساحات برق، مخابرات، و تقسیم آب آشامیدنی مساعدت نمودند.

در بین کشور های کمونیستی، اتحاد شوروی، چین، چیکو سلواکیا و بلغاریا سهم قابل ملاحظه را در تمویل پلان هفت ساله حکومت جدید التأسیس نشان دادند. ماسکو حاضر به مساعدت اعتبار مالی معادل سه صد و هشت ملیون روبل شد. بلغاریا اعتبار ده ملیون دالری را جهت اعمار فابریکه کانسرو و فابریکه دیگری برای آماده ساختن میوه جات صادر شدنی به حکومت کابل مهیا کرد. چکوسلاواکیا در قسمت تعمیر فابریکه برق زغال سنگ و ترتیب شبکه های تقسیم برق در هرات و پل خمری خود را آماده نشان داد و یك اعتبار بیست ملیون دالری را دراین جهت به حکومت افغانستان میسر کرد. حکومت چین به حیث یك کشور کمونیست اما رقیب ماسکو در این صحنه هم حاضر بوده اعتبار پنجاه ملیون دالری را به حکومت افغانستان مساعدت کرد تا در پیشبرد پروژه های زراعتی استفاده شود.

و بلآخره مؤسسات بین المللی هم به نوبهٔ خود در امداد پلان هفت ساله سهم گرفتند، بشمول بانك جهانی و بانك انکشافی آسیا که هر یك اعتبار های

سیزده ملیون دالری و چهارده ملیون دالری را برای استفادهٔ حکومت سردار محمد داؤد خان تعیین کرده بودند.

قلت پرسنل فنی و مسلکی

برعکس پلان های قبلی، مشکل پلان هفت ساله در دریافت امکانات مالی کافی جهت تمویل پروژه ها نبود، مشکل عمده آن پلان وسیع موجودیت افراد فنی به حد کافی بود. در طرح پلان هفت ساله اشاره شده است که تخمیناً بیشتر از دو لك نفر از اهل کسبه، افراد دارای تحصیلات ثانوی و افراد دارای تحصیلات عالی برای پیشبرد مؤفقانه پروژه های پلان هفت ساله علاوه به آنچه موجود است ضرورت میباشد. در قسمت کارگران فنی با تحصیلات عالی، در پلان شرح شده است که در حالیکه نیاز به ۱٤٤٨٢ نفر میباشد، سیستم درسی مملکت تنها قادر به تربیه ۱۲۵۰۰ نفر در جریان هفت سال پلان میباشد. لهذا تقریباً دو هزار نفر از این جهت کمبود میباشد، یا به عبارت دیگر ۱۳،۵ ٪ کمبود میباشد. در حالیکه حکومت در نظر داشت این کمبود را با فرستادن تعداد بیشتر محصلین به خارج با استفاده از توافقات موجوده یا تازه عقد شده با یك تعداد دول مرفوع کند، در قسمت کمبود های دیگر، حکومت تصمیم داشت تا، با توسعهٔ سیستم درسی، با تعمیر یك تعداد مؤسسات تربیوی فنی (جمعاً ٦٥) و با دایر کردن کورس های تربیوی در محل های کار، بتواند آن عده کارگر فنی و یا مأمور فنی مورد ضرورتش را بدست بیآورد.[۲۱۹]

مطالعه طرح اولین پلان هفت ساله نشان میدهد هدف اساسی آن، چه از نگاه اقتصادی و چه از نگاۀ اجتماعی، ایجاد تهدابی بود که اقتصاد مترقی آیندۀ کشور بالای آن استوار شود. از فابریکه ها گرفته تا سرك سازی و کشیدن خط آهن، از استخراج معادن گرفته تا انکشاف زراعت، از توسعه سیستم تعلیمی تا ایجاد دستگاۀ تلویزیون: جمعاً چند صد پروژه کوچك، متوسط و بزرگ به همین مقصد در نظر گرفته شده بود و ناگفته نماندکه در موقع کوتاه، قبل از اینکه کمونیست ها قدرت را غصب کنند، اولین نتایج این کوشش ها را با وجود مشکلات موجوده میتوانست مشاهده کرد.

سهم دولت در تعیین نرخ ها

یکی از مشخصات سیاست اقتصادی دورۀ جمهوریت کوشش در قسمت اداره قیمت ها بود و بدین منظور حکومت نرخ های مواد ارتزاقی را وقتاً فوقتاً تعیین میکرد. نرخ ها در هر ماه دو مرتبه در سطح مناطق و بلدیه ها تعیین میشد. مقام ذی سلاح در این مورد مرکب از والی ها، چند تن از مأمورین وزارت های مالیه و زراعت و همچنانکه یك تن نمایندۀ مؤظف از طرف ریائست تهیۀ ارزاق میبود. مجلس مذکور با استفاده از معلوماتیکه مأمورین از بازار ها بدست میآوردند، اوسط نرخ ها را در نظر گرفته، نرخ جدید را برای مدت پانزده روز تعیین میکردند.

---

۲۱۹ *اولین پلان هفت ساله رشد اقتصادی و اجتماعی (۱۳۵۵ _ ۱۳۶۱)*، وزارت پلان، کابل، ۱۳۵۵ بزبان انگلیسی؛ صفحۀ ٥٦ الی ٥٨.

اما طوریکه مطالعه داکتر حبیب حیدر در این مورد روشنی میاندازد، حکومت با تطبیق این نوع سیاست اگر با تعیین نرخ های نسبتاً پایین مشتری ها و مردم را راضی نگاه میکرد، طبقه بازرگان را به مشکلات جدی مواجه کرده بود بشکلیکه اگر دکانداری قیمت های قید شده را کاملاً مراعات میکرد در نتیجه یا حد مفادش ناچیز میبود یا به نقص میفروخت.[۲۲۰] در تحقیق خود، داکتر حبیب حیدر یك تن دکاندار میوه فروش کارته چهار را مثال داده است که به او قیمت تمام شد یك کیلوگرام انگور به ۱۰،۳۳ افغانی میرسید در حالیکه قیمت فروش که توسط بلدیه تعیین شده بود ۸ افغانی بود. مثال دیگری هم در همین مطالعه جالب داده شده است: بلدیه قیمت یك قرص نان دارای وزن سه صد گرام را دو افغانی تعیین کرده بود در حالیکه با استفاده از عین طریق محاسبه تمام شد واقعی آن قرص نان از دو افغانی بیشتر میبود و نانوا را مجبور میساخت وزن نان را کم کند تابتواند به نقص نفروشد.

ریأست تهیهٔ ارزاق، طوریکه به آن قبلاً اشاره شد از زمان بعد از جنگ دوم جهانی، با وجود تغییرات در شکل و تشکیل آن، دایماً نقش خود را بحیث مهتمم و تنظیم کننده بازار مواد ارتزاقی بازی کرده است. در دورهٔ جمهوریت، واحد مذکور نه تنها در قسمت بازار گندم لیکن در قسمت روغن، برنج، زغال، و طوریکه دیده شد در قسمت میوه جات و ترکاری جات هم غرض میگرفت.

---

۲۲۰ داکتر حبیب حیدر

Contribution a l'etude de la commercialisation des produits agricoles en Afghanistan,

مضمون داکتری، پوهانتون سوربون، پاریس، ۲۵ جون ۱۹۷۶ میلادی، صفحات ۱۰۸ و بعد.

هدف دولت حفظ يك نوع ثبات در نرخ ها بود و طرز مداخله اش به شكلى بود كه وقتى عرضه زياد ميشد، مثلاً در وقت حاصلات، حكومت خريدار ميشد و يك قسمت حاصلات را از بازار ميكشيد تا قيمت ها زياد پايين نيفتد. بر عكس، وقتيكه اوضاع مخالف ميبود و مواد ارتزاقى - مثلاً گندم - كم ميشد و نرخ ها رو به سعود ميبود، حكومت با استفاده از زخاير خود در سيلو هاى كابل، پل خمرى و يا قندهار، و در صورت لازم با وارد كردن سالانه صد ها هزار تن گندم از خارج، به كمبودى رسيدگى كرده، نرخ هاى بازار را حتى الامكان ثابت نگاه ميداشت. موازى با مداخله مستقيم در بازار ها، رياست تهيۀ ارزاق، با اكمال كوپراتيف هاى مأمورين، وزرات دفاع و بعضى مؤسسات دولتى ديگر، به شكل غير مستقيم در قسمت تقاضاى مواد ارتزاقى نقش محسوسى را بايفأ ميكرد.[٢٢١]

نگاهى بر صادرات و واردات افغانستان در عهد جمهوريت

براى اينكه از صادرات و واردات افغانستان در دورۀ جمهوريت سردار محمد داؤد خان يك مفكوره عمومى پيدا كنيم، ارقام سال ١٣٥٤ هجرى شمسى را بحيث مثال انتخاب كرده ايم چون در وسط آن دوره واقع است و از

٢٢١ داكتر حبيب حيدر در تحقيق خود احسايۀ رياست تهيۀ ارزاق را ذكر كرده (ص ١٢٦) مينويسد كه ريأست مذكور در حدود هشتاد هزار كپون آرد گندم به مأمورين حوضۀ كابل در سال ١٩٧٣ ميلادى توضيح كرده بود.

این لحاظ نمایندگی خوبی از اوضاع اقتصاد کشور در آن زمان کرده میتواند.[۲۲۲]

تولیدات عمومی کشور برای سال ۱۳۵۴ هجری شمسی اندك بالغ از(۱۲۵) ملیارد افغانی بود، که آن معادل ۲,۲ ملیارد دالر امریکائی آن زمان میشد. تولیدات افغانستان نسبت به سال ۱۳۵۳ در حدود ۳۰٪ ارتقا یافته بود. تولیدات کشور به اندازهٔ ۵۷,۱۳ ٪ از زراعت، ۱۱,۵۸ ٪ از تجارت و ۸,۸۴٪ از تولیدات صنعتی درك بود. عایدات دولت در سال ۱۳۵٤هجری شمسی ۱۲,۱۵ ملیارد افغانی بود در حالیکه مصارف آن ۱۸,۲۰ ملیارد افغانی بود. در نتیجه بودجه یك کسر بیشتر از شش ملیارد افغانی را نشان میداد.

هرگاه صادرات و واردات را در عین سال ۱۳۵٤ در نظر بگریم، واردات افغانستان ۳٤۹,۵ ملیون دالر امریکائی بود در حالیکه صادرات افغانستان تنها معادل ۲۲۳,٤ ملیون دالر محسوب بود، که از آن جمله پنج مدرك عمدهٔ عایداتی کشور از نگاه مواد ذیل بود:

- گاز ٤۱,۰۰ ملیون دالر
- پنبه ۳۰,۲۰ ملیون دالر

---

۲۲۲ مآخذ از نشریهٔ *افغانستان*، شماره ۷۱ مطالعات مرکز فرانسوی صادرات تجارتی (CFCE)، پاریس، دسامبر ۱۹۷۷ میلادی، بزبان فرانسوی. مدت که برای مطالعه در نظر گرفته شده است از مارچ ۱۹۷۵ الی مارچ ۱۹۷٦ میلادی (۱۳۵٤ هجری شمسی) را در بر میگیرد.

– کشمش	۲۵,۹۰ ملیون دالر
– قالی	۱٦,۹۰ ملیون دالر
– انگور	۱٦,٦۰ ملیون دالر

واردات عمدهٔ افغانستان در سال ۱۳۵۴ حسب آتیست:

– چای	۲۹,۸۱ ملیون دالر
– تایرموتر	۲۱,۱۹ ملیون دالر
– نساجی	۳۱,۳۵ ملیون دالر
– شکر	۱۳,۳۲ ملیون دالر
– نفت	۱۲,٦۲ ملیون دالر
– وسایط حمل و نقل	٤,٤٤ ملیون دالر
– پرزه جات	٥,٦٥ ملیون دالر

عمده ترین کشور های وارد کنندهٔ اموال افغانی طور ذیل است:

– اتحاد شوروی	۸۱,۰۸ ملیون دالر
– پاکستان	۳۳,۰۲ ملیون دالر
– هندوستان	۲۹,۳۷ ملیون دالر
– آلمان غربی	۲۱,۹٦ ملیون دالر
– انگلستان	۱٥,۰۱ ملیون دالر
– امریکا	۱۰,۰۰ ملیون دالر

– سویس	۶,۱۳ ملیون دالر
– ایران	٤,۸۸ ملیون دالر

لست کشور های که اموال شان را افغانستان بیشتر وارد مینماید:

– جاپان	۱۸,۰۰ ٪
– اتحاد شوروی	۱۲,۸۰ ٪
– هندوستان	۱۱,۳۰ ٪
– آلمان غربی	۱۰,۱۰ ٪
– انگلستان	۳,۶۰ ٪
– پاکستان	۲,۶۰ ٪
– امریکا	۱,۵۰ ٪

فصل ششم

سقوط جمهوریت داؤد خان،

ختم یك دوره

« به جهت مردمان لشکری در وقت جنگ شجاعت تنها مکفی نیست بلکه باید شعور داشته باشند که در وقت لزوم ، جان خود را از مهلکه برهانند. جان بدر بردن از خطر هم شجاعت است. »[۲۲۳]

امیر عبدالرحمان خان

سقوط رژیم جمهوری داؤد خان

در ماۀ اپریل ۱۹۷۷ میلادی، داؤد خان بحیث رئیس جمهور افغانستان برای بار دوم عازم اتحاد جماهیر شوروی شد. او می خواست در بین سایر موضوعات عمدۀ مسئله فعالیت های تخریب آمیز "حزب دیموکراتیك خلق

---

۲۲۳ رجوع شود به تاج التواریخ، سبا کتابخانه ، پیشاور، ۱۳۷۳ هجری شمسی؛ ص ٦۸.

افغانستان“ را با رهبر کرملین لیونید برژنیف مطرح نماید.[۲۲۴] چون داؤد خان به تمام معنی می فهمید اصل رهبری آن حزب در مسکو می باشد او مصمم بود کرملین را وادار بسازد تا حزب کمونیست افغانستان را از رفتار اغتشاش آمیزش منصرف سازد و در صورتیکه نتیجه دلخواه در آنجا حاصل نشود او غالباً مانند جمال عبدالناصر در مصر دو دهه قبل حزب کمونیست را منحل و نابود خواهد ساخت.

در جریان این ملاقات روسها هم از خود شکایت های داشتند که می خواستند به داؤد خان ارائه نمایند و مهمترین آنها سه موضوع ذیل بود:

۱ – تصمیم دولت افغانستان مبنی بر اخراج کیوبا از جنبش ممالك غیر منسلك که مجلس آن قرار بود در کابل ترتیب بیآبد و بناً افغانستان ریأست آنرا به دوش داشته باشد. قابل یاد آوریست کیوبا در آن زمان از متحدین خیلی مهم اتحاد شوروی بشمار می رفت.

۲ ـ نزدیکی روزافزون افغانستان با کشور های که وابستگی های سیاسی و نظامی واضح با امریکا داشتند (یعنی پاکستان، ایران و عربستان سعودی) همچنانکه نزدیکی بیشتر خود افغانستان با ایالات متحدهٔ امریکا.

۳ ـ تصفیهٔ حکومت افغانستان از وجود یك تعداد عناصر چپگرا و کمونیست در ماه سپتامبر ۱۹۷۵ میلادی.

---

۲۲۴ رجوع شود به کتاب آقای صمد غوث The Fall of Afghanistan, An Insider's Account, Pergamon Brassey's International Defense Publishers, 1988, London, United Kingdom. به زبان انگیبسی نشر شده است.

رسیدن رئیس جمهور افغانستان سردار محمد داؤد به میدان هوائی ژنیوا (بساعت ده و نیم صبح روز ۲۴ فبروری ۱۹۷۸ میلادی). سردار محمد داؤد صرف برای مدت ۲۴ ساعت در سویس توقف کرد قبل از اینکه با هیئت معیتی اش به طرف لیبیا سفر خود را ادامه بدهد. در این تصویر که فقط دو ماه قبل از کودتای خونین هفت ثور گرفته شده است، داکتر محمد اکرم سفیر کبیر افغانستان مقیم پاریس و آقای محمد اسماعیل عثمان مأمور ملل متحد نیز بطرف چپ سردار داؤد دیده میشوند.

در موقع جلسه دوم، که در آن نوبهٔ روسها بود تا مجلس را پیش ببرند، بریژنیف در مورد موضعات فوق الذکر و بخصوص در مورد موجودیت اتباع (کارگران و متخصصین) کشور های غربی در مناطق نزدیك به سرحدات اتحاد شوروی با جدیت صحبت کرد. آقای غوث می نویسد که لحن بریژنف از حد عادی شدید تر بود به شکلیکه حتی دیگر اعضای هیئت شوروی نا راحت شدند. داؤد خان آنرا تحمل ننمود و به رهبر کرملین چنان پاسخ داد: «*ما هیچگاه این حق را به شما نخواهیم داد تا به ما امر کنید که چگونه امور کشور خود را پیش ببریم یا اینکه کی را در افغانستان استخدام کنیم. اینکه به چه شکل و در کجا متخصصین خارجی را به کار میاندازیم مربوط به صلاحیت دولت افغانستان میباشد. اگر لازم باشد افغانستان غریب اما آزاد در تصامیم و دراعمال خویش خواهد ماند.*»[225]

همینکه داؤد خان سخنان خود را تمام کرد، بلا وقفه از میز مذاکرات برخاست و همراه با هیئات افغانی به سوی در اطاق راهی شد. بریژنیف با کوسیگین و پودگورنی به زودی به دنبال هیئت افغانی شتابید و صرف بعد از اصرار وحید عبدالله داؤد خان لحظه ای توقف کرد تا با جانب روسی خدا حافظی نماید. در این هنگام بریژنیف به داؤد خان گفت قرار اطلاعیکه دارد او خواهان داشتن موقع ملاقات خصوصی را با همتای روسی اش شده است و زیرا بریژنیف خود را آمادهٔ چنان یك ملاقات اعلان کرد. اما سردار محمد داؤد، که خواستار چنان یك نشست خصوصی شده بود تا بتواند خلاف رفتاری های

---

۲۲۵ صمد غوث، ص ۱۷۹.

کمونسیت های کشور خود را با وی در میان بگذارد، به رهبر کرملین جواب داد که دیگر به آنچنان ملاقات ضرورت احساس نمی کند...

واضح است که سردار داؤد سخنان بریژنیف را مداخله به امور داخلی کشورش تلقی نموده شنیدن آن را تحمل نکرده بود. در وقت بازگشت هیئات افغانی، برژنیف خود را به میدان هوائی رسانید تا با داؤد خان وداع کند و تشنجی را که در مجلس بوقوع پیوسته بود به نحوی از انحأ رفع نماید، اما داؤد خان عمداً به وقت دقیق پرواز طیارهٔ خود به فرودگاه رسید و بدین ترتیب از ملاقات نمودن رهبر کرملین ابا ورزید.

سفر ناکام داؤد خان به اتحاد شوروی در اپریل ۱۹۷۷ سبب تشدید تلاش های زمامداران افغانی برای ایجاد علایق و روابط مثمر با یك تعداد کشور های دیگر شد. چناچه در ابتدائی سال ۱۹۷۸ میلادی داؤد خان به لیبیا، یوگوسلاویا، هندوستان و کوایت سفر کرد و در هر جای وعده های همکاری و کمك برای پیشبرد و مؤفقیت پلان هفت ساله وی داده شد. نتایج سفر هایش و پذیرائی گرمیکه از وی بعمل آمد داؤد خان را مطمئن ساخت سیاست جدیدی را که اختیار کرده است صحیح بوده و بطرف مؤفقیت روان است.

لیکن مؤفقیت های حکومت داؤد خان در ایجاد سیاستیکه به وضاحت دوری از اتحاد شوروی میجست مایهٔ تشویش رهبران کرملین گردید. رویهٔ داؤد خان در مقابل بریژنیف و تلاش های کابل برای نزدیکی با ایالات متحدهٔ امریکا روسها را وادار ساخت تا در مورد از بین بردن رژیم داؤد خان جداً غور کنند و

بدین مقصد پلانی طرحریزی نمایند. چنین یك تصمیم رهبران کاخ کرملین را آقای سلطان محمود غازی تأیید نموده، حکایت مینماید که در موقع همین سفر ماهٔ اپریل سال ۱۹۷۷ به ماسکو سردار داؤد خان به دگروال عبدالعظیم محمود غازی، که در ماسکو بحیث آتشه نظامی افغانستان ایفای وظیفه مینمود، گفته بود که به او ضرورت می داشته باشد و در نظر دارد او را به زودی به کابل بخواهد تا قوماندانی قوای مرکز را بدوش بگیرد. [۲۲۶] جنرال عبدالعظیم محمود غازی که در عین زمان پسر عم سردار داؤد خان میشد، تحصیلات عسکری خود را در لندن و ماسکو انجام داده بود و از آن لحاظ داؤد خان فکر می کرد که برای احراز وظیفه قوماندن قوای مرکز او بهترین و معتمدترین شخص خواهد بود. اما موقع به آن نرسید چون موصوف خیلی زود و به طور مشکوك جان را از دست داد. آقای سلطان محمود غازی در مورد تشریح میدهد که در حالیکه برادرش از منزل به قصد رفتن به وظیفه اش در سفارت افغانستان در ماسکو برآمده بود هیچگاه به آنجا نرسید و ساعت ها بعد جسد لاحیاتش را پیدا کردند. در حقیقت او حتی قبل از اینکه موتر را حرکت بدهد به شهادت رسانیده شده بود. آقای سلطان محمود غازی تاکید مینماید برادرش شخص صحتمند بود و هیچ نوع تکلیف صحی خاص نداشت. نامبرده به این عقیده است که به گمان اغلب روسها از تصمیم داؤد خان در مورد پسر عمش مطلع شده بودند و از آن لحاظ توسط زهر او را شهید کرده بودند. [۲۲۷] همین منبع علاوه

---

۲۲۶ صحبت با آقای سلطان محمود غازی، پسر سپه سالار شاه محمود خان، الکسندریه، ورجینیا، ایالات متحدهٔ امریکا، یك شنبه دهم دسامبر ۲۰۰۰ میلادی.

۲۲۷ به تأیید این فرضیه، در سال ۱۹۸۵ میلادی اسخبارات شوروی ترتیب قتل نجم الدین ◄

می نماید که اگر برادرش جنرال عبدالعظیم محمود غازی قوماندهٔ قوای مرکز را بدست می گرفت به هیچ صورت کودتای ثور کمونیست ها به مؤفقیت نمی رسید.

تشدید فعالیت های اغتشاش آمیز کمونیست ها و سایر گروه های چپگراه

حکومت از فعالیت های کمونیست ها بی خبر نبود. بر اساس شهادت یك تن از مأمورین شعبهٔ ضبط احوالات آن زمان، دستگاهٔ استخباراتی حکومت رهبران خلقی و پرچمی را زیر مراقبت گرفته بود و سخنان آنها را در موقع گردهمائی های سیاسی شان (و حتی در مواقع خیلی خصوصی بین ببرك کارمل و اناهیتا راتبزاد!) در فیته ثبت کرده بود.[۲۲۸] راپور ها به مقامات بالا میرسید و داؤد خان به تمام معنی از فعالیت ها و سخن های ضد دولتی کمونیست ها مطلع بود لیکن با وجود آن در مورد آنها تصمیم خود را به تعویق می

◄

بامت، چهره شناخته شده جمعیت مسلمان و افغان پاریس که سالیان متمادی را در سازمان یونسکو ایفای وظیفه کرده بود و به تبلیغات گسترده علیه تجاوز شوروی بر خاك افغانستان پرداخته بود ، گرفت: روزی جسد لا حیات بامت را در متروی پاریس پیدا کردند و همه فکر کردند او در اثر سکتهٔ قلبی فوت کرده است. اما سال ها بعد به قول یك منبع مؤثق افشأ شد که او در حقیقت در اثر زهریکه به گلو اش توسط سوزن زده شده بود جام شهادت را نوشیده بود.

۲۲۸ مصاحبه با یك تن از مسئوولین شعبهٔ ضبط احوالات وزارت داخله دورهٔ جمهوریت، کلیفورنیا ، اول جولائی ۱۹۹۵.

انداخت.[229] باید افزود در حالیکه داؤد خان به دورهٔ آزادی نسبی مطبوعات زمان شاهی مشروطه پایان بخشید و نشریات سیاسی را منع کرده بود، کمونیست ها نشریات خود را به طور غیر قانونی اما بدون اینکه با عکس العمل جدی حکومت مواجه شوند طبع و تکثیر می نمودند. همچنان در منازل شخصی خویش جلسات ترتیب می دادند که در آن هم حکومت را می کوبیدند و هم در جلب اعضای جدید میپرداختند.

اما این نوع فعالیت ها به داخل کشور منحصر نبوده در خارج از خاك در بین بعضی حلقه های محصلین افغانی هم فعالیت های ضد دولتی صورت می گرقت: مثلاً در نشریه "سپرغی"، سخنگوی عقاید افراطی یك تعداد محصلین افغان شامل تحصیل در اروپأ با استفاده از بورس های حکومت، با لحن شدید از داؤد خان و حکومتش یاد میشد. در شمارهٔ ماهٔ مارچ سال ۱۹۷۷ میلادی آن، سازمان که خود را تحت نام "اتحادیهٔ عمومی محصلان افغانی در خارج از کشور" معرفی میکند، مضمونی زشت و انتقادی را زیر عنوان "دولت دیکتاتوری فاشیستی داؤد و مسیر حرکت آن از ۲۶ سرطان ۵۲ تا امروز" نشر کرد. در این مضمون، نویسنده یا نویسندگان حکومت دأود خان را نه تنها به ستم علیه توده های "پرولیتاریا" بلکه به وابستگی به خارج متهم می نماید: «از بدو پیدایش این دیکتاتور فاشیستی در افغانستان زیربنا و روبنای جامعهٔ افغانستان بسود ستمگران داخلی و خارجی یا به عبارت دیگر به سود دولت دیکتاتور فاشیستی داؤد،

---

۲۲۹ مأمور موصوف حکایت می کند که اعضائی جدید حزب دیموکراتیك خلق افغانستان در موقع مراسم تائید شان از سوی مقامات ذی سلاح حزب باید قرآن عظیم الشأن را لگت پای می نمودند.

کرملن و پنتاگون و ارتجاع جهانی بوده است...».[230] با الفاظ و اصطلاحات خاصهٔ خویش این محصلین با داؤد خان و حکومتش تضاد مطلق خویش را ابراز نموده آرزوی ایجاد انقلاب مردمی را میکردند که برهبری "دهقانان، کارگران، زحمتکشان و عناصر مترقی" صورت بگیرد(!) ...

قتل میر اکبر خیبر و شروع کودتای ثور

میر اکبر خیبر، در اصل از ولایت لوگر، از نخستین اشخاصی بود که در افغانستان مفکوره کمونیستی را پذیرفته بود و از جمله مؤسسین حزب کمونیست افغانستان بشمار می رود. در سال های ۱۹۵۰ میلادی در حالیکه شامل تحصیل در حربی پوهنتون بود به اتهام دسیسه بر ضد دولت حبس شد. در آنجا بعداً با ببرك کارمل هم اطاق و شناخت حاصل کرد. رابطهٔ ببرك و خیبر در طول سال ها دوامدار و محکم باقی ماند. بعد از رها شدن از محبس شامل آکادمی پولیس گردیده بلآخره در آنجا به تدریس پرداخت. در آکادیمی مذکور خیبر در خفا خیلی فعال بود و برای حزب کمونیست فعالیت های زیاد را براه انداخته در جذب جوانان تلاش می نمود. چون بحیث پیشقدم و صاحب نظر شناخته شده بود، در بین کمونیست های افغانستان از احترام زیاد برخوردار بود. در زمانیکه حزب کمونیست انشعاب کرد و دو جناح خلق و پرچم روی صحنه ابراز موجودیت نمودند، میراکبر خیبر در پهلوی رفیقش ببرك کارمل ایستاده شد.

---

۲۳۰ " سپرغی " شماره اول، سال پنجم، حوت ۱۳۵۵ (مارچ ۱۹۷۷ میلادی)، میونشن، آلمان غربی؛ ص ۳٤.

قتل میر اکبر خیبر شب ۱۷ اپریل ۱۹۷۸ میلادی در کابل صورت گرفت. لیکن در مورد چگونگی شرایط قتل وی نظریات مختلف وجود دارد. در حالیکه یك تعداد مردم قبول دارند میر اکبرخیبرحینیکه در سرك پیاده روان بود توسط دو تن افراد نا معلوم سوار در یك عراده موتر جیپ کشته شد، بعضی های دیگر ادعا مینمایند که در حقیقت خیبر در محل دیگری کشته شد و بعداً جسدش را روی سرك انداخته بودند تا بنظر مردم حکومت عامل قتل وی محسوب شود. زیرا موتریکه توسط چند تن شاهدان عینی دیده شده بود موتر جیپ روسی بود که آن نوع موتر اغلب اوقات ملکیت خدمتی حکومت می بود. در ابتدأ پرچمی ها حکومت داؤد خان را محکوم به قتل خیبر نموده از آن واقعه برای تخریب دولت و جهت براه انداختن کودتای خود استفادهٔ اعظمی نمودند، اما بعد ازاینکه قشون اشغالگرسرخ ادارهٔ دولت را به پرچمی ها تفویض کرد، آنها رفقای خلقی خود را متهم نموده انگشت را بخصوص بطرف حفیظ الله امین گذاشتند. پرچمی ها می گفتند حفیظ الله امین با کشتن خیبر در نظر داشت حریفی را که با او در نفوذ کردن در بین اردو و پولیس سخت رقابت داشت از بین ببرد و بدین منظور امین صدیق و عارف عالمیار را مؤظف ساخته بود. لیکن قابل تذکر است که پرچمی ها ملامتی را بالای حفیظ الله امین هنگامی انداختند که او اندکی قبل توسط قوای قوماندوئی "سپتسناز" روسی قتل شده بود: به اصطلاح وطنی "الله و بلا در گردن ملا"! اینکه امین دستور قتل خیبر را به دو برادر عالمیار داده باشد یا خیر آنها به همین اتهام در ماه جون ۱۹۸۰ توسط حکومت انقلابی کمونیستی اعدام شدند. راجه انور در کتابش مینویسد که در دورهٔ حبس خود در زندان پل چرخی با یك تن از برادران عالمیار مقابل شده از

او در مورد مسئولیت برادرانش صدیق و عارف جویا شد. موصوف به راجه انور پاسخ داد که برادرانش کاملاً از این اتهام عاجز بودند و در جریان محکمه سری که ترتیب شده بود حکومت پرچمی به نشان دادن اسناد قانع کننده ایکه مسئولیت آنها را در قتل خیبر ثابت کرده بتواند قادر نشده بود.[۲۳۱]

مدت ها بعد، وقتیکه رقابت های شدید جناح های پرچم و خلق زیر فشار روس ها تقلیل یافت، حکومت کمونیست مسئولیت مرگ خیبر را بالای حکومت داؤد خان و بخصوص بالای وزیر داخله عبدالقدیر نورستانی انداخته موضوع را چنین معرفی کرد که وزیر داخله زیر تأثیر مشاورین آلمانی که با پولیس افغانستان همکاری داشتند رفته و نسبت به دستور آنها قتل خیبر را ترتیب داده بود.[۲۳۲]

حکایت دیگری از این حادثه در کتابیکه توسط صدیق الله راهی، برادر داکتر نجیب احمدزی[۲۳۳]، نوشته شده است وجود دارد.[۲۳۴] صدیق الله راهی

---

۲۳۱ راجه انور, The Tragedy Of Afghanistan, A First Hand Account, Verso, London, 1988 به زبان انگلیسی.

۲۳۲ Revolutionary Afghanistan Through Honest Eyes مطبعه دولتی، کابل، ۱۳۶۲ شمسی، بزبان انگلیسی.

۲۳۳ داکتر نجیب احمدزائی مربوط به جناح پرچم حزب کمونیست افغانستان ("حزب دیمرکاتیك خلق افغانستان") میشد. او از سال ۱۹۸۰ الی ۱۹۸۶ بحیث رئیس "خاد" (خدمات امنیتی دولت) ایفای وظیفه کرد و بعد نسبت به اعتمادیکه از طرف اتحاد شوروی برخوردار بود ◄

مینویسد در حقیقت قتل خیبر نتیجهٔ دسیسه ای است که توسط ببرك کارمل و داکتر نجیب با همکاری سفارت شوروی در کابل ترتیب شده بود. نا گفته نماند در همان شب چند تن شاهدان عینی یك مأمور سفارت روسیه را بنام "اوبلوف" دیده بودند که دو مرتبه در نزدیکی محل قتل میر اکبر خیبر گذر نموده بود. بنظر صدیق الله راهی ببرك می خواست بدین ترتیب حریفی را از بین ببرد که توان گرفتن رهبری گروه پرچم را داشت. یك تن از مأمورین نزدیك به حلقهٔ های بالا مقام دورهٔ جمهوریت موضوع سهیم بودن روسها را در این قضیه تأیید نموده، به نویسندهٔ این سطور خاطر نشان شده است که همان شب اسماعیل نورستانی، وکیل در دورهٔ داوزدهم شورای ملی، نیز یك عراده موتر سفارت روسیهٔ شوروی را در نزدیکی محل واقعه مشاهده نموده بود. از سوی یگر علت همدست شدن نجیب و ببرك را در وخامت و تحریم روابط نجیب با خیبر می بیند: زیرا خبیر در روز های قبل از قتلش رفتار و کردار نجیب را سخت کوبیده، در محافل حزبی همچنانکه در صحبت های خصوصی عیاشی او را مورد انتقاد قرار داده تأکید ورزیده بود رفتار موصوف "شهرت" حزب را تخریب میکند.

قابل تذکر است که روابط میر اکبر خیبر با سایر رهبران کمونیست تدریجاً خراب شده رفته بود. یك منبع حکایت میکند در سال ۱۹۷۸ میلادی رئیس آکادمی پولیس که با خیبر شناخت شخصی داشت به او گفته بود خیبر از

◄

بحیث جانشین ببرك کارمل تعیین شد. نجیب بهمین سمت تا زمان پیروزی مجاهدین در سال ۱۹۹۲ باقی ماند.

۲۳۴ صدیق الله راهی، آیا نجیب را میشناسید؟ ناشر نا معلوم، پیشاور، اکتوبر ۱۹۹۰ میلادی، بزبان دری؛ رجوع شود به صفحات ۵۸ و ۵۹ .

روابطش با حزب ناراضی است و، ولو که از نگاه مفکوروی از کمونیست بودن خود انکار نمی کند، از خطیکه رهبران خلقی و پرچمی حزب اختیار کرده اند و که آنانرا کاملاً زیر تسلط "برادر بزرگ" شوروی قرار میدهد خیلی نا راحت بود. زیرا خیبر به دوستش گفته بود: «اکنون آنقدر با آنها بند مانده ام که خود را کشیده نمی توانم...».

به هر دلیل و توسط هر کسیکه خیبر کشته شده باشد، حزب دیموکراتیك خلق افغانستان، که به تاریخ ۳ جولائی ۱۹۷۷ میلادی دوباره متحد شده بود، به قوت و پشتیبانی خارجی خود به حد کافی اعتبار داشت تا علناً حکومت جمهوری سردار محمد داؤد را متهم بقتل خیبر اعلان نماید و بر ضد آن تظاهرات را در جاده های پایتخت براه بیندازد. بعد از مراسم فاتحه خوانی خیبر، رهبران کمونیست با لحن شدید و آتشین بر ضد حکومت جمهوری، امریکا و ممالك غربی به طور عموم بیانیه ها خطاب نموده به وضاحت مخالفت خود را با حکومت سردار محمد داؤد خان اعلان نمودند.

عکس العمل حکومت مقابل اغتشاشیون چپی

تظاهرات کمونیست ها روز بروز زیاد شده می رفت و بطور واضح شکل ضد حکومتی را به خود گرفته بود. قبل از اینکه اوضاع خرابتر شود، داؤد خان باید عکس العمل نشان می داد. صمد غوث می نویسد که رئیس جمهور از وزیر عدلیه خواست تا در مورد طرق قانونی که حکومت را قادر به توقیف رهبران کمونیست می نمود معلومات کرده روشنی اندازد. وزیر عدلیه، وفی الله

سمیعی، چند روز بعد بلآخره جواب داد که بدون تردید اساس قانونی برای توقیف سرکرده های اغتشاشیون کمونیست وجود دارد.

در مقابل اینقدر ضیاع وقت و تعویق اندازی امور، سئوالی مطرح می شود که چرا سردار محمد داؤد که به طور عموم در اخذ تصامیم خود وقت زیاد را ضایع نمی کرد و به مخالفین خود چندان موقع نمی داد اینقدر در مورد سرکوبی پرچمی ها و خلقی ها از احتیاط کار میگرفت؟ شاید دلیلش این بوده باشد که می دانست کمونست ها بدون حمایهٔ اتحاد شوروی این نوع فعالیت ها را براه انداخته نمی توانستند و نمی خواست با خشم اتحاد شوروی بدون آمادگی کافی دفعتاً مقابله نماید.

یأس عده ای از کودتاچیان ۲۶ سرطان

جنرال حمید الله رحیمی، که در دورهٔ جمهوریت بسمت رئیس گمرکات در چوکات وزارت مالیه ایفای وظیفه مینمود و از دوست های بسیار نزدیك سید عبدالالله معاون صدراعظم و عبدالقدیر نورستانی وزیر داخله بود، عدم توجه سردار داؤد خان و گروه بازی های را که به دورش ایجاد شده بود بحیث علت وابستگی قادر، ضیا "گارد"، اکبر مقصودی، عبدالحمید محتاط، نبی عظیمی، عزیز اساس و امثالهم را با کمونیست ها و همچنانکه وسیله شدن ایشان در راه مؤفقیت کودتای ثور میخواند.[۲۳۵] او می گوید آن عده افسران جوان که

در انجام دادن و مؤفقیت کودتای سرطان سهم گرفته بودند آهسته آهسته مأیوس شده بودند چه آنچه توقع داشتند برایشان داده نشد و همان عدم توجه بود که آنها را به تبلیغات خلقی ها و پرچمی ها حساس ساخت تا اینکه دست به کودتأ به نفع آنها بزنند.

جنرال رحیمی که اکثر این صاحب منصبان را به نوعی از انواع میشناخت، به تأیید نظریۀ خود مثال قادر را میدهد: غالباً به خاطر دسیسه ای که در مقابلش حریف هایش ترتیب داده بودند، روزی به اتهام کودتأ و بدون چون و چرا او را توقیف کردند. بعد از رهایش، بحیث مفتش در وزارت دفاع تعیین شد قبل از اینکه در رأس کدم مسلخ عسکری قرارگیرد و بلآخره دو باره کرسی قوماندان قوای دافع هوایی را احراز نماید. عین منبع حکایت میکند که اندکی بعد از رها شدنش از بندیخانه، قادر به وزارت مالیه رفته عریضه ای را تقدیم کرد تا، با استفاده از همبستگی که بنظرش بایست بین رفقای انقلابچی وجود میداشت، از وزیر مالیه امر خریداری یك عراده موتر را بگیرد و پول آنرا به اقساط دوباره بپردازد. حمیدالله خان رحیمی می گوید وقتیکه قادر را در دفتر خود در وزارت مالیه پذیرفت، او از روی عقده چون طفلی گریه میکرد و از سردار داؤد خان به لحن شدید یاد کرده تأسف مینمود که چرا جان خود را در خطر انداخته به او فدا کاری کرد در حالیکه رئیس جمهور به او التفاتی ندارد! ضیأ مجید مشهور به ضیای "گارد" به عین شکل خود را نا راضی اعلان کرده بود: درحالیکه پدرش نزدیك به داؤد خان بود وخودش بحیث قوماندان گارد

---

۲۳۵ مصاحبه با جنرال حمیدالله رحیمی، مورخ ۲۶ نوامبر ۲۰۰۰ میلادی، الکسندریه، ایالات متحدۀ امریکا.

ریأست جمهوری برخوردار اعتبار عام و تام سردار داؤد بود، "رهبر" او را به هندوستان بحیث آتشه نظامی فرستاد که این تقرر سبب آزردگی او شد. روزی ضیأ مجید در دهلی جدید به حمیدالله خان رحیمی تأثر و یأس خود را چنان ابراز نمود: «ما کودتأ را کردیم... و حال داؤد خان مردم پیر و فرسوده را دو باره روی کار میآورد! »

آقای حمیدالله رحیمی[۲۳۶] حکایت می نماید در حالیکه تازه کمونیست ها قدرت را گرفته بودند، بعد از سپری نمودن مدتی را در بندی خانه پل چرخی، به دیدن قادر، آنگاه وزیر دفاع، رفت. در آن موقع قادر به پاس شناخت قبلییکه با هم داشتند قلب خود را به او باز کرده گفت "اگر داؤد خان با رفقا (یعنی صاحب منصبان جوانیکه در کودتای ۲٦ سرطان اشتراك کرده بودند) رویه ای دیگری میکرد، هیچ وقت سرحد ما به هفت ثور نمی رسید! "

معلوم میشود سردار داؤد خان بین چندین حلقه و گروه کش و گیر میشد بطوریکه هر کدام از آن میخواست رئیس جمهور را همآهنگ خود بسازد در حینکه هر کدام میخواست ثمر اشتراك خود را در کودتای سرطان حاصل نماید. رقابت ها برابر با توقعات بود و این حالت خود به خود سبب شد تا یك تعداد از آنها مأیوس شوند. حلقه های رقیب را کمونیست ها، صاحب منصب های "ترقی طلب" کودتاچی، فدائی های سردار داؤد، و عناصر ترقی طلب معتدل تشکیل میدادند. در حقیقت در آخر دورۀ جمهوریت حلقه های اول و دوم به

---

۲۳۶ مصاحبه با جنرال حمیدالله رحیمی، مورخ ۲٦ نوامبر ۲۰۰۰ میلادی، الکسندریه، ورجینیا، ایالات متحدۀ امریکا.

یك صف و حلقه های سوم و چهارم در صفی دیگر قرار داشتند.

باید گفت تنها افسران کودتاچی – که غالباً یك عدهٔ ایشان در ابتدای دورهٔ جمهوریت هنوز به کمونیسم و وطنفروشی عقیده نیآورده بودند – و خلقی ها و پرچمی ها از زمام داری داؤد خان ناراضی نبودند، بلکه در جبهه مخالف هم نا رضایتی های محسوس بود، اما به دلایل عکس نامبرده های اولی: چه وحید عبدالله و حلقه اش بوده باشد و چه سید عبدالالله و حلقه اش، هر دو نه تنها که از نفوذ یك دیگر نزد "رهبر" نا راحت بودند بلکه به ارتباط فعالیت های تخریبی کمونیست ها به تشویش افتاده بودند و در موضوع توقع یك تصمیم قاطع سردار داؤد خان را داشتند.

در آخرین جشن پشتونستان قبل از کودتای ثور، کمونیست ها بطور واضح و آشکار خود را بحیث یك قوت که با حکومت ضدیت را اختیار کرده است به شکل بسیار ماهرانه نشان دادند. در مراسمیکه در چهار راهی پشتونستان ترتیب داده شده بود، و در آن عده ای از اعضای کابینه و شخصیت های سرشناس اشتراك داشتند، کمونیست ها خواستند نظم و قوت خود را نشان بدهند. در جریان بیانیهٔ یك تن رهبر گروهی از پشتون های مآور الخط دیورند – اجمل ختك – کمونیست ها به یك ترتیب مخصوص کمی بعد از دیگر حاظرین کف زدن ها را آغاز میکردند و آنرا برای چندید دقیقه ادامه میدادند و بدین ویسله توجه و حیرت همه را بخود جلب کردند. وقتیکه محفل تمام شد و حاضرین متفرق شدند، کمونیست ها با عین نظم مانند یك قطعه عسکری به سوی هوتل کابل روانه شدند قبل از انیکه به نوبهٔ خود متفرق شوند. لحظات بعد

از این تظاهر ماهرانه خلقی ها و پرچمی ها، معاون صدر اعظم و وزیر مالیه سید عبدالاالله با وزیر دفاع غلام حیدر رسولی، عبدالقدیر نورستانی وزیر داخله و حمیدالله رحیمی رئیس گمرکات، در دفتر کار نامبرده اولی نشسته در مورد آنچه در میدان واقع مقابل وزارت مالیه صورت گرفته بود با عصبانیت و تخریش صحبت نموده و از اینکه "سردار صاحب"، با وجود اصرار شان و ملاحظهٔ اسناد و حکایت واقعات مثل آنچه همین روز در زیر چشم شان گذشته بود، در مورد توقیف رهبران کمونیست تصمیمی نمی گیرد اظهار تأثر نمودند. وزیر دفاع غلام حیدر رسولی در مورد علاوه کرد: « چه کنیم؟ دو سال است که سردار صاحب را می گوئیم که باید کاری کنیم ولی او تصمیم نمی گیرد.»[۲۳۷]

داؤد خان حلیمتر

در اوآخر دورهٔ جمهوریت، بخصوص بعد از واقعهٔ کشف اجساد در ده مزنگ، موازی با دوری جستن از عناصر چپگراه، در رفتار عمومی سردار داؤد خان تحولی مشاهده میشد. یك تن مأمور بلند رتبه آن زمان حکایت میکند روزی به دیدن سردار داؤد خان به ارتباط موضوعات ذی ربط با حزب انقلاب ملی و ترتیبات تأسیس آن رفته بود. در آن موقع داؤد خان در مورد خود و اتهامات و افواهات مردم صحبت کرده، تعجب آورد چرا مردم به او صفت

---

۲۳۷ مصاحبه با جنرال حمیدالله رحیمی، مورخ ۲۶ نوامبر ۲۰۰۰ میلادی، الکساندریه، ورجینیا، ایالات متحدهٔ امریکا.

"دیکتاتور" را ملقب مینماید، در حالیکه خودش احساس نمی کند چنان یك رفتاری داشته باشد. در جریان این ملاقات، داؤد خان به چند کاغذیکه بالای میز کارش افتاده بود مکرراً اشاره نموده گفت: « روز هاست که این کاغذ منتظر امضای من است، اما تا به حال نتوانسته ام خود را قناعت بدهم این حکم اعدام را امضأ نمایم.»

داؤد خان که این سخن را میزند و در قسمت اعدام یك انسان ولو که از نگاهٔ قانونی محکوم شناخته شده باشد آن داؤد خان نیست که در قسمت اعظم زندگی خود همه چیز را قربانی قانون و دسپلین میکرد، مثلیکه در ابتدای این کتاب قصهٔ یك تن زخمی را حکایت کردیم و مثال های دیگر در این مورد بی شمار است. بدون شك در اوآخر در دل سردار محمد داؤد یك نوع ترحم پیدا شده بود و، در حالیکه دایم به دین و دینداری خود پابند بود، این بار بیشتر به آن نزدیکی جسته علاقهٔ عرفانی نشان میداد. به عبارت دیگر، در آن زمان در حقیقت رفتار و شخصیت داؤد خان "صوفی مآبانه" شده بود.

تحولیکه در شخصیت سردار داؤد به خصوص در جریان دو الی سه سال آخر قدرت داری اش مشهود بود اگر از نگاه انسانی علامه پختگی بیشتر و احساس بشردوستانهٔ یك شخص عابد تعبیر شده میتواند، اما در صحنه سیاسی مظهر این صفات از طرف مردیکه به طور عموم خوف را ایجاد میکرد بحیث علایم ضعف تلقی شد. دو گروه که در ابتدای کودتای سرطان در دور "رهبر" جمع شده بودند، و در حالیکه مخالفت هایشان به طور روزافزون زیادتر و شدیدتر شده میرفت، به این عقیده رسیده بودند که رئیس جمهور در راهٔ مقصود

روان نبوده با یك جناح (یعنی در فکر شان جناح مقابل) از حد زیاد مراعات میکند، فلیهاذا یا او تجدید نظر می نماید یا اینکه از رهبر انقلابیکه دیگر به میل شان نبود بایست صرف نظر کرد و دنبال یك راهٔ حل علی البدل شد.

زیرا تنها کمونیست ها نبودند که در فکر کودتأ افتاده بودند، اما در صف مقابل هم عده ای بودند که به دلایل عکس کمونیست ها عین مفکوره در ذهن شان پیدا شده بود. از قول یك منبع، در اوآخر دورهٔ جمهوریت، جنرال غلام حیدر رسولی، از معتمدین درجه اول سردار داؤد خان، کودتای را در نظر گرفته بود چه بنظرش قدرت در حالت از هم پاشیدن بود و فکر می کرد چون "رهبر" دیگر وظیفهٔ خود را به طور دلخواه ایفا کرده نمی تواند، باید او را عوض کرد ورنه حکومت به دست کمونیست ها می افتد. اما به اتکا به منبع دیگری، با آنکه جنرال رسولی به قدرت و دبدبه اش علاقه فراوان داشت و یك تعداد افسران چپی او را فریب میدادند، اما مسلمان پخته و دل صاف، وطندوست و صادق به شخص داؤد خان بود و هیچگاه حرکتی را انجام دادنی نبود که سبب تباهی مؤسس نظام جمهوری در افغانستان شود. ناگفته نماند جنرال رسولی در روز کودتای ثور توسط کودتاچیان کمونیست پیرو خط ماسکو بشهادت رسانیده شد.

شخص دیگریکه در این مرحله گفته میشود به عین مفکوره افتاده بود سید عبدالاالله بود. سید عبدالاالله، که بر علاوهٔ معاونیت صدراعظم و وزارت مالیه حیثیت پسرخوانده سردار داؤد خان را داشت، نیز به این قضاوت رسیده بود که اوضاع روز بروز خطیر شده میرود و "رهبر" تصمیم قاطعی در مورد آن نمی

گیرد. حمیدالله خان رحیمی که از دوست های خیلی صمیمی سید عبدالالله بود و در وزارت مالیه با او بحیث رئیس گمرکات ایفای وظیفه مینمود از صحبت هایکه در این مورد وقتاً فوقتاً با هم داشتند یاد می نماید.[۲۳۸] بر اساس این روایت سیدعبدالالله و چند تن از دوستان خیلی نزدیکش، عمدتاً به عین دلیلیکه وزیر دفاع غلام حیدر رسولی غالباً در فکر آن افتاد بود، در مورد انجام حرکتی که بتواند یك تغییر چشمگیر در اوضاع کشور بیآورد غور میکردند. البته مفکورهٔ حلقه مذکور در مورد سردار داؤد خان این نبود که مبادا به شخصش صدمه ای برساند اما بیشتر اینکه به نحوی از انحأ او را از قدرت دور بسازد، غالباً به همان طوریکه جمال عبدالناصر و حلقهٔ افسران آزاد جنرال محمد نجیب را از قدرت با نرمش رویه مستعفی نموده بودند...[۲۳۹] اما به هر فکر و هر نظریکه سید عبدالالله بوده باشد، هنگام کودتای خونین ۷ ثور اوغیرتمندانه در پهلوی سردار محمد داؤد تا آخرین لحظهٔ حیاتش استاده شد.

---

۲۳۸ مصاحبه با جنرال حمیدالله رحیمی، مورخ ۲۶ نوامبر ۲۰۰۰ میلادی، الکسندریه، ورجینیا، ایالات متحدهٔ امریکا.

۲۳۹ بتاریخ ۱۰ مرچ ۱۹۵۲ میلادی جنرال محمد نجیب با حلقه "افسران آزاد" که در رأس آنها جمال عبدالناصر و در جملهٔ آنها انور السادات بودند، قدرت را در مصر گرفت. تقریباً دو سال بعد، در سال ۱۹۵۴ میلادی، جمال عبدالناصر جنرال نجیب را منزوی نموده قدرت را کاملاً بدست خود گرفت.

کودتای کمونیستی هفت ثور و آخرین لحظات حیات سردار محمد داؤد خان

در اینجا نمی خواهم در مورد چگونگی و ترتیبات کودتای هفت ثور کمونیست ها تشریح بدهم چون در آثار مختلف به اشکال و از زوایای مختلف در این مورد نگارش و تبصره شده است، [۲۴۰] اما در چوکات این کتاب آنچه در نظرم جالب می خورد اینست که از سردار داؤد و فامیل اش در لحظات آخر حیات شان، وقتیکه در داخل ارگ محاصره شده بودند و مورد حمله بی رحمانه کمونیست ها و حامیان شان قرار گرفته بودند، یاد کنم.

روزی پنج شنبه عادی ماهٔ ثور سال ۱۳۵۷ بود. طوریکه معمول آن فصل بهار میباشد باران می بارید. عموماً روز های پنج شنبه از طرف شام اعضای فامیل نزدیکش در منزل شخصی سردار داؤد خان جمع میشدند. چون آدم فامیل دوست بود و خوش داشت که حد اقل در هفته ای یك بار همه به دور یك میز جمع شوند و با هم صرف طعام نمایند، او همین گرد همآئی را مروج ساخته بود. غالباً در این روز مثل پنج شنبه های گذشته عین برنامه گردهمآئی فامیلی در پیش بود. وقتیکه صدای اولین شلیك توپ شنیده شد، تقریباً بساعت

---

۲۴۰ نگاه شود در این کتاب به " فهرست مختصر کتب و زخایر" در آنجا عده ای از کتب که در ارتباط جریانات چند دهه اخیر تاریخ کشور طبع شده است در لستی مختصر و به زاد خود نا مکمل گنجانیده شده است.

دوازدهٔ ظهر، خانم هما داؤد درخانهٔ خود بود و فکر کرد حتماً توپ چاشت است و از آن بیشتر اعتناً نکرد. اصلاً درست تصور کرده نمی توانست که در حقیقت از همان لحظه حملات کودتأچیان کمونیست آغاز یافته بود و اوضاع در حال دگرگونی سریع بود. لحظه ای نگذشته بود که شوهرش خالد داؤد، پسر سردار محمد داؤد خان، از محل شغلش در عمارت رادیو تلویزیون به خانه رسید و گفت باید به ارگ بروند. هنگامیکه احتمال بروز خطری واضح تر شد، داؤد خان، بمشورهٔ اکبر خان رئیس دفتر ریأست جمهوری، تصمیم گرفت تا اعضای خانواده را به داخل ارگ بخواهد.

خانم هما داؤد حکایت می نماید که وقتی با موتر از منزل شان به ارگ از طریق خانهٔ سردار داؤد خان رفتند آنگاه واقعاً به تشویش افتاد و احساس کرد وضع غیر عادی است. احساس نا راحتی اش بنا به اوضاعیکه در حالت انکشاف بود افزایش یافت وقتیکه به احاطهٔ ارگ با شوهر و پسرك خورد سال خود وارد شد و متوجه شد عساکر در حالت آماده باش در چهارگوشه موضع گرفته اند. اما با آن هم هنوز درست درك کرده نتوانسته بود گپ از چه قرار است و چه سبب ایجاد چنین یك حالت اضطراری شده بود.[۲۴۱]

اعضای دیگر فامیل، که از هر طرف آهسته آهسته رسیده بودند و از آنچه می گذشت متحیر بودند، در دفتر کار رئیس جمهور، واقع در منزل دوم

---

۲۴۱ مصاحبه با خانم هما داؤد، مورخ ۲۲ جنوری ۲۰۰۱ میلادی، آرلینگتن، ایالت ورجینیا، ایالات متحدهٔ امریکا. خانم هما داؤد عثمان، دختر محمد اسماعیل عثمان، با خالد پسر سردار محمد داؤد در سویس نامزد شده و بعد از ازدواج در سال ۱۹۷۳ به کابل جهت اقامت برگشت.

عمارت گلخانهٔ ارگ، جمع شده بودند. در حالیکه هنوز اوضاع بسیار خراب نشده بود و ساعت های بعد از ظهر بود، پیشنهاد شد خانم ها و اطفال توسط وسایط نقلیه کشیده شوند، اما میرمن زینب، زوجهٔ رئیس جمهور و خواهر پادشاهٔ سابق افغانستان، پیشنهاد را رد کرد وبپیروی از تصمیم او همه خانم های حاضر ارادهٔ خود را روشن ساختند که ایشان نیز می خواهند با شوهر هایشان در همین جای باشند، بخصوص که پسران سردار داؤد خان به هیچ صورت حاضر نبودند پدر خود را تنها بگذارند.

اگرچه خبر های درست و دقیق به اعضای فامیل نمی رسید، اما موضوع روشن و هویدا شده رفت که دشمن در حالت پیشرفت است و قصر ریأست جمهوری را بحیث مرکز قدرت هدف خود قرار داده است. بزودی تلفون ها قطع شد. چون در منزل بالا به آسانی هدف بمباران کودتأچیان میتوانستند قرار بگیرند و مصئونیت آن اطاق نسبت به ارتفاع آن و موجودیت کلکین های زیاد کافی نبود، تصمیم گرفته شد تا همه به منزل اول انتقال داده شوند. همینطور شد و اعضای فامیل در اطاق طعام خوری کلانیکه در منزل پایین واقع بود منتقل شدند. خانم هما داؤد حکایت میکند تا زمانیکه در منزل بالا در دفتر داؤد خان بودند،کسی زخمی نشده بود. اما وقتیکه در پایین جابجا شدند، در حینکه حملهٔ کودتأچیان کمونیست شدیدتر شد و در حالیکه مقاومت غیرتمندانه قطعهٔ گارد جمهوری در مقابل وسایل تسلیحاتی دشمن رو به نابودی روان بود، مرمی ها و چرهٔ های خمپاره های دشمن در داخل ساختمان بدون تشخیص زخم و تلفات ایجاد می کرد. غالباً نخستین نفریکه زخمی شد و به زودی جان خود را از دست داد محمد عمر پسر کلان سردار محمد داؤد خان بود.[۲۴۲] زوجهٔ

مرحومی، خانم گلالی داؤد، دختر عبدالله خان ملکیار، هشت مرمی را به جان خود خورد و یك دخترکش (غزال) در همین حادثه در داخل ارگ شهید شد و دیگری بعداً در شفاخانه در اثر زخم هایش جان را از دست داد.

اگرچه سردار نعیم خان بر پای خود گلوله خورده بود، داؤد خان و برادر با وفایش تا حملهٔ آخری صبح هنوز هم زنده بودند. بعد از اینکه آنچه از گارد جمهوری باقی مانده بود نا چار تسلیم شد، وقتی کمونیست ها در لحظات اول فجر دروازهٔ گلخانه را باز کردند و از داؤد خان خواستند تسلیم شود، او پاسخ داد که هرگز به کمونیست های نوکر روس خود را تسلیم نخواهد کرد. در اثر تبادله گلوله که بین عسکر های کودتاچی به سرکردگی یك تن افسر بنام امام الدین و سردار محمد داؤد خان در این اثنأ صورت گرفت، یك تعداد دیگر از محاصره شدگان خانوادهٔ اش زخمی یا شهید شدند.

تعداد شهدای این حادثه تنها از فامیل سردار داؤد خان به بیست تن می رسد و اگر سید عبدالاالله، عبدالقدیر نورستانی، صاحب جان خان گارد، و

---

۲۴۲ جنرال نذیر کبیر سراج، در اثر جالب خود *رویداد های مهم نیمهٔ اخیر سدهٔ بیست در افغانستان*، ص ۱۱۳، می نویسد که محمد عمر در حالیکه پدرش را همراهی میکرد در مقابل زینه گلخانه در اثنائی بالا شدن در موتری زخمی شد. اینجا باید متذکر شد که در نتیجهٔ فیصلهٔ همکاران حاضر در آن لحظات، بشمول یك تعداد وزرأ، قرار بود داؤد خان از ارگ برآید و با استفاده از همکاری یکی از قشله های مربوط به قوای مرکز حملهٔ کودتاچیان کمونیست را دفع کند. جنرال نذیر کبیر سراج علاوه می نماید که تیر اندازی مذکور توسط یك تن از صاحب منصبان گارد جمهوری طرف اعتماد سردار داؤد خان صورت گرفت. اما خانم هما داؤد تشریح جنرال کیبر سراج را در مضوع شرایط زخمی شدن پسر کلان سردار محمد داؤد رد نموده تأکید مینماید او در بیرون نه بلکه در داخل عمارت جراحت برداشت.

سردار محمد داؤد با اعضای فامیلش. از راست به چپ: زرلشت (دختر)، زینب (زوجه)، شینکی (دختر)، درخانی (دختر). (کولکسیون شخصی خانم درخانی نور)

سردار محمد داؤد با عده ای از نواسه هایش. از راست به چپ : اکبر، پسر درخانی؛ سردار محمد داؤد؛ هیله، دختر عمر؛ وایگل، پسر ویس. عکس در روز جشن جمهوریت در باغ مربوط منزلش گرفته شده است (کولکسیون شخصی خانم درخانی نور).

سردار محمد داؤد و داکتر عبدالرحیم نوین حین دیدن از نمایشی در کابل. در عقب رئیس جمهور (بطرف چپ) وزیر تجارت جلالر نیز دیده میشود. جلالر بشکل بسیار ماهرانه تا اشتراکش در کودتای خونین هفت ثور هویت اصلی خود را افشأ نکرده و برخوردار خوشبینی سردار محمد داؤد بود.

اعضای گارد جمهوری که در داخل ارگ شهید شدند و دیگر اشخاص مانند وزیر دفاع غلام حیدر رسولی که در همان روز و شب کودتای ننگین هفت ثور بدست رجال خائن و وطنفروش به شهادت رسانیده شدند احتمال دارد که تعداد آنها از دو الی سه هزار تن کم تر نباشد!

بعد از حملۀ آخری، کمونیست ها آن عده اعضای فامیل سردار محمد داؤد را که هنوز زنده بودند به شفاخانه جمهوریت انتقال دادند. آنهایکه متحمل جراحت های ثقیل شده بودند در شفاخانه برای دورۀ طولانی تر باقی ماندند (مانند خانم گلالی داؤد)، متباقی آنها را به بندی خانه پل چرخی برده حبس کردند. باوجود مطالبۀ مکرر بازماندگان شهدای فامیل مرحوم سردار محمد داؤد، نمایندگان حکومت دستنشاندۀ روسها هیچ وقت حاضر نشدند تا برایشان در مورد محل تدفین آنهای را که در آن حادثه هفت ثور کشته بودند معلومات بدهند. تا امروز معلوم نیست که آیا در داخل احاطۀ ارگ، در مقابر دسته جمعییکه کودتاچیان در شب عمل ننگین خود عجالتاً در گوشۀ میدان هوائی خواجه رواش حفر کرده بودند، و یا در محل نا معلوم دیگری در مسیر شاهراۀ کابل جلال آباد،[۲۴۳] بدون مراعات عنعنات اسلامی، اجساد لاحیات شان را به خاك سپرده اند؟ ۲۳ سال بعد از آن واقعه خونین، هنوز موضوع بصورت دقیق معلوم نیست، اما یك عده مسئولین کمونیست عامل این حادثه هنوز هم در چهار گوشه جهان در قید حیات هستند و بدون تردید از ایشان با استفاده از امکانات و طرق قانونی سئوال و بازخواست شده میتواند تا در زمینه روشنی اندازند...

---

۲۴۳ طوریکه روزی یك مرجع موضوع را مختصراً با خانم هما داؤد در میان گذاشته بود.

با در نظر داشت شرح فوق و حالت محاصره که در آن سردار داؤد خان قرار داده شده بود، چندین سئوال مطرح میباشد که البته جواب یافتن به آن دشوار خواهد بود چه از یك طرف آنهایکه پاسخ داده می توانند دیگر از این دنیا نیستند و از سوی دیگر خود را قرار دادن در موقف شخصی مانند داؤد خان، که با شرایط خاصیکه آنچنین لحظات خطیر ایجاد میکند روبرو شده بود، تقریباً نا ممکن است. اما اگر باز هم بخواهیم سئوالاتی را مطرح نمائیم، میتوانیم بپرسیم ...

– چرا سردار محمد داؤد فامیل خود را در ارگ جمع کرد؟

– چرا وقتیکه فامیل خود را در ارگ جمع کرده بود و در حالیکه اوضاع وخیم شده بود آن را جبراً از ارگ نکشید و به سوی یك محل مصئون تری نفرستاد؟

– چرا وقتیکه اوضاع به شکلی خراب شده بود که دیگر برآمدن دشوار بود فامیل را به حرم سرای که دارای موقعیت مصئون تر بود نفرستاد؟

– چرا در لحظات اول کودتأ، قبل از اینکه کاملاً محاصره شود، سردار محمد داؤد بلافاصله نبرآمد و به یکی از قشله ها یا مراکز ولایتی نرفت تا با اوضاع مخالف مقابله کرده بتواند؟[۲۴۴]

– و بلآخره چرا، در حالیکه اوضاع بوضاحت خرابتر شده بود اما یك طرفه نشده بود، جهت سرشتهٔ علی الفور مقاومت از راهٔ نسبتاً مطمئن تر وزارت خارجه که احاطه اش متصل به ارگ بود استفاده نکرد تا خودش و یا برادرش سردار نعیم را بکشد؟

---

۲۴۴ اگرچه به نقل قول از چند منبع در زمینه کوشش شد اما اوضاع مخالف بود.

اما متأسفانه جواب دقیق به این پرسش ها وجود ندارد. تحلیل و فرضیات که امروز مطرح می شود در واقع بیهوده است چه بغیير از پروردگار عالم کسی دیگر نمی داند در آن شرایط در ذهن مرحوم سردار محمد داؤد چه می گذشت. مگر از نگاه احساساتیکه داؤد خان داشت می توان حدس زد مردیکه عمر خود را در راهٔ عشق و آرزوی که برای وطن و اعتلای آن داشت صرف کرده بود تا چه حد متأسف و متأثر میتوان بود. بانی نظام جمهوری در افغانستان، در حالیکه در طول عمر سیاسی خود به اردوی کشور ارزش خاص قائل شده بود، اکنون میدید که نه تنها آن اردو توان انسجام و مقابله با کودتاچیان را نداشت بلکه از بین آن همان عده صاحب منصبان و خورد ضابطان که برخوردار توجه و پرورش خاصش شده بودند اکنون مقابلش برخاسته و تشنهٔ خون خودش، فامیلش و همکاران صادقش شده اند!

دامیکه داؤد خان در آن افتاده بود و حالت ناتوانی که در آن قرار داشت، همه طبعاً سبب زجر و شکنجه روحی که قابل تصور نخواهد باشد برایش بود اما با طاقت و خون سردی فوق العاده آنرا تحمل کرده در مقابل کودتاچیان کمونیست سر تعظیم خم نکرد و در برابر خطریکه متوجه اش بود بی اعتنا استاده شد تا اینکه گلوله های دشمن کمونیست سینه پر غرورش را شکاف کرد.

روز کودتأ وحید عبدالله مرحوم در حدود دوازده بجهٔ ظهر از ارگ که در آنجا جلسه وزرأ دائر بود به دختر خود مریم سلطان، که در شرکت بیمهٔ

افغان کار می کرد، تلفون نمود و برایش هدایت داد توطئه ای در جریان است و باید به خانه برود.[۲۴۵] تا چند ساعت اول وحید عبدالله با فامیلش در کارته وزیر اکبر خان بطور مرتب تماس گرفته نسبت به اوضاع خاطر جمعی می داد. اما در حدود ساعت پنج بعد از ظهر اوضاع را وخیم تر ارزیابی کرده هدایت داد که چون خودش در ارگ ماندنی است، باید فامیل به منزل دوست صمیمی اش آقای فرید رشید برود و در آنجا منتظر انکشاف و عاقبت آنچه در جریان است باشد. در آخرین تماس تلفونی اش قبل از اینکه تلفون ها قطع شود، وحید عبدالله صرف خواست اطمینان حاصل کند که آیا فامیلش به سلامتی تا منزل دوستش رسیده است یا خیر.

در حدود دوازده بجه شب، غالباً جهت جلب کمك، وحید عبدالله، تیمور شاه آصفی و عبدالمجید "یاور" از راۀ وزارت خارجه برآمدند. در حدود یك بجه شب، وحید عبدالله به هر شکلیکه بود خود را به منزل دوست خود فرید رشید رساند. اما وقتیکه در صدد آن شد تا با پوشیدن پیراهن و تنبان گیبی دوباره برآید و سراغ دریافت کمك شود، فامیلش و دوستش فرید رشید، چون از یك طرف قیودات شب گردی از جانب کودتاچیان تحمیل شده بود و از طرف دیگر بدون شك، به گفتۀ خود مرحومی، کمونیست ها "تشنۀ خون" اش بودند، متفقاً او را متوجه خطریکه متحمل میشد ساختند.

در حالیکه مریم دخترش و داکتر فرید رشید دوستش به وی پیشنهاد

---

۲۴۵ مصاحبۀ تلفونی با خانم مریم سلطان، دختر مرحوم وحید عبدالله، مورخ ۱۱ مارچ ۲۰۰۱ میلادی. خانم مریم سلطان فعلاً در ایالت کلیفورنیا، ایالات متحدۀ امریکا، اقامت دارد.

نمودند یا به خانۀ همسایه که در آن اعضای قطعۀ صلح[۲۴۶] امریکائی بود و باش داشتند پناه ببرد و یا اینکه چون سفیر عربستان سعودی دوست شخصی اش بود به سفارتخانۀ آن کشور پناه ببرد، مرحوم سید وحید عبدالله این دو راه را قبول نکرده بیشتر در فکر این بود وسیله ای پیدا شود تا خود را به پاکستان برساند. اما چون شرایط کاملاً نا مساعد بود وقتیکه کمونیست ها توسط رادیو از جنرال ها و وزرأ خواستند خود را تسلیم نمایند، و چون وحیدعبدالله آگاهی پیدا کرد که شخصیت های چون نور احمد خان اعتمادی و ابراهیم خان مجید سراج خود را تسلیم کرده بودند، او هم به این مصلحت رسید باید عین کار را انجام بدهد، بفکر اینکه بعد از سپری در نهایت چند سال را در محبس رها خواهد شد... همان بود که با همراهی دوستش داکتر فرید رشید به هوتل کابل را که کمونیست ها بدین منظور مرکز تعیین کرده بودند رفت و خود را تسلیم کرد.

از آن ببعد برای مدت تقریباً دو هفته، با وجود تلاش های زیاد، فامیلش از سرنوشت وی بی خبر ماند تا اینکه در جریان مصاحبۀ مطبوعاتی که به خاطر معرفی انقلاب ثور به نمایندگان رسانه های خارجی ترتیب داده شده بود، نور محمد تره کی، به جواب سئوال یك تن خبرنگار خارجی (هندی) در مورد سرنوشت سید وحید عبدالله، به شکل بسیار خشك و کوتاه اشاره کرد که نامبرده "در اثر مقاومت کشته شد"! و به همان طوریکه در مورد محل تدفین اعضای فامیل شهید سردار داؤد اشاره کردیم، محل تدفین جنازۀ شهید سید وحید عبدالله نیز تا امروز نا معلوم مانده است.

---

۲۴۶ قطعۀ صلح : Peace Corps

خانم مریم سلطان، دختر مرحومی، حکایت می نماید بتاریخ اول ثور، یعنی چند روز قبل از کودتای خونین کمونیست ها، سالگرهٔ خواهرش ناجیه را تجلیل کرده بودند. در آن محفل، مرحوم وحید عبدالله، در حالیکه می دانست وضع عمومی کشور خراب بود و کمونیست ها بر فعالیت های تخریبی خود شدت بخشیده بودند، به دوستیکه او را متوجه ساخت دکمهٔ پیراهنش باز شده است او بپاسخ چنان پیشگوئی کرد: «مرگ من مرگ عادی نخواهد بود: این سینه برای گلوله است! »...[۲۴۷]

البته کمونیست ها، جهت پوشاندن اعمال شوم و خون آشام هفت ثور خویش، که به گمان اغلب با همکاری سفارت اتحاد شوروی سنجیده و طرحریزی شده بود، موضوعات را از زاویهٔ دید خود و با تحلیل و الفاظ خاصهٔ خود به مردم افغانستان و به جهانیان معرفی کردند. دوازده روز بعد از کودتای خونین هفت ثور، رهبر رژیم جدید، نور محمد تره کی، در بیانیهٔ رادیوئی خود علت کودتای خونین هفت ثور را چنین تشریح داد: «در ۲۶ سرطان ۱۳۵۲ کودتای نظامی به شرکت یك عده افسران وطنپرست در افغانستان به وقوع پیوست که در نتیجهٔ آن ظاهراً رژیم سلطنتی ساقط گردید، زمینه سرنگونی رژیم فاسد و منسوخ سلطنتی با مبارزه نیرو های وطنپرست انقلابی به پیش آهنگی حزب دموکراتیك خلق افغانستان در کشور قبلاً آماده گردیده بود. ولی سردار محمد داؤد مستبد و جاه طلب مزورانه و به شیوه مکیاولیستی قدرت دولتی را

---

۲۴۷ مصاحبهٔ تلفونی با خانم مریم سلطان، دختر مرحوم وحید عبدالله، مورخ ۱۱ مارچ ۲۰۰۱ میلادی. خانم مریم سلطان فعلاً در ایالت کلیفورنیا، ایالات متحدهٔ امریکا، اقامت دارد.

در وجود خوداش متمرکز ساخت...».[248] کمی دور تر در عین سخنرانی خود تره کی ادامه میدهد: « ... طی پنج سال عملاً هیچگونه تغییر در جهت ترقی اجتماعی و اقتصادی کشور رونما نگردید. بقایای مربوط به سلطنت فرتوت و بوروکراسی فاسد و ماشین شکنجه دهنده رژیم سلطنتی و طبقات حاکم ستمگر و استثمارگر در کشور زنده و پابرجا باقی ماند.»[249]

کلمات فوق الذکر نور محمد تره کی نمایانگر یأس کمونیست ها (چه خلقی و چه پرچمی) است که با مفکوره زیربنائی و مخفیانه که می توانند قائد جمهوریت جدید التأسیس را زیر تأثیر خود بیاورند، رژیم سوسیالیستی پیرو خط ماسکو را در کابل تأسیس نمایند و آهسته آهسته افغانستان را در جملهٔ اقمار اتحاد شوروی شامل بسازند، در لباس "مترقی" در جمع هواخواهان سردار محمد داؤد خود را شامل کرده بودند. البته در جریان تحولاتیکه آنها سنجیده بودند، بانی نظام جمهوریت، که برای آنها صرف حیثیت یك وسیله را داشت، بایست منزوی می شد و اگر مقاومت نشان می داد، باید سرنگون می شد. اما متأسفانه برای کمونیست ها و حامیان شوروی شان، سردار محمد داؤد انگیزه ای دیگری داشت و در راهٔ دیگری روان بود و از آن لحاظ او را بلآخره از بین بردند...

---

۲۴۸ نور محمد تره کی، خطوط اساسی وظایف انقلابی جمهوری دموکراتیك افغانستان ۷ ثور ۱۳۵۷، متن بیانیه رادیوئی مورخ ۱۹ ثور ۱۳۵۷نور محمد تره کی رئیس شورای انقلابی و صدر اعظم جمهوری دموکرتیك افغانستان، مطبعه دولتی (؟)، کابل، صفحهٔ ۳۵ و ۳۶.

۲۴۹ نور محمد تره کی، خطوط اساسی وظایف انقلابی جمهوری دموکراتیك افغانستان ۷ ثور ۱۳۵۷، متن بیانیه رادیوئی مورخ ۱۹ ثور ۱۳۵۷نور محمد تره کی رئیس شورای انقلابی و صدر اعظم جمهوری دموکرتیك افغانستان، مطبعه دولتی (؟)، کابل، ص ۳۷.

اختتامیه

بعد از مطالعه شخصیت، نظریات و سیاست های سردار محمد داؤد– ولو مختصر، با نواقص و خلأ های زیاد –، بدون شك گفته می توانیم هدف مفکوره سیاسی سردار داؤد خان صرف آباد کردن یك افغانستان استوار، محکم، مترقی و مستقل بود و تا او به این هدف خود برسد از تقریباً هیچگونه زحمت یا ایثار – چه برای خود و چه برای دیگران... – دریغ کردنی نبود. سردار محمد داؤد از حالت فقر و پسماندگی کشور خود زجر می برد و خجالت می کشید چرا کشورش که مغرور تاریخ کهن و شاهکاری های خود است در این حالت باقی مانده است در حالیکه ملل دیگر جهان به سطوح ترقی که قابل مقایسه نیست رسیده اند؟ داؤد خان همین احساس خود را طی بیانیۀ افتتاحیه لویه جرگه سال ١٣٥٥، در حالیکه وکلای حاضر را خاطر نشان میسازد وقت آن رسیده است تا همه در راۀ انکشاف وطن جداً تلاش نمایند، چنین اظهار میکند: «*ای*

سردار محمد داؤد

ملت که در سخت ترین پیکار تاریخ پر افتخار خود همت عالی و غرور ملی خود را از دست ندادید، چرا امروز بخود احساس ضعف و ناتوانی می نمائید؟

قبای زندگانی چاك تا کی

چو موران زیستن در خاك تا کی

بپرواز آ و شاهینی بیاموز

تلاش دانه در خاشاك تا کی»[۲۵۰]

از جوانی تا آخرین لحظات حیاتش، داؤد خان تمام قوت و توجهٔ خود را صرف کشورش و مردمش کرد. اگر با اولاد خود صحبت می کرد، اگر با دوستان خود اختلاط می کرد، اگر برای تفریح به هواخوری در کوچه های کابل سر میزد، اگر کتابی می خواند، ... همه به ارتباط، در مورد، برای کشورش افغانستان بود! گفته می توانیم احساسات داؤد خان در مقابل خاکش از عشق کمتر نبود.

خیلی ها اند که داؤد خان را "قدرت طلب" و "تشنهٔ قدرت" و حتی "مستبد" خوانده اند. قبل از اینکه در زمینه مطالعات عمیق تر را انجام بدهم، و در حالیکه در مورد شخصیت و کار های سردار محمد داؤد معلومات نسبتاً سطحی داشتم، غالباً من هم کم و بیش همین قضاوت را در مورد او می کردم، اما اکنون نظری دیگری دارم: بلی! داؤد خان "قدرت طلب" و "تشنه قدرت" بود، اما نه به اینکه او قدرت را برای لذت بردن از آن خوش داشته باشد لیکن

---

۲۵۰ متن بیانیه افتتاحیه لویه جرگه سال ۱۳۵۵ در آخر این جلد در قسمت مربوط به ضمایم بصورت کامل آورده شده است. در اینجاه داؤد خان پارچه ای از شعر اقبال لاهوری را می خواند.

قدرت را بحیث یك وسیله استعمال میکرد از طریق آن بتواند برنامه و آرزو های که برای کشور خود داشت تطبیق نماید. صفت "مستبد" (دیکتاتور) را به معنی که امروز این کلمه احتوا می نماید نیز برای تعریف رابطه سردار داؤد خان با قدرت رد کرده می توانیم. شهید سردار محمد داؤد از قدرت برای استفادۀ شخصی خود و یا اولاد خود بهیچ وجه استفاده نکرد - که این هم نمایانگر صداقت و امانت داری وی میباشد - در حالیکه یك "مستبد" معمولاً بیت المال را مال خود می داند و بین خزانۀ شخصی و ملی فرق کرده نمی تواند.

کلمه "دیموکراسی" یکی از همان کلماتی است که در چهار طرف دنیا مروج و تقریباً در هر زبان شامل شده است. ولی درحالیکه ذهنیت عمومی بر این عقیده است معنی این کلمه باید واحد باشد، در واقع عین لغت به مفهوم های بسیار متفاوت و حتی متضاد استعمال می شود: آیا حکومت خونخوار و ظالم کمونیست های خلقی و پرچمی در کشور ما بنام "دیموکراتیك" رژیم خود را معرفی نمی کرد؟... مثال ها برای تصدیق این موضوع خیلی زیاد است لیکن اینجا لازم نیست در این مورد اضافه گوئی شود زیرا منظور اینست در حالیکه یك تعداد مردم داؤد خان را "غیر دیموکرات" می خوانند، خودش دیگران را متهم به عدم رعایت دیموکراسی می کرد. او سیستم دیموکرات مآبانه دورۀ مشروطیت را "دیموکراسی قلابی" خوانده سیستمی را که خودش توسط قانون اساسی سال ۱۳۵۵ مستقر کرد، با وجود اینکه آن قانون سیستم یك حزبی را بمیان آورد، به نظرش "دیموکراسی واقعی" بود...

داؤد خان کرسی صدارت را بعد از سپه سالار شاه محمود خان اشغال

کرد. چون آزادی هاییکه عمش به مردم اعطأ کرده بود موجب بی نظمی ها گردید، از این لحاظ او مصمم بود جلو آن نوع بی بند و باری یا "انارشی" را در دوران صدارت خود بگیرد و چنان کرد. به همین شکل، وقتیکه داؤد خان طی کودتای ۲٦ سرطان قدرت را گرفت، آن بعد از یك دوره نظام شاهی مشروطه صورت گرفت که در طول آن مدت از آزادی هایکه حکومت قائل شده بود توسط بعضی گروه ها و حلقه ها استفاده سؤ شده بود و صحنه سیاسیی مملکت پرماجرا و بی ثبات گشته بود. بنا بر برداشت که از تجارب دو دورۀ مذکور داشت داؤد خان غالباً به این عقیده رسیده بود که مردم افغانستان از نگاه سیاسی و تجربه دیموکراسی به مفهومیکه در کشور های اروپای غربی یا امریکا تشخیص شده می تواند هنوز هم "صغیر" است. او فکر می کرد تا یك ملت به یك سطح رشد اقتصادی، اجتماعی و تعلیمی نرسد نمی تواند سرنوشت خود را کاملاً بدست بگیرد و یا حد اقل در تعیین آن سهم فعال و سازنده داشته باشد. همچو والدین که سالیان متمادی زحمت می کشند و خواری را قبول می کنند تا طفل خود را از امراض دور نگاه کنند، تغذیه اش کنند، تعلیم و تربیه برایش بدهند تا اینکه به سن بلوغ صحیح و سالم برسد و بر پای خود مجهز با عقل و شعور لازمه استوار شود، داؤد خان می خواست نخست ملت افغانستان را آماده سازد قبل از اینکه برایش حقوق حقه اش که از حقانیت آن انکار نمی کرد بدهد.

سردار محمد داؤد شخص پیرو اصول، عابد، وطندوست و ترقی طلب بود. بدون شك چه در جریان صدارت خود و چه در جریان جمهوریت خود در راۀ آبادی و ترقی کشور خیلی زحمت کشید، و با جلب کمك ها و همکاری

های تخنیکی، چه از غرب و چه از کشورهای پیمان وارسا، به مؤفقیت های چشم گیر در چوکات پلان های اقتصادی خود نائل شد: سرك، مکتب، شفاخانه، میدان هوائی، بند آب، قشله و حتی بندی خانه، و امثالهم... را آباد کرد. مؤفقیت و توجه داؤد خان در جلب بودجه های امدادی و انکشافی در دورهٔ جمهوریتش به قدر بود که برای بار اول باید حکومت افغانستان طرق مصرف پول های گزافیکه از طرف بعضی کشور های دوست – بخصوص ممالك خلیج فارس – وعده داده شده بود، میآفت؛ و این حالت بی سابقه در تاریخ معاصر کشور بود.

فکر می کنم اصلاً در مورد نقش بارز و مجموعاً مفیدیکه سردار داؤد خان در ساختار تأسیسات اقتصادی کشور و بناً در رشد و بهبود وضع اقتصادی و اجتماعی مردم افغانستان به طور عموم ایفأ کرده است اتفاق نظر وجود دارد. احتمالاً از همین جهت وقتیکه به قدرت برگشت و طالب جذب کمك ها و همکاری خارج شد با مؤفقیتهای چشمگیر مواجه شد، که اکثراً امید چنان یك پیشآمد مثبت از جانب دول خارجی را قطعاً نداشتند.

داؤد خان عمدتاً در ساحات سیاست خارجی و سیاست داخلی اش مورد انتقاد قرار می گیرد. در قسمت سیاست اجتماعی و داخلی اش، طوریکه در مورد آن در صفحات این کتاب اشاره کرده ایم، انتقاد بر این بود که داؤد خان سختگیری نشان می داد و به گروه ها و حلقه های سیاسی موقع ابراز موجودیت رسمی و بناً فعالیت رسمی را نمی داد. این موضوع قابل تردید نیست و فوقاً به پاسخ آن قسماًپرداخته ایم. اما این را هم باید علاوه کرد که سردار داؤد خان

زادهٔ و نتیجهٔ ذهنیت های حاکم و مروج در عصر و زمان خود بود. اگر افغانستان آن زمان را – چه در دورهٔ صدارتش و چه دورهٔ جمهوریتش – با کشور هایکه از نگاه سطح و مشخصات اقتصادی و اجتماعی با افغانستان همردیف و مشابه بودند (مثلاً مصر، مراکش، سوریه، عراق، ...) مقایسه نمائیم، نظام و طرز حکومت داری قدرت های حاکم بر آن کشور ها با آن طرزیکه در افغانستان حاکم بود چندان تفاوت نداشت و حتی احتمال زیاد دارد در کشور ما رفتار دولت نسبت به خیلی دول دیگر نرم تر بوده باشد، ولو که از نگاه داخلی و بخصوص در بین طبقهٔ "روشن فکر" مشتش سنگین تلقی شده باشد.

از نگاه سیاست خارجی، داؤد خان به چند مؤفقیت قابل ملاحظه نائل شد: در دورهٔ صدارت خود توانست بی طرفی افغانستان را حفظ نماید و آنرا بحیث یکی از مؤسسین جنبش کشور های غیر منسلك بشمار بیآورد. محمد داؤد، صدراعظم نسبتاً جوان، پر نیرو و پر آرزوی افغانستان، کشورش را در صحنه بین المللی معرفی کرد و بمنظور آبادی و ترقی مملکت خود همکاری های تخنیکی و اقتصادی کشور های پیمان های مخالف را جلب کرد، که آنهم نمایانگر مهارت سیاسی مبتکر آن میباشد.

چون امریکا در خواست های کمك و خریداری تجهیزات تسلیحاتی حکومت افغانستان را مکرراً رد کرده توجه و حمایهٔ خود را به کشوریکه با آن افغانستان در سرحد جنگ بخاطر موضوع پشتونستان رسیده بود تخصیص داد، داؤد خان نزدیکی با اتحاد شوروی را از روی شرایط و نا چارگی اختیار کرد. نا گفته نماند امریکا عین اشتباه و کوتاه سنجشی را در حق مصر مرتکب شده بود

وقتیکه جمال عبدالناصر به سلاح و دریافت پول برای تقویت و انکشاف کشور خود ضرورت داشت و امریکائیان با ارائۀ شرایط پیچیده و نا مناسب، اجباراً او را به سوی اتحاد شوروی کشانیده بودند. این همه انکشافات در حالی صورت میگرفت که رهبریت جدید اتحاد شوروی بدست نیکیتا خروتچف افتاده بود و او سیاست جدیدی را طرح کرده بود. خروتچف فهمیده بود که اگر کشورش می خواهد در مسابقۀ جهانییکه در آن با پیمان مقابل برهبری امریکا مشغول است مؤفق شود، به جلب همکاری کشور های جهان سوم و کشور های جنبش عدم انسلاك ضرورت می داشته باشد. به عین شکلیکه "الرئیس" جمال عبداناصر در آن زمان از همکاری و خوشآمد روسها برای انکشاف و تقویت نظامی کشور خود استفاده کرده بود، سردار داؤد از امکانات و سهولت هایکه روسها بدسترس افغانستان می گذاشتند استفاده کرد اما بدون اینکه کشور خود را به قمر اتحاد شوروی مبدل نماید و بدون اینکه افغانستان موقف بی طرفی سیاسی خود را از دست بدهد.

و بلآخره موضوع پشتونستان، که یکی از دلایل عمده نارضایتی هایکه در اوآخر دورۀ صدارت سردار محمد داؤد خان ایجاد شده بود بشمار میرود، در دورۀ جمهوریت رو به حل روان بود. بعد از یك مدت نسبتاً کوتاه ماجرا و خصومت در ابتدای جمهوریت، بر اساس میانجگری کشور های دوست چون ایران، فعالیت های میانجی های خیرخواه چون امریکائی ها و، نا گفته نماند، تأثیر شرایط عصر و زمان که نسبت به ده سال قبل، وقتکیه داؤد خان صدرعظم بود، خیلی فرق کرده بود، حکومات واقع دو طرف خط دیورند را وادار به مذاکره و مفاهمه بمنظور مصالحه ساخته بود. مسافرت های علی بوتو به کابل و

داؤد خان به پاکستان روابط دو جانب را نسبتاً عادی ساخت و امید قوی وجود داشت در آیندهٔ نزدیك همه مشکلات مربوط به قضیهٔ پشتونستان بخوبی رفع شود.

درآخر گفته می توانیم جمهوریت سردار محمد داؤد خان، بدون چشم پوشی از مشکلات و نواقصش که در مورد آن در این کتاب بسا مراتب اشاره و توضیحاتی داده شده است، رویهم رفته یك صورت مثبت و کامیاب را بخود گرفته بود. سردار محمد داؤد، بمنظور رسیدن بمقصد اعلی ترقی و رسیدگی‌کشورش، که آنرا بحیث وظیفه یگانه و اعلای زندگی خود تعیین کرده بود، از هیچ نوع ایثار دریغ نکرده کشور را تدریجاً در راهٔ مقصود برابر کرد. یگانه غفلت داؤد خان بر این بود که فریب افراد نا مطلوب را خورده اشخاص مانند حسن شرق، جیلانی باختری، جلالر، پاچاگل "وفادار"، فیض محمد، ضیأ مجید، قادر و امثالهم را پرورش و حمایت کرد: همان افراد کمونیست و چپگراه که در لباس "مترقی" دورش را حلقه زده بودند و در انتظار موقع مناسب، در انتظار کسب قدرت برای پیاده کردن انقلاب "سوسیالیستی واقعی" چشم هایش را پوشانده بودند...

کودتای خونین هفت ثور نه تنها به دورهٔ جمهوریت سردار داؤد خان بی رحمانه خاتمه داد بلکه در حقیقت به یك دورهٔ تاریخ کشور افغانستان هم پایان بخشید. انصافاً گفته نمی توانیم بین دورهٔ شاهی و دورهٔ کوتاه "جمهوریت ۲۶ سرطان" که داؤد خان تأسیس کرده بود، بغیر از نام رهبر، شکل اعلام شده نظام کشور و آرزو های قدرت جدید، کدام تفاوت فاحش بوجود آمده بوده باشد که

در اثر آن زندگی مردم افغانستان دفعتاً دگرگون شده باشد. بر عکس، کمونیست های "انقلاب ۷ ثور" خواستند تحولات واقعاً "انقلابی" را ایجاد کنند که بر اساس آن بنیاد و ریشه فرهنگ، تاریخ، عنعنات و دین مردم افغانستان بایست محو میشد و بعوض آنها ارزش ها، عنعنات، و تاریخ یك کشور بیگانه (اتحاد شوروی) حاکم میشد. کمونیست های دستوری با شهید ساختن بشکل بسیار بی رحمانه سردار محمد داؤد، همراه با عدهٔ کثیر اعضای فامیلش و یك تعداد شخصیت های سیاسی و نظامی کشور، یك مرحله تاریك را در تاریخ افغانستان باز کردند که تا امروز، تقریباً یك ربع قرن بعد از آن واقعه، کشور پس به حالت "عادی" خود برنگشته است و در حالت وخیم تری قرار دارد. کمونیست ها با وجود حمایت قوای اشغالگر روس به زودی بشکست مواجه شدند و بغیر از بین بردن بصورت بنیادی چوکات و ریشهٔ جامعه و فرهنگ کشور و ملت افغانستان به دیگر چیزی مؤفق نشدند.

با در نظر داشت جوانب مثبت و منفی شخصیت شهید سردار محمد داؤد، با ملاحظه مؤفقیت ها و ناکامی هایش، بدون تردید گفته می توانیم موصوف یکی از برجسته ترین شخصیت های سیاسی زمان معاصر افغانستان بشمار می رود و لازم بنظر میخورد راجع به نقش و تأثیر اعمال و افکار وی در جریان دورهٔ مذکور از جانب محققین و دانشمندان محترم مطالعات همه جانبه صورت بگیرد و طی کتب، مضامین و بحث های علمی نتیجهٔ آن به آگاهی مردم رسانده شود.

شرح تواریخ مهم

۱۹۰۹

تولد سردار محمد داؤد ولد سردار محمد عزیز در شهر کابل.

۱۹۲۱

مسافرت به پاریس .

۱۹۳۱

ختم تعلیمات چه ملکی و چه نظامی.

۱۹۳۲

ترفیع به رتبهٔ فرقه مشری و تقرر به سمت قوماندان عسکری حوزه مشرقی.

۱۹۳۳

حاکم اعلی مشرقی

۱۹۳٤

سردار داؤد با زینب خاتون خواهرمحمد ظاهر شاه ازدواج مینماید.

۱۹۳۵

ارتقا به رتبه فرقه مشری اول و تقرر بحیث نایب الحکومه و قوماندان نظامی قندهار و فراه.

۱۹۳۹ الی ۱۹٤۷

داؤد خان بحیث قوماندان قوای مرکز ایفای وظیفه مینماید.

۱۹٤۵

سردار محمد داؤد قیام مردم صافی را سرکوب می نماید.

۱۹٤۷

داؤد خان در کابینۀ شاه محمود خان یحیث وزیر دفاع شروع به کار می نماید.

۲٤ اپریل

جهت تعیین سرحدات بین افغانستان و اتحاد شوروی یك هیئت افغانی عازم تاشکند می گردد.

۳۱ جون

کابل حکومات انگلستان و هندوستان را توسط مکتوبی با خبر میسازد که دولت افغانستان تقاضا دارد تا به اقوامیکه بین سرحد افغانستان و هندوستان و رودخانۀ هندوس زیست دارند حق داده شود تا سرنوشت خود را تعیین کنند و معلوم کنند که در کدام یك از کشور های افغانستان، هندوستان و یا پاکستان میخواهند زندگی کنند، یا این که استقلال خود را از هر صورت دیگر ترجیح میدهند.

۳ جولائی

لندن به جواب مقامات افغانستان تذکر میدهد که موقف حکومت بریتانوی متکی بر توافقات راول پیندی سال ۱۹۲۱ میباشد که در آن سرحدات کنونی و بخصوص خط دیوراند را افغانستان رسماً شناخته بود. در ضمن، انگلیس دولت افغانستان را هوشدار میدهد تا در موقع انتقال قدرت در هندوستان از ایجاد هر نوع اغتشاش یا مداخله خود داری نماید.

۱۰ جولائی

کابل جواب لندن را قناعت بخش نیافته، باری دیگری توسط مکتوبی نظریات خود را در مورد موضوع پشتونستان اکیدا ابراز می نماید.

۱٤ جولائی

شورای انگلستان به پیشنهاد استقلال بخشیدن به هندوستان بریتانوی رای مثبت میدهد.

۲٦ جولائی

صدراعظم افغانستان، شاه محمود خان، عازم لندن می گردد.

۳ اگست

شاه محمود خان به شهر نیو یارك (امریکا) میرسد.

۱۴ اگست

پاکستان استقلال خود را میگیرد.

۱۸ سپتامبر

تهران شکایت میکند که ترتیبات اعمار بند برق هلمند کم آبی را درسیستان ایرانی ایجاد کرده است و حاصلات آن منطقه را در خطر انداخته است.

۳۰ سپتامبر

در موقع رایگیری سازمان ملل متحد جهت پذیرفتن پاکستان در آن سازمان، افغانستان یگانه کشور می باشد که رای منفی می دهد.

۲۷ اکتوبر

جنگ بین هندوستان و پاکستان در منطقهٔ کشمیر در میگیرد.

۱۹٤۸

اول اپریل

سردار محمد نعیم بحیث سفیر افغانستان در واشنگتن مقرر میشود.

۱٦ جون

مقامات پاکستانی خان عبدالغفار خان و سایر مسئولین حزب "خدائی خدمتگار" را توقیف مینمایند. افغانستان توسط رسانه های دسته جمعی خود به یك سلسله تبلیغات به حمایه از جنبش آزادیخواه پشتونستان میپردازد.

۱۱ سپتامبر

محمد علی جناح مؤسس پاکستان در اثر مریضی میمرد.

۲۹ سپتامبر

افغانستان و اتحاد شوروی، در پایان کار هیئات هر دو کشور برای تعیین سرحدات مشترك خویش، موافقتنامه ای را امضأ میکنند.

۱۹٤۹

اول جنوری
شورای امنیت ملل متحد آتش بس را در کشمیر بالای طرفین درگیرتحمیل می نماید.
۲٤ مارچ
ادعای ملکیت حکومت پاکستان بالای مناطق قبیله نشین سرحدی توسط کابل محکوم میگردد. وزارت خارجه افغانستان ضمناً یاد آور می گردد که این ادعای پاکستان خلاف وعده های سال قبلی محمد علی جناح می باشد.
دوم اپریل
بعد از بمباردمان چند محله توسط طیاره های پاکستانی در وزیرستان، کابل شارژدافیر خود را از کراچی به رسم اعتراض پس میخواهد.
۸ اپریل
صدراعظم پاکستان لیاقت علی خان و صدراعظم هندوستان جواهر لعل نهرو با امضای توافقنامه ای به احترام حقوق اقلیت های قومی و مذهبی کشور های خویش تعهد می نمایند.
۱۲ جون
طیاره های نظامی پاکستانی قریهٔ مغولگی را بمب باران میکنند که در اثر آن ۲۳ تن افغان کشته می شوند.
۳۰ جون
آغاز اجلاس هفتمین دورهٔ شورای ملی افغانستان.
۱۱ جولائی
وزیرخارجهٔ پاکستان اعلام مینماید کشورش حاضر است با افغانستان در ساحه اقتصادی همکاری نماید لیکن موضوع سرحدات قابل بحث نمیباشد.
۲٦ جولائی
ولسی جرگه کلیهٔ توافقات را که افغانستان با هندوستان بریتانوی در مورد تعیین سرحدات امضأ کرده بود لغو کرده بی اساس اعلام می نماید.

۱۹۵۰

٤ جنوری

کابل و دهلی جدید معاهده ای صلح و دوستی را عقد مینمایند.

۱۳ جنوری

افغانستان جمهوریت مردمی چین را به رسمیت میشناسد.

۸ مارچ

پایان مسافرت پادشاهٔ افغانستان محمد ظاهر شاه به اروپاً.

۲۶ می

حکومت افغانستان اعضای سفارت پاکستان مقیم کابل را متهم به انجام فعالیت های خلاف توافقات ویینا از خاك خود اخراج مینماید.

۱۸ جولائی

امضای قرارداد تجارتی چهار ساله بین کابل و ماسکو.

۱٤ اکتوبر

اعلان کابینهٔ جدید شاه محمود خان :

وزیر دفاع	محمد داؤد خان
وزیر خارجه	علی محمد خان
وزیر داخله	عبدالاحد خان ملکیار
وزیر مالیه	محمد نوروز خان
وزیر عدلیه	میرسید قاسم خان
وزیر تعلیم و تربیه	عبدالمجید خان
وزیر اقتصاد	میر محمد حیدر خان حسینی
وزیر صحیه	غلام فاروق خان
وزیر فواید عامه	محمد اکرم خان پرونتا
وزیر معادن	نعیم خان ضیائی

برج اکتوبر
حکومت به یهود های افغانستان اجازهٔ مهاجرت به اسرایل را میدهد.

۱۹۵۱

۹ فبروری
موافقه برای همکاری تخنیکی بین افغانستان و ایالات متحدهٔ امریکا.
۲۵ اپریل
صدراعظم افغانستان شاه محمود خان به امریکاه برای انجام سفر غیر رسمیی (جهت تداوی) میرسد.
۱۷ اکتوبر
صدراعظم پاکستان لیاقت علی خان در حین یك اجتماع سیاسی در شهر راولپندی در اثر پرتاب مرمی کشته میشود.

۱۹۵۲

۱۵ جنوری
امریکا کمك های را که برای افغانستان تعیین کرده بود به طور یك جانبه قطع مینماید. دوباره جاری شدن آنرا مشروط به آمادگی افغانستان به عقد یك موافقه امنیتی دوجانبه اعلان مینماید.
۳ سپتامبر
احتجاجیهٔ دولت شوروی مبنی برموجودیت یك هیئت سازمان ملل متحد در حوالی سرحدات مشترك هر دو کشور از طرف حکومت افغانستان رد شد.

۱۹۵۳

۸ جنوری
حکومت امریکا مبلغ یك و نیم ملیون دالر را به طور قرضه به حکومت افغانستان میدهد تا

کابل احتیاجات خود را از درك گندم و آرد مرفوع کرده بتواند.

۲۶ جنوری

تغییرات در کابینهٔ شاه محمود خان: محمد نوروز خان وزرات مالیه را ترك گفته به وزارت داخله تعیین میشود. غلام یحیی خان طرزی از وزارت مخابرات به وزارت مالیه انتقال مییابد. محمد زمان خان تره کی از کفالت ریأست زراعت به ریأست آن شعبه ارتقی می یابد و بالآخره، خلیل الله خلیلی، منشی جلسهٔ وزراء در عین زمان ریأست مطبوعات را به دوش میگیرد.

۳۱ جنوری

عبدالحکیم خان شاه عالمی، والی کابل، بکرسی وزارت مخابرات مقرر می شود. تا زمان تعیین والی جدید، ولایت را نیز بدوش می داشته باشد.

۵ فبروری

جنرال محمد عارف خان، کفیل وزارت دفاع، بحیث وزیر دفاع مقرر میشود.

۱۸ مارچ

سلطان احمد خان جانشین علی محمد خان در کرسی وزارت خارجه میگردد. علی محمد خان بحیث معاون صدر اعظم باقی میماند.

۶ سپتامبر

شاه محمود خان به دلیل رسمی ضعف صحت از کرسی صدارت اعظمی استعفی می دهد و ظاهر شاه بعوض وی محمد داؤد پسر عمش و ضمناً وزیر دفاع و داخلهٔ حکومت گذشته را به آن مسؤلیت مؤظف مینماید.

۲۰ سپتامبر

داؤد خان اعضای‌کابینهٔ جدیدالتشکیل خود را اعلان مینماید:

معاون صدر اعظم	علی محمد خاند
وزیر دفاع	محمد عارف خان
وزیر خارجه	سردار محمد نعیم خان
سرپرست وزارت مالیه	عبدالملك خان عبدالرحیمزای
وزیر فواید عامه	عبدالحکیم خان شاه عالمی
وزیر معارف	عبدالمجید خان
وزیر صحیه	داکتر غلام فاروق خان
وزیر معادن	داکتر محمد یوسف خان

وزیر (رئیس مستقل) قبائل	شمس الدین خان مجروح
وزیر زراعت	میر محمد یوسف خان
وزیر (رئیس مستقل) مطبوعات	صلاح الدین خان سلجوقی

۲٦ اکتوبر
فوت سردار محمد هاشم خان که از ۱۹۲۹ الی ۱۹٤٦ صدارت اعظمی را عهده دار بود.
نومبر
بانك وارداتی و صادراتی امریکا مبلغ هژده و نیم ملیون دالر را به مقصد انکشاف پروژه هلمند قرضه میدهد.
برج دسامبر
ریچارد میلهاوس نیکسن معاون رئیس جمهور امریکا مسافرتی را به کابل انجام میدهد.
۳۰ دسمبر
کمك های نظامی امریکا به پاکستان از جانب سردار داؤد خان یك خطر بزرگ برای امنیت و صلح در منطقه خوانده میشود.

۱۹٥٤

۲۷ جنوری
اتحاد شوروی سه و نیم میلیون دالر را جهت تعمیر دو سیلو و دو گدام گندم به افغانستان قرض میدهد و به مستفید ساختن حکومت افغانستان از همکاری های تخنیکی خود آغاز مینماید.
۲۰ اپریل
افغانستان در کمیسیون اقتصادی ملل متحد برای آسیا وشرق دور عضویت حاصل مینماید.
ماهٔ می
پاکستان و ایالات متحدهٔ امریکا موافقتنامه ای "دفاع متقابل" را امضأ می نمایند.
۱۷ سپتامبر
جهت بهبود روابط بین کشورهای افغانستان و پاکستان، وزیر خارجه نعیم خان عازم کراچی - آنگاه پایتخت پاکستان - میگردد تا مذاکرات را که در کابل شروع شده بود ادامه یابد.

۷ نوامبر
نعیم خان، وزیر خارجه افغانستان، میگوید موضوع پشتونستان صرف یك موضوع سرحدی بین افغانستان و پاکستان نمی باشد بلکه موضوع از شناختن حق تعیین سرنوشت مردم پشتونستان میباشد.

۱۹۵۵

۱۹ جنوری
افغانستان و جمهوری مردم چین روابط دیپلوماتیك خویش را به سطح سفرا ارتقامیدهند.
۲۵ جنوری
مشرانو جرگه به استحکام بیشتر قوای مسلح کشور موافقه مینماید.
۱۵ فبروری
افغانستان یك فابریکهٔ سمنت را از چکسلواکیا خریداری مینماید.
۲۵ فبروری
موافقه با موسسه ای صنعتی چینی سازی جاپانی برای فعال ساختن یك دستگاه کارخانه تولید ضرف چینی در قندوز.
۲ مارچ
اولین مؤسسهٔ هنر های زیبا به کوشش استاد عبدالغفور برشنا در کابل افتتاح میشود.
۲۹ مارچ
داؤد خان پاکستان را هوشدار میدهد که اگر خاك پشتونستان را شامل سرحدات خود بسازد، عاقبت آن عمل وخیم خواهد بود.
۳۰ مارچ
تظاهرات همبستگی با پشتونستان در مقابل سفارت و منزل سفیر پاکستان در کابل.
۳۱ مارچ
گردهم آهی مظاهره چیان مقابل قنسلگری پاکستان در قندهار.
اول اپریل
تظاهرات مقابل قنسلگری پاکستان در جلال آباد. در عین روز تظاهرکنندگان پاکستان به قنسلگری افغانستان در پیشاور تعرض میکنند.

۴ اپریل

حکومات ترکیه، انگلستان و امریکا طی احتجاجیه ای حملهٔ تظاهرکنندگان افغانی را بالای سفارت پاکستان در کابل محکوم میکنند.

۱۲اپریل

پاکستان فامیل دیپلومات های خود را از افغانستان انتقال میدهد.

۱۸ اپریل

نعیم خان در جلسه تأسیسیهٔ جنبش کشور های غیر منسلك در باندونگ اشتراك مینماید.

۲۹ اپریل

جمال عبدالناصر از راه بازگشت از مجلس باندونگ وارد کابل شده با استقبال گرم مردم مواجه میشود.

۲۹ اپریل

افغانستان اعلان مینماید که حاضر است از حکومت پاکستان به خاطر تعرض به سفارتش و توهین به بیرقش عذر بخواهد بشرطیکه حکومت کراچی عین رویه را اختیار نماید.

اول می

حکومت پاکستان خواهان مسدود شدن کلیهٔ قنسلگری های افغانی در پاکستان وبالمقابل کلیهٔ قنسلگری های پاکستانی در افغانستان میشود.

۴ می

حکومت افغانستان قوت های عسکری خود را در حالت آماده باش قرارمیدهد.

۱۳ می

افغانستان و پاکستان پیشنهاد میانجگری عربستان سعودی را می پذیرند.

۱۲ جون

موافقهٔ تجارتی بین افغانستان و اتحاد شوروی مبنی بر ممکن ساختن عبور آزادانه اموال تجارتی افغانستان از طریق خاك اتحاد شوروی.

۲۸ جون

در مذاکرات که بین نمایندگان کابل و کراچی به ابتکار حکومت سعودی ترتیب یافته است، میانجی سعودی اعلان می نماید که پیشنهاداتش را هر دو طرف رد کرده اند.

۱۴ جولائی

افغانستان پاکستان را هوشدار می دهد که اگر به اموالیکه از طریق بندر کراچی حمل و نقل میشود صدمه ای برسد، مسئول آن حکومت پاکستان می باشد.

افغانستان شامل سازمان های بانك جهانی و صندوق وجوه بین المللی میشود.

۲۸جولائی

ختم حالت اضطراری؛ اردوی افغانستان از حالت آماده باش رها میگردد.

١٤ اگست

افغانستان و اتحاد شوروی موافقه ای در مورد امور پوستی عقد مینمایند.

۱۷ اگست

افغانستان چهار فروند طیاره داکوتا را از هندوستان خریداری مینماید.

۹ سپتامبر

وزیر خارجه نعیم خان با سفیر پاکستان مقیم کابل موافقه مینماید تا در پخش تبلیغات سؤ علیه یك دیگر هر دو طرف ابا ورزند.

۱۳ سپتامبر

سفارت پاکستان در کابل بیرق خود را دو باره بالا مینماید.

۱۵ سپتامبر

قنسلگری افغانستان در پیشاور بیرق خود را مجدداً بالامیکند.

۲۳ سپتامبر

پاکستان پیمان بغداد را پذیرفته با کشور های ترکیه، عراق و انگلستان موافقتنامۀ دفاع متاقبل را امضأ می نماید.

۱۱ اکتوبر

مسئولین افغانی اعلان می نمایند که حاضر اند با رهبران پاکستانی دیده درمورد سرنوشت پشتونستان مذاکره نمایند، بشرطیکه پاکستان توشیح لایحۀ جدید را که زیر نام " اتحاد یگانه " معرفی شده است به تعویق بیاندازد. پاکستان این پیشنهاد را رد میکند.

۱۷ اکتوبر

افغانستان سفیر خود را از کراچی عودت میدهد.

۱۸ اکتوبر

حکومت پاکستان سفیر خود را از کابل می خواهد.

۸ نوامبر

افغانستان مقابل مشکلات بیشتر که مقامات پاکستانی به تجار افغانی ایجاد کرده اند احتجاجیه رسمی صادر مینماید.

۲۰ نوامبرالی ۲۵ نومبر

در ختم جلسات لویه جرگه که در کابل دایر شده بود، تصمیم گرفته شد حکومت تقاضای رعایت حق مردم پشتونستان را نماید تا مردم آن از طریق رای گیری در قسمت خود مختاری سرزمین خود تصمیم گرفته بتواند. از سوی دیگر لویه جرگه به حکومت صلاحیت داد در قسمت خریداری تجهیزات تسلیحاتی اقدامات لازمه را نماید تا با طرف پاکستانی که برخوردار کمك ها و آخرین وسایل نظامی از طرف امریکا شده است مقابله کرده بتواند.

۶ دسامبر

جنرال محمد عارف خان از چوکی وزارت دفاع استعفی می نماید.

۱۵ ـ ۱۸ دسامبر

صدراعظم شوروی بولگانین و دبیر کل حزب کمونیست شوروی نیکیتا خروتچف سفری رسمیی را به افغانستان انجام میدهند.

۱۶ دسامبر

طی بیانیه ای در کابل، خروتچف حمایهٔ کشور خود را از موقف افغانستان در قضیهٔ پشتونستان اعلام مینماید.

۱۸ دسامبر

در پایان سفر هیئت شوروی، هر دو کشور سه موافقتنامه عمده را امضأ مینمایند: اتحاد شوروی اعلان مینمایدکه معادل مبلغ صد ملیون دالر را به طور قرضه به افغانستان مهیا می نماید. جانبین افغانی و روسی موافقهٔ عدم تعرض و اظهار همکاری را که در سال ۱۹۳۱ انعقاد یافته بود تمدید مینمایند. جانبین همچنان یك اعلامیه مشترك را در مورد سیاست های خارجی دولتین صادر مینمایند.

۲۱ دسامبر

ایالات متحدهٔ امریکا اعتراف می نماید که برای حل اختلافات بین افغاستان و پاکستان حاضر به میانجگری شده است.

۱۹۵۶

۸ جنوری

قنسل افغانستان مقیم کویته و آتشهٔ نظامی پاکستان مقیم کابل به پایتخت های خویش خواسته میشوند.

۲٤ جنوری

هیئات اقتصادی شوروی و افغانی مذاکرات را در مورد چگونگی استفاده قرضهٔ صد ملیون دالری آغاز مینمایند.

۲٤ جنوری

تغییرات در کابینه: صدرعظم سردار داؤد خان عبد الحکیم خان شاه عالمی را بحیث وزیر داخله، سید عبدالله خان را بحیث وزیر عدلیه، داکترعبدالظاهر را بسمت وزیر صحیه، و محمد هاشم خان میوندوال را بحیث معین وزارت خارجه تعیین می نماید.

۱۸ فبروری

افغانستان و امریکا موافقتنامهٔ همکاری تخنیکی را با اعتبار یك سال امضأ مینمایند.

اول مارچ

افغانستان و اتحاد شوروی یك موافقتنامهٔ همکاری تخنیکی را امضأ مینمایند. بر اساس آن قرار است روسیه در عرصه سرك سازی، اعمار بند آب و دستگاهٔ تولید برق، کار خانه جات ترمیم موتر(ورکشاپ) و سیلو... با افغانستان همکاری نماید.

٦ مارچ

سازمان "سانتو"، که پاکستان عضؤ آن میباشد، اعلان میکند که خط دیوراند را بحیث سرحد رسمی بین پاکستان و افغانستان می شناسد.

۲۱ مارچ

حکومت افغانستان به ارتباط تصمیم سانتو در قسمت شناختن خط دیورند بحیث سرحد رسمی اش با پاکستان رسماً احتجاج مینماید.

۳۱ مارچ

اتحاد شوروی پنجاه و یك عراده موتر سرویس شهری و وسایل تجهیز یك شفاخانه صد بستری را به افغانستان تحفه میدهد.

٤ الی ۱۸ اپریل

یك هیئت نظامی افغانستان عازم چکسلواکیا میگردد.

۷ می ۱۹٥٦

در اثر توافق منعقده بین افغانستان و پاکستان، شرکت هوا پیمائی آریانا می تواند ارتباط مستقیم را با اروپا از طریق کراچی آغاز نماید.

۲۷ جون

افغانستان یك قرارداد همکاری ٤۱ میلیون دالری را در امور هواپیمائی با ایالات متحد

امریکا امضأ مینماید.

۲٦ جولائی

روسیه قبول میکند تا پروژهٔ زراعتی و آبیاری ننگرهار را به عهده بگیرد.

۷ الی ۱۱ اگست

سکندر میرزا، رئیس جمهوری پاکستان، سفری رسمیی را به افغانستان انجام میدهد.

۲۵ اگست

صدراعظم داؤد خان اعلان مینماید که حکومتش با کشور های چکسلواکیا و اتحاد شوروی قرار داد های تسلیحاتی را امضأ کرده است.

۱۲ سپتامبر

به دنبال توافقات همکاری که بین افغانستان و امریکا منعقد شده بود، شرکت پان امریکن با شرکت هوائی ملی افغانستان آریانا توافق به عمل می آورد تا پیلوت ها، کارمندان و تخنیکر های آن شرکت را تربیه نماید.

۲٤ سپتامبر

رابطه هوائی بین افغانستان و کشور همسایه ایران افتتاح میگردد.

۲۷ سپتامبر

اولین صندوق های اسلحه خریده شده از شوروی و چکسلواکیا وارد خاك افغانستان میشود.

۱۷ الی ۳۰ اکتوبر

داؤد خان سفری رسمیی را به اتحاد شوروی انجام میدهد.

۲۸ اکتوبر

افغانستان یازده فروند طیاره جنگی جت روسی را که خریداری نموده بود بدست می آورد.

۵ نومبر

حکومت افغانستان توجهٔ سازمان ملل متحد را در مورد حملهٔ مشترك و پلان شدهٔ اسرائیل، فرانسه و انگلستان جلب می نماید و خاطرنشان می شود که تعرض مذکور بالای کانال سویز مخالف اصولنامهٔ آن سازمان میباشد.

۱٦ نومبر

افغانستان اعلان مینماید حاضر هست در قوای بین المللی که بمنظور حفظ امنیت در منطقه کانال سویز باید تشکیل شود اشتراك نماید.

۲٤ نومبر

در سفری به پایتخت پاکستان، کراچی، سردار داؤد در مورد قضیه پشتونستان با رهبران آن

کشور صحبت مینماید.

۱۹۵۷

۸ جنوری
افغانستان و اتحاد شوروی موافقتنامه ای تجارتی را امضأ میکنند.
۱۹ الی ۲۳ جنوری
صدراعظم چین، چو ان لای، برای اجرای یك سفر رسمی وارد افغانستان میگردد.
۱۰ فبروری
رادیو ماسکو به پخش پروگرام های پشتو میپردازد.
۳۱ مارچ الی ۳ اپریل
نمایندۀ خاص ایالات متحدۀ امریکا برای حوزه شرق میانه جیمس ریچاردس عازم کابل میگردد.
۱٤ اپریل الی ۱۹ می
داؤد خان به کشور های ترکیه، چکسلواکیا، پولیند، اتریش و مصر سفر انجام میدهد.
۱٤ الی ۲۹ اپریل
نعیم خان، وزیر خارجۀ افغانستان، به کشور های ترکیه و پاکستان جهت انجام سفر رسمی عازم میشود.
۲۷ اپریل
افغانستان و چکسلواکیا بمنظور ارتقای سطح همکاری های دوجانبه توافقنامه ای را امضأ میکنند.
۸ الی ۱۱ جون
صدر عظم پاکستان سهراوردی به کابل میرسد و در نتیجۀ سفراش، مقامات دو کشور به برقراری مجدد روابط دیپلوماتیك خویش موافقه مینمایند.
۳۰ جون
حکومت امریکا موافقه میکند تا مبلغ پنج میلیون و هفت صد و پنجاه هزار دالر را برای پروژه انکشافی وادی هلمند و مبلغ دو میلیون هشت صد و شصت هزار دالر دیگر را برای سرك سازی و تعلیم نفری تخنیکی به حکومت افغانستان قرضه بدهد.

۱۷ الی ۳۱ جولائی

حکومات افغانستان و اتحاد شوروی بالای سه موضوع موافقه مینمایند: ۱) اتحاد شوروی با افغانستان در کشف زخایر نفت کمك می کند. ۲) یك کمیسیون مشترك برای تعیین سرحدات ایجاد می شود. ۳) انعقاد موافقه ای بالای تقسیم آب دریا های مشترك.

۲۸ جولائی

عقد قرار داد تجارتی بین افغانستان و چین.

۳۱ اگست

نعیم خان اعلام مینماید که افغانستان معادل ۲۵ میلیون دالر کمك های نظامی را از اتحاد شوروی بدست می آورد.

۲۲ اکتوبر

داؤد خان برای اجرای سفر رسمی عازم جمهوریت مردم چین میگردد.

۱۹۵۸

۸ جنوری

عقد موافقه بین افغانستان و حکومت شوروی جهت پیشبرد سروی ها برای کشف زخایر نفت در افغانستان.

۱۸ جنوری

طی موافقتنامه ای کابل و ماسکو سرحدات یك دیگر را به شکل تثبیت شده میشناسند.

اول الی ۱۵ فبروری

سفر رسمی پادشاۀ افغانستان به پاکستان.

۱۵ الی ۲۶ فبروری

سفر رسمی پادشاۀ افغانستان به هندوستان.

۲٦ جون

افغانستان و ایالات متحدۀ امریکا موافقتنامه ای جهت ایجاد همکاری در ساحه فرهنگی امضأ مینمایند.

۲٦ جون

افغانستان و اتحاد شوروی در مورد تقسیم آب های دریای آمو به موافقه میرسند.

۳۰ جون
سردار داؤد خان عازم امریکا میگردد. در این موقع حکومت امریکا وعده میکند در بهبود وضع سرك سپین بولدك - قندهار کمك خواهد نمود. از سوی دیگر امریکا مبلغ تقریباً هشت ملیون دالر را به پاکستان بمنظور انکشاف ارتباط ترانسپورتی اش با افغانستان وعده می نماید.
۱۷جولائی
افغانستان و پاکستان در مورد حمل و نقل اموال و اجناس از طریق زمین موافقتنامه ای را امضأ می نمایند.
۱۱ سپتامبر
حکومت سردار داؤد خان بمنظور ساختن یك مرکز تلفونی در شهر قندهار قرار دادی را با یك شرکت چکی عقد می نماید.
۷ اکتوبر
در پاکستان، رئیس جمهور سکندر میرزا قانون اساسی را که در سال ۱۹۵٦ انفاذ شده بود لغو میکند و جنرال ایوب خان را مسئول تطبیق حالت اضطراری تعیین مینماید. فعالیت احزاب سیاسی منع میشود.
۲٤ اکتوبر
جنرال ایوب خان بحیث صدراعظم پاکستان تعیین می شود.
۱۸ نومبر
قانونیکه چهار چوکات سرمایه گذاری های خارجی را تعیین میکند از طرف حکومت سردار داؤد خان تصویب شد.
۷ دسمبر
حکومت سکه های دو افغانی و پنج افغانی را ضرب نموده به بازار میرساند.

۱۹۵۹

اول الی ٦ جنوری
سردار نعیم خان عازم ماسکو میگردد.
۱۲ جنوری

امریکا موافقه میکند تا پنجاه هزار تن گندم را از طریق بحر به افغانستان ارسال نماید.

۲۰ جنوری

هنری بایرود بحیث سفیر جدید امریکا در افغانستان تعیین می شود.

۵ الی ۱۳ فبروری

سفر صدر اعظم افغانستان سردار محمد داؤد به هندوستان.

۹ مارچ

داؤد خان پیمان بغداد را برای امنیت بین المللی تهدید آمیز میخواند.

۲۳ اپریل

عقد موافقتنامه ای تجارتی بین افغانستان و اتحاد شوروی.

۱۸ الی ۲۲ می

سفر صدرعظم داؤد خان به اتحاد شوروی.

۲۸ می

موافقه بین افغانستان و اتحاد شوروی برای احداث (۷۵۰) کیلومتر سرك بین قندهار، هرات و کشك.

۲۳ اگست

اتحاد شوروی آمادگی خود را برای همکاری با پروژهٔ آبیاری ننگرهار اعلان میکند.

۳۱ اگست

برای اولین بار بعد از دورهٔ امان الله خان یك تعداد خانم ها مأمور دولت در موقع جشن ملی بدون حجاب دیده می شوند.

۵ سپتامبر

سفر سردار نعیم خان بصفت وزیر خارجهٔ افغانستان به جمهوریت مردمی چین.

۱٤ سپتامبر

صدراعظم هندوستان جواهر لعل نهرو برای اجرای یك سفر رسمی وارد کابل میگردد. در ضیافتیکه به افتخار وی از طرف حکومت افغانستان داده می شود، چند تن خانم ها بدون حجاب دیده میشوند.

اول دسامبر

جهت اعمار یك بند آب افغانستان و اتحاد شوروی مشترکاً سروی دریا آمو را روی کار می گیرند.

۹ دسامبر

رئیس جمهور امریکا، دوایت آیزنهاور، برای مدت شش ساعت در کابل توقف مینماید. در این موقع ادامۀ سیاست های امدادی کشور خود را به نفع افغانستان اعلان مینماید.
۲۱ دسامبر
قوای پولیس و عسکری به شورشهای که در قندهار ایجاد شده بود خاتمه میدهند. در حالیکه حکومت علل آن اوضاع را مخالفت بعضی مردم با پرداختن پول های پسماندۀ مالیات اعلان مینماید، در حقیقت موضوع بیشتر مربوط به مخالفت بعضی روحانیون با رفع حجاب و نزدیکی با اتحاد شوروی بود.

۱۹۶۰

۱۹ جنوری
حکومات افغانستان و اتحاد شوروی برای ایجاد پروژه های آبیاری و تولید برق موافقه مینمایند.
۲ الی ۵ مارچ
نیکیتا خروچف، صدرعظم اتحاد شوروی، سفر رسمیی را به کابل انجام می دهد. خروچف یك قرارداد همکاری فرهنگی را با حکومت افغانستان امضا می کند و حمایۀ خویش را از موقف دولت افغانستان در قضیۀ پشتونستان اعلام مینماید.
۶ مارچ
اتحاد شوروی پنجاه هزار تن گندم را به افغانستان بطور کمك میدهد.
۳ اپریل
آغاز کار جهت احداث یك شاهراه که قندهار را به کشك در سرحد ترکمنستان شوروی از طریق هرات متصال نماید.
۲۶ اپریل
فوت پادشاۀ سابق افغانستان امیر امان الله خان در دیار هجرت در کشور سویس.
۱۳ می
سردار داؤد خان، در حالیکه عازم ماسکو جهت تداوی گردیده است، باخروچف ملاقات مینماید.
۱۸ می

برسم اعتراض مقابل ورود طیارهٔ جاسوسی "یوتو"امریکائی [۲۵۱] در فضای افغانستان (که بتاریخ اول می صورت گرفته بود)، حکومت سردار داؤد خان احتجاجیه ای را نشر می کند.

۲ جولائی

کارخانه ترمیم موتر واقع جنگلك که با کمك روس ها ساخته شده است افتتاح میگردد.

۱۵ جولائی

روس ها اعلان مینمایند که در شمال افغانستان نفت و گاز کشف کرده اند.

٤ اگست

کشور چکوسلاواکیا معادل یك لك پوند انگلیسی کمك های تخنیکی را به حکومت افغانستان وعده میکند.

۱۰ اگست

افغانستان و اتحاد شوروی یك توافقنامه تجارتی دو ساله را امضأ میکنند.

۱۳ اگست

دو فروند طیاره پاکستانی وارد فضای افغانستان میشود و توسط طیاره های افغانی مجبور به نشستن در میدان قندهار میشود. طیاره ها و عملهٔ آنها حدود یك ماه بعد (بتاریخ ۱۷ سپتامبر ۱۹٦۰) به حکومت پاکستان تسلیم می شوند.

۱۸ اگست

افتتاح بند آب درونته که با کمك روس ها آباد شده است.

۲٦ اگست

در ختم سفر وزیر خارجهٔ چین به کابل معاهدهٔ همکاری و خود داری از تجاوز علیه یکدیگر بین کشور های افغانستان و چین امضأ میشود.

۱۷ اکتوبر

جنرال ایوب خان به سمت رئیس جمهور پاکستان انتخاب میشود.

۳ دسامبر

در ختم سفر صدراعظم کشور همسایهٔ ایران یك قرارداد تجارتی در مورد حق العبور بین تهران و کابل انعقاد میگردد.

U-2 ۲۵۱

۱۹۶۱

۱۵ فبروری
عقد موافقه تجارتی جدید بین افغانستان و هندوستان جهت ازدیاد روابط تجارتی بین هر دو کشور.
۵ اپریل
سردار داؤد در راۀ بازگشت از روم، بعد از یك عمل جراحی، در ماسکو توقف نموده با خروچف صدرعظم شوروی ملاقات نموده باری دیگر پشتیبانی آن کشور را در قضیۀ پشتونستان تقاضا می کند.
۱۸ اپریل
افغانستان و جمهوری فدرالی آلمان یك معاهدۀ همکاری فرهنگی را امضأ می نمایند.
۱۹ می
کابل اتهامات کراچی را مبنی بر مداخلۀ مستقیم عساکر افغانی در شورش های سرحدی رد می کند.
۶ جون
صدرعظم افغانستان سردار محمد داؤد پاکستان را به بمباران مناطق مسکونی سرحدی متهم می سازد. او علاوه می نماید که حکومت کراچی بیشتر از هزار تن مبارزین پشتون را در پیشاور در اردوگاه ها حبس کرده است.
۸ جون
محمد ظاهرشاه، پادشاۀ افغانستان، در افتتاح دورۀ جدید شورای ملی خواستار استقلال پشتونستان می شود. داکتر ظاهر بحیث رئیس شورا تعین می گردد.
۲۲ جون
حکومت پاکستان اعلان می نماید مصمم است دیگر کوچی های افغانستان را بدون پاسپورت و ویزه اجازۀ ورود ندهد.
۲۶ جون
در جریان سفر خود در لندن، سردار محمد داؤد با ملکه انگلستان الیزابت دوم ملاقاتی انجام

میدهد.

۲۳ اگست

پاکستان قنسلگری های افغانی را مسدود نموده اعلان مینماید که در نظر دارد توافقات را که مربوط به حق العبور اموال تجارتی افغانی می باشد لغو کند.

۳۰ اگست

قبل از اینکه کابل را بمنظور اشتراك در جلسهٔ کشور های غیر منسلك منعقدهٔ بلگراد ترك بگوید، داؤد خان اظهار مینماید که عمل پاکستانی ها مبنی بر مسدود کردن قنسلگری های افغانی یك حرکت غیر دوستانه میباشد و عکس العمل افغانستان در مقابل این قضیه قطع روابط سیاسی خواهد بود.

۳ سپتامبر

افغانستان سرحدات جنوبی خود را بسته میکند.

٦ سپتامبر

قطع روابط سیاسی با پاکستان.

۱۲ سپتامبر

جلسه اسلامی که در شهر بیت المقدس گردهمآئی کرده است از کشور های افغانستان و پاکستان تقاضا می نماید تا مشکلات خویش را از طرق مسالمت آمیز حل نمایند.

۱٦ الی ۲۰ سپتامبر

سردار نعیم خان سفری را به اتحاد شوروی انجام میدهد.

۱۸ سپتامبر

پاکستان پیشنهاد میانجگری ایران را قبول میکند.

۲۱ سپتامبر

امارات متحدهٔ عرب از منافع افغانستان در پاکستان و عربستان سعودی از منافع پاکستان در افغانستان نمایندگی می نمایند.

۲۹ سپتامبر

رئیس جمهور پاکستان، ایوب خان، امکان گشایش مجدد قنسلگری های افغانی را رد کرده آنها را مراکز فعالیت های جاسوسی و تحریکی بر ضد کشورش میخواند.

٤ اکتوبر

رئیس جمهور امریکا، جون کنیدی، در پیامی عنوانی ظاهر شاه و ایوب خان اظهار مینماید که کشورش حاظر است در راهٔ حل معضلهٔ پشتونستان میانجگری نماید.

۱۱ اکتوبر
آغاز سفر یازده روزه یك هیئت نظامی روسی به افغانستان.
۱٦ اکتوبر
معاهدهٔ همکاری تخنیکی و اقتصادی بین افغانستان و اتحاد شوروی امضأ میشود.
۲ نوامبر
لیوینگستون مرچانت، نمایندهٔ رئیس جمهور امریکا، جهت دریافت راهٔ حل به قضیهٔ پشتونستان سفری شش روزه را به افغانستان و پاکستان آغاز میکند
۱۹ نوامبر
امضای معاهدهٔ تجارتی جدید بین افغانستان و اتحاد شوروی بمنظور سهولت بخشیدن بیشتر به عبور اموال تجارتی افغانی از خاك روسیه.

۱۹٦۲

۲۹ جنوری
سرحدات افغانستان و پاکستان برای مدت هشت هفته دوباره باز میگردد تا مواد امدادی که امریکا به افغانستان فرستاده است و در بندر کراچی بند مانده است مواصلت کرده بتواند.
۱٤ اپریل
آغاز دومین پلان پنج سالهٔ حکومت سردار داؤد خان. برای پلان مذکور مبلغ سی و یك عشاریه سه (۳۱،۳) ملیارد افغانی بحیث بودجه تعیین شده است.
۲۰ اپریل
ایران و افغانستان یك موافقتنامه تعیین کنندهٔ حق العبور بین دو کشور را با اعتبار پنج سال امضأ مینمایند.
٦ می
بند تولید برق پل خمری که با کمك اتحاد شوروی ساخته شده است افتتاح می گردد.
اول جولائی
پاکستان پیشنهاد شاهٔ ایران را عبارت از میانجگری کشورش بین دولت های افغانستان و پاکستان در قضیهٔ پشتونستان می پذیرد.
۱۲ جولائی

افغانستان به نوبهٔ خود پیشنهاد میانجگری ایران را قبول می نماید.

۲۷ الی ۳۱ جولائی

رضأ شاه پهلوی، بخاطر قضیهٔ پشتونستان، عازم کابل میگردد و با محمد ظاهر شاه ملاقات می داشته باشد و بعد به راولپیندی مسافرت می نماید تا ایوب خان را در جریان مذاکراتش بگذارد.

۶ الی ۱۵ اگست

پادشاهٔ افغانستان محمد ظار شاه سفری رسمیی را به اتحاد شوری انجام میدهد.

۲٤ اکتوبر

حکومت جرمنی فدرالی مبلغ دو صد ملیون مارك را به افغانستان قرضه میدهد تا آن پول در پروژه های مختلف انکشافی سرمایه گذاری شود.

۱۹٦۳

۵ فبروری

جلسهٔ وزرأ تأسیس پوهانتون ننگرهار را تصویب میکند.

۱۲ فبروری

نسبت به مشکلات موجوده بین افغانستان و پاکستان، امریکا اعلام می نماید مصمم است تا مواد امدادی خود را از طریق ایران به افغانستان برساند.

۱۰ مارچ

اعلان استعفی سردار محمد داؤد خان از صدارت اعظمی و تعیین داکتر محمد یوسف خان به عوض او.

۱٤ مارچ

داکتر یوسف خان اعضای کابینهٔ خود را به محمد ظاهر شاه معرفی میکند.

اعضای کابینه عبوری :

داکتر محمد یوسف خان	صدر اعظم، وزیر خارجه و سرپرست وزارت معادن و صنائع
عبدالله خان ملکیار	معاون اول صدرعظم و وزیر مالیه
داکتر علی احمد خان پوپل	معاون دوم صدرعظم و وزیر معارف

سید عبدالله خان	کفیل وزارت داخله
دگر جنرال خان محمد خان	کفیل وزارت دفاع ملی
میر شمس الدین مجروح	کفیل وزارت عدلیه و کفیل ریاست مستقل قبائل
عبدالحی عزیز	کفیل وزارت پلان
سید قاسم رشتیا	کفیل وزارت مطبوعات
برید جنرال محمد عظیم	کفیل وزارت فواید عامه
داکتر محمد ناصر کشاورز	کفیل وزارت زراعت
داکتر عبدالقیوم	کفیل وزارت مخابرات
داکترعبدالرحیم	کفیل وزارت صحیه

۱۵ مارچ

کابینه جدید اولین جلسه خود را دایر می نماید.

۲۸ مارچ

کمیته تجدید و تسوید قانون اساسی تحت ریأست سید شمس الدین مجروح کفیل وزارت عدلیه برگذار می شود.

۲۹ اپریل

توافقنامه همکاری فرهنگی بین اتحاد شوروی و افغانستان.

۲۵ می

هیئات افغانی و پاکستانی در ایران جهت رفع معضلهٔ پشتونستان با هم مذاکره می نمایند.

۲۹ می

اعلامیه مشترك افغانستان و پاکستان در مورد برقراری مجدد روابط سیاسی دو کشور.

۲۵ جولائی

سرحد بین افغانستان و پاکستان بعد از تقریباً دو سال دوباره به روی مسافرین و تجارت باز میشود.

۱۲ اگست

هاشم میوندوال بحیث سفیر افغانستان به پاکستان تعیین میگردد و بالمقابل جنرال محمد یوسف توسط حکومت پاکستان به نمایندگی کشورش در کابل مقرر می شود.

۲ الی ۱۹ سپتامبر

پادشاۀ افغانستان سفر رسمیی را به امریکا انجام می دهد.

۶ سپتامبر

افغانستان و اتحاد شوروی موافقه ای در مورد آبادی یك دستگاه ذروی تولید انرژی جهت استفاده غیر نظامی امضأ می نمایند.

۱۲ اکتوبر

لیونید بریژنیف، عضو هیئت رئیسه اتحاد شوروی، عازم کابل می گردد.

۲ دسمبر

افغانستان و جمهوری مردمی چین توافقنامه ای در مورد شناختن سرحدات یك دیگر انعقاد مینمایند.

۱۹۶۴

۲۹ فبروری

آغاز کار هیئت مشورتی تسوید قانون اساسی تحت ریأست داکتر عبداظاهر. فعالیت هیئت الی ۱۴ می ۱۹۶۴ ادامه می یابد.

۲۷ جولائی

مجلس وزرأ طرح قانون اساسی جدید را مورد پسند خویش اعلان می نماید.

۳ سپتامبر

تونل سالنگ که با کمك اتحاد شوروی ساخته شده است افتتاح می شود. معاون صدراعظم حکومت اتحاد شوروی الکسی‌کوسیگین و پادشاۀ افغانستان محمد ظاهر شاه در مراسم افتتاح سهم می گیرند.

۲۰ سپتامبر

بعد از ده روز جلسه، اعضای لویه جرگه طرح قانون اساسی جدید را تصویب مینمایند.

اول اکتوبر

پادشاه قانون اساسی جدید را توشیح مینماید.

۲۹ اکتوبر

آغاز سفر پادشاۀ افغانستان به جمهوریت مردمی چین.

١٩٦٥

اول جنوری
بنیاد حزب دیموکراتیك خلق افغانستان در منزل نور محمد تره کی گذاشته می شود.
٦ فبروری
نور احمد خان اعتمادی به سفارت افغانستان در اسلام آباد مؤظف می شود.
٢٤ فبروری
جنرال محمد عارف به ماسکو بحیث سفیر افغانستان مقرر میشود.
٢ مارچ
تمدید پنج سالۀ موافقتنامه مربوط به عبور اموال تجارتی بین افغانستان و پاکستان.
١٢ اپریل
صدراعظم داکتر یوسف خان وارد ماسکو شده وعدۀ همکاری اتحاد شوروی را در جهت پیشبرد پلان سوم انکشافی مملکت حاصل مینماید.
٢٨ اپریل
تکمیل میدان هوائی قندوز که با امداد امریکا آباد شده است.
١١ می
تصویب قانون جدید انتخابات : هر تبعه افغان چه زن و چه مرد که سنش از بیست سال بالغ باشد حق رای دادن را می داشته باشد.
٢٠ جولائی
آغاز سروی تقویم البلاد ولایت کابل.
٣ اگست
آغاز مسافرت محمد ظاهر شاه همراه با ملکه حمیرا به اتحاد شوروی.
٢٦ اگست و ٢٨ سپتامبر
انتخابات برای شورا. ولسی جرگه دارای ٢١٦ چوکی و مشرانو جرگه ١٠٠ (صد) کرسی می باشد که از آنجمله صرف ٢٨ چوکی توسط آرای مردم انتخاب می شود و متباقی توسط پادشاه تعیین می شود.

۶ الی ۲۲ سپتامبر
جنگ دوم بین پاکستان و هندوستان بالای کشمیر. حملات نظامی در اثر مداخلهٔ ملل متحد متوقف میشود.
۹ سپتامبر
قانون جدید آزادی مطبوعات تصویب میشود.
۲۱ اکتوبر
داکتر عبدالظاهر رئیس ولسی جرگه انتخاب می شود و عبدالهادی داوی بحیث رئیس مشرانو جرگه توسط شخص پادشاه تعیین میشود.
۲۵ اکتوبر
با وجود تظاهرات محصلین که منجر به فوت سه تن محصل می گردد، ولسی جرگه طی مجلسی به کابینهٔ جدید داکتر یوسف خان رای اعتماد میدهد.
۲۹ اکتوبر
کابینه جدید داکتر یوسف خان به خاطر تظاهرات محصلین، صرف چهار روز بعد از تشکیلش، استعفا می دهد و پادشاه محمد هاشم میوندوال را مؤظف میسازد تا کابینه جدیدی را تشکیل بدهد.
۲ نوامبر
کابینهٔ میوندوال بعد از حصول اعتبار ولسی جرگه کار خود را آغاز مینماید.
۱۶ دسامبر
یك هیئت هفت نفری مرکب از سناتور های امریکائی وارد کابل شده با پادشاه و صدراعظم ملاقات میکند.
۲۲ دسامبر
افتتاح اولین دستگاهٔ تولید انرژی ذروی در پاکستان.

۱۹۶۶

۳ جنوری
صدرعظم هندوستان، لعل بهادر شاستری، و رئیس جمهور پاکستان ایوب خان در اثر وساطت اتحاد شوروی در تاشکند توافقنامهٔ صلح را امضأ می کنند.

۱٤ جنوری
الکسی کوسیگین سفر دو روزه ای را به کابل انجام می دهد.
اول الی ۱۰ فبروری
صدر اعظم افغانستان محمد هاشم میوندوال سفر رسمیی را به اتحاد شوروی انجام می دهد.
۴ الی ۹ اپریل
لیو شاهو چی رئیس جمهوریت مردمی چین برای انجام سفر رسمی وارد کابل میشود.
۱۱ اپریل
اولین شماره نشریهٔ کمونیست "خلق" نشر می شود. نشریه مذکور هنوز به هویت کمونیستی خود اعتراف نمی کند.
۲۳ می
مطابق به ماده ۸۴ قانون آزادی مطبوعات حکومت جریده "خلق" را ممنوع اعلام می نماید.

۱۹٦۷

۲۵ مارچ الی ۹ اپریل
هاشم میوندوال، صدراعظم افغانستان، سفری رسمیی را به ایالات متحدهٔ امریکا انجام می دهد.
۳۰ می الی دوم جون
نیکولای پودگورنی رئیس هیئت رئیسهٔ اتحاد شوروی جهت انجام سفر رسمیی وارد پایتخت افغانستان می گردد.
۱۱ اکتوبر
محمد هاشم میوندوال نسبت به تکلیف صحی که دارد از صدارت عظمی استعفا می دهد.
اول نوامبر
پادشاه از نور احمد خان اعتمادی تقاضا می نماید تا کابینه جدید را تشکیل بدهد.
۱۳ نوامبر
نور احمد خان اعتمادی کابینهٔ خود را معرفی می نماید و چند روز بعد از آن تأیید اعضای ولسی جرگه را حاصل می نماید.

۱۹۶۸

۳۱ جنوری
صدرعظم شوروی الکسی کوسگین جهت مذاکره در امور اقتصادی وارد کابل میشود.
۲۲ اپریل
لوله انتقال نفت و گاز شبرغان که با کمك اتحاد شوروی احداث شده است افتتاح می گردد.

۱۹۶۹

۲۶ مارچ
در کشور پاکستان جنرال یحیی خان حالت اضطراری را اعلان کرده، شورا های منطقوی و ملی را منحل می نماید.
۲۵ می
وزیر خارجۀ امریکا راجرس به کابل میرسد.
۱۰ جون
اندرا گاندی صدراعظم هندوستان سفری رسمیی پنج روزه را در افغانستان آغاز مینماید.
۱۷ جولائی
یك هیئت عسکری شوروی بریأست مارشال ایوان بگرامیان وارد کابل میشود.
۱۷ نوامبر
تغییرات در کابینه نور احمد اعتمادی صورت می گیرد. اعلان کابینه جدید.
۲۵ دسمبر
هیئتی نظامی عالیرتبه شوروی به رهبری وزیر دفاع گریشکوف وارد افغانستان میشود.

۱۹۷۰

۲۶ جنوری

وزیر دفاع خان محمد خان جهت انجام سفری رسمیی وارد ایالات متحدهٔ امریکا می شود.

۱۹۷۱

۱۷ می

نور احمد خان اعتمادی استعفی خود را به پادشاه تقدیم می نماید.

۸ جون

داکتر عبدالظاهر از طرف پادشاه جهت تشکیل کابینه جدید مؤظف میشود.

۱۳ جون

پادشاه افغانستان سفر ده روزه را به اتحاد شوروی تکمیل نموده به کابل برمیگردد.

۳ الی ۱۷ دسمبر

جنگ بین پاکستان و هندوستان بالای پاکستان شرقی. جنگ بلاخره منتج به ایجاد کشور مستقل بنگله دیش میشود. در حدود نود هزار عسکر پاکستانی به قوای نظامی هندوستانی تسلیم میشوند.

۲۰ دسمبر

جنرال یحیی خان، بعد از ناکامی اش در جنگ پاکستان شرقی، ذوالفقار علی بوتو را بحیث مسئول تطبیق حالت اضطراری تعیین مینماید.

۱۹۷۲

۱۱ جنوری

ذوالفقار علی بوتو برای مذاکره وارد کابل میشود.

۲۰ اپریل

ذو الفقار علی بوتو حالت اضطراری را به پایان میرساند و یك قانون اساسی عبوری را طرح نموده انفاذ می نماید.

۱۶ می

رادیو کابل در مضمونی انتشار یافته استقلال پشتونستان را ذکر می نماید.
۲ جولائی
صدراعظم های پاکستان و هندوستان - علی بوتو و اندرا گاندی - در شهر سیمله، هندوستان، معاهدهٔ صلح را امضأ می نمایند.
۲۱ جولائی
نمایندهٔ خاص حکومت امریکا جون کونولی به مقامات افغانی خاطر نشان میشود که کشورش بیشتر از حد موجوده با افغانستان امداد کرده نمی تواند.
۲۵ سپتامبر
داکتر ظاهر استعفای خود را به پادشاه تقدیم می نماید اما پادشاه استعفایش را به تعویق می اندازد.
۹ دسامبر
محمد موسی شفیق، تحصیل یافتهٔ جامعهٔ الاذهر، به کرسی صدارت از طرف پادشاه مؤظف میشود.

۱۹۷۳

۱۳ مارچ
صدرعضم های افغانستان و ایران موافقتنامهٔ تقسیم آبهای هلمند را رسماً امضأ مینمایند.
۱۰ اپریل
شورای پاکستان قانون اساسی جدید را تصویب می کند.
۱۱ می
سرحدات افغانستان با پاکستان برای مدت دو هفته مسدود می گردد.
۸ جولائی
پادشاهٔ افغانستان برای تداوی عازم ایتالیا میشود.
۸ جولائی
تأسیس بانك انکشاف صنعتی با سرمایه مشترك افغانی و غربی: ٪ ۶۰ سرمایه افغانی و ٪ ۴۰ غربی که بین بانك های امریکائی (چیز منهاتن و سیتی بانك)، بانك فرانسوی (کردیت لیونه) و بانك صنعتی جاپان منقسم میشود.

۱۷ جولائی

کودتاً ۲٦ سرطان به ابتکار سردار محمد داؤد؛ تأسیس نظام جمهوری در افغانستان.

۲۷ جولائی

ملکه حمیرا و اعضای فامیل سلطنتی عازم ایتالیا میگردند.

۴ اگست

نشر اولین شمارۀ روزنامه " جمهوریت ".

تصمیم کمیته مرکزی مبنی بر اعطای یك سال سابقه به همه صاحب منصبان اردو - به استثنای جنرال ها - و ترفیع همه دلگی مشر ها به رتبۀ سوم بریدمن.

۲۳ اگست

طی بیانیه ای سردار داؤد خان خط مشی سیاسی نظام جدیدکشور را توضیح می نماید.

حکومت هندوستان به رها کردن اسرای جنگی پاکستانی که از سال ۱۹۷۱ به دست آن مانده بودند موافقه می نماید.

٦ سپتامبر

کمیته مرکزی جمهوریت فیصله مینماید تا شعبات دولتی از تهیه کردن گوشت برای مأمورین خویش بیشتر از سه روز در هفته اجتناب ورزند.

۲۲ سپتامبر

حکومت دستگیری هاشم میوندوال و "همدستهایش" را به اتهام توطئۀ کودتاً به کمك یك کشور خارجی اعلان مینماید.

۳ اکتوبر

جراید جمهوریت، انیس، هیواد و کابل تایمز "اسناد اعتراف" میوندوال را برابطه با ترتیب کودتای نشر میکنند.

۸ اکتوبر

اولین فلم دراز افغانی در سینما های کابل ننداری، پارك و آریانا به نمایش گذاشته می شود. عنوان فلم " اندرز مادر" و کارگردان آن عبدالخالق علیل میباشد.

۲۹ اکتوبر

سروان سنگ وزیر امور خارجۀ هندوستان وارد کابل می‌گردد. در جریان سفر خود دعوتنامه

---

۲۵۲ Chase Manhattan, City Bank , Credit Lyonnais

ای را ازطرف صدراعظم اندیرا گاندی و رئیس جمهور گیری به رئیس جمهور و صدرعظم افغاستان سردار محمد داؤد خان تقدیم می نماید.

۱۵ نوامبر

داکتر عبدالرحیم نوین وزیر اطلاعات و کلتور افغانستان و پاپینی سفیر ایتالیا مقیم کابل، با حضور رئیس مؤسسه شرق شناسی ایتالیا استاد توچی، توافقنامه ای را امضأ میکنند که طی آن قرار است ایتالوی ها در حوزه شهر غزنه در قسمت اعمار یك موزیم و ترمیم عابدات تاریخی زمان غزنویان ممد شوند.

۲ دسامبر

خان عبدالصمد خان آچکزائی، رئیس حزب پشتونخواه بلوچستان، در اثر انفجار بمبی کشته میشود. بتاریخ ٤ دسامبر در مسجد شیرپور کابل، مراسم فاتحه خوانی بزرگ از طرف دولت افغانستان ترتب داده میشود که در آن شخص داؤد خان و یك تعداد از شخصیت های دولت سهم می گیرند.

۱۱ دسامبر

تأسیس "شورای عالی اقتصادی" به منظور مراقبت و مؤفقیت پلان های انکشافی کشور. قرار است شورای مذکور تحت ریأست رئیس جمهور و صدرعظم محمد داؤد خان ماهانه یك مرتبه دایر شود. سایر اعضای آن شورا معاون صدرعظم، وزیر مالیه، وزیر زراعت و آبیاری، وزیر صنایع و معادن، وزیر فواید عامه، وزیر تجارت، معین وزارت پلان، و لاخره رئیس دافغانستان بانك میباشند.

۲۲ دسامبر

دولت حکم اعدام و یا حبس اشخاص را که به ارتباط " کودتا " میوندوال محکوم شناخته شده اند صادر میکند.

۲۶ دسامبر

سرود ملی جدید دورهٔ جمهوریت برای بار اول در محفل تقدیم شهادتنامه های فارغ التحصیلان حربی پوهنتون قبل از اینکه در عین روز توسط رادیو افغانستان پخش گردد سروده میشود. سرود ملی جدید توسط عبدالرؤوف بینوا، عبدالغفور برشنا و عبدالجلیل زلاند تهیه و ترتیب شده است.

۱۹۷٤

۱۳ فبروری

توافق بین اتحاد شوروی و افغانستان در مورد تقسیم آب های دریای آمو. این توافقنامه دوم است که در این مورد عقد می شود چه در سال ۱۳٤۳ معاهده ای دیگری بدین منظور امضأ شده بود.

۲۱ فبروری

جلسۀ سازمان ممالك اسلامی در لاهور. نمایندۀ حکومت افغانستان موضوع پشتونستان را مطرح می نماید.

۹ می ۱۹۷٤

بیرق جدید جمهوریت در میدان قصر ریأست جمهوری برای بار اول بالا میشود و بطور همآهنگ در همه وزارت خانه ها و مؤسسات دولتی طی مراسم مشابه عین عمل انجام داده میشود.

٤ الی ۸ جون ۱۹۷٤

سفر رسمی داؤد خان به اتحاد شوروی. اعضای هیئت : محمد خان جلالر، وزیر تجارت؛ علی احمد خرم، وزیر پلان؛ وحید عبدالله، معین وزارت خارجه؛ عبدالعلی سلیمان، معاون شعبه تشریفات؛ عبدالقیوم منصور، معاون شعبۀ امور اقتصادی وزارت خارجه؛ و سه تن صاحب منصبان (محمد اکبر، صاحب جان خان، عبدالمجید) به صفت یاوران رئیس جمهور.

۱۹۷٥

۱۰ مارچ

سفر رسمی رئیس جمهور داؤد خان به هندوستان.

۱٤ مارچ

سفر رسمی رئیس جمهور داؤد خان به بنگله دیش.

۱۷ مارچ

سفر رسمی رئیس جمهور داؤد خان به عراق.

۲٦ اپریل

سفر رسمی رئیس جمهور داؤدخان به ایران. مناسبات دو کشور بهبود میآبد و تهران به افغانستان وعده های‌کمك اقتصادی می نماید.

۳ جولائی

امضای قراردادی بین وزرات فواید عامهٔ افغانستان و شرکت فرانسوی سوفرائل برای سروی و بعد تعمیر خط آهن که طول مجموعی آن ۱۸۲٤ کیلومتر تخمین شده است و کابل را از راهٔ غزنی، قندهار و هرات به سرحد ایران باید متصل کند.

۲۲ جولائی

اغتشاش در پنجشیر و در بعضی نکات دیگر کشور بدست گروه های اسلامگراه متمرکز در پاکستان.

۲۷ سپتامبر

داؤد خان یك تعداد وزرای چپگراه (کمونیست) را از کابینه اخراج می نماید.

۹ دسامبر

رئیس جمهور اتحاد شوروی پودگورنی جهت انجام سفری رسمی وارد کابل می شود.

۱۹۷٦

۲٦ جنوری

افتتاح پلان هفت ساله انکشاف اقتصادی.

۷ جون

علی بوتو، صدراعظم پاکستان عازم کابل می گردد.

۲۹ جون

سردار نعیم خان سفری به امریکا انجام می دهد.

۸ اگست

هنری کیسینگر، وزیر خارجهٔ امریکا، برای انجام سفری رسمی وارد کابل میشود.

۲۰ اگست

داؤد خان به دعوت بوتو جواب مثبت داده، به کشور همسایه پاکستان جهت انجام سفر

رسمی وارد میشود.

۱۹۷۷

۲۶ جنوری
طرح قانون اساسی جدید در جراید کشور نشر میشود.
۳۱ جنوری الی ۱۳ فبروری
در ختم تقریباً دو هفته جلسات اعضای لویه جرگه قانون اساسی جدید مملکت را تصویب می نمایند.
۱۵ فبروری
داؤد خان بحیث رئیس جمهور جدید توسط اعضای لویه جرگه انتخاب میشود.
۱۵ و ۱۶ اپریل
سفر داؤد خان به ماسکو. اختلاف بین داؤد خان و بریژنیف. داؤد خان قهر کرده به کابل برمیگردد.
۵ جون
حکومات افغانستان و ایران متن توشیح شده توافقنامه مربوط به تقسیم آبهای هلمند را تبادله مینمانید.
۹ جون
صدراعظم پاکستان، ذوالفقار علی بوتو برای بار دوم عازم کابل میشود.
٤ جولائی
کودتأ در پاکستان. جنرال ضیا الحق رهبریت کشور را بدوش میگیرد.
۱۵ جولائی
بر اساس فشار های اتحاد شوروی، جناح های پرچم و خلق دوباره متحد شده به همدیگر مدغم میشود.
۱۶ جولائی
داؤد خان تأسیس حزب یگانۀ انقلاب ملی را اعلان مینماید.
۱۰ اکتوبر
جنرال ضیأ الحق قائد جدید پاکستان وارد کابل میشود.

۱۶ نومبر

وزیر پلان، علی احمد خرم، در کابل توسط کمونیست ها شهید میشود.

۱۹۷۸

۱۷ اپریل

میر اکبر خیبر، یك تن از رهبران جناح پرچم حزب کمونیست افغانستان، به قتل میرسد.

۲۶ اپریل

اکثر رهبران حزب کمونیست دستگیر میشوند.

۲۷ اپریل

کودتا کمونیست ها. رئیس جمهور داؤد خان، اکثر اعضای فامیلش و یك تعداد وزرأ در اثر حملۀ قوای کودتاچی شهید میشوند.

ضمایم

ضمیمه اول مرامنامهٔ حزب دیموکرات ملی (کلوپ ملی)

ضمیمه دوم اعضای کابینه سردار داؤد – دورهٔ صدارت

ضمیمه سوم متن استعفانامهٔ محمد ظاهر شاه

ضمیمه چهارم اعضای کمیتهٔ مرکزی جمهوریت

ضمیمه پنجم اعضای کابینهٔ دورهٔ جمهوریت

ضمیمه ششم اعلامیه مشترك افغانستان و پاکستان در پایان سفر ذوالفقار علی بوتو به کابل

ضمیمه هفتم اعضای کمیتهٔ تسوید قانون اساسی سال ۱۳۵۵

ضمیمه هشتم بیانیهٔ سردار محمد داؤد بمناسبت افتتاح لویه جرگهٔ سال ۱۳۵۵

ضمیمه نهم سفرای افغانستان در خارج در دورهٔ جمهوریت

ضمیمه دهم لست اشخاصیکه در موقع حملهٔ قوای کمونیستی بر قصر ریأست جمهوری (ارگ) بتاریخ ۷ ثور ۱۳۵۷ شهید، زخمی یا بدون جراحت نجات یافتند.

ضمیمه یازدهم "سوسیالیزم" از دیدگاه سردار محمد داؤد خان

ضمیمهٔ اول

مرامنامهٔ حزب دیموکرات ملی (کلوپ ملی)[۲۵۳]

۱ – باید اعضای حزب به دین مبین اسلام مشرف و دارای تابعیت افغانستان باشند.

۲ – باید اعضای حزب بمقام سلطنت مشروطهٔ افغانستان تعهد و وفاداری مطلق داشته باشند.

۳ – باید اعضای حزب بقای خود را در بقای استقلال ملت افغانستان به شکل تمام آن بدون هیچگونه حد و قید، و تمامیت خاك وطن مربوط دانسته و تمام مدارج سعادت کشور و ملت را بدان منحصر بشناسند.

۴ – باید به اصول دیموکراسی (حاکمیت ملت) به اساس تعلیمات دین مبین اسلام و نتایج که ملل مترقیه عالم از اصول فوق گرفته اند، عقیده راسخ داشته باشند.

۵ – باید اعضای حزب با تساوی کامل در مقابل قانون و بدون رعایت نسب، خانواده، تمول و رسوخ شخصی، احترام کامل بکلیهٔ قوانین مملکت داشته باشند.

---

۲۵۳ مآخذ : میر غلام محمد غبار، *افغانستان در مسیر تاریخ، جلد دوم*، ایالات متحدهٔ امریکا، ۱۹۹۹ میلادی؛ ص ۲۴۲ و ۲۴۳.

۶ – باید اعضای حزب دارای پایهٔ اخلاقی بلند باشد.

۷ – اعضای حزب باید به مفهوم ترجیح منافع ملی بر منافع شخصی اعتقاد راسخ داشته و عملاً از آن پیروی کنند.

۸ – اعضای حزب باید عدالت را اساس استقرار جامعه و خوشبختی ملت دانسته و برای تأمین آن در مملکت سعی را وظیفهٔ ایمانی و ملی خود بدانند.

۹ – اعضای حزب باید وحدت ملی را تهداب قوهٔ مادی و معنوی ملت افغانستان دانسته و برای رفع تفرقهٔ قومی هرگونه مجاهدات نمایند.

۱۰ – اعضای حزب باید معتقد باشند که فساد و پراگندگی در مؤسسات دولتی باعث خسارهٔ ملت بوده و با تأمین اصولهای قانون از هرگونه انارشی جلوگیری بعمل آورند.

۱۱ – باید کار های دولتی و عامه بدون رعایت نسب، مکانت و رسوخ شخصی به اشخاص ذی صلاحیت آن سپرده شده و از حیف و میل مبالغ دولتی و ملی شدیداً جلوگیری به عمل آید.

ضمیمهٔ دوم

اعضای کابینهٔ سردار محمد داؤد

– ۲۰ سپتامبر ۱۹۵۳ الی ۱۰ مارچ ۱۹۶۳ –

صدراعظم

- سردار محمد داؤد (۱۹۵۳ – ۱۹۶۳)

معاون صدرعظم

– علی محمد خان

– سردار محمد نعیم خان

وزیر خارجه

– سردار محمد نعیم خان (۱۹۵۳ – ۱۹۶۳)

وزیر دفاع ملی

- سردار اعلی جنرال محمد عارف خان (۱۹۵۲ – ۱۹۵۵)

– سردار محمد داؤد خان (۱۹۵۵ – ۱۹۶۳)

وزیر داخله

– سردار محمد داؤد(۱۹۵۳ – ۱۹۵۷)

– عبدالحکیم خان شاه عالمی (۱۹۵۷ – ۱۹۵۸)

– سید عبدالله خان (۱۹۵۸ – ۱۹۶۳)

وزیر عدلیه

– سید عبدالله خان (۱۹۵۶ – ۱۹۶۳)

وزیر معارف

– داکتر عبدالمجید خان (۱۹۵۳ – ۱۹۵۶)

– داکتر علی احمد خان پوپل (۱۹۵۶ – ۱۹۶۳)

وزیر مالیه

– عبدالملك عبدالرحیمزای (۱۹۵۳ – ۱۹۵۷)

– عبدالله خان ملکیار (۱۹۵۷ – ۱۹۶۳)

وزیر اقتصاد

– داکتر عبدالرؤف خان حیدر (۱۹۵۳– ۱۹۵۵)

– عبدالملك خان عبدالرحیمزائی، سرپرست (۱۹۵۵– ۱۹۵۶)

–عبدالله خان ملکیار (۱۹۵۶–۱۹۵۷)

– غلام محمد شیرزاد (۱۹۵۷ – ۱۹٦٤)

وزیر پلان

– سردار محمد داؤد خان (۱۹۵۶ – ۱۹۶۳)

وزیر صحیه

– داکتر غلام فاروق خان (۱۹۵۳ – ۱۹۵۵)

– داکتر عبدالظاهر، سرپرست (۱۹۵۶ – ۱۹۵۸)

وزیر فواید عامه

– عبدالحکیم خان شاه عالمی (۱۹۵۳ – ۱۹۵۶)

– انجینیر محمد کبیر (۱۹۵۶ – ۱۹۶۳)

وزیر مخابرات

– محمد مرید خان (۱۹۵۳ – ۱۹۶۳)

وزیر معادن و صنایع

– داکتر یوسف خان (۱۹۵۳ – ۱۹۶۳)

زریر زراعت

– میر محمد یوسف خان (۱۹۵۳ – ۱۹۵۸)

– غلام حیدر خان عدالت (۱۹۵۸ – ۱۹۶۲)

– داکتر محمد ناصر کشاورز (۱۹۶۲ – ۱۹۶۳)

ریأست مستقل مطبوعات

– صلاح الدین سلجوقی (۱۹۵۳ – ۱۹۵۴)

– محمد هاشم میوندوال (۱۹۵۴ – ۱۹۵۶)

– عبدالستار شالیزی، سرپرست (۱۹۵۶)

– سید قاسم خان رشتیا (۱۹۵۶ – ۱۹۶۰)

– داکتر محمد آصف سهیل (۱۹۵۸ – ۱۹۶۳)

ریأست مستقل قبائل

– میر شمس الدین مجروح (۱۹۵۳–۱۹۶۳)

ضمیمهٔ سوم

متن استعفانامهٔ محمد ظاهر شاه

بسم الله الرحمن الرحیم

برادرم جلالت مآب رئیس جمهور

از موقعیکه خبر جریانات اخیر را شنیدم تا این دم فکرم متوجه وطن من بوده و برای آیندهٔ آن نگران بودم. مگر همین که در یافتم که مردم افغانستان بغرض اداره و آیندهٔ امور ملی خود از رژیم جمهوریت با اکثریت کامل استقبال نموده اند، با احترام از ارادهٔ مردم وطنم خود را از سلطنت افغانستان مستعفی می شمارم و بدینوسیله از تصمیم خود به شما ابلاغ می کنم.

در حالیکه آرزوی من سعادت و اعتلای وطن عزیز من است، خود را به حیث یك فرد افغان زیر سایهٔ بیرق افغانستان قرار می دهم.

دعای من اینست که خداوند بزرگ و توانا همواره حامی وطن و هموطنان من باشد.

محمد ظاهر شاه، پادشاهٔ سابق افغانستان

ضمیمۀ چهارم

اعضای کمیتۀ مرکزی جمهوریت

۱ ـ سردار محمد داؤود خان

۲ ـ داکترحسن شرق

۳ ـ فیض محمد

٤ ـ سید عبدالاالله

٥ ـ قدیر نورستانی

٦ ـ پاچا گل وفادار

۷ ـ عبدالحمید محتاط

۸ ـ محمد سرور نورستانی

۹ ـ محمد یوسف فراهی

۱۰ ـ مولاداد

۱۱ ـ ضیأ (قوماندان گارد)

۱۲ ـ غلام حیدر رسولی

۱۳ ـ خلیل

ضمیمهٔ پنجم

اعضای کابینهٔ دورهٔ جمهوریت

(سرطان ۱۳۵۲ الی ثور ۱۳۵۷)

- سید عبدالاله، معاون صدراعظم از ۱۹۷۵ الی ۱۹۷۸ و وزیر مالیه از ۱۹۷۳ الی ۱۹۷۸
- داکتر حسن شرق، معاون صدر عظم از سال ۱۹۷۳ الی ۱۹۷۷
- غلام حیدر رسولی، وزیر دفاع از ۱۹۷۷ الی ۱۹۷۸
- وحید عبدالله، معین وزارت خارجه با صلاحیت سهم گیری در مجلس وزرأ، از ۱۹۷۳ الی ۱۹۷۸.
- عبدالقدیر نورستانی، وزیر داخله از ۱۹۷۵ الی ۱۹۷۸.
- داکتر عبدالمجید، وزیر عدلیه از ۱۹۷۳ الی ۱۹۷۷ و وزیر دولت از ۱۹۷۷ الی ۱۹۷۸.
- وافیع الله سمعیی ، وزیر عدلیه از ۱۹۷۷ الی ۱۹۷۸.
- نعمت الله پژواك، وزیر معارف از ۱۹۷۳ الی ۱۹۷٤.
- ابراهیم مجید سراج، وزیر معارف در سال ۱۹۷۷.
- عبدالکریم عطائی، وزیر مخابرات از ۱۹۷۵ الی ۱۹۷۸.

- غوث الدین فایق، وزیر فواید عامه از ۱۹۷۳ الی ۱۹۷۸.
- عبدالتواب آصفی، وزیر معادن و صنایع از ۱۹۷۵ الی ۱۹۷۸.
- عزیز الله واصفی، وزیر زراعت از سال ۱۹۷۵ الی ۱۹۷۸.
- داکتر عبدالرحیم نوین، وزیراطلاعات و کلتور از ۱۹۷۳ الی ۱۹۷۸.
- نظر محمد سکندر، وزیر صحیه از ۱۹۷۳ الی ۱۹۷٦.
- داکتر عبدالله عمر، وزیر صحیه از ۱۹۷٦ الی ۱۹۷۸.
- علی احمد خرم، وزیر پلان از سال ۱۹۷٤ الی ۱۹۷۷.
- جمعه محمد محمدی، وزیر آب و برق از ۱۹۷٦ الی ۱۹۷۸.
- فیض محمد، وزیر داخله از ۱۹۷۳ الی ۱۹۷۵ و وزیر قبایل از ۱۹۷۵ الی ۱۹۷۷.
- داکتر عبدالقیوم وردك، وزیر معادن و صنایع از ۱۹۷۳ الی ۱۹۷۵ و وزیر تعلیم و تربیه از ۱۹۷۵ الی ۱۹۷۷ و نیز وزیر قبایل ز ۱۹۷۷ الی ۱۹۷۸.
- غلام صدیق محیبی، وزیر تعلیم و تربیه از ۱۹۷۷ الی ۱۹۷۸.
- محمد خان جلالر، وزیر تجارت از ۱۹۷٤ الی ۱۹۷۸.
- عبدالحمید محتاط، وزیر مخابرات از ۱۹۷۳ الی ۱۹۷۵.
- غلام جیلانی باختری، وزیر زراعت از ۱۹۷۳ الی ۱۹۷۵.
- پادشاه گل وفادار، وزیر قبایل از ۱۹۷۳ الی ۱۹۷۵.

ضمیمهٔ ششم

اعلامیهٔ مشترك افغانستان و پاکستان در پایان سفر ذوالفقار علی بوتو به کابل.[۲۵۴]

کابل، ۲۱ جوزا ۱۳۵۵ هجری شمسی

نظر به دعوت شاغلی محمد داؤد رئیس دولت و صدراعظم جمهوریت افغانستان، شاغلی ذوالفقار علی بوتو صدرعظم جمهوریت اسلامی پاکستان از تاریخ ۱۷ الی ۲۱ جوزا ۱۳۵۵ از افغانستان باز دید رسمی به عمل آورد.

در این مسافرت شاغلی عزیز احمد وزیر دولت برای امور دفاع و خارجه، شاغلی محمد یوسف بیگ مشاور مخصوص صدرعظم، شاغلی آغاشاهی سکرتر در وزارت امور خارجه و شاغلی شهنواز سکرتر در وزارت امور خارجه با شاغلی صدرعظم پاکستان همراه بودند.

شاغلی محمد داؤد رئیس دولت و صدراعظم و شاغلی بوتو صدر عظم

---

۲۵۴ مآخذ از د *افغانستان کالنی ۱۳۵۵* ، وزارت اطلاعات و کلتور جمهوری افغانستان، مطبعه دولتی، کابل ۱۳۵۵صفحهٔ ۸۶.

پاکستان بتاریخ ۱۷، ۱۸، ۲۰ و ۲۱ جوزا ۱۳۵۵ در قصر گلخانه با هم ملاقات و در فضای دوستانه مذاکره کردند. بعد ظهر ۲۰ جوزا زعمای دو کشور در مذاکرات خویش از طرف هیئات مربوطهٔ خود همراهی شدند.

جانبین راجع به روابط دو جانبه افغانستان و پاکستان مذاکرات و تبادل افکار صریح و مفیدی در یك فضای دوستانه بعمل آورده و به منظور حل اختلاف سیاسی و سایر اختلافات شان بر اساس پنج اصل همزیستی مسالمت آمیز و به مقصد حفظ و تقویت فضای مساعد و دوستانه ای فعلی و با هدف رسیدن به حل نهایی و شرافتمندانه ای این اختلاف هر دو طرف موافقه کردند تا فعلاً از پروپاگند و تبلیغات مخاصمانه علیه یك دیگر در مطبوعات و برودکاست های خویش خود داری نمایند.

شاغلی ذوالفقار علی بوتو صدراعظم پاکستان از شاغلی محمد داؤد رئیس دولت و صدراعظم افغانستان دعوت دوستانه به عمل آوردند تا از پاکستان بازدید رسمی نمایند.

این دعوت با مسرت پذیرفته شد. تاریخ این بازدید در آینده نزدیك از طرق دیپلوماتیك تعیین خواهد شد.

ضمیمهٔ هفتم

اعضای کمیتهٔ تسوید قانون اساسی
سال ۱۳۵۵هجری شمسی[۲۵۵]

داکتر محمد حسن شرق، معاون اول صدر اعظم؛ سید عبدالاله، معاون دوم صدر عظم؛ عبدالقدیر نورستانی، وزیر داخله؛ داکتر عبدالمجید، وزیر عدلیه؛ انجینیر غوث الدین فایق، وزیر فواید عامه؛ عبدالتواب آصفی، وزیر معادن و صنایع؛ محمد خان جلالر، وزیر تجارت؛ داکتر عبدالله عمر، وزیر صحت عامه؛ انجنیر عبدالکریم عطائی، وزیر مخابرات؛ پوهاند عبدالقیوم، وزیر معارف؛ پوهاند داکتر عبدالرحیم نوین، وزیر اطلاعات و کلتور؛ عزیز الله واصفی، وزیر زراعت؛ فیض محمد، وزیر سرحدات؛ انجینیر جمعه محمد محمدی، وزیر آب و برق؛ وحید عبدالله، معین وزارت خارجه؛ علی احمد خرم، وزیر پلان؛ دگر جنرال غلام حیدر رسولی، لوی درستیز؛ محمد سرور، قوماندان قوای حهار زرهدار؛ مولاداد؛ محمد یوسف؛ خلیل الله؛ مولوی عبدالبصیر، رئیس عالی تمیز؛

۲۵۵رجوع شود به د افغانستان کالنی ۱۳۵۵، وزارت اطلاعات و کلتور جمهوری افغانستان، مطبعه دولتی، کابل ۱۳۵۵، صفحات ۱۴۷ و ۱۴۸.

غلام علی کریمی؛ مولانا عنایت الله ابلاغ؛ داکتر سعید افغانی؛ عبدالهادی هدایت؛ داکتر محمد آصف سهیل؛ پوهاند وفی الله سمیعی؛ داکتر غلام صدیق محبی؛ برید جنرال شاهپور؛ برید جنرال محمد یحیی نوروز؛ محمد اکبر عبقری؛ اسمعیل قاسمیار؛ داکتر ضامن علی؛ یار محمد دلیلی؛ داکتر سید مخدوم رهین؛ داکتر محمد بشیر وهابزاده؛ پوهنمل عالیه حفیظ؛ پوهنمل فاطمه کیفی؛ پوهنمل محمد عظم وهابزاده؛ سید ناصر.

ضمیمهٔ هشتم

متن بیانیهٔ سردار محمد داؤد خان بمناسبت افتتاح لویه جرگهٔ سال ۱۳۵۵

مآخذ از *سالنامهٔ افغانستان* ۱۳۵۵ – ۱۳۵٦، وزارت اطلاعات و کلتور، مطبعهٔ دولتی، کابل ۱۳۵٦، صفحات ۱۲ الی ۲۲.

د لوی او توانا خدای په نامه!

د افغانستان د ملت محترمو نمایندگانو!

ز منز دملت په عنعنو کسی دیموکراسی ژوری ریشی لری او لکه چه تاسی تول ته معلومه ده لویه جرگه ز مونز ددی ملی خصوصیت یوه ځرگنده نمونه ده.

پدی مهم او تاریخی و خت کسی چه تاسی محترمو هیوادوال دملت په وکالت سره دافغانستان دجمهوری دوری دلمرنی جرگی دنمایندگانو په حیث نن ورځ پدی تالار کسی راتول شوی یاست او دهیواد دنوی جمهوری نظام داساسی قانون په مسودی باندی د غور کولو وروسته تصمیم نیسی خپله وظیفه بولم چه ځان او خپلو ملگرو او همکارانو له خوا کابل ته ستاسی تشریف راولو ته درره

له کومی سه راغلاست ووایم او په دی مسوده باندی دپوره غور کولو دپاره دگران افغانستان په سرنوشت او راتلونکی نیکمرغی کسی به سکاره اغیزه وکری دخدای له درباره ستاسی دموفقیت هیله کوم.

نماینگان محترم !

ملت ها و جوامع در تلاش و جستجوی آرزو های تازه و مقاصد نو هستند و تاریخ در حقیقت عبارت از داستان ارتقای بشر از یك مرحله به مرحله دیگر میباشد بنا برآن طبیعت، نیرو، ظرفیت و استعداد بشر بحیث یك موجود تاریخی، با طرح های ثابت و ساکن و سازگار نیست و بشر اصلاً تحول پسند و ارتقا پذیر است.

وقتی این پدیده مواجه به رکود و در نتیجه متوقف می گردد قهراً عکس العملی را بار می آورد که شدت انعکاس آن مربوط به درجه فساد، فقر و بی عدالتی اجتماعی و اقتصادی جامعه، وضع نابسامان مردم و بسا عوامل دیگر در کشور میباشد.

انقلاب عملیهٔ تغییر، اصلاح و تحول در اوضاع اجتماعی، اقتصادی و سیاسی جامعه است، به نوحیکه منافع اکثریت مردم را به شیوه های مثبت و مترقی آن مطابق به شرایط و قانون تکامل جامعه علماً و عملاً تأمین نماید.

۲۶ سرطان ۱۳۵۲، این تاریخ بزرگ و فراموش ناشدنی نقطهٔ حرکت ملت ما به سوی پیروزی، نقطه درست و اصولی حرکت ما و تاریخ شکوهمند انقلاب ما بود.

انقلاب در هر جامعه مولود شرایط و عوامل ناهمگون و غیر عادلانهٔ اجتماعی، اقتصادی و سیاسی میباشد که استمرار دوام و بقای آن ملت را به ادبار، انحطاط و چنان خطرات جبران ناپذیری می کشاند که بی علاقگی عناصر

ملی و طن پرست را در برابر آن میتوان گناه عظیم شمرد.

راجع به جامعه قبل از انقلاب ۲۶ سرطان در بیانیه های سابق خود توضیحاتی به اطلاع عموم هموطنان عزیز رسانیده ام که دو باره توضیح مفصل آنرا تکرار میدانم و به خلاصهٔ آن اکتفأ میکنم:

در ارگان های دولت، مسابقه کنان استفاده های ناجائز را از مال بیت المال و جیب مردم حق مسلم خود میدانستند، استفاده از نفوذ و مقام رسمی شکل قانونی را بخود اختیار نموده بود. پاکی، تقوی و احساس وطنپرستی مورد استهزأ و تمسخر قرار می گرفت. اکثر مواد و احکام قانون اساسی‌نافذ وقت و دیگر قوانین متعلق به آن عملاً به تعویق و الغا در آمده بود و اجراآت خودسرانه و بی باکانه زیر عنوان دیموکراسی قلابی صورت می گرفت که حقایق آن البته از خاطره های هموطنان فراموش نگردیده است.

از لحاظ اقتصادی، وضع کشور بحالت آشفته و رقت بار وقابل تأسف درآمده بود. رشد و توسعه اقتصادی که با تطبیق دو پلان پنج ساله اول و دوم نسبتاً سر و صورتی گرفته بود، به رکود و قهقرا مواجه شد و پلانگذاری کشور تابع آنارشی و مربوط تصامیم آنی و عاجل قرار گرفت و در نتیجه این وضع، در عاید ملی کشورافزایش قابل ملاحظه بوجود نیامد و از آنهم قسمت عمدهٔ آن همه ساله به عوض اینکه سرمایه گذاری گردد به راه های غیر مثمر حیف و میل گردید، خلاصه اینکه طی چند سال نابسامانی و بی بند و باری ها عام و تام از لحاظ اقتصاد، در جامعه ما حکمفرما بود و این امر اقتصاد کشور را در آستانهٔ ورشکست قرار داد و موجب کندی کامل رشد اقتصادی و اجتماعی مملکت گردید.

از لحاظ اجتماعی، علاوه از فقر، بیسوادی، و بیماریبکه متأسفانه نصیب

اکثر کشور های در حال رشد می باشد، بی کاری و عطالت ناشی از عدم همآهنگی در سکتور های مختلف دولت، یاس و نا امیدی را پیش از پیش در دل و دماغ مردم، خاصه جوانان بشدت جاگزین ساخت، اندیشه ها، نظریات و افکار افراطی و تفریطی کورکورانه به نسل جوان استیلا یافت، تناقضات و تضاد ها در فکر و عمل ریشه دواند.

قوه تقنینیه کشور خصلت و ماهیت اصلی خود را از دست داده بود و به عوض دفاع از منافع و حقوق واقعی مردم و احترام به قانون، عدۀ آنها خود قانون شکن گشته و به اعمال ضد مردمی آغشته و آلوده شدند و با منتهای بی باکی از همه انواع فساد، بی نظمی ها و اخلالگری یا پشتیبانی نمودند یا چشم پوشیدند.

فقر، تنگدستی و فشار، نصیب اکثریت محروم جامعه بود و مانند مال و متاع موروثی، همواره از اسلاف به اخلاف آنها منتقل میشد. بر عکس دارای، نفوذ، راحت و اسباب تنعم مادی نصیب عدۀ محدودی بود که در واقعیت امر می توانستند همه اجرأات و مقررات دولت را به سود و دفاع از منافع شخصی خود چرخ دهند، و به اشکال مرئی و نا مرئی در سایر تشکیلات دولت نفوذ خود را تقویه، بسط و توسعه بخشند.

قوه قضأ، یعنی رکن مهم دیگر دولت، در تحت چنین شرایط و فضأ، ممکن نبود تحت تأثیر قرار نگیرد و به راستی بتواند، طوریکه شاید و باید، عدالت را بمفهوم حقیقی آن در کشور بر قرار نگهدارد.

شگاف عمیق در شیرازه وحدت ملی، تشتت و تلاش فکر و عمل، ایجاد و ازدیاد تضاد ها و عقده ها، قانون شکنی و لگام گسیختگی، انارشی و فقدان نظم و دسپلین ملی جامعۀ ما را به درجۀ علیل، مریض و ناتوان ساخته بود که به اندك ترین لامبالاتی و بی تفاوتی، دِیگر قریب بود محکوم به سقوط و نیستی

گردد.

چنین محیط تیره و تار و فضای آشفته و رقتبار موجبات و علل عمده را فراهم نمود تا بمنظور دفاع از هستی و بقای جامعه و بمنظور نجات کشور از فساد و ادبار، بحکم ضمیر و ندای و جدان، عملی را انجام دهیم که غایه و هدف اصلی آن جز سعادت و اعتلای‌حقیقی وطن و خدمت به اکثریت مردم نجیب افغانستان چیز دیگر نباشد.

نتایج تلخ و ناگوار آن دوره، امروز نصیب ما گردید، و سالیانی بکار است تا این همه انارشی و تفرقه، فساد اجتماعی و اداری، رکود اقتصادی و بی عدالتی های اجتماعی یکی بعد دیگری اصلاح گردد، وضع اقتصادی و اجتماعی کشور به منفعت اکثریت مردم بهبود یابد، که این عملیه به ذات خود تغییر ذهنی افراد این کشور را از سوابق کهنه و فاسد گذشته ایجاب می کند و آنرا موافق با روحیه ملی اصول اخلاقی و انسانی یك جامعۀ مترقی، موافق با عصر و زمان حتمی و لازمی میسازد.

متکی به شرح مختصر فوق انقلاب ۲۶ سرطان یك ضرورت حیاتی و رسالت تاریخی و ملی بود، این انقلاب در واقعیت و حقیقت، دفاع از مصالح و منافع ملی و ترجمان راستین از افکار و نظریات مردم نجیب افغانستان بود.

منظور آن تنها تغییر رژیم به رژیم دیگر و یا انتقال قدرت از دست به دستی نبود بلکه پاسخ راستین به نیاز های مبرم داخلی، خواسته های عصر و زمان ماست و از آغاز خود به اعادۀ حیثیت برای ملت و احیای مجدد نیرو های مردم که در اثر دسیسه های استعماری، مفاسد و نارسایی های داخلی، درهم و برهم شده بود مساعی دامنه دار و همه جانبه خود را براه انداخت و از همان آغاز از یك طرف پلان های بنیادی و اصلاحات اساسی را در زمینۀ اقتصاد و

نیروی تولید سر دست گرفت، و از جهتی هم در بخش قوانین و ریفورم های را که محتوی و ماهیت آن بر اساس ایدیالوژی و هم آهنگ با شرایط عینی و ذهنی جامعه و متناسب با واقعیت های تاریخ است نافذ ساخت.

سوسیالیزمی را که ما بحیث روش اقتصادی بمنظور سازماندهی جامعه نوین افغانی برگزیده ایم در حقیقت امر، راه توصل به عدالت اجتماعی و از بین بردن تفاوت و تضاد طبقاتی به شیوه های مثبت و مترقی به طرق مسالمت آمیز آن است. و این همان روش و راهیست که منابع آنرا واقعیت های تاریخی فرهنگ ملی و شرایط عینی و ذهنی حاکم بر جامعه ما و روحیه حقیقی و واقعی اسلام تشکیل میدهد و از اصول عمده و اساسات مترقی آن در جهت تأمین حق و عدالت، آزادی و مساوات برادری و برابری و محکوم نمودن تبعیض و ریشه کن ساختن استثمار و از بین بردن هر نوع بهره کشی انسان از انسان استفاده میکند.

نمایندگان محترم!

در این دوره حساس و تاریخی کشور و در این فرصتیکه همه وطن پرستان واقعی و شیفته اعتلای این خاك با تمام امکانات بشری خود به امید ساختمان یك افغانستان نوین نیرومند و سر فراز و بمنظور خدمت به اکثریت مردم خود از صمیم قلب می کوشند و می طپند، یك اقلیت مرتجع، ضد ملی و ضد انقلاب وجود دارد که زیر افکار و عناوین مختلف و شعار های ظاهراً مترقی اما کاذب و فریبنده می خواهند بین طبقات مختلف ملت از یك طرف و بین ملت و دولت از طرف دیگر بدبینی، تفرقه و نفاق تولید نمایند و در نتیجه از مقاصد شوم خود بهره برداری ناجایز نمایند، اما به شهادت تاریخ اطمینان کامل دارم که در برابر شعور طبیعی ملت افغانستان و تجارب گذشتهٔ آنها، اغراض شوم

ضد مردمی و ضد ملی همچو عناصر مثل همیش به شکست مواجه خواهد شد.

در این ظرف سه و نیم سال دولت جمهوری با دل فراخ و با کمال حوصله و خونسردی پروپگاند و تبلیغات سؤ و اتهامات غرض آلود که بر مابستند شنیدیم و میشنویم، از اهداف و مقاصد شوم آنها آگاه هستیم، تخریشات و تخریبات که بر ضد انقلاب و سلامت ملی بعمل آوردند و یا بیآورند بی اطلاع نیستیم و نخواهیم بود، لذا به آنها خاطر نشان می سازیم که هیچگونه تبلیغات سؤ، تخریشات و تخریبات آنها مانع حرکت ما به سوی پیشرفت و به ثمر رساندن اهداف انقلاب ملی ما که خدمت به اکثریت مردم افغانستان است نخواهد گردید و به لطف خداوند بزرگ و با پشتیبانی قاطبهٔ ملت افغانستان به این راه حق، مترقی و مردمی یکجا دست بدست با ملت خویش به پیش خواهیم رفت.

تحلیل و ارزیابی وضع اقتصادی و اجتماعی کشور مخصوصاً بعد از ختم دورهٔ اول و دوم پلان پنج ساله الی آغاز انقلاب ۲۶ سرطان اجراآت مساعی که در ظرف سه سال جمهوریت یعنی الی ختم ۱۳۵٤ بعمل آمده و همچنان توضیح اولین پلان هفت ساله جمهوریت که از حمل آن سنه شروع گردیده با تحلیل و ارزیابی آن در وضع اقتصادی و اجتماعی کشور در ختم پلان از طرف من و وزرای مسئول وقتاً فوقتاً توسط رادیو و جراید به اطلاع عموم هموطنان رسانیده شده و روشنی کافی در موضوعات فوق انداخته است که نمی خواهم وقت وکلای محترم را به این تکرار دوباره صرف کنم.

آنچه می خواهم به صورت مختصر تذکر دهم، خطوط عمده ای است که با تحقیق اهداف پروگرام و معیار های سیاست اقتصادی در ختم پلان هفت ساله چه تغییراتی در ساحات اقتصادی و اجتماعی کشور به میان می آید.

رشد عواید داخلی ١٤٤،٦ فی صد، رشد مصارف سرمایه گذاری ٤٩٧ فیصد و رشد مصارف عادی به اندازۀ ١٠٦ فیصد تخمین شده است که این امر منتج به تشکل بیشتر سرمایه جهت تمویل مصارف انکشافی می گردد.

ارزش صادرات به اندازه ٧٣،٨ فیصد ازدیاد و ارزش واردات در حدود ٥٥ فیصد پیشبینی شده است. ارزش خالص تولیدات صنعتی از ٥،٥٦ ملیارد افغانی به ١٠،٢٠ ملیارد افغانی افزایش می یابد که یك رشد ٨٣،٢٠ فیصد را احتوا می نماید. ارزش تولیدات زراعتی از ٥٣،٨ ملیارد افغانی به ٧٣،٩ ملیارد افغانی یا ٣٧ فیصد افزایش خواهد یافت. تولید مجموعی انرژی برق از ٧٠٠ ملیون کیلووات ساعت به ١٦٠٠ کیلووات ساعت بلند خواهد رفت یعنی ١٢٨،٦ فیصد.

وضع آبیاری زمین های فاقد آب کافی ساحه یك ملیون شش صد و هفتاد وپنج هزار جریب زمین و زمین های که جدیداً زیر آبیاری می آید عبارت از سه صد و ده هزار جریب خواهد بود.

طول مجموعی سرکهای موتر رو از نه هزار و دو صد کیلومتر به یازده هزار و شش کیلومتر یا ١٩،٦ فیصد افزایش خواهد بود. طی پلان هفت ساله از منجمله طول مجموع یك هزار وهشت صد و ده کیلومتر خط آهن یك هزار و یك صد و هشتاد و شش کیلومتر آن تحت ساختمان گرفته می شود.

طول عمومی لین های چینل سیستم از دو هزار و هفت صد کیلومتر به چهار هزار و هفت صد کیلومتر، یعنی ٧٤،١ فیصد و تعداد تلفون از بیست و یك هزار پایه به چهل هزار پایه افزایش می یابد یعنی ٩٠،٥ فیصد و سیستم میکروویف به ظرفیت سه صد کانال مخابره تیلفونی و تلویزونی تکمیل خواهد گردید.

تعداد مکاتب ابتدائی اساسی از یك هزار و سه صد و چهل وپنج باب به دو هزار و سه صد و پنجا و پنج باب؛ تعداد مکاتب مسلکی از بیست و نه باب به چهل و هشت باب یعنی بالترتیب ۷۵ فیصد و ۱۲۸ فیصد افزوده خواهد شد. فیصدی جذب شاگردان دارای سن شمول به مکتب از ٤٤ فیصد به بیش از ۷۰ فیصد بلند خواهد رفت و تعداد شاگردان دورهٔ ابتدائی از هفت صد و نود هزار به یك ملیون و سه صد هزار نفر با ٦٤،٦ فیصد افزایش در اخیر پلان خواهد رسید.

تعداد بستر در شفاخانه های ملکی پنج هزار و دو صد بستر یعنی ۸۵ فیصد افزوده خواهد گردید و در اخیر پلان در تعداد داکتر ۸۹ فیصد افزایش به عمل خواهد آمد.

در نتیجهٔ این همه تحولات در ساحات اقتصادی و اجتماعی اوسط رشد سالانه عاید غیر خالص ملی از ٤،٢ فیصد به ٦،٣ فیصد ارتقأ و همچنان رشد وسطی سالانه عاید فی نفر در پلان هفت ساله از ۰،۰۱ فیصد به ٤ فیصد نسبت به هفت سال گذشته بلند برده خواهد شد. با تطبیق پروگرام های انکشافی و توسعه فعالیت های اقتصادی، اجتماعی و اداری در پلان هفت ساله برای دو صد و هشت هزار نفر بسویه عالی و متوسط کارگر ماهر زمینه استخدام فراهم خواهد شد.

باید دانست که تطبیق اهداف فوق و تامین انکشاف اقتصادی تنها و تنها وابسته به حجم سرمایه گذاری و منابع مالی نبوده ایجاب می کند همزمان قدم های استوار در راه ایجاد یك اداره سالم اقتصادی، طرح اساسات قانون و تربیه کادر های فنی برداشته شود.

برای آنکه عملیهٔ پلانگذاری به صورت منسجم ادامه یابد دولت به طرح

پلان های طویل المدت در بعضی سکتور های مهم اقدام خواهد کرد و واحد های پلانگذاری و تطبیق پلان را در تمام سطوح تقویه خواهد نمود. انکشاف سالم اقتصادی بدون تردید ایجاد می کند تا اصول اداری کشور با نیازمندی ها هم آهنگ گردد.

در پلان هفت ساله دولت جمهوری سعی خواهد نمود بعد از تشخیص پروبلم ها روش های اداری را مرحله بمرحله اصلاح و تشکیلات لازمه برای تطبیق ریفورم اداری ایجاد نماید. طی مدت هفت سال ممکن در بعضی از پیشبینی ها تغییراتی وارد گردد و نوسانات اقتصاد بین المللی مخصوصاً اهداف پلان را متأثر سازد، بنا برآن تغییرات ناشی از تحولات اقتصادی و اجتماعی در چوکات پلان های سالانه رعایت می گردد.

نظر اندازی به تاریخ کشور خود ما این واقعیت را ثابت می سازد، هر وقتیکه آرزو های مشترك ملت و زعامت ملی افغانستان برای حفظ هویت ملی، استقلال کشور، ترقی و تعالی افغانستان متجلی بود به همان درجه ما به مشکلات فایق میشدیم راه خود را برای رسیدن به هدف می یافتیم، اما تاریخ این را هم نشان داده که بی تصمیمی و بی اتفاقی و پراگندگی آرزو های ما را کشته و ما را از راه ما برای نیل به هدف دور کرده و سیر پیشرفت ما را بعضاً بطی و گاهی متوقف ساخته است. امروز نیز از همان لحظات تاریخ افغانستان است که ملت به یك مشکل بزرگ مواجه می باشد این مشکل عبارت است از مشکل پسماندگی. در جهان امروز هیچ مشکل مشکلتر از مشکل پسماندگی نیست.

نمایندگان محترم!

حقایق و واقعیت ها هر قدر که تلخ و نا گوار هم باشد نمی توان به هیچ

صورت آنها را نادیده گرفت و یا از آن انکار نمود. با قبول این حقیقت باید کاملاً ملتفت باشیم که یك ملت در حال رشد با هزاران مشکلات و پروبلم های متعدد اقتصادی، اجتماعی و سیاسی داخلی و خارجی با امکانات محدود دست داشته خود بدون حوصله و قبول محرومیت ها و زحمات دوامدار و خستگی نا پذیر اقلاً یك نسل، امید رسیدن به فردای بهتر خیلی مشکل بنظر می رسد. آنهایکه تنها به سخنان و کلمات میان خالی بخواهند خود و مردم خود را فریب دهند در حقیقت در برابر تاریخ و مردم خود مرتکب گناه بزرگی شده خواهند بود. انقلاب جمهوریت ما باید هیجان ملت ما را برای جبران این مشکل برانگیزد.

ضرورت این مرحله تاریخ بما حکم می کند که باید همه افراد ملت ما کلیه اختلافات و منافع شخصی را از بین خود دور کنند و برادروار جهت منفعت بزرگ ملی حرکت نمایند.

نمایندگان محترم!

تهداب و سیاست خارجی دولت جمهوری افغانستان بر دو اصل عمده و مهم ذیل استوار است:

اولاً بر حفظ استقلال، منافع و حاکمیت ملی که بر اساس روحیهٔ ناسیونالیزم و آزادمنشی مردم ما که مقدس ترین میراث پر افتخار و حماسه های درخشان خاطره های ملی ما میباشد، استوار است و خواهد بود.

ثانیاً بر بنای بی طرفی مثبت و بر اساس عدم انسلاك، قضاوت آزاد در مسایل بین المللی، همزیستی مسالمت آمیز و احترام متقابله با همه مردم و ملل صلح دوست جهان و احترام به منشور ملل متحد.

در این آرزومندی، هیچگونه تبعیض در مورد هیچ کشور صلحدوست

جهان چه خورد و چه بزرگ چه دور و چه نزدیك نزد ما وجود ندارد و این آرزومندی از تمنیات نیك و صلحجویانه مردم افغانستان الهام و سرچشمه می گیرد. بمنظور تحقق بخشیدن این سیاست خارجی کشور از آغاز تأسیس رژیم نوین کشور بمنظور معرفی بهتر افغانستان و توضیح اهداف انقلاب و نظام جمهوری، مسافرت های رسمی و دوستانه در بسا کشور های دوست صورت گرفت که نتایج بسیار مفید و مؤثری از همه این مسافرت ها و تماس های حاصل شده و منتج به تحکیم بیشتر روابط دوستانه و توسعه همکاری های اقتصادی و تخنیکی ما با کشور های مذکور گردیده است.

با توضیح مختصر فوق میخواهم راجع به انکشاف روابط افغانستان با بعضی از کشور های جهان و منطقه به صورت خاص تذکراتی بدهم:

روابط دوستانه جمهوریت افغانستان با کشور دوست و همسایه بزرگ ما اتحاد جماهیر شوروی، بصورت خلل نا پذیر ادامه دارد. این دو کشور بر اساس همزیستی مسالمت آمیز، همسایگی نیك و عدم مداخله در امور داخلی یك دیگر، همکاری های مثمر و متقابله خود را با یك دیگر به امضای پروتوکول تمدید معاهدهٔ عدم تجاوز متقابله تقویت مزید بخشیده اند.

روابط دوستانه جمهوریت افغانستان با کشور دوست و همسایهٔ ما ایران، متکی به علایق دیرین دوستی و برادری استوار می باشد. یگانه اختلاف تکنیکی سر موضوع آب دلتای هلمند که چندین سال تا حدی سبب سردی روابط دوستانه ما گردیده بود، با قراردادیکه پس از طی مراحل قانونی خود به پیشنهاد حکومت تصویب شورای ملی و توشیح پادشاهٔ وقت بین مملکتین منعقد گردید با تبادله اسناد مصدقه آن دلیل دیگری بین کشور های ما وجود ندارد که مانع گسترش و توسعه بیشتر روابط دوستانه گردد.

علایق ما با همسایهٔ بزرگ ما جمهوریت مردم چین همیشته دوستانه بوده و این دوستی بر اصول همزیستی مسالمت آمیز و حسن همجواری استوار می باشد. امیدوارم این علایق دوستانه که به منفعت ملت های ماست هرچه بیشتر گسترش و تقویت یابد.

راجع به مناسبات افغانستان با پاکستان باید گفت که افغانستان، بحیث یك کشور صلحدوست، همواره طرفدار حل شرافتمندانه یگانه اختلاف سیاسی خود با پاکستان به اساس مذاکرات مستقیم و مسالمت آمیز بوده است. مسافرت شاغلی ذوالفقار علی بوتو صدراعظم پاکستان به افغانستان و مسافرت اینجانب به پاکستان در سال جاری به طرفین موقع داد تا روی موضوع اختلاف سیاسی که از سالیان دراز بین دو کشور موجود بوده و هست مذاکره و تبادله نظر بعمل آید.

در نتیجه این تماس های مستقیم و تبادله افکار که در یك فضای صمیمیت و تفاهم صورت گرفت، فضای پدید آمده که ما را امیدوار می سازد، که اختلاف سیاسی ما در آینده راه حل شرافتمندانه را بیابد و نتیجتاً دو کشور بتوانند مانند دوستان با هم زندگی کنند.

تا کنون قدم مثبتیکه در نتیجه این تماس های مستقیم و مسافرت های زعمای هر دو کشور به ممالك یك دیگر شان برداشته شده تا رسیدن یا نرسیدن به یك حل نهائی و شرافتمندانهٔ قضیهٔ پشتونستان عبارت از موافقهٔ طرفین بر خود داری از تبلیغات مخاصمانه علیه یك دیگر شان می باشد، که این قدم بذات خود نمایانگر آرزومندی جانبین برای رفع این اختلاف اصلی شمرده شده بتواند.

افغانستان همیشه بطور مداوم از احقاق حقوق حقه برادران پشتون و بلوچ خود پشتیبانی نموده و می نماید. نقطه اساسی که اختلاف سیاسی دو

کشور را طی سالیان متمادی بوجود آورده تنها و تنها همین پروبلم بوده که امیدوارم جوانب ذیعلاقه بتوانند روزی به حل شرافتمندانه این اختلاف سیاسی نائل گردند.

مناسبات دوستانه و عنعنوی افغانستان و هند، با روی کار آمدن رژیم جمهوری در کشور وارد مرحله جدیدی گردیده و زمینه همکاری های وسیع تری را بین دو کشور دوست و غیر منسلك منطقه فراهم کرده است. امیدوارم با توسعه مزید روابط دوستی و همکاری بین کشور های ما برای تأمین صلح و ثبات در منطقه مفید و مؤثر باشد.

روابط افغانستان با ایالات متحدۀ امریکا از شروع تأسیس خود بربنای دوستی و تفاهم برقرار بوده و از آغاز استقرار نظام جمهوری در کشور توسعه و تشئید مزید یافته است. مسافرت های دوستانه رجال دو طرف در کشور های همدیگرشان، موجبات دوستی و تفاهم بیشتر را بین کشور های ما بمیان آورده است.

در این موقع وجداناً خود را مکلف می دانم تا از طرف مردم و حکومت افغانستان و شخص خودم نسبت به کمك های دوستانه اقتصادی و تخنیکی جمله کشور های دوست و سایر مؤسسات بین المللی که در پلان انکشاف اقتصادی و اجتماعی کشور ما سهم بارز و مؤثری گرفته اند از صمیم قلب اظهار شکران و سپاسگذاری نمایم.

نمایندگان محترم!

افغانستان از جمله کشور های غیر منسلك و منسوب به جهان سوم میباشد. جهانیکه سالیان دراز تحت تأثیر استعمار و امپریالیزم جهانی صدمات و خصارات بزرگی را متحمل شده بود امروز از خواب غفلت بیدار شده است.

احتیاج مبرم و حتمی این جهان بغرض تحول و انکشاف آنها را به جنبش و حرکت جدید دینامیکی واداشته که در این عصر نمی توان آنرا بی تأثیر و نادیده تلقی کرد و شکی نیست که این مرحله مهم تاریخ است. مؤفقیت این جنبش عظیم از همه بیشتر بسته به وحدت فکر و عمل کامل آنها خواهد بود. باید شرایط عینی و ذهنی هر یك از این کشور ها دقیقاً تحلیل شود تا در روشنی آن به شکل یك جبههٔ واحد حرکت به سوی ارتقأ مؤثر و وسیع گردد.

ارمان های جهان سوم بمنظور ترقی اجتماعی و ایجاد یك جامعه متوازن و مرفه متکی بر عدالت اجتماعی از طریق ایثار و زحمات فراوان به نتیجه مطلوب خواهند رسید.

افغانستان بحیث یك کشور اسلامی با اعتقاد خاصیکه به ارزش های عالی و ارشادات مقدس اسلامی دارد و تعمیل آنها را متضمن سعادت جامعه اسلامی میداند مساعی صادقانه خود را در راه تأمین نزدیکی و همبستگی بیشتر و همکاری های وسیعتر بین کشور های اسلامی ادامه داده است.

افغانستان همواره خواهان اعادهٔ کامل حقوق مشروع مردم فلسطین بوده و به پشتیبانی همیشگی خود از مجادلات قهرمانانه ملت دلیر فلسطین ادامه می دهد و عقیده دارد تا زمانیکه آراضی اشغالی عربی از تسلط قوای اشغالگر اسرائیل تخلیه نگردد و حقوق اعراب فلسطین برای تأسیس یك دولت فلسطین تحقق نیابد، معضلهٔ شرق میانه حل نگردیده و صلح عادلانه و دوام دار در این منطقه حساس و مهم جهانی تأمین شده نمی تواند.

سیاست ما سیاست صلح و دوستی و احترام کامل به حقوق و منافع دیگران است. در عین زمان باید بگویم که ملت افغانستان، تحت هیچگونه شرایطی به عدم مراعات منافع ملی خود وادار نخواهد شد و بر پرنسیپ های

خود معامله و سازش نخواهد کرد.

وکلا محترم لویه جرگه!

با ختم گذارشات مختصر فوق از وضع سه و نیم سالیکه از انقلاب ملی و نظام فرخندهٔ جمهوریت ما گذشت، حال اجازه می خواهم بر سر موضوعیکه امروز به آن منظور در اینجا، یعنی مرکز کشور خویش دور هم گرد آمده ایم چند کلمه بعرض رسانم.

به تأسی از احساس مسؤولیت بزرگ در برار مردم که افتخار خدمت گذاری آنها را عهده دارم، و وفا بر پرنسیپ های انقلاب ما خود را مکلف می دانم تا وجایب خویش را به کمال امانت داری در حدود توانم در برار ملت حق دار و نجیب افغانستان ایفاء نمایم.

باپیروی از همین احساسات صادقانه و با در نظر داشت این واقعیت مسلم که در طول تاریخ معاصر وطن خود ما و بسا کشور های دیگر ممثل آنچه تجارب تلخ نشان داده و برهمگان آشکار است نه استبداد و مطلق العنانی و نه لگام گسیختگی و انارشی هیچکدام نتوانسته و نمی تواند درد های حقیقی يك ملت رو به انکشاف را مداوا سازد. من معتقد هستم مردم افغانستان در وضع کنونی، هرچه بیشتر به همبستگی کامل و وحدت فکر و عمل، کار و زحمت خستگی نا پذیر در محیط برابری و برادری و آمیخته با يك احساس قوی دسپلین ملی ضرورت دارد. لذا از تجارب گذشته باید آموخت و برای سعادت آیندهٔ وطن در جهت رشد طبیعی راهی را باید جستجو کرد که در شرایط فعلی و ملی خالی از افراط و تفریط و تقلید نا آگاهانه بوده برای انکشاف سریع و سالم کشور مفید و مؤثر واقع گردد.

طوریکه سال های قبل گفته بودم و این عقیدهٔ خود راتکرار میکنم،

هدف نهایی هر تحول جز قایم ساختن یك دیموکراسی واقعی و معقول که بنای آن برتأمین حقوق اکثریت مردم و اصل حاکمیت ملی استوار باشد چیزی دیگری بوده نمی تواند. به تأسی از این مفکوره بعد از تحقق ثبات انقلاب با توفیق خداوند و با همکاری کمیسیون هاییکه به این منظور تعیین شده بودند مسوده قانون اساسی جمهوریت افغانستان ترتیب و اینك آنرا حسب وعده بحضور شما وکلای محترم لویه جرگه افغانستان تقدیم می کنم؛ صرف آنچه را من از اعضای محترم این مجلس بزرگ ملی آرزو و تمنا دارم این است که مسوده قانون اساسی به شیوه کاملاً دیموکراتیك و آزاد مورد غور و مداقه قرار گیرد.

امیدوارم قانون اساسی دولت جمهوری بحیث مشعل فروزان انقلاب ۲۶ سرطان، رهنما و دستورالعمل شایسته ای برای دولت بشمار آید و در پرتو هدایات آن ملت نجیب افغان بتواند شالوده یك افغانستان قوی و مستحکم مترقی و آبرومند را بنیان گذاری کند.

ملت غیور و با شهامت افغانستان!

دیگر فرصت آن نیست تا نیرو های ملی در برابر مصالح ملی و اهداف انقلاب شکل انزوا و بی تفاوتی را اختیار نمایند و به شکل عناصر پسیف و غیر فعال جامعه، بصورت اعضای طفیلی بحیث یك قشر مستهلك و فاقد رسالت باقی بمانند زیرا انقلاب ملی به نیرو های وطنپرست وظیفه میدهد تا اصول و اساسات انقلاب را از سطح به عمق و از عمق به سطح تعمیم و گسترش دهند و در راه بسر رسانیدن اهداف انقلاب، نیرو های خویش را درخدمت و رهنمایی مردم خود از شهر به شهر و از قریه به قریه بمصرف رسانند و با وحدت فکر و عمل در مزرعه و کارگاه در دفتر و پشت جبهه یك سان و همآهنگ در راه پیشبرد انقلاب که جز اعتلای وطن سربلندی ملت افغانستان چیز دیگری بوده

نمی تواند از صمیم قلب بکوشند.

این رسالت تاریخی و انسانی انقلاب عظیم جمهوریت ماست و این هم وجدان های خبیر و آگاه و نیرو های ملی که باید به آن لبیك بگویند. اینها محض حماسه و مجرد شعار نیست، واقعیت تاریخ است؛ رسالت است و بلآخره آینده روشن و تابناك و راه نجات است بدون یك تعهد انقلابی مجهز با ایدیالوژی و مترقی، تحقق بخشیدن هر نوع عدالت اجتماعی در کشور از حدود یك شعار تجاوز نخواهد کرد.

ای ملت که در سخت ترین پیکار تاریخ پر افتخار خود همت عالی و غرور ملی خود را از دست ندادید، چرا امروز بخود احساس ضعف و ناتوانی می نمائید؟

قبای زندگانی چاك تا کی
چو موران زیستن در خاك تا کی
بپرواز آ و شاهینی بیاموز
تلاش دانه در خاشاك تا کی

تل دی وی افغانستان!

پاینده باد ملت!

ژوندی دی وی جمهوریت!

ضمیمهٔ نهم

سفرای افغانستان در خارج در دورهٔ جمهوریت

ماسکو

- نور احمد اعتمادی (۱۹۷۳ - ۱۹۷۶)
- داکتر علی احمد خان پوپل (۱۹۷۶ - ۱۹۷۸)

پاریس

- داکتر عبدالغفور روان فرهادی (الی ۱۹۷۴)
- داکتر محمد اکرم (۱۹۷۵ - ۱۹۷۸)

لندن

- زلمی محمود غازی (الی ۱۹۷۳)
- حمیدالله عنایت سراج (۱۹۷۳ - ۱۹۷۶)
- عبدالرحمن پژواک (۱۹۷۶ - ۱۹۷۸)

روم

- نور احمد خان اعتمادی (الی ۱۹۷۳)
- سید مسعود پوهنیار (۱۹۷۳ - ۱۹۷۸)

توکیو

- علی احمد خان پوپل (۱۹۷٤ - ۱۹۷٦)
- حسن شرق (۱۹۷۷ - ۱۹۷۸)

دهلی جدید

- عبدالرحمن پژواك (۱۹۷۳ - ۱۹۷٦)
- حمید الله عنایت سراج (۱۹۷٦ - ۱۹۷۸)

واشنگتن

- عبدالله ملکیار (الی ۱۹۷۷)
- واحد کریم (۱۹۷۷ - ۱۹۷۸)

نیویارك (ملل متحد)

- واحد کریم

اسلام آباد

- علی احمد خان پول (الی ۱۹۷٤)
- نور احمد خان اعتمادی (۱۹۷٦ - ۱۹۷۸)

بن

- داکترغلام فاروق (۱۹۷۳ - ۱۹۷۷)
- محمد بشیر لودین (۱۹۷۷ - ۱۹۷۸)

پراگ

- غلام حسن صافی (الی ۱۹۷۷)
- رحیم شیرزوی (۱۹۷۷ - ۱۹۷۸)

وارسا

- محمد امین اعتمادی (الی ۱۹۷٦)

- جنرال عبدالکریم مستغنی (۱۹۷۶ - ۱۹۷۸)

بلگراد

- جنرال عارف خان (الی ۱۹۷۶)
- محمد امین اعتمادی (۱۹۷۶ - ۱۹۷۸)

انقره

- جنرال محمد سعید خان (۱۹۷۳ - ۱۹۷۸)

بیجینگ

- میر محمد یوسف (۱۹۷۳ - ۱۹۷۷)
- یاسین عظیم (۱۹۷۷ - ۱۹۷۸)

تهران

- زلمی محمود غازی (۱۹۷۳ - ۱۹۷۷)
- عبدالله خان ملکیار (۱۹۷۷ - ۱۹۷۸)

قاهره

- داکتر محمد اکرم (ابی سپتامبر ۱۹۷۳)
- واحد کریم (۱۹۷۳ - ۱۹۷۷)
- زلمی محمود غازی (۱۹۷۷ - ۱۹۷۸)

ریاض

- آقای یونسی (الی ۱۹۷۷)
- یوسف مهردل (۱۹۷۷ - ۱۹۷۸)

جاگارتا

- فیض محمد (۱۹۷۷ - ۱۹۷۸)

بغداد

– خلیل الله خلیلی

صوفیا

– سالم مسعودی

– پادشاه گل وفادا

مغلستان

– داکتر سهیل

ضمیمهٔ دهم

لست اشخاصیکه در موقع حملهٔ قوای کمونیستی بر قصر ریأست جمهوری (ار گ) بتاریخ ۷ ثور ۱۳۵۷ شهید، زخمی یا بدون جراحت نجات یافتند.

اشخاصیکه شهید شدند

- سردار داؤد خان - سردار محمد نعیم خان - شاهدخت زینب، خانم داؤد خان و خواهر محمد ظاهر شاه - شاهدخت بلقیس، خانم تیمور شاه آصفی و خواهر محمد ظاهر شاه - محمد عمر، پسر داؤد خان - ویس، پسر داؤد خان - خالد، پسر داؤد خان - شینکی، دختر داؤد خان - زرلشت، دختر داؤد خان - شیما، عروس داؤد خان، خانم ویس - هیله، نواسهٔ داؤد خان، دختر محمد عمر - غزال، نواسهٔ داؤد خان، دختر محمد عمر - حارث، پسر ویس - وایگل، پسر ویس - زرمینه، دختر سردار نعیم خان، خانم عبدالعظیم غازی - صفورا، دختر عبدالعظیم غازی - عایشه، خواهر داؤد خان - نظام الدین، پسر شاه محمود خان غازی - سید عبدالاله، معاون رئیس صدر اعظم و وزیر مالیه - عبدالقدیر

نورستانی، وزیر داخله – صاحب جان خان گارد.

اشخاصیکه جراحت یافتند و یا سالم نجات یافتند

- گلالی، خانم محمد عمر و دختر عبدالله خان ملکیار - خورشید، دختر عبدالعظیم غازی - زهرا، دختر نظام الدین غازی - داؤد، پسر نظام الدین غازی - تورن، پسر تیمور شاه آصفی - شیرین گل، پرستار عایشه خانم – هما، دختر اسماعیل خان عثمان و زوجهٔ خالد پسر داؤد خان – طارق، پسر خالد داؤد و هما – زهره، دختر تیمور شاه آصفی – زهره، خواهر پادشاۀ سابق و خانم نعیم خان – سلطانه، خواهر پادشاه سابق – یحیی، پسر تیمور شاه آصفی با خانمش تورپیکی و پسرانش احمد شاه و سلیم.

شجـــــــره

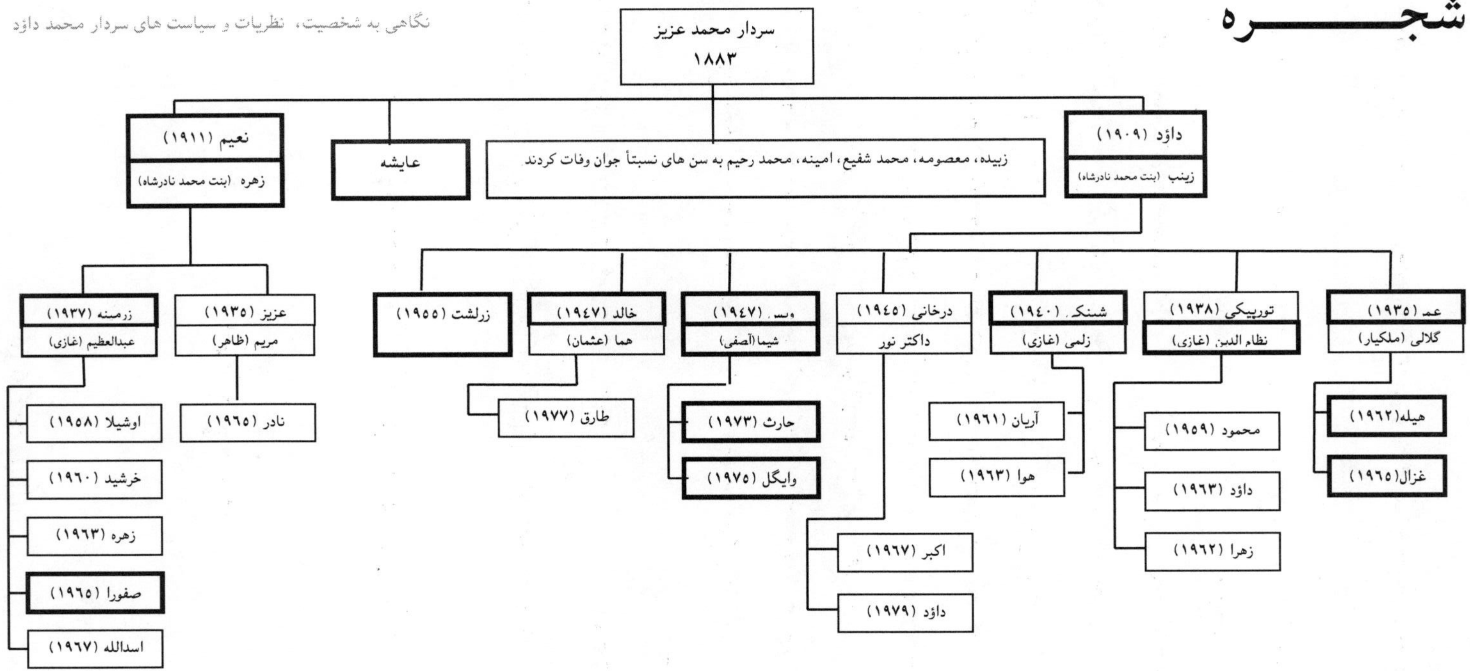

چوکات های برجسته تر به اشخاصیکه در حمله هفت ثورکمونیستها شهید شدند اشاره میکند.

ضمیمۀ یازدهم

" سوسیالیزم " از دیدگاۀ سردار محمد داؤد خان

در مصاحبه ای با خبرنگار آژانس خبررسانی یوگوسلاویائی "تانیونگ" مورخ ٦ حوت ١٣٥٤ در کابل، [۲۵۶] داؤد خان در مورد سوسیالیزم دید خود را چنین تشریح میکند:

« ... اما در بارۀ ریفورم های عمیق و بنیادی اجتماعی باید بگویم که دولت جمهوری قدمهای وسیعی را در این زمینه برداشته است چنانکه قانون اصلاحات ارضی که در آیندۀ قریب تطبیق خواهد شد تأثیری عمیقی بر زندگی مردم افغانستان خواهد داشت. همین طور ملی شدن بانك ها و اتخاذ مشی مفید تجارت رهبری شده در چوکات ریفورم های دولت جمهوری قدم دیگر از اقدامات مفید و موءثریست که عملی و تطبیق میشود. در این میان باید بگویم که به استثنای صنایع کوچك و صنایع دستی تمام صنایع بزرگ، منابع انرژی، جنگلات و معادن و دیگر منابع طبیعی همواره در افغانستان در شمار سرمایه های ملی محسوب میگردد.

ریفورم معارف یکی دیگر از اقدامات مهم دولت جمهوری است که از

---

۲۵۶ مراجعه شود به د افغانستان کالنی ۱۳۵۵، وزارت اطلاعات و کلتور، مطبعه دولتی، صفحات ۱۹ الی ۲۳.

ملتی به این طرف آغاز شده و در آینده نتایجش را انتظار می بریم. سوسیالیزمی را که ما بحیث روش اقتصادی بمنظور سازمان دهی جامعهٔ نوین افغانی برگزیده ایم در واقعیت امر راهٔ توصل به عدالت اجتماعی و از بین بردن تفاوت و تضاد طبقاتی به شیوه های مثبت و مترقی به طرق مسالمت آمیز است به این توضیح که سوسیالیزم ما را واقعیت های تاریخ فرهنگ ملی شرایط عینی و ذهنی جامعهٔ ما و روحیه حقیقی و واقعی اسلام تشکیل می دهد.)).

فهرست مختصر کتب و ذخایر

– اسناد لانهٔ جاسوسی

دانشجویان مسلمان پیرو خط امام، شماره های ۲۹ و ۳۰ مربوط به افغانستان، در دو جلد، تهران، سال چاپ نا معلوم (۱۹۸۰ یا ۱۹۸۱میلادی؟).

– بیانیه سردار محمد داؤد خان در موقع جلسه سران کشور های غیر منسلك، کنفرانس سران کشور های غیر منسلك، بلگراد، اول الی ششم سپتامبر ۱۹۶۱ میلادی، Publicisticko - Izadavcki Zavod "Jugoslavija", Belgrad, 1961. صفحه ۸۰ و ۲۷۳؛ بزبان انگلیسی.

– داؤد خان در چنگال ك . ج . ب

بقلم الف هارون، ترجمه از پشتو به دری توسط "حامد"، طبع دوم بزبان پشتو: سنبله ۱۳۷٤ هجری شمسی و طبع اول ترجمهٔ دری ۲۷ قوس سال ۱۳۷٦، سبا کتابخانه، پیشاور، پاکستان.

– افغانستان در دورهٔ حکومت انتقالی، حوت ۱۳۴۱ – میزان ۱۳٤٤

مطبعهٔ دولتی، کابل، افغانستان، میزان ۱۳۴۳هجری شمسی.

– حکومت جمهوری افغانستان، اولین پلان هفت ساله رشد اقتصادی و

اجتماعی، ۱۳۵۵-۱۳۶۱، وزارت پلان، کابل، ۱۳۵۵، بزبان انگلیسی، در دو جلد.

– زنجیر های فرتوت انقیاد... در هم شکست

بیانیه رادیویی بمناسبت اولین سالگرد جشن جمهوری کشور، ضمیمه شماره ۵ سال ۱۳۵۳ مجله میرمن، کابل.

– خاطرات سیاسی سید قاسم رشتیا، ۱۳۱۱ تا ۱۳۷۱

باهتمام محمد قوی کوشان، چاپ اول، ورجینیا، ایالات متحدهٔ امریکا، ۱۹۹۷.

– افغانستان در مسیر تاریخ، جلد دوم

میر غلام محمد غبار، ورجینیا، ایالات متحدهٔ امریکا، جون ۱۹۹۹ میلادی. طبع و تکثیر توسط حشمت خلیل غبار.

– دسایس و جنایات روس در افغانستان از امیر دوست محمد تا ببرك،

داکتر نصری حقشناس، چاپ دوم، ثور ۱۳۶۸، پاکستان.

– تاج التواریخ

امیر عبدالرحمان خان، سبا کتابخانه، پیشاور، ۱۳۷۳، (چاپ اول در کابل در سال ۱۳۰۳ هجری قمری صورت گرفته بود).

– سقوط شاه

فریدون هویدا، بوشی – شاستیل، پاریس، ۱۹۸۰ میلادی، بزبان فرانسوی.

– دهۀ قانون اساسی، غفلت زدگی افغانها و فرصت طلبی روسها

صباح الدین کشککی، شورای ثقافتی جهاد افغانستان، پاکستان، ۱۳۶۵ هجری شمسی.

– رویداد های نیمۀ اخیر سدۀ بیست در افغانستان

جلد اول، جنرال محمد نذیر کبیر سراج، چاپ اول، فرانکفورت، آلمان، ۱۳۷۶

هجری شمسی.

– خاطرات چهار دهه زندگانی دیپلوماتیك در خدمت افغانستان و جهان

داکتر عبدالحکیم طبیبی، مؤسسه نشراتی و مطبوعاتی پرودوس، قبرس، ۱۹۹۵ (؟)، بزبان انگلیسی.

– نگاهٔ مختصر بر اقتصاد افغانستان[۲۵۷]

عبداللطیف رشید، مربوط به اطاق تجارت کابل، پاریس، ۱۹۵٦ میلادی، بزبان فرانسوی.

– رسمی جریده، شماره فوق العادهٔ سه شنبه ۱۱ قوس ۱۳۵۴

وزارت عدلیه، مطبعهٔ دولتی، کابل، قوس ۱۳۵۴. مربوط به قانون جدید اخذ پاسپورت.

– رسمی جریده، مورخ ۱۱ میزان ۱۳٤۳

وزارت عدلیه، کابل ۱۳٤۳ هجری شمسی. در این شماره متن و مواد قانون اساسی مشروطه نشر شده است.

– خطوط اساسی وظایف انقلابی جمهوری دموکراتیك افغانستان ۷ ثور ۱۳۵۷، نور محمد تره کی، متن بیانیه رادیوئی مورخ ۱۹ ثور ۱۳۵۷نور محمد تره کی رئیس شورای انقلابی و صدر اعظم جمهوری دموکرتیك افغانستان، مطبعهٔ دولتی (؟)، کابل.

– تحقیقی در مورد طرق عرضه مواد زراعتی در افغانستان[۲۵۸]

---

۲۵۷ Regard rapide sur l'economie afghane

۲۵۸ Contribution a l'etude de la commercialisation des produits agricoles en Afghanistan.

داکتر حبیب حیدر، مضمون داکتری، پوهنتون سوربون، پاریس، ۲۵ جون ۱۹۷۶ میلای؛ بزبان فرانسوی.

– نگاه عمومی بر ذخایر نفت و گاز، معادن و مواد مورد استفادهٔ افغانستان

داکتر محمد هاشم افضلی، مجله مرکز مطالعات سنگشناسی و معدنی،[۲۵۹] شماره ٤٦٠ ماه می وجون ۱۹۸۱ میلادی، ص ۲۹، بزبان فرانسوی.

– افغانستان

شماره ۷۱ مطالعات مرکز فرانسوی صادرات تجارتی (CFCE)، پاریس، دسامبر ۱۹۷۷ میلادی، بزبان فرانسوی.

– کی کیست در افغانستان

Who's Who of Afghanistan, Ludwig Adamec, Akademische Druck-u. Verglagsanstalt, Graz, Austria, 1975, بزبان انگلیسی

– سالار مجاهدین

زندگینامهٔ حضرت صبغت الله مجددی، جبهۀ ملی نجات افغانستان، پیشاور، ۱۵ قوس ۱۳٦٦.

– افغانستان در مسیر سدهٔ بیست

غلام حضرت کوشان، افغان امریکن ایسوسیشن، ایالات متحدهٔ امریکا، ۱۹۹۹ میلادی (؟).

– رازی را که فائق افشأ نکرد!

دگروال متقاعد خان آقا سعید، مرکز نشراتی فضل، پیشاور، ۱۳۷۹ هجری شمسی.

---

۲۵۹ Chronique de la recherche miniere

سردار محمد داؤد

انتشارات میزان

انتشارات میزان
۱۳۸۰
MIZAN PUBLISHING

MIZAN PUBLISHING
P. O. BOX 30384
ALEXANDRIA – VIRGINIA 22310-9998
UNITED STATES OF AMERICA

PRINTED BY SIGNATURE BOOK PRINTING, INC
GAITHERSBURG, MARYLAND
WWW.SBPBOOKS.COM